先求知　再行动　先明理　再分析

证券分析与交易的经典著作之一

证券分析技术

彭冬初 著

广东省出版集团
广东经济出版社

图书在版编目（CIP）数据

证券分析技术 / 彭冬初著. ——广州：广东经济出版社，2012.5

（证券分析与交易的经典著作之一）

ISBN 978—7—5454—1250—5

Ⅰ.①证… Ⅱ.①彭… Ⅲ.①证券投资—投资分析—基本知识 Ⅳ.①F830.91

中国版本图书馆CIP数据核字（2012）第077721号

出版 发行	广东经济出版社（广州市环市东路水荫路11号11～12楼）
经销	全国新华书店
印刷	广东新华印刷有限公司（广东省佛山市南海区盐步河东中心路）
开本	787毫米×1092毫米 1/16
印张	18.75 2插页
字数	333 000字
版次	2012年5月第1版
印次	2012年5月第1次
印数	1～10 000册
书号	ISBN 978—7—5454—1250—5
定价	50.00元

如发现印装质量问题，影响阅读，请与承印厂联系调换。

发行部地址：广州市环市东路水荫路11号11楼

电话：（020）38306055 38306107 邮政编码：510075

邮购地址：广州市环市东路水荫路11号11楼

邮购电话：（020）37601950 邮政编码：510075

营销网址:http∥www.gebook.com

广东经济出版社常年法律顾问：何剑桥律师

·版权所有 翻印必究·

一版前言

很多人没有任何的交易经验就匆忙步入了股市,在需要学习和实践的两年里,大多数人却将他的资金送给了股市,然后永久性的退出了股市。他们如此的慷慨,以至于丧失了多年的积蓄甚至需要资金启动的更多机会。无视学习、轻视经验、蔑视市场,是所有入市新手所犯的错误。实际上,这不是错误而是愚蠢或无知的表现;而另外的少数人,则因忽视了知识的全面性而一味追求某一类知识或技能,最终导致了输资金、输时间、输精力的"三输"状态。

变幻莫测的股市,对于不肯学习的人而言是一部绞肉机,最终绞碎他的财富梦想;对于勤奋钻研的人而言则是一部提款机,每周都有取款获利的机会。股市是人类历史上除战争之外的最大的角逐场,角逐者最终拼的是知识、是情商,而非其他。无论是在人类的哪一个领域,勤奋者夺取懒惰者的资源,智慧者夺取愚蠢者的资源,有实力者夺取无实力者的资源,都是很现实的客观规律。如果想从7000万股市参与者手中赢得资金,你就必须比他们更富有知识和经验。全面学习,勤奋实践,比你的对手了解更多,付出更多,才是你盈利的根基。片面无知和完全无知的结果没有什么不同,正如七窍通了六窍——还有"一窍不通"。

很多人不知道在股市中盈利有"三难",这"三难"跟市场无关,跟认知有关:

第一难,是不知道何时买卖什么股票,这和公司分析、政策分析、技术分析、主力分析等都有关系,短线、中线、长线交易的风格迥然不同;

第二难,是不知道该用什么方法,这和自己的资金大小、知识结构、资料收集、盯盘时间等都有关联,散户、大户、机构的交易策略呈博弈状态;

第三难,是不知道怎样控制交易,这和交易心理、交易素质、操作规则、资金管理等密切相关,职业投机者、操盘手、基金经理人的投资理念差距甚大。

如果你只是一名普通的股票买卖者,你惟一能做的就是以技术分析为主,以政策分析、行业分析、股质分析、主力分析、大盘供求分析等为辅,遵循投机的原则顺势而为。而本书,正是致力于帮助一名普通的股票买卖者向优秀的职业投机者或合格的证券操盘手迈进,其受众群体的年龄在18~48岁之间,最好是对股市的了解处于空白状态;同时,本书更是写给那些有志于在中国资本市场上有所作为的青年学子,使他们能够通过中国股市这座桥梁和通行全球投资领域的技术分析,以正确的实践态度和行为方法,分享中国投资盛宴和世界投资机遇,实现自己最终成为一名证券操盘手的梦想。

但是,拿到此书的时候,除非你与作者达成以下9点共识,否则你还是去另寻捷径。

1. 有人炒股靠小道消息,有人炒股靠研究文章,有人炒股靠技术分析,还有人炒股就像进银行存款。靠消息的终被消息误,有好消息的不会白送给你;靠文章的终被文章害,得到手的都已经太迟;唯有综合分析耗时耗力,但最有价值和底气。

2. 在股市中盈利是一个简单的程序问题，但前提是你必须先经过半年时间的全面性、系统化的学习，再经过半年时间的投机理念的洗涤，而不是到处寻找炒股秘诀和三板斧功夫。知其然而不知其所以然的获利方式，经不起市场长期的考验。

3. 股市里淘金没有捷径，赢家莫不是经过系统化学习和专业化训练的人。只有经过大量的学习和实践，而后由加到减，由繁到简，方能顺势而为，水到渠成。任何赢利性的经营都必须先投入时间和精力，否则，你的资金就会输给这些对手。

4. 实践很重要，方法更重要。要获得可靠的方法，就必须知道股市里有多少是自己应该知道的，一知半解和无知没有本质区别。非全面性的学习就无法应对多变的市场，心中没底岂敢操作？但大量的知识会重复甚至冲突，所以应把握学习的度。

5. 如同大学毕业时所学知识就已经过时一样，市面上现有的理论和实践都已经发生了无数的变异，甚至一半的结论已开始显示出完全错误的一面。任何结论都离不开时间和环境的制约，尤其是在一个相互博弈的市场里。所以，不可全信书。

6. 不要听信一家之言，无论是哪一家的理论知识或实战技术，都是片面的有针对性的，带有诸多假设条件的，如同数学题的公式求解一样。你难以靠明白一家之言而获得成功，长期的、稳定的获利，来自于博取众长，勤奋实践，不断领悟。

7. 知识就是力量，但知识不是财富，智力才是财富。知识是死的，而智力是活的，对客观知识的灵活把握和对自己情商的有力控制，才是万变不离其宗的顺势法门，才是在股市长期获利的根本保证。因而心态和纪律，比预测和方法更重要。

8. 能否获得正确的投机观和市场论，是大师和高手的区别，但这不影响你成为一个盈利的高手。没有任何一位技术分析大师能成为盈利高手，因为技术分析只占获利手段里的很小一部分。所以，批判性地吸收和超常规的思维尤为重要，这是本书下一姊妹篇《证券交易之道》要论述的内容。在这之前，你必须先过全面性和系统性这一关。

9. 世界早就处在资本流动性过剩的时代，金钱资本化、证券化是全球各国所必须面对的现实。资本市场是一个大有作为的市场，而直接与钱打交道的职业是最不易失业的职业，也是代价最昂贵的职业。但这一切的投入都是值得的和快乐的。在一个有着诸多不确定性的世界里，与其为诸多不确定的系统而经营，不如为一个不确定的系统而努力。

如果你同意了以上观点，那么就应该知道，股票市场是一个博弈性很强的市场，只有那些懂得游戏规则且善于利用游戏规则的人，才能成为市场的最后赢家。而那些既不懂游戏规则又缺乏自我约束的交易者，即使偶有获利，也最终会被市场吞没。

全面性、系统性、客观性、实用性，这是本书能够在中国千余种证券投资类书籍中拥有傲视群雄的价值，望有心成为职业交易者和证券操盘手的人细心品味。

最后，送十六字共勉：天道酬勤，股道求真，兵无常法，顺势而为。

——如果读者有何疑问，可登陆磐石金融投资学苑网 www.cnbasalt.com 进行查询。

彭冬初
2008年12月31日

二版前言

　　余作此稿，非为传世也。一为求严于己，二为正本清源，三为系统总结，四为内部训练。

　　余以为，为己读书，或深或浅，无人知；为授读书，则枝根末节，务求精细，马虎不得。

　　余又以为，为己读书，务必诚实，否则报应不爽；为训作稿，务必周全，否则误人子弟。

　　为己为训，方有此稿。后惭私心，遂献于社会，为大众悟投资之道尽绵薄力，故而出版。

　　一版出矣，余仍伏案校读，费时无数。何故？一曰责任，二曰惶恐。故三目一行，求善。

　　此二版修订，改动数千处，且略有增减之文，使言辞更准确，层次更分明，阐述更清晰。

　　于一版之些许错误，余深表歉意，惟读者至磐石证券交易学苑网查阅新版，余方可宽心。

　　此书来之不易，乃时代进步、知识普及、作者个性之产物，望有缘者得之、用之、化之。

彭冬初
2009 年 6 月 30 日

三版前言

2007年，在我为筹建自己的私募基金做准备工作时，因担心从市场上找不到我需要的交易助理，于是便开始有了培养自己的交易员的想法。但是我又没有太多的时间来训练他们，所以就构思找几本书给他们看，通过他们的自学自悟和我的适当辅导，以收到我想要的效果。

可是，从我当时所读过的书来看，没有一本适合用来培训我的交易员。这些书不是视野狭窄，就是以偏概全或滥竽充数——于是我想到了约翰墨·费菲。1981年，费菲在应纽约金融学院讲授技术分析时，也是因为遍览群书而找不到适合的教材，于是便在参考了34本交易书籍之后开始编写教案，这才有了后来被誉为市场技术分析领域"圣经"的《期货市场技术分析》一书。故此，趁着2007年熊市来临之时，我开始遍览中外投资名著，以求系统地对整个股市面貌、市场要素、技术方法、理念策略等有全面的了解。这一方面是出于构建一套领先的交易体系的需要，另一方面是怕误人子弟。历时两年之后，这套教材终于成型。

一开始，这套教材是不打算出版的，只做内部培训所用。不能说这套教材有多么出众，本质上，她是一本集大成之作，虽然有很多我自己的见解和研究，但仍没有脱离人云亦云的痕迹。对于这一点，我也无能为力，因为股市本来就没有什么新鲜东西，更何况这只是一本内部培训教材，实用而非出彩——才是其应有的本色。

经过一番思虑之后，最终我还是决定将这两本教材交与市场检验。结果，正面效应是该书在全国投资类图书销售中一直位居前列，负面效应则是在淘宝网等网络上盗版成风。后来，据悉"清华大学证券投资与股市操盘实战特训班"将选定本书作为指定教材，于是在一版面世后，我又花了7个月的时间做了第二次修订（实际上是看了6遍），以求该书符合教科书的风范。

2009年至2011年，《证券操盘技术》已连印6次，这出乎我的意料，也更使我要继续做一些工作，以对得起广大读者的信任和偏爱。于是，在更系统、更完整、更具体的要求下，这次修订工作一方面将《证券操盘技术》一分为二（也是出于许多读者抱怨该书太厚的原因），分解为《证券分析技术》和《证券市场操作》；另一方面，对较单薄的《证券交易之道》也进行了大篇幅的调整及增、减工作，以五部分30章从"谈道理、看市场、观技术、论方法、讲人为"这五方面来阐述证券交易之根本；同时，新出版了《证券交易方法》，以弥补我过去在交易方法上的欠缺，满足广大读者喜欢看图谱的需求。

在具体修订过程中，原《证券操盘技术》里的一些章节被删掉了，例如"破解移动成本"一章就全部被删掉了。这是因为移动成本分析对解读庄股比较有用，但如今庄股已经很少了，筹码流转频率加快，导致大部分股票的移动成本往往处于多峰状态，且以价格为导向不断进行变换，使移动成本失去了应有的分析价值。此外，本次修订还对词语的严谨性再次进行了确认，对一些章节目录也进行了修改。

概而言之，过去的《证券操盘技术》本质上是我学习和研究的汇总资料，而《证券交易之道》本质上是我对所学所知所做的思考，这次新出版的《证券交易方法》则是我在"道"的指导下和"术"的基础上所创建的方法。严格来说，没有《证券分析技术》和《证券市场操作》，就不可能有《证券交易之道》，而没有《证券交易之道》，则不可能有《证券交易方法》。"道"和"法"本就是相互验证、相互作用的结果，不存在谁是鸡、谁是蛋的问题。

最后，希望《证券分析技术》、《证券市场操作》、《证券交易方法》、《证券交易之道》能够从技术、操作、方法、道理上，对广大交易者的求知行为给出一个完整的答复，也能为自己挑战证券市场出版写作画下一个圆满的句号。

彭冬初
2011 年 12 月 31 日

目 录

第一部分　基础分析

第一章　技术分析之K线分析 / 002
第一节　技术分析概述 / 002
一、技术分析的概念 / 002
二、技术分析与基本面分析 / 002
三、技术分析的理论基础 / 003
四、技术分析的优缺点 / 004
五、技术分析的分类 / 005
第二节　K线技术分析 / 006
一、认识K线图 / 006
二、单根K线的意义 / 007
三、K线图的组合意义 / 009
四、K线图的反转形态 / 011
五、K线图的持续形态 / 016
六、K线图的操作总结 / 017
第三节　K线缺口理论 / 018
一、缺口的概念 / 018
二、缺口的类型 / 019
三、缺口的意义 / 020
四、缺口的研判 / 020
第四节　K线形态分析 / 021
一、反转形态 / 022
二、整理形态 / 030
三、形态总结 / 031

第二章　技术分析之趋势分析 / 033
第一节　趋势的概念 / 033
一、上升趋势 / 033
二、水平趋势 / 034
三、下降趋势 / 034
第二节　趋势的分类 / 034
一、基本趋势 / 034
二、次级趋势 / 035
三、短暂趋势 / 035
第三节　趋势基本分析 / 036
一、趋势线 / 036
二、管道线 / 039
三、支撑线和压力线 / 040
第四节　趋势辅助分析 / 044
一、黄金分割线 / 044
二、百分比回撤线 / 044
三、扇形线 / 046
四、速阻线 / 047
五、甘氏线 / 048

第三章　技术分析之指标分析 / 050
第一节　技术指标概述 / 050
一、技术指标的简介 / 050
二、技术指标的分类 / 050
第二节　移动平均线 / 052
一、移动平均线的概述 / 053
二、均线的分类及意义 / 053
三、均线的特性及判研 / 057
四、均线的应用性总结 / 064
第三节　其他技术指标 / 066
一、平滑异同移动平均线 / 066
二、随机指标 / 068
三、均量线指标 / 070

第四节　技术指标总结 / 071
　　　　一、本身结构性问题 / 071
　　　　二、本身数据源问题 / 071
　　　　三、本身性质的问题 / 072
　　　　四、亚当理论的反证 / 072

第四章　技术分析之各种理论 / 074
　　第一节　道氏理论 / 074
　　　　一、道氏理论的形成 / 074
　　　　二、道氏理论的内容 / 076
　　　　三、道氏理论的优劣 / 079
　　第二节　波浪理论 / 080
　　　　一、波浪理论的形成 / 080
　　　　二、波浪理论的内容 / 081
　　　　三、波浪理论的缺陷 / 086
　　第三节　江恩理论 / 087
　　　　一、江恩理论的形成 / 087
　　　　二、江恩理论的内容 / 089
　　　　三、江恩理论的不足 / 094
　　第四节　其他理论 / 094
　　　　一、相反意见理论 / 094
　　　　二、空中楼阁理论 / 097
　　　　三、随机行走理论 / 097

第五章　基本面分析之重要点 / 99
　　第一节　宏观信息分析 / 99
　　　　一、经济数据对股市的影响 / 99
　　　　二、货币政策对股市的影响 / 104
　　　　三、财政政策对股市的影响 / 108
　　　　四、政治新闻对股市的影响 / 111
　　　　五、市场因素对股市的影响 / 112
　　第二节　行业性分析 / 113
　　　　一、行业的分类 / 114
　　　　二、行业的性质 / 115
　　　　三、行业生命周期 / 116
　　　　四、行业市场结构 / 117
　　　　五、影响行业兴衰的因素 / 119
　　　　六、经济周期与行业板块 / 120

　　第三节　公司总体分析 / 124
　　　　一、公司竞争能力分析 / 124
　　　　二、公司管理状况分析 / 125
　　　　三、公司盈利性及成长性分析 / 127
　　第四节　公司财务分析 / 127
　　　　一、财务分析的内容 / 128
　　　　二、财务报表的种类 / 134
　　　　三、财务造假面面观 / 137
　　　　四、如何阅读公司年报 / 139

第二部分　综合分析

第一章　解读盘面语言 / 144
　　第一节　选择软件 / 144
　　　　一、选择交易商及其软件 / 144
　　　　二、证券交易软件的比较 / 145
　　　　三、证券交易软件的选择 / 147
　　　　四、如何连接两台显示器 / 148
　　第二节　软件应用 / 149
　　　　一、基本功能键的运用 / 149
　　　　二、基本功能的使用 / 150
　　第三节　大盘界面 / 153
　　　　一、大盘K线图界面 / 153
　　　　二、大盘分时图界面 / 157
　　第四节　个股界面 / 160
　　　　一、个股K线图界面 / 160
　　　　二、个股分时图界面 / 165

第二章　解读盘口现象 / 167
　　第一节　知己知彼 / 167
　　　　一、主力的行为特征 / 168
　　　　二、主力的惯用伎俩 / 169
　　　　三、关注盘口的异动 / 170
　　　　四、熟知三路交易者 / 170
　　　　五、了解主力的意图 / 171
　　第二节　开盘收盘 / 171
　　　　一、非正常的开盘 / 172
　　　　二、非正常的收盘 / 174

第三节　盘口异动 / 176
　　一、单笔成交分析 / 176
　　二、隐性买/卖盘的含义 / 177
　　三、小单的含义 / 177
　　四、买一/卖一的奥秘 / 178
　　五、撤单的含义 / 178
　　六、上压板的含义 / 179
　　七、下托板的含义 / 181
　　八、夹板的含义 / 182
　　九、主力的常规动作 / 183
　　十、突发性大买单的含义 / 184
　　十一、突发性大卖单的含义 / 185
　　十二、脉冲式行情的含义 / 187
　　十三、急涨急跌的含义 / 188
第四节　盘口总结 / 188
　　一、盘口的经验性总结 / 188
　　二、盘口的细节性总结 / 189

第三章　解读分时走势 / 191
第一节　分时图的研究 / 191
　　一、分时图的类型 / 191
　　二、个股分时图研究 / 191
　　三、大盘分时图研究 / 198
第二节　涨停板的现象 / 198
　　一、一字型涨停 / 199
　　二、T字型涨停 / 199
　　三、拉高型涨停 / 202
　　四、涨停封不牢现象 / 203
第三节　单日出货现象 / 207
　　一、冲击波型出货 / 207
　　二、春水流型出货 / 207
　　三、震荡型出货 / 207
　　四、跳水型出货 / 207
　　五、旗帜型出货 / 208
　　六、涨停型出货 / 208
　　七、冲浪型出货 / 208
　　八、潜水型出货 / 209
　　九、心电图型出货 / 209
　　十、钓鱼型出货 / 209
　　十一、一字型出货 / 210
第四节　其他特殊现象 / 211
　　一、尾市急拉 / 212
　　二、尾市急跌 / 214
　　三、砌长城图 / 216

第四章　解读大盘走势 / 218
第一节　大盘指数 / 218
　　一、指数的概念 / 218
　　二、指数的计算 / 219
第二节　重要的股票指数 / 220
　　一、世界著名的股票指数 / 220
　　二、国内知名的股票指数 / 222
第三节　大盘走势分析 / 226
　　一、交易时段（应记常识）/ 226
　　二、趋势性分析（前日分析）/ 232
　　三、消息面分析（今早分析）/ 232
　　四、分时图分析（即时分析）/ 235
　　五、涨跌数分析（辅助分析）/ 236
第四节　大盘历史性分析 / 238
　　一、大盘年度走势规律 / 238
　　二、大盘各月交易特征 / 239
　　三、大盘走势敏感时间 / 240

第五章　解读板块效应 / 241
第一节　板块概述 / 241
　　一、板块的定义 / 241
　　二、板块的划分 / 241
　　三、板块的作用 / 243
　　四、板块指数 / 243
第二节　板块联动 / 244
　　一、板块联动概述 / 244
　　二、个股板块联动 / 244
　　三、相关板块联动 / 245
第三节　板块轮动 / 246
　　一、板块轮动概述 / 246
　　二、板块个股轮动 / 246

三、相关板块轮动 / 247
第四节 板块分析 / 247
    一、三项对比技术 / 248
    二、板块分析手段 / 249
    三、板块操作策略 / 251
    四、阶段性操作策略 / 255
    五、影响板块的因素 / 256

第六章 解读量价关系 / 258
第一节 成交量概述 / 258
    一、成交量的概念 / 258
    二、成交量的意义 / 258
    三、量价关系原理 / 258
    四、成交量的形式 / 259
    五、成交量的外延 / 260
第二节 量价分析 / 261
    一、量价分析的概念 / 261
    二、量价关系的表现 / 262
    三、量价关系的要素 / 263
    四、量价关系的类型 / 263
    五、成交量持续性解析 / 268
    六、成交量的几个陷阱 / 272
第三节 换手率分析 / 273
    一、换手率的概念 / 274
    二、换手率的种类 / 274
    三、换手率的分析 / 275
    四、换手率综合性分析 / 277
第四节 量价异动分析 / 277
    一、平开放量上冲 / 277
    二、底部放量三态 / 278
    三、底部无量涨停 / 280
    四、量价关系总结 / 282

附1：技术分析清单 / 285

附2：研究参考文献 / 287

任何单一的技术分析都不值得深究，但你必须知道图表上正在发生什么

第一部分　基础分析

第一章　技术分析之K线分析

第二章　技术分析之趋势分析

第三章　技术分析之指标分析

第四章　技术分析之各种理论

第五章　基本面分析之重要点

第一章 技术分析之K线分析

对于东南亚证券市场而言，K线分析是最基本的技术分析手段，是所有交易者入市之初就必须掌握的基础知识。对于短线交易者而言，K线分析更是其行走市场的重要法宝，甚至是其唯一有效的获利工具。下面，就技术分析及其当中的K线分析作简要阐述。

第一节 技术分析概述

对于未研究过股票的人而言，所有的股票好像都在胡乱运动，没有规律。它们有的在上涨，有的在下跌，有的则几乎没有成交的迹象，似乎发生着各种毫无关联的走势。但事实上，它们是有规律可寻的。比如，急涨的股票往往会急跌，流通盘小的股票常常比流通盘大的股票更活跃，大多数股票的走势和大盘的走势保持一致，等等。这些规律性的结论，就是技术分析的价值体现。

世上任何事情在发生前都会有预兆，比如：地震发生前会有动物到处乱跑，海啸发生前会有怪鱼游到岸边来，下暴雨前会乌云密布等等。人类从属于自然，其一手操办的股市也必然遵从于自然界的法则，必然会有下跌和上涨之前的预兆。尽管我们不明白一个特定现象背后的成因，但是通过观察和统计，我们却可以预测到这个现象的重演——这就是技术分析的存在逻辑。

一、技术分析的概念

技术分析是以预测股票或其他金融产品价格的未来走势为目的，以图表形态、技术指标等为手段，对市场展开的包括归纳、分析、排除、确认、比较、决策、验证等在内的一系列的研究方法和手段。技术分析的基本观点是：所有股票或其他金融产品的实际供需量及其背后起引导作用的种种因素，包括交易市场上每个人对未来的希望、担心、恐惧、猜测等，都集中反映在股票或其他金融产品的价格及交易量上了，因而研究它们是最直接、最有效的。

二、技术分析与基本面分析

技术分析是相对于基本面分析而言的。基本面分析着重于对政局政策、经济情况、行业动态、标的物价值等因素进行分析，以此来研究标的物的当前价格是否合理；而技术分析则是透过图表上标的物价格的涨跌变化和成交量等数据，来研究市场过去及现在的行为反应，以推测标的物未来价格的变动趋势。一般而言，技术分析者只关心标的物所在市场的变化，而不会考虑经济、政治等各种外部影响的因素，它是一种以结果来推导结果的经验之谈。

基本面分析的目的是为了判断标的物现行的价位是否合理并描绘出它长远的发展空间，而技术分析则主要是预测短期内标的物价格涨跌的趋势。通过基本面分析，交易者可以获知应购买何种标的物，但却不知道何时才是价格的顶部或底部，何时才是最佳的进、出场时机；而技术分析则可以让交易者把握具体购买的时机，但却无法告之交易者所购标的物的质量问题。一般而言，技术分析注重短期分析，在预测旧趋势结束和新趋势开始的时机方面优于基本面分析法，但在预测较长期趋势方面则不如基本面分析法。所以，大多数交易者都在用基本面分析来决策该不该入市及购买何种标的物，同时用技术分析来决策该在何时、何价格买卖会更有利可图。

技术分析者和基本面分析者都认为标的物价格是由供求关系所决定的，但是基本面分析者主要是根据对影响供需关系的种种因素的分析来预测标的物未来的价格走势，而技术分析者则是根据价格本身的变化来预测标的物价格未来的走势。即：基本面分析者主要研究市场运动的原因，技术分析者则主要研究市场运动的效果。技术分析的逻辑基础是：只要价格上涨，不论是什么因素，需求一定超过了供给，后期走势理应看好；如果价格下跌，不论是什么因素，供给一定超过了需求，后期走势理应看跌。可见，技术分析者所依赖的图表本身并不能导致市场的升跌，它只是简明地显示了市场交易者现行的乐观或悲观心态，而技术分析者则正是从中窥出价格后期变化的可能性。

从统计学的角度来看，统计学理论被划分成描述统计学和推导统计学两个部分。而在技术分析中，以图表来显示价格的运动轨迹属于描述统计学，分析价格并作出预测则属于推导统计学。可见，技术分析同其他任何一项预测一样，都是建立在历史数据资料之上的。只是相对于基础面分析而言，技术分析最大的优势是不用担心数据资料的可信度，而基础面分析则有数据资料和预测推断在可信度上的双重风险。

三、技术分析的理论基础

技术分析之所以能够成立，是建立在几项假设的基础之上的。如果交易者不认可这几项假设，那么技术分析不可取。技术分析者认为：

1. **市场行为包容消化一切**

即：能够影响股票市场或其他金融产品市场的任何因素，包括政治、经济、政策、供求关系、投机心理、内幕消息、自然灾害等等，都被反映到了标的物价格之中，甚至在大多数人还不知道标的物涨跌原因之前，标的物价格就开始响应着这些因素而开始发生变化；而标的物的价格变化是有惯性的，交易者只要研究价格当前的变化，就可以从中找到趋势变化的先机。

2. **价格以趋势方式演变**

技术分析的意义，就是要在一个趋势发展的早期，及时准确地把它揭示出来，从而达到顺着趋势交易的目的。技术分析者认为，对于一个既成的趋势来说，下一步常常是沿着现存趋势的方向继续演变，其掉头反向的可能性要小得多。即：当前趋势将一直持续到掉头反向为止。这当然也是牛顿惯性定律的应用，是所有统计工作中的推导基础，经得起推敲。

3. 历史会重演

无论什么交易市场，其主体还是人在操作，而人类心理从来就是"江山易改、本性难移"，这就为同样的市场状况下出现同样的交易行为奠定了基础；同时，经济周期总是周而复始的，因而人类的投资交易行为也总是周而复始的在重复着相似的动作。"历史会重演"既是自然法则作用的结果，也是价格与时间取得平衡的结果。人类利用统计天气数据可以预测未来天气，利用以往生意记录可以知晓未来供求关系，利用个人信用档案可以推测个人未来信用状况等，其实都是认定未来在多数情况下就是过去的延续。因此技术分析者认为，既然一些图形在过去的几百年里经常重复，就不妨认为它们在未来同样会继续出现。

四、技术分析的优缺点

技术分析包括图表分析和指标分析等，其优点如下：

1. 简单性

一张价格走势图把各种变量之间的关系及其相互作用的结果清晰地表现出来，把复杂的因果关系变成了简单的价格走势图。以图看势，就很容易把握价格变化的趋势。且利用电脑制图、示图、读图十分方便，把各种图表程序编成软件，只要按照程序输入数据，图形就马上可见。

2. 明确性

在图表上往往会出现一些较为明显的双底形态、头肩顶形态等，它们的出现，表明股票走势可能在此转势，提示交易者应该做好交易的准备。同样，一些主要的支撑位或均线被突破，往往也意味着巨大的机会或风险的来临。这些就是技术分析的明确性，但明确性不等于准确性。

3. 灵活性

技术分析可以适用于任何交易媒介和任何时间尺度，不管是做股票、期货或是外汇交易，无论是分析上百年的市场走势还是几个小时的标的物价格走势，其基本技术分析的原理都是相同的。只用调出任何一个标的物的价格走势图，就可以获取有关价格的信息并进行走势分析和预测的工作。

技术分析法的缺点如下：

1. 对于长期走势的预测常常无效

技术分析只能分析标的物短期价格走势的变化，决定标的物长期价格走势的还是国家宏观政策、经济运行环境、市场资金供应等因素，单纯运用技术分析来预测长期的价格走势，其准确性往往比较差。

2. 不能预测最好的交易价格及时机

技术分析只能预测未来一段时期内总的价格走势，不能指出该时期内的最高价在何处，也不能指出该时期内的最低价在哪里，更不能指出每一次上升或下跌的持续时间。

总体来说，技术分析再好也是客观事物，其主宰者还是人。如果交易者不懂得心理控制、资金管理、交易技巧、市场特性等，单纯依靠技术分析只能是"一条腿走路"。在一个具有诸多不确定性的交易市场中，保持正确的操作理念和良好的操作心态比技术分析更重要。

五、技术分析的分类

就股市而言，技术分析分为图形分析与指标分析两个大类，这两大类又大致可分为5大学派：

1. K线派

K线派主要利用单纯的K线图来预测价格的未来走向。他们认为，价格是一切变化的前提，是趋势运动里最重要的研究部分。开盘价、收盘价、最高价、最低价等都呈现在了屏幕上，是绝大部分技术指标的先行指标和统计基础。因此，研究K线就可以得到当前市场多、空力量的对比状况，并能进一步判断出市场多、空双方谁更占优势，这种优势是暂时的还是决定性的。在西方，股票价格是以线形图的方式来呈现的，而在东南亚地区，股票价格是以K线图的方式来呈现的。K线图不仅符合东方人的交易哲学，同时具有很好的短线交易功能，同西方的形态学相辅相成。

2. 形态派

形态学发源于西方的技术分析，当时的西方技术分析者主要使用的是线形图，目前则多数使用的是K线图。但无论是线形图还是K线图，都只是记录股票价格的一种方式，在股价起起落落的时候，它们都会在图表上留下一些交易者购买或抛售的预兆。形态学就是根据图表中过去所形成的特定价格形态，来预测价格未来发展趋势的一种方法。当然，这也是一种纯粹的经验性统计，因为在股票抛售或抢购的过程中，图表常常会表现出一些可以理解的、重复的价格形态。著名的价格形态有M头、W底、头肩顶（底）等十几种，有一定的警示意义。

3. 切线派

切线派的研究手法是按照一定的方法和原则，在由股票价格组成的数据图表上画直线，然后根据K线和这些直线的穿越情况来推测股票价格未来走势的方法（这些直线就叫切线）。切线的画法不是凭空乱画的，它通常是根据股价阶段性的高点或低点，以及趋势的支撑部位或阻力部位来画线的，当然也有的是根据神秘的自然法则或数学规律来画线的。这些线条的产生符合一定的市场交易心理和自然规律，因而在有些时候也会产生一定的作用。著名的切线有趋势线、通道线、支撑线、压力线、黄金分割线、甘氏线、角度线等等。

4. 指标派

指标派则主要是利用开盘价、收盘价、成交量等常规交易数据，在考虑市场某方面行为的基础上，建立一个数学模型，同时给出数学上的计算公式，以求得股票在某个方面的一些指标值，并进而推测股票价格未来走势的方法。这些指标值的具体数值和相互关系能直观地反映出股票当时的状态，但其所反映的东西大多数却是从K线图中不能直接看到的。指标虽然也是脱胎于常见的数据资料，但却更能反映某一时期内的股票变化状况，为交易者的操作行为提供指导。著名的技术指标有指数平滑异动平均线（MACD）、相对强弱指标（RSI）、随机指标（KDJ）等，它们都是证券分析领域中长盛不衰的指标品种。

5. 波浪派

美国人艾略特在20世纪30年代提出了著名的波浪理论。波浪理论脱胎于道氏理论，它把股价的上下变动和不同时期的持续上涨、下降看成像波浪一样上、下起伏，它认为价格波浪的起伏遵循自然界的规律，按照一定的规则进行；并且上升的波浪通常是5浪，而下降的波浪通常是3浪，但浪中套浪，且规律一致。波浪理论和其他技术分析流派相比，最大的区别就是能提前很长时间预测到价格的底部或顶部，而别的流派则往往要等到新的价格趋势已经确立之后才能看到。但是，波浪理论又是公认的、最难掌握的技术分析方法，有人称之为"价格目录"或"伪科学"。

总体来说，从时间上来看，K线派和指标派有利于短线交易，形态派、切线派、波浪派有利于中长线交易；从结果上来看，这5类技术分析方法尽管考虑的出发点和表达方式不尽相同，但是彼此并不排斥，在使用上可以相互借鉴和融合。但是交易者要明白，市场上不存在确切无误的指标或公式，即使是那些最常见的、总体上最可靠的分析方法和分析结论，也只能以一种概率性的表述而存在，它不可能不出问题。因为市场的本质是博弈对立的，正与反不可能那么清楚，否则就没有人会输钱，更不会有人赢钱。

第二节 K线技术分析

K线是最基本的股市交易价格的统计方式，是股市技术分析的基础。下面着重介绍。

一、认识K线图

K线图是用来记录交易市场行情价格的，因其形状如同两端有蕊芯的蜡烛，故而在西方称之为蜡烛图。蜡烛图来源于日本，在日本称之为"罫线"，"罫"发音为"kei"，于是西方人以其英文第一个字母"K"直译为"K线"，K线由此发展而来（中国人习惯称之为阴阳线）。

K线图产生于日本德川幕府时代的1710年以后。当时，日本大阪的堂岛大米会所开始经营世界最早的期货合约，K线图就是为记录大米每天涨跌的价格而发明的（早期为条形图和锚形图）。

K线图实际上是为考察市场心理提供了一种可视化的分析方法，它简洁而直观，虽不具备严格的逻辑推理性，但是却有相当可信的统计意义。它真实、完整地记录了市场价格的变化，反映了价格的变化轨迹。比之西方的线形图，K线图要早100年左右，且其表达形式更丰富、更直观、更灵活。经过近300年的演化，特别是经过西方社会近20年的推广后，K线图技术目前已被广泛应用于全世界的证券市场、期货市场、外汇市场等领域，成为技术分析中的最基本的方法之一。

K线根据计算时间的不同，可分为：分钟K线、日K线、周K线、月K线、年K线等。它的形成取决于每一计算单位中的四个基本数据：开盘价、最高价、最低价、收盘价。在日K线图中，"开盘价"就是某地交易所在白天开始进行交易时的第一笔成交价格，"收盘价"就是当天结束交易时的最后一笔成交价格；在分钟K线图里，则是指每分钟的开盘价和收盘价；在周K线图里，则是指每周的开盘价和收盘价。见图1。

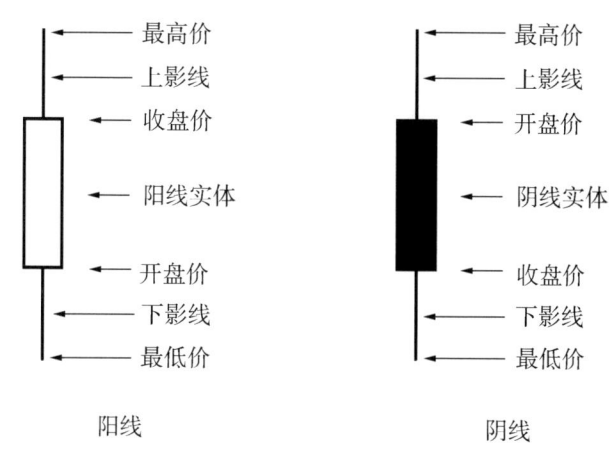

图1

当收盘价高于开盘价时，K线为阳线，一般用红色空心线表示；当收盘价低于开盘价时，K线为阴线，一般用绿色实心线表示；当收盘价等于开盘价，且有新的最高价和最低价时，K线称为十字星线。当K线为阳线时，最高价与收盘价之间的细线部分称为上影线，最低价与开盘价之间的细线部分称为下影线，开盘价与收盘价之间的柱状称为实体。

在图1的"阳线"中，市场价格在开盘后曾向下跌过一段时间，直到最低价处，后来曾经涨到了最高价处，然后又返回到收盘价附近，形成一根上涨的阳线；在图1中的"阴线"中，市场价格在开盘后曾一度涨到了最高价处，然后一直跌到了最低价处，最后又上升到收盘价附近，形成一根下跌的阴线（这里只是举例，实际的价格变化顺序可能与这里描述的不一致。）。

二、单根K线的意义

一般来说，我们可以从K线的形态判断出某一时段内的多、空情况。所谓看"多"，就是看"涨"的意思，所谓看"空"，就是看"跌"的意思。在证券市场中，"多"、"空"双方就像势均力敌的两支军队，他们总是在寻找机会把对方逼退（而非消灭）。所以，在分析"多"、"空"双方局势时，多想一下军队的作战法，即可以明白其中原理。

在诸多的战法当中，游击战是最平民化和最具代表性的，毛泽东的游击策略尤其经典。1930年，毛泽东提出了他的游击策略：敌进我退，敌驻我扰，敌疲我打，敌退我追，游击战里操胜算；大步进退，诱敌深入，集中兵力，各个击破，运动战中歼敌人。而在K线运动中，该战法的运用比比皆是，百万正规军被八万游击队伍打败的故事，每段时期都在K线图上谱写着，不在意的"少胜多战役"，往往导致了很多交易者的灭顶之灾。

无数的K线组成了一幅连续的K线分析图，但每根K线都有其自身的含义。见图2。

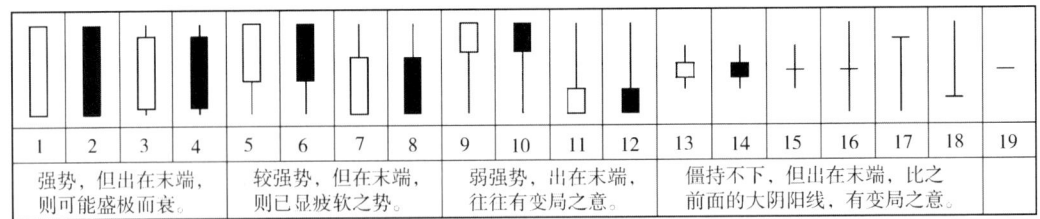

图2

1：光头光脚阳线，意味着极端强势上涨，后市看多。
2：光头光脚阴线，意味着极端强势下跌，后市看空。
3：大阳线，意味着强势上涨，后市看多。
4：大阴线，意味着强势下跌，后市看空。
——如果影线较短，1和3或2和4没什么区别。
5：光头阳线，意味着较强势上涨，影线代表一度遭遇空方反击，需要注意。
6：光头阴线，意味着较强势下跌，影线代表一度遭遇多方反击，需要注意。
7：光脚阳线，意味着较强势上涨，影线代表遇到空方反击了，需要注意。
8：光脚阴线，意味着较强势下跌，影线代表遇到多方反击了，需要注意。
——这四者都说明对方曾经反击过，尽管尚未成功，但要注意：反击开始了。
9、10：出现在连续上涨的顶部，为上吊线，表示曾遇到过剧烈反击，后市有变。
出现在连续下跌的底部，为锤子线，表示曾遇到过剧烈反击，后市有变。
11、12：出现在连续上涨的顶部，为流星线，相比过去，摸高受阻，后市有变。
出现在连续下跌的底部，为倒锤子线，相比过去，曾经大涨，后市有变。
——这四者都有较长的影线，出现在连续运动后，说明对手剧烈反击过，后市有变。
13、14、15：小阳线、小阴线、十字星线，当它们出现时，一般不能确定后市运动方向。但在连续上涨后出现，说明涨势停顿，后市有变；在连续下跌后出现，说明跌势停顿，后市有变。
16：长十字星线，和十字星线的意义一样，但疲软的性质和僵持的意义更强烈。
17：出现在连续上涨的顶部，为风筝线，相比过去，曾遇到过剧烈反击，后市有变。
出现在连续下跌的底部，为多胜线，相比过去，曾遇到过剧烈反击，后市有变。
18：出现在连续上涨的顶部，为灵位线，相比过去，摸高受阻，后市有变。

出现在连续下跌的底部,为空胜线,相比过去,曾遇到过剧烈反击,后市有变。

——这6个都是星形态,说明多、空双方僵持不下,失去了方向感,但在连续涨、跌势的末端,则往往意味着情况不妙了。

19:一字线,说明开盘价、收盘价、最高价、最低价在同一价位,常出现于股市中的涨(跌)停板处,或分钟K线图里交易冷清的个股中。

总结性来看:阳线实体越长,越有利于价格上涨;阴线实体越长,越有利于价格下跌;但连续强势上涨后,谨防盛极而衰;连续强势下跌后,可能否极泰来;如果影线相对于实体来说非常小,则可以等同于没有;指向一个方向的影线越长,越不利于市场价格今后向这个方向变动;上下影线同时长,则说明多、空双方争夺剧烈,最后持平,后市不确定;十字星的出现往往是过渡信号而不是反转信号,它意味着市场暂时失去了方向感,稳健的操作方式是继续观察一个交易日。

对于K线何谓大、何谓小、多长为长、多长为短的度量问题,没有标准的答案。在不同的交易市场,比如股票、期货、外汇等市场,这些度量标准都不一样。"入乡随俗,因地制宜",随着交易者识别经验的积累,这些感性的主观识别能力就会形成个人经验,提供我们出、入市的凭据。

三、K线图的组合意义

K线图组合是指由两根及两根以上的K线组合所形成的某种形态,该形态通过K线之间的对比,预示着某种股票价格的运动轨迹。以最简单的两根K线来说,在分析它们的时候,要考虑两根K线的阴阳、高低、上下影线,然后把单根K线的意义与前一根K线的意义相比较,基本上就可以知晓过去价格发生的由来,以及后一时间段价格大致的运动方向。

如图3所示,第二日的K线只会开盘于或收盘于前一日K线的6个区域内。第二日多、空双方争斗的区域越高,越有利于价格上涨;越低,则越有利于价格下降。即:从区域1到区域6是多方力量减少、空方力量增加的过程。

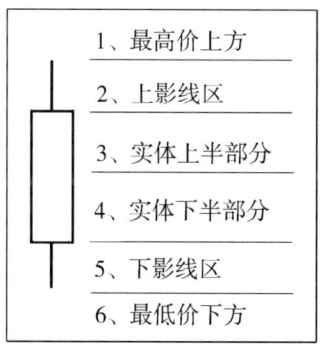

图3

图4至图7是一段连续上涨后的K线图,将倒数第二日的K线划分为6个区域,将单根K线中的典型代表挑选出来充当最后一日的K线,按照6个区域依次放置,其

局势一目了然。

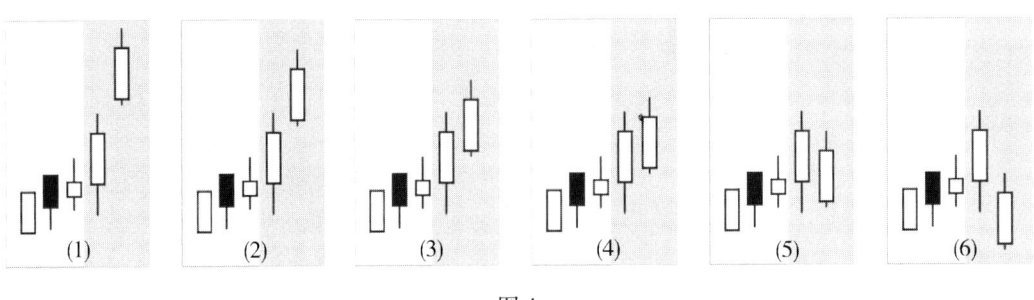

图 4

1～6 的最后一根 K 线尽管都是阳线，但形势越来越不乐观。

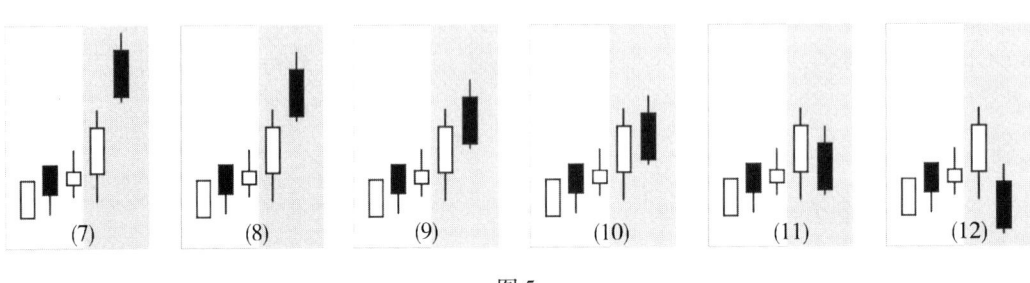

图 5

7～12 的最后一根 K 线都是阴线，本身就不妙，后来形势愈加恶劣。

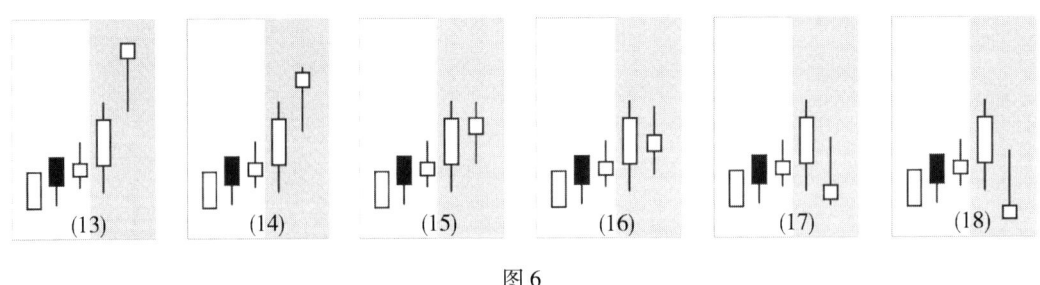

图 6

13～18 的最后一根 K 线尽管都是阳线，但本身就已有疲软之意了，越往后来情况越糟。

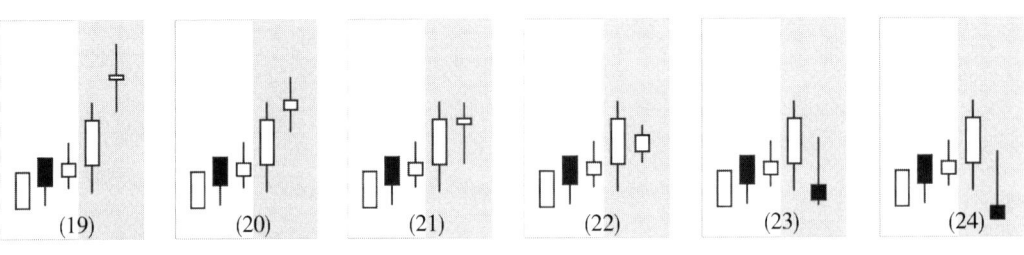

图 7

19～24 的最后一根 K 线为星形态，本身就说明多方犹豫了，越往后形势越不利于多方。

对于日 K 线图而言，当出现带有影线的 K 线时，它往往说明形势可能有变，这需要第二日来验证。很多时候，这根星线在高位就会形成"黄昏星"，在低位则会形成"启明星"，它们都预示着后市将出现反转走势。

从前面的表述中可以了解到，对于两根及两根以上的 K 线而言，最重要的是它们相对的位置，不同的位置意味着不同的价格区间；其次是它们分别是什么模样，即是带影线还是不带影线，多长或多短等；最后才是它们分别是什么颜色，是阴还是阳。千万不要因为是大阴线或大阳线就匆忙下结论。

有时，对于连续出现的几根 K 线也许不容易识别其意义，我们不妨做些简化或压缩的工作，通过将几根 K 线简化成一根 K 线的形式，能更直观地了解价格运动的本质。见图 8。

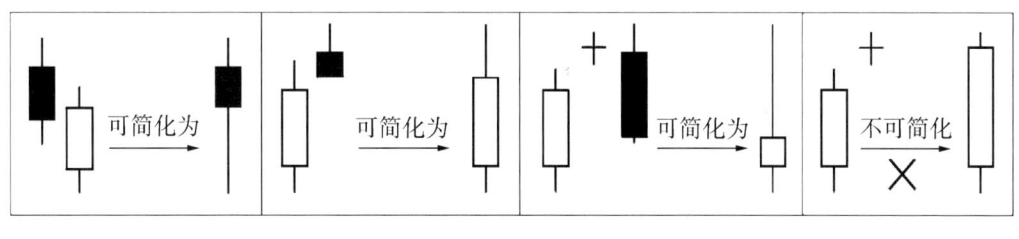

图 8

简化的步骤是：
1）取整体形态中第一根 K 线的开盘价作为简化形态的开盘价；
2）取整体形态中的最高价作为简化形态的最高价；
3）取整体形态中的最低价作为简化形态的最低价；
4）取整体形态中最后一根 K 线的收盘价作为简化形态的收盘价。

但不是所有的图形组合都能够被简化的，如图 8 中的最后一个就不行。简化只是给你一个直观的认识，让你了解事情的本质。一旦明白了原理，我们就没有必要做简化的动作了。

四、K 线图的反转形态

股价经过一段时间的运行后，在图表上将形成一些形态，这些形态可分为反转形态和持续形态，并在一定时期内产生作用。反转形态出现在价格连续运动后的阶段性顶部或底部，当该形态出现后，后市往往会出现反转的变化；持续形态则出现在价格连续运动的中间，当该形态出现后，价格还是会继续原来的发展方向。

这里说的反转形态，并不是说价格趋势一定会发生反转，而是特指经过一段时间的连续运动后，近段时期的股价可能不再向原有方向前进，它可能横向整理，也可能反向运行，提示你应该加以注意。一般来说，K 线图都具有正反对应的特点，即：有一个顶部的反转图形，就一定有一个正好相反的底部反转图形。它们的名称虽然不相同，但原理都来自于前面 K 线里所说的含义。下面例举最常见的两根 K 线和三根 K 线所组成的反转形态。

1. 乌云盖顶（卖出讯号）和刺透形态（买入讯号），见图 9 和图 10

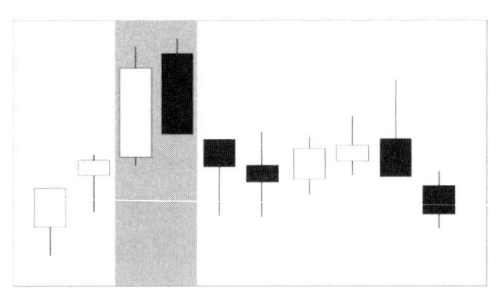 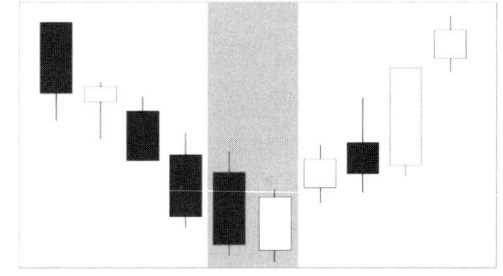

图 9　　　　　　　　　　　　　　图 10

乌云盖顶的含义：经过了一段时期的上涨后，出于获利了结的原因，市场在第 4 日出现了一根中阴线，并且该阴线一举向下突破了前日中阳线的一半部位，形成了有力的向下攻击，使人们担忧后市空方的继续攻势。于是在这种预期下，后市出现了连续两天的向下调整。灰色部分就是典型的"乌云盖顶"形态，它意味着空方像乌云一样压在市场上方，它由一根中阳线、一根高开且向下穿透至前日阳线一半以下的中阴线构成，显示了空方强大的卖压。即使中阴线没有下插至前根中阳线的一半以下，后市也往往不被看好。

刺透形态的含义：同"乌云盖顶"相反。但如果中阳线没有插到前日中阴线的一半位置，则刺透形态不成立，毕竟向下溃败很容易，向上进攻则要有更多的佐证来树立信心。

2. 看跌吞没（卖出讯号）和看涨吞没（买入讯号），见图 11 和图 12

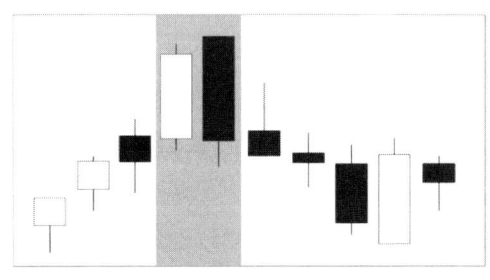 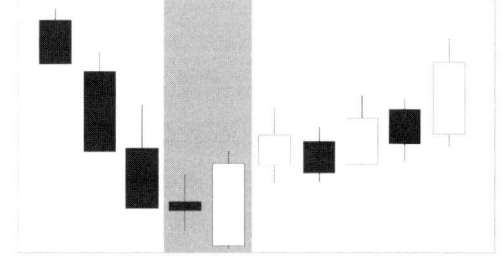

图 11　　　　　　　　　　　　　　图 12

看跌吞没的含义：经过一段时期的上涨后，市场突然出现了一根中阴线，如图 11 第 5 日的 K 线，它将前一日的阳线全部吞没，给人以巨大的反差，使人们意识到空方的咄咄攻势。于是，出于获利了结的考虑，后市开始进入盘整或溃退时期。灰色部分就是典型的"看跌吞没"形态，它意味着空方吞没多方胜利果实的巨大能量，使后市出现变局。但是，如果该图形出现在连续下跌的底部，则有可能形成"最后的吞没"，即意味着空头现在是最后的放量一跌，马上就会形成否极泰来的多头行情（前提是：被吞的是根小阴或小阳线）。

看涨吞没的含义：与"看跌吞没"相反。

3. 顶部孕线（卖出讯号）和底部孕线（买入讯号），见图13和图14

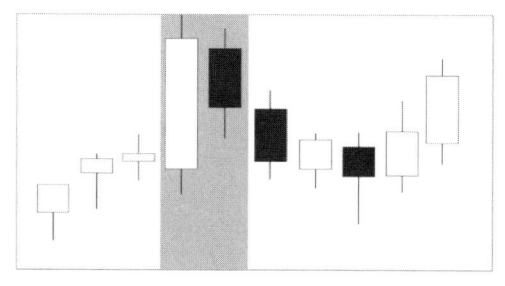

图13

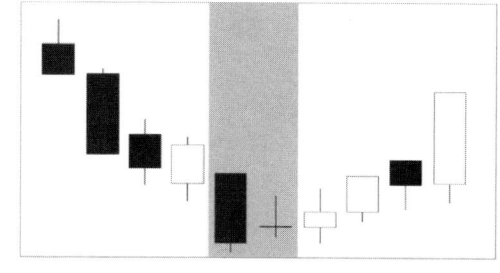

图14

顶部孕线的含义：经过一段时期的上涨后，市场出现了一根中阳线，最后的猛然上涨，使得获利回吐盘开始涌现。于是在中阳线后出现了一根上下实体没有超过中阳线范围的阴线，这使人们看到了空方开始反击的势头，于是后续抛盘接连出现，导致了慢跌之势。灰色部分就是典型的"顶部孕线"形态，这根被"孕"在前一根K线怀抱里的线，是阴是阳、有没有影线都不重要，重要的是它是否被包含在前一根K线的实体内，如果是，则意味原来上涨的势头开始低头了，只愿向下而不愿向上。此外，要注意被"孕"的线是收在母线的中上方还是中下方，如果是收在中上方，则说明空头下跌势头不强烈，但上涨势头不及过去明显，后市可能出现横向整理的走势。

底部孕线的含义：同"顶部孕线"相反。

4. 平顶（卖出讯号）和平底（买入讯号），见图15和图16

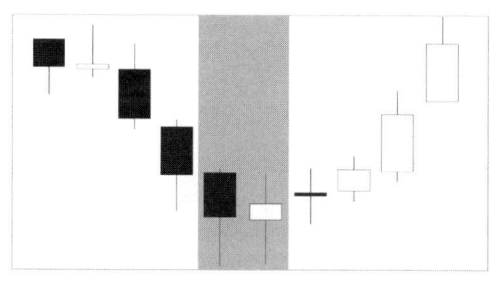

图15

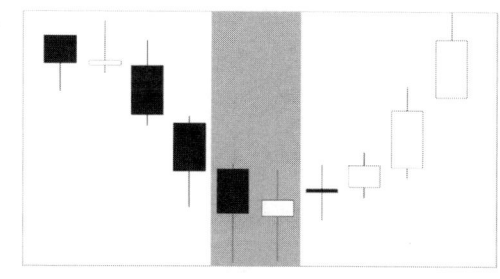

图16

平顶的含义：在连续上涨之后，市场在第5日向上摸了一下顶，被打出了一根上影线。第6日多方又尝试摸原来的顶部，结果又被打了回来，甚至还收了根小阴线。这意味着在旧顶部的抛售压力较大，两次"摸高"受挫，使后市不容乐观。注意，平顶的K线不一定是要相邻的，可以由相隔较近的K线来组成，它的意义在于为市场能否突破近期的新高提供了参考依据。

平底的含义：同"平顶"相反。

5. 黄昏星（卖出讯号）和启明星（买进讯号），见图 17 和图 18

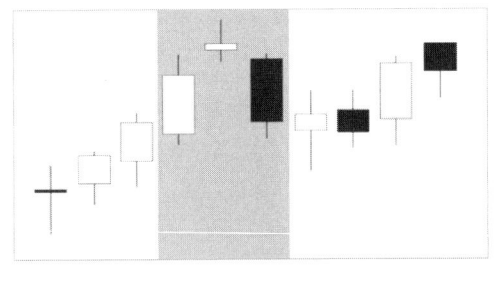
图 17

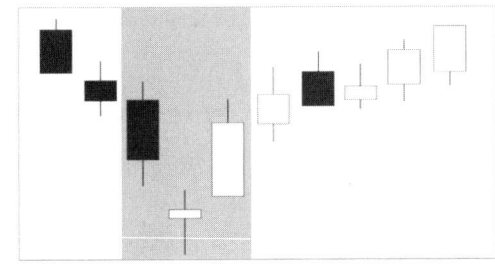
图 18

黄昏星的含义：一段时期的上涨令多方情绪高涨，于是市场有了跳空高开的冲动，但随之就遭到了空方大量的抛盘，被打压成一根带有影线的星线，后市令人担忧。果然，星线第 2 日的低开验证了人们的预期，于是人们开始大量抛售，导致该天的阴线甚至低到了星线之前的开盘价附近，后市自然开始盘整。灰色部分就是典型的"黄昏星"形态，意味着黑暗即将来临，它由一根中阳线、一根跳空高开的星线、一根切入前天阳线一半以下的中阴线构成，它验证了高位星线将变局的可能性。注意，中间的星线可由"单根 K 线"中 13～18 里的任何一个构成，上影线越长，"摸高"后变局的可能性越大，但需要第 3 日来验证。

启明星的含义：同"黄昏星"相反。

6. 顶部岛型反转（卖出讯号）和底部岛型反转（买入讯号），见图 19 和图 20

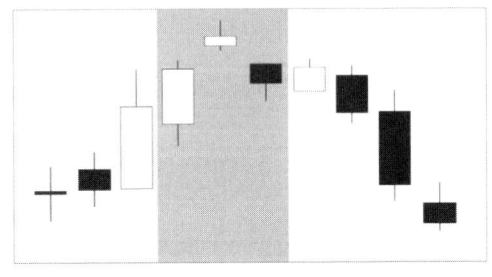
图 19

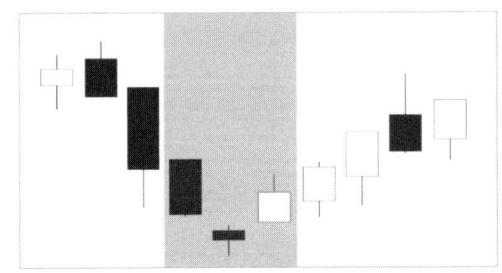
图 20

顶部岛型反转的含义：顶部岛型反转同"黄昏星"比较相似，但它先是跳空高开收星线，紧接着又是跳空低开（或者盘整数日后再跳空低开低走）收阴线，两个跳空使上面的星线形成了一座孤岛，形成了巨大的反差，意味着行情开始反转，后市不看好。注意，有时顶部的星线并不是由一根 K 线构成的，而是股价在盘整了几日后才开始向下跳空低走。

底部岛型反转的含义：同"启明星"比较相似，其含义与"顶部岛型反转"相反。

7. 三只乌鸦（卖出讯号）和白色三兵（买入讯号），见图 21 和图 22

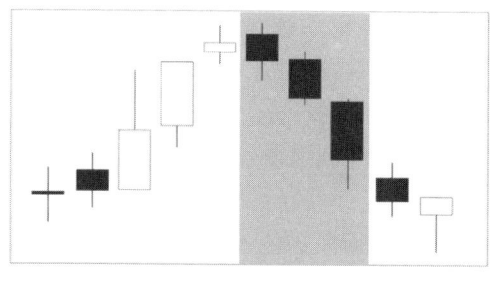

图 21　　　　　　　　　　　　　　图 22

三只乌鸦的含义：当股价上升到某一阶段时，少部分人群开始获利了结，于是出现了小阴线。而后落袋为安的人越来越多，于是出现了三连阴，即三只乌鸦。它的出现，意味着空头开始步步紧逼，后市不被看好。

白色三兵的含义：与"三只乌鸦"相反。

以上是 14 个典型的反转形态，需要注意的是，在反转形态中，顶部反转的灵验程度比底部反转要高，这是因为恐惧比贪婪更能影响人心，从而造成市场价格的剧烈波动。此外，形成价格顶部的时候，往往会出现上涨难而下跌快的情形，这是因为市场要维持上涨状态，就必须不断有新买家入场，而市场如果要下跌，却可以无量下跌，形同于物体会因自身重量而加速下行。

任何一张 K 线图上都可能出现上述的反转形态。如图 23 中就出现了一些典型的反转形态。参照上述 K 线的意义，对比下述图形，我们就能理解诸多 K 线特定形态的意义及其原由。

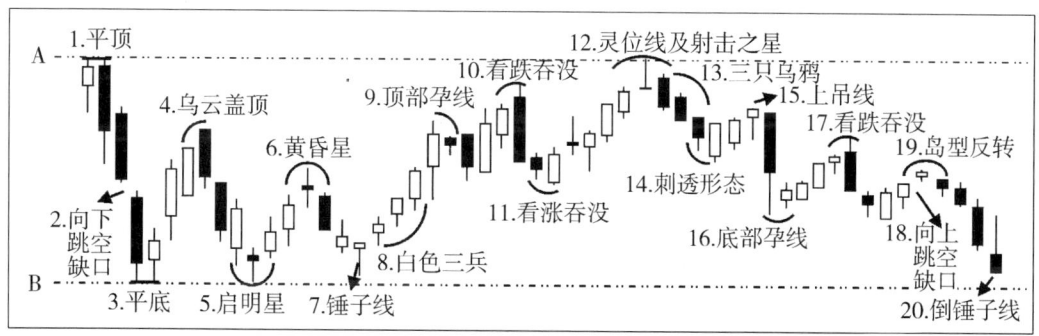

图 23

图中提到的射击之星和黄昏星大致相同，唯一区别就是把十字星或小阴线（小阳线）换成了灵位线，所以前面没作图示。这里还出现了两个"跳空缺口"，它们属于 K 线的持续形态范畴，在后面会有专门的论述。

从图 23 中的 7 号"锤子线"开始，我们可以看到，当一段行情接连（也可以偶尔间隔）形成了 8～10 个新高或新低时，如果市场还没有经过任何实质性的调整过程，那么后市出现调整的可能性就很大了，这也是市场以时间换空间，或以空间换时间的辨证反映。这种情况通常称之为"新值排列"。在新值排列计数中，出现新高的K线或出现新低的K线不需要连续计算，但在两根新值线之间盘整的线不应该超过两到三根，或不能有较大幅度的逆势K线，否则，新值线又需要重新计算了。图23中的7号"锤子线"是计算新值的基准线，之后"白色三兵"的第一根线为第1新高，9号"顶部孕线"的母线是第4新高了，隔了两根阴线后的两根阳线是第5和第6新高，之后以一根"看跌吞没"结束了这一波的上涨行情。

如果价格在连续上涨后，势头开始变缓，并在一段时间内出现了由一群K线组成的盘整区，则往往说明市场需要在此消化获利回吐盘，后市价格走势不明朗。如图23中的上涨和下跌空间夹在A、B线之间，波动幅度不大，本身就是一档盘整的行情。

在图23里，我们还可以看到，市场价格始终运动在A线之下和B线之上的一个区间里，无法有效突破这两根线。但突破是所有交易者最关注的行情变化之一，它的形成及含义如下：如果多方要向上突破A线，往往会派先遣部队试探空方的卖压状况；当K线开始突破A线时，会引出大量恐惧突破失败而抛出的获利了结盘，所以成交量剧增；当多方突破这条防线后，即可站立在A线之上，否则就会像图23里的12号图形一样，被打回原地；如果多方的先遣部队能在A线上安营扎寨，即能够站稳一到两天，则多方的后援部队（跟风盘）就会源源不断地跟至，抢夺有利地势；只要这块滩头阵地被多方拿下并稳固，A线就是多方的支撑线，空方就会考虑撤到后面的安全地带，而多方则会以此为根据地顺势推进；以后当空方开始反击时，多方往往会在A线处顽强抵抗（就像多方被逼到B线时几次出现反击一样）；否则，A线一旦失守，A线就会变成多方的阻力线，并成为空方的支撑线，助长空方的前进势力。

五、K线图的持续形态

K线的持续形态出现在价格连续运动的中间部位（即不在价格阶段性的顶部或底部），当该形态出现后，价格还是会继续原来的发展方向。图24列举了几种主要的K线持续形态，与前面的反转形态一样，它们都有相反的形态，出现在相反的运动趋势中，但这里没有画出来。图中的1~6里，原来的趋势是向上的，当出现该形态之后，向上的趋势多半不会改变；7~9中，原来的趋势是向下的，当出现现有形态后，下降的趋势不会改变。

我们可以看到，第一个图形之所以还能上涨，是因为跳空缺口没有被填满，说明空方其实并不强大；第二个图形中的三根阴线像"三只乌鸦"，但它们连跌三次也没把前面的那根阳线吃掉，说明卖压并不重；第三个图形中，缺口被填满了但空方却无法得到有力的突破，说明后市还有上涨的希望；第四个图形有点像第二个图形，只是空方下降得更为缓慢罢了；第五个图形要出现在强势上涨中才能继续看涨，它说明了多方正在实施诱敌深入、洗去浮筹、而后一举向上突破的战术；第六个图形更是在第二日高开高走，上涨趋势义无反顾；第七、第八、第九个图形比较相似，只是阳线始终无法推进至前根阴线的一半以上，无法形成刺透形态，故而后市继续看跌。

实际上，我们不必太过于关注持续形态，因为一般进、出场的原则是在反转形态

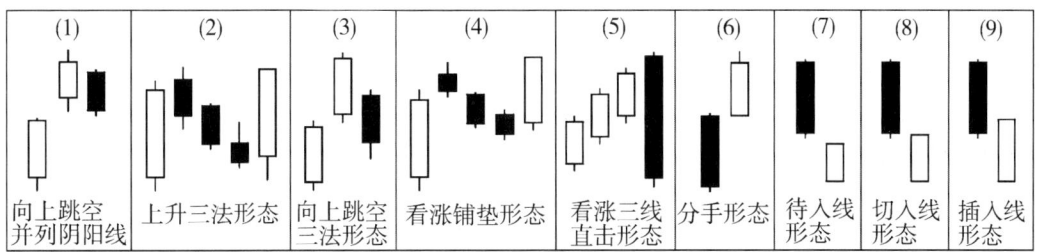

图 24

来临时才决定进、出场,其他的时间里就是等待。在这个等待买入或卖出的过程里,出现多少或者什么持续形态没有研究的意义,列在这里的持续形态,仅作了解。事实上,持续形态也是事后的分析,中途转变的可能性都比较大,如果我们什么图形都要研究,难免就会陷入到无止境的分析中,从而使自己失去应有的清醒状态和判断能力。

六、K 线图的操作总结

无论多大规模的市场运动都是从蛛丝马迹里发展起来的,谁能够首先较为准确的把握这些线索,谁就能避免更多的损失,获取最大的收益。每一个 K 线图都在试图向你作出手势,告诉你市场正在发生的变化,而你,唯有静下心来仔细辨认,才能听懂嘈杂市场中的韵律。万事万物的发展和成败,看似漫无头绪,而实质上无不受内在规律的支配,K 线图的乾坤里也不例外。在这里,除了人,没有别的东西,你要通过这张图来辨析市场参与者的猜测、意愿、对供求的理解、买卖相对实力等。这张图里融会了全球无数交易者的喜、怒、哀、乐,他们辛勤获得的财富正在这里不停地被重新分配。如同具有魔力的纸币一样,正被全球数千万人关注的 K 线图,也实实在在的影响着人们的交易和得失,你不得不相信它,因为数千万人都在读它、用它,并试图操纵它。K 线的现实运动,胜于雄辩,胜于预测,更胜于表象和传闻。

K 线图不是一门科学,而是一种行为艺术和投资哲学的实践,它本质上是市场群体心理因素的集中反映。你可以掌握它的性,但把握不了它的度,它给每个人留下了很多主观的判断。那些试图量化它的分析家们最终不得不陷入败局,即使是江恩,晚年也只说记录手法和操作规则,而不言其他。这是统计学无法了解的世界,在这里,理性往往是最大的敌人。这里没有铁板钉钉或一成不变的东西,只有大致性的经验总结。如同没有完美的交易一样,K 线图里也没有完美的图形。所以,在分析图形的时候,不能拘泥于图形,而要究其内在的本质,洞悉多、空双方的力量对比变化。

K 线图的分析带有强烈的主观色彩,这导致每个人修完同样的课程后,即使都是市场的医生,都可以通过 K 线图给市场作诊断并付诸于实施,但每个人的方法和成效都不一样。这一者取决于个人的性格,二者取决于个人的悟性,三者取决于个人的经验,四者取决于他的市场哲学观,五者取决于他对风险的认知,六者取决于他对收益的考虑,七者取决于周围环境对他的影响,八者取决于他所交易的市场特性,九者取决于他的资金规模。西方技术分析讲究科学严谨,东方技术分析讲究辩证思维,结合两者的优势，股市交易最佳的操作手法就是：盯住你的损失，让利润自己奔跑。

对于以K线图进行分析并据此入市的人而言，要明白三件事：第一，书本上所画出来的标准K线形态可能你永远也看不到，所以你要把握识别的度；第二，在技术上可行的东西，在现实的价格运动中可能无法实现，比如说股价跳空低开会把你的止损点甩在后面，使你的止损技术无效；第三，市场是一个会自我修复和自我变异的东西，因为参与市场的人变聪明了，所以它也就变聪明了，以前屡试不爽的方法可能就会失效。面对永恒的不确定因素，交易者若想屹立不败唯有"两手抓"：一手抓对变异市场的识别能力，一手则死守"顺势和止损"的原则。

K线图本身并无好坏之分，特别是在将来可以买涨买跌的股指期货市场，它不会使你赢利或损失，是你的识别能力和操作规则使你的资金跌宕起伏。对于那些损失了钱财的交易者来说，其根本原因来源于他们对市场的错误分析，或者是缺乏将正确分析结果转化为实际操作的能力。比如在K线图上，什么价格最重要？人们的答案往往是：买入价。因为你参与了这件事情，所以你对这个价格的关注度就会很高，并且你会在亏损时到处寻找失利的原因，或者从同一堆信息源里搜罗继续持有的证据。过度的关心和热情，暴露了你的欲望、贪婪和恐惧，而这才是你无法将正确的分析结果转化为赢利的原因。把你的投资行为转变为做功课的行为，严格按照正确的计划来交易，你就不会患得患失了。

但有些人却不喜欢用人脑的智慧，而执迷于电脑的计算，试图用电脑来测试K线图形态的有效性，并生搬硬套。可电脑测试本身存在着很多技术问题，如电脑很可能会忽略非标准的K线图形态，但这些形态如果是发生在重要的支撑位或压力位，就不应该被忽视；又如，电脑可以严格的筛选出具有标准形态的K线图，但无法结合趋势、支撑、压力、折返等分析手段进行判断，而孤立的K线图形态显然是很脆弱的；再如，交易者通常是根据报酬/风险的比值进场交易的，这是个人为的东西，电脑显然无此判断，因而所选图形的失败率较高；还有，对于止损的设置，更是关系到趋势、支撑、压力、折返、对K线的理解以及交易风格的问题，电脑显然不能替代人脑以提高交易的胜率。

第三节 K线缺口理论

前面讲述的是日本K线图理论，但是在西方，也有一套自成体系的技术理论。以下的技术理论是西方股市技术分析体系的基础，虽然在日本K线图理论里也有反映，但以下的这些技术分析比日本K线图要更加完善和详细。将日本的K线图与西方的技术分析结合起来，是理想的技术分析之道。西方的技术分析基础包括跳空缺口、价格形态、趋势分析、技术指标等。

一、缺口的概念

缺口是指在K线图上没有发生交易的区域。如在股价上升趋势中，某天最低价高于前一日的最高价，就会在K线图上留下一段当时价格不能覆盖的缺口或空白，称之为向上跳空缺口；在股价下降趋势中，情况相反，称之为向下跳空缺口，如图 23 里的跳空指示。

二、缺口的类型

1. 普通缺口

普通缺口常发生在股票交易量很小的市场情况下，或者是在股价作横向盘整运动的中间阶段，或者是在诸多价格形态的内部。发生原因往往是市场参与者毫无兴趣，市场交易清淡，相对较小的成交量便足以导致价格跳空。一般而言，普通缺口可忽略不计。

2. 突破缺口

突破缺口通常发生在重要的价格区间，如在股价横向整理到需要一举突破支撑线（或阻力线）的时候，或者是在头肩顶（底）形成之后股价需要对颈线进行突破之时，或者是在股价对重要趋势线或移动平均线进行跨越式突破的时候，就常常会出现跳空缺口。它反映着市场交易者的一致思维和意愿，也预示着后市的价格运动会更大、更快。

由于突破缺口是在突破重要价格区间发生的，所以此处不看好突破的抛盘将全部被吃掉，而看好突破的抛盘则高价待售（上升突破时），因此买盘不得不高价成交，由此形成向上的跳空缺口（这里常常伴随着较大的交易量）。这种重要区域的价格突破一旦成功，其跳空缺口往往不易被完全封闭（指价格又回到了突破之前）。如果该缺口马上被完全封闭，价格重新回到了缺口下方，那么说明原先的价格突破并不成立。

3. 持续缺口

在突破缺口发生之后，如果市场前进趋势依然明显，一方推动热情高涨，那么价格会再度跳跃前进，再次形成一个跳空缺口或一系列跳空缺口，这种缺口称之为持续缺口。此类缺口常常是伴随着中等的交易量完成的，它说明趋势发展顺利。在上升趋势中，持续缺口的出现表明市场坚挺；在下降趋势中，则显示市场疲软。如同突破缺口一样，持续缺口点将成为此后市场调整中的支撑区，它们通常也不会马上被封闭。如果价格重新回到持续缺口之下，则对原有趋势不利。

一般说来，在突破缺口发生之后，第二个明显的缺口往往是持续缺口而不是衰竭缺口。持续缺口的出现，意味着行情将会突飞猛进，其运动空间至少为从第一个跳空缺口到这个缺口之间的距离。如果出现了几个持续缺口，则价格运动空间的预测会变得比较困难，但也意味着衰竭缺口将随时来临，或最后一个"持续缺口"本身就是衰竭缺口。

4. 衰竭缺口

这类缺口常常出现在行情趋势将要结束的末端。在突破缺口和持续缺口均已清晰可辨，同时测量的价格目标已经到达后，很多交易者就开始预期衰竭缺口的降临。在上升趋势的最后阶段，股价往往会随着盲从者的疯狂进入呈现出快速上涨的行情，但清醒的交易者则开始平仓了结了。随着主力的平仓动作，衰竭缺口出现后往往会有一段时间的价格滑落，并伴随着巨大的成交量。当后续的价格低于这个最后的缺口时，意味着衰竭缺口已经形成，后市多方将开始回撤。但衰竭缺口出现后，价格不一定就在当日开始反向，往往还会继续走高，但它预示价格将在最近一段时期内要回撤了，最后的疯狂该结束了。

但是，当缺口达到3个或3个以上时，在没有出现价格回撤并对前一缺口进行封闭前，我们很难知道哪一个缺口将是衰竭缺口，只有可能从测量目标中获得一点答案。即：如果在第二个缺口（持续缺口）来临后，价格运动空间没有达到从第一个跳空缺口到这个缺口之间的距离，那么，在此阶段出现的第三个缺口就很有可能是持续缺口，直至所测量的价格目标达到为止。

三、缺口的意义

缺口如同多、空双方挖的战壕，争斗双方会在这里对峙一段时间；但一方一旦发力突破并稳住了阵脚，就会乘胜追击，而败者或且战且退，或败如山倒；但胜利的一方若追击过远，则往往会面临严重的补给问题，要么主动后退，要么其前线防御反而被对方攻破；当曾经的胜方退至该战壕（缺口）时，往往又会建立据点，严防死守，期望重新夺回阵地。所以，跳空缺口处往往是曾经的胜方回撤时的重要支撑位，一旦被对方突破，这个支撑位就会变成阻力位，使曾经的胜方难以逾越，这就是跳空缺口处为什么常常会出现激烈争夺的原因。可见，一个缺口在成为一方的支撑位时，就必然是另一方的阻力位；同理，一个缺口在成为一方的阻力位时，也必然是另一方的支撑位。

每发生一个缺口都令进攻方雀跃，但每回填一个缺口则令退回方恐惧，缺口是很多技术分析者极其关心的部位。短期内缺口即被封闭，表示原先取得优势的一方缺乏后劲，未能继续向前推进，由进攻改为防守，处境不利；长期存在的缺口若被封闭，则表示价格趋势已经反转，原先主动的一方已经变成被动的一方，原先被动的一方则控制了大局。根据日本证券类文献里的记载，如果缺口在3个交易日内没有被封闭，那么在随后的13个交易日内，市场有力量朝缺口产生的方向发展。这说明缺口不一定会立即封闭，但是，它如果没有被下一个小回调封闭，就可能会被其后的中级回调封闭；如果仍然没有，则极可能会被更远一些的反转大趋势封闭，这就是所谓的"涨得有多高，跌得就有多深"的写照。

一般谈到的缺口是在日K线图上的反映，但缺口更频繁的是出现在分钟K线图上，当然，也会出现在周K线图和月K线图上，只是随着时间的周期越长，缺口就越不易表现出来。但是在周期长的K线图上，缺口一旦表现出来了，其意义就更加重大，也越有利于长期趋势的判断。有些时候，日内分钟K线图上（如30分钟K线图）的缺口往往比日间缺口更重要，是它们的出现，才带动了日内重要趋势线的突破，形成了重要的价格形态，并造就了中期趋势的持续或反转。因此，日内分钟K线图里的缺口也是交易者应关注的对象。但是要记住一点：过于频繁的缺口出现，会降低缺口的有效性。

四、缺口的研判

以下的判断标准都是以股价在上行趋势中的表现来举例的：

1. 从时间上来说：

普通缺口经常产生，也最易被封闭；衰竭缺口的封闭会需要一点时间；其后的持续缺口的封闭会需要更多的时间；突破缺口则往往要等到衰竭缺口和持续缺口都被封闭后才会被封闭。

2. 从形态上来说：

普通缺口往往是在整理形态内发生的；突破缺口则是在要超越形态特定部位时发生的；持续缺口是在超越形态特定部位之后、持续拉升的行情中产生的；衰竭缺口则是在行情趋势末端出现的。

3. 从阶段性来说：

突破缺口意味着价格终于突破了整理形态而开始移动；持续缺口是价格快速移动至行情中点的信号；衰竭缺口则是行情趋势将至终点的信号。

4. 从成交量来说：

普通缺口处往往没有什么成交量；突破缺口处往往会有大成交量；持续缺口处会有适当的成交量；衰竭缺口产生的当天或次日也往往会有大成交量。

由此可见，当股价以猛烈的方式向上跳空突破原有整理区、并在次日没有回头时，交易者就应该开始建仓，并在价格回调时没有破缺口且又开始攀升时加码买进，直至衰竭缺口来临或者市场出现回撤迹象时离场。一般而言，在连续出现三个缺口后，交易者就要准备减仓了，但在最近一个缺口没有被封闭之前，中线交易者不适合卖出所有的股票。

需要注意的是，不仅是缺口具有强烈的支撑或压力作用，单根大阳线的开盘价、收盘价、中点价格这三部分，往往也具有一定的支撑作用。特别是当单根大阳线曾经起到过重要的突破作用时，这三处位置的支撑作用尤为明显。

第四节　K 线形态分析

西方技术分析是以道氏理论为基础的，所以注重趋势分析，即注重价格波动方向的阶段性分析；同时，西方是以标准线图为价格记录手段的，而标准线图难以直观的反映价格背后的心理状态，不利于发展短期价格预测的技术。基于这两个因素，西方技术分析者们过滤掉了短线杂波，专注于研究市场的基本趋势（1 年以上）、次级趋势（3 周~3 个月）和短暂趋势（3 周以内）。所以他们即使是进行短暂趋势的分析，也往往是在进行一个星期至一个月的技术形态的分析。而在这段时间内，价格图形常常会形成一些特定的形态，为其提供市场动态的参考依据。

在日本 K 线图分析中也会提到类似于下面所讲的形态，且其判断标准和形成意义基本相同，但日本 K 线图里的这些论述没有西方技术分析者们所列举的详细而完整。西方技术分析对形态的判断标准有着严格的定义，并形成了一套完整的形态分析理论，该理论同样适合用于 K 线图分析。

趋势（指一段时期内价格波动的明确方向）不会突然而来，在发生重要的变化之前，往往需要酝酿一段时间。酝酿的时候，趋势可能会发生反转，也可能会小幅盘整后再继续前进。当趋势反转时，就会出现反转形态；当趋势盘整时，就会出现整理形态。在这些形态形成的过程中，如果价格波动的范围越大，或其形成时所消耗的时间越长，或伴随的成交量越多，那么它们所具有的意义就越大。因为其间消耗了大量的多头或空头的力量，使价格、成交量、时间三者呈现出了较为明确的因果关系。

所以，在讨论形态的时候，除了由价格变化所呈现出的形态需要被重点观察之外，还有两个重要的参考因素：成交量和测量目标。在价格形态的形成过程中，研究与价格数据伴随而来的成交量，是判断形态是否形成和是否可靠的一种方法。同时，绝大多数价格形态都有具体的测量技术，可以确定出最小的价格运动目标（空间），这些价格目标有助于交易者对市场下一步的运动空间进行大致的估算，避免交易者出现过早退出的失误。

一般来说，反转形态包括：头肩顶（底）、三重顶（底）、双重顶（底）、V形顶（底）、圆弧形、三角形（包括扩散三角形）、菱形、楔形、矩形。整理形态包括：三角形（对称三角形、上升三角形、下降三角形）、旗形（包括尖旗形）、楔形、矩形。

可见，4种整理形态中有3种同时也属于反转形态。即：有些整理形态如果出现在趋势的顶部或底部，可能会形成价格反转的趋势；但这些形态若出现在趋势发展的中间阶段，则价格既有的趋势往往不会改变。下面一一论述。

一、反转形态

大多数情况下，当价格走势处于反转的过程中时，图表上都会呈现出一个典型的"区域"或"形态"，这种形态被称为反转形态。一个大的反转形态会带来一轮幅度较大的价格运动，而一个小的反转形态就会带来一轮幅度较小的价格运动。

反转形态的特性（从整体把握上来说，很重要）：

1) 反转形态的形成要先有一个主要趋势的存在，即：如果目前并无上升或下降趋势的存在，那么当时所出现的"反转图形"就没有什么意义。

2) 趋势将要反转的第一个信号通常表示为价格对重要趋势线的突破，但在价格突破重要趋势线之后，也有可能形成整理形态，所以该条件不可倒推。

3) 形态规模愈大，随后的价格运动空间愈大。这里所谓的规模，是就价格形态的高度和宽度而言的。高度标志着价格变动的幅度，宽度意味着价格变动的时长。

4) 顶部形态形成的时间较底部形态形成的时间短，且震荡大。因为价格倾向于慢升快跌，如果能在顶部做空（期货市场），则通常获利的速度比较快。

5) 底部形态的价格幅度较顶部形态的价格幅度小，但形成的时间较长。因为聚集人气需要时间，而此时交易并不疯狂，因而底部形态容易被识别。

6) 对于形态的价格目标的测量，均是以形态高度为基础的，但绝大多数测量技术只能给出最小的价格目标或运动空间。

图25只例举了顶部反转的图形，除扩散三角形外和菱形外（它们不可能出现在底部），把它们反向180°就是底部反转的图形。

1. 头肩顶（底）形态

头肩顶（底）形态是最经典的反转形态，其他的反转形态大都是头肩型的变化形

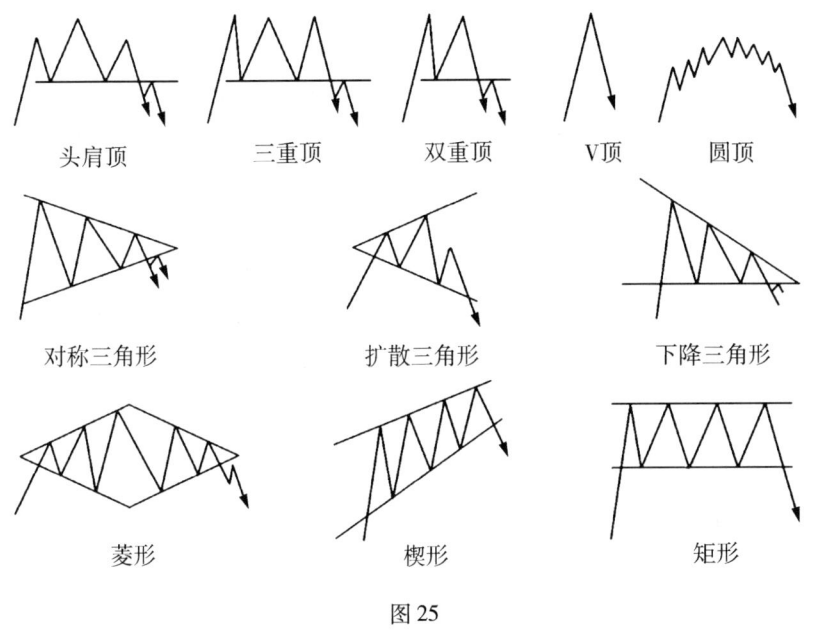

图 25

态。当头肩顶形成的时候，通常在最强烈的上涨趋势中形成左肩，小幅回调后再次上行形成头部，再次回调后又上行形成右肩，由此形成最为简单的头肩顶形态。见图 26。

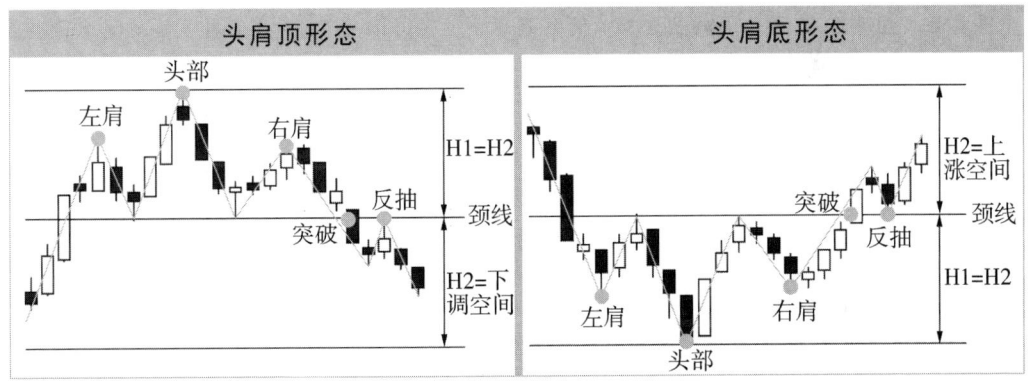

图 26

头肩顶形态形成原理：当股价被大众蜂拥推到左肩时，由于买卖盘的活跃，成交量剧增；随后出于获利回吐的原因，股价开始向下调整，但由于后市仍被人看好，所以只是缩量下跌；随后，股价又开始在利好消息的鼓动下继续攀升，交易再次活跃，成交量继续放大；但是在接近头部的时候，成交量往往会出现萎缩和递减的现象，这是买盘不足的表现，于是出现了头部；此后市场出现了意见分歧，但由于多头力量不足，股价开始回落到颈线部位，此时的成交量往往是递减的；当股价到达颈线部位后，部分持乐观预期的交易者继续买入，但也有交易者怀疑头部已经形成，所以看好的人群开始减少，于是在股价无力维持高位的时候出现了右肩；随后股价开始回调，往往在跌到颈线部位的时候，抛盘开始增加，成交量开始增多；但由于有交易者怀疑股价向下突破是虚假的动作，或因为股价比较便宜而继续买进，故而后市往往会出现短暂的反弹，使股价向颈线部位进行反抽；当反抽后的股价未能站在颈线之上时，颈线由支撑线变成了阻力线，经典的头肩顶形态完全显露，股价由此开始带量持续下跌（也可以不带量下跌，当市场并没有出现恐慌性抛售的时候，股价会因买盘不足而自然回落）。

头肩底形态与头肩顶形态相反，但也有一定的区别：

其一，头肩底形态的形成时间较长且形态较为平缓，不像头肩顶形态那样剧烈而急促；

其二，头肩底形态的总成交量比头肩顶形态的总成交量要少，这是由于底部供货不足而顶部恐慌抛售所致；

其三，头肩底形态突破颈线时必须要有大成交量才算有效，而头肩顶形态突破颈线时则可以是无量下跌；

其四，头肩底形态的价格在突破颈线后更习惯于反抽，原因是落袋为安的交易者比较多；

其五，头肩底形态的颈线常常向右方下倾，如果颈线向右方上倾，则意味着市场更加坚挺。

在图 26 里的头肩顶形态中，其颈线是水平的，但是很多的时候，颈线可能会从左至右向上或向下倾斜，向下倾斜的颈线往往意味着行情更加疲软。处于颈线位的价格反抽并不一定会发生，如果在价格突破颈线时成交量很大，那么价格反抽的可能性就会降低；而在市场十分疲软的时候，即使没有什么成交量，价格反抽也不易发生。此外，在进行反抽时，股价也可能会重新站到颈线之上，又开始继续前进，这说明当时价格对颈线所作的突破是假突破。

在图 26 中，当价格反抽失败后，将继续下跌，下跌的空间（即价格测量目标）从颈线开始算起，最小幅度为头部到颈线的垂直距离（H1）。事实上，价格运动通常都会超出上述测量目标。但是这个价格目标有助于我们把握价格将来下跌的幅度是否足够，或者是否超出了很多而必须提高警惕。当然，最大的下跌幅度往往是前趋势形成的起点。

在测量价格目标的时候，除了使用上述颈线部位的预测方法，也必须同时考虑到附近的趋势线、支撑位、阻力位、回撤水平位、缺口等一切跟支撑或阻力有关的技术位（后面有论述）。比如：在头肩顶形态开始跌破趋势线后，如果有其他重要的支撑位处于下跌的测量目标之间，那么价格将可能落到该支撑位时就会产生反弹，原有的测量目标就无法达到了。

实际上，头肩顶形态是道氏理论或趋势论的具体应用。在头部形成以前，其高点不断被创新，而低点不断被提升；在头部形成以后，其反弹高点不断降低，而低点也不断被刷新。所以，头肩顶形态是上升趋势和下降趋势紧密结合的范例，只是由于趋势线的作用，使其显得比较对称而已。需要注意的是，头肩顶（底）形态在实际的图表中都不是很完整的，也不一定很标准，大致相似就基本可以认定了。

在极少数情况下，头肩顶（底）形态也会形成整理形态。比如在股价持续上涨过程中出现头肩顶形态后，股价继续上涨；在下跌中行情里出现头肩底形态后，股价继续下跌。

在把握头肩顶（底）形态时，要注意以下事项：

1）如果头部与双肩不成比例，则不应视之为头肩顶（底）形态；

2）在头肩顶形态中，左肩成交量比头部成交量可能多、可能持平、也可能少，但理想的状况是：左肩处的成交量最大，头部处的成交量次之，右肩处的成交量显著减少，突破颈线时的成交量增加，价格反抽时的成交量减少，反抽结束后成交量再度扩张并使股价加剧下跌；

3）头肩顶（底）形成时，当价格突破颈线后，成交量会在短时间内出现萎缩的现象，这是市场犹豫的表现，之后通常会有一个价格反抽的过程，使价格回到颈线部位；

4）一般推论，当价格反抽失败后，价格反向运动的空间至少等于从头部到颈线的垂直距离；

5）价格突破颈线部位是确认头肩顶（底）形成的重要条件，如未出现这种现状，则该形态不一定会演变出反转趋势，可能会形成整理趋势；

6）当价格向上突破颈线时，必须带量方显真实性；而当价格向下突破颈线时，则可以是无量下跌。有效突破的确认可以用1~3天内价格是否回头来检验，也可以用突破后的价格是否达到了总价的3%来确认（具体情况具体对待），但都以收盘价为准；

7）头肩顶（底）形态可能会失败，但未"完工"的头肩顶（底）形态说明行情虽然还有生命力，可是真正的反转可能很快就要到来。

在日本K线技术分析里，头肩顶形态叫三尊顶形态（三尊菩萨，中间最高），头肩底形态叫倒三尊形态。

2. 三重顶（底）形态

三重顶（底）形态和头肩顶（底）形态唯一的区别在于它没有头部，它的三个峰（谷）的高低几乎一致。见图27。

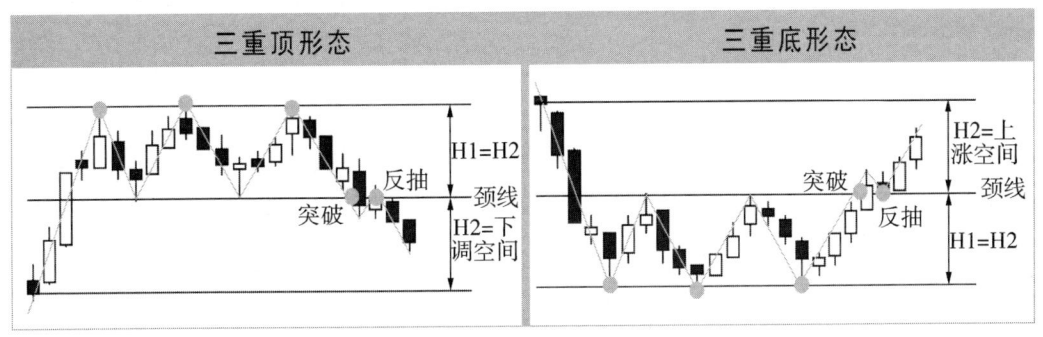

图27

三重顶（底）形态的形成原理及其他特性同头肩顶（底）形态几乎一样。

在日本K线技术分析里，三重顶形态叫三山形态（三座山峰），三重底形态叫三川形态（三条河流）。

3. 双重顶（底）形态

双重顶形态是指股价在顶部形成两个波峰的形状，常称为M型反转；双重底形态是指股价在底部形成两个波谷的形状，常称为W型反转。与三重顶（底）形态和头肩顶（底）形态不同的是，双重顶（底）形态被突破后的涨跌幅度通常是形态本身颈高的1~3倍。见图28。

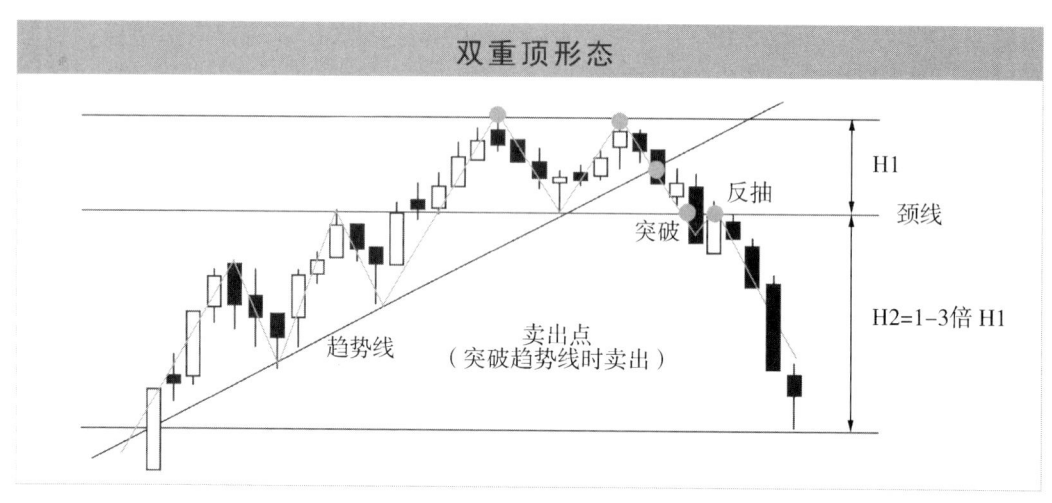

图28

如图28所示，股价一直沿趋势线在向上爬升，当它两次爬到同一高度而折回时，我们可以感觉到那里有较强的卖压；而一旦股价折回到趋势线以下时，我们大致可以判断M头可能会形成，于是在股价突破趋势线的时候，就是第一个比较理想的卖出点。既然预知M头会形成，我们就会在最近一个股价低点处画出与顶部平行的颈线，等待股价完成向下突破和反抽的过程。在股价突破颈线的时候是第二个比较理想的卖出点；而当股价进行反抽的时候，则是第三个很好的卖出点。当股价反抽失败后，下跌的测量目标为从顶部到颈线位垂直距离的1~3倍。

双重底反转形态与双重顶反转形态基本相反。

需要注意的是，双重顶反转形态出现后，并不一定意味着股价趋势必定反转。股价如果在回落到颈线部位时获得支撑，则有可能再创新高，继续朝原趋势方向运动；或者摸高退回后续而形成三重顶、多重顶、矩形等多种形态。在判断M形态到来后趋势是否会反转时，有三个标准可以用来衡量。以双重顶为例：先看价格是否跌破了原有的左斜向上的趋势线，当价格跌破该趋势线时，下一个支撑位就是颈线，出现了颈线，自然就有可能出现双重顶、三重顶、矩形等形态；再一个是时间，如果两个顶之间形成的时间间隔较长（如一个月），那么趋势即将反转的可能性就比较大，因为其中消耗了大量的多头热情而股价却得不到迅速的上升，产生了主力出货的嫌疑；还有一个是 M 形态的高度，即峰顶回撤的幅度，如果第二个顶部位回撤的幅度是前一上涨波幅的 20%～30%，那么这种有力的价格回撤也可能意味着行情顶部正在形成。但两个顶之间间隔的时间越长，对于顶之间下跌的幅度要求就越小，因为这里所消耗的时间成为了趋势反转的重要因素。

此外，双重顶（底）形态的两个峰（谷）之间的距离越远，也就是形成两顶（底）所持续的时间越长，那么将来双重顶（底）形态反转的潜力就越大，反转之后的价格波动也就越剧烈，这又体现了时间和空间互换的含义。

也许因为双重顶（底）形态往往是价格作横向整理运动时的区间波动轨迹，所以日本 K 线技术分析里没有相关的介绍，但在平顶和平底的反转形态里，也透露着双重顶（底）形态的反转含义。

4. 圆弧顶（底）形态

当复杂的头肩顶（底）形态不是在两条水平线中进行类似于箱形整理运动的时候，错落的高低价格则有可能是围绕着一段弧线进行的，这常称之为圆弧顶（底）形态。这种形态较为少见，也往往被称为碟形、碗形形态，它代表趋势在缓慢而渐进的改变，而此时的成交量也常常会按时间顺序排列为一个反向的圆弧。见图 29。

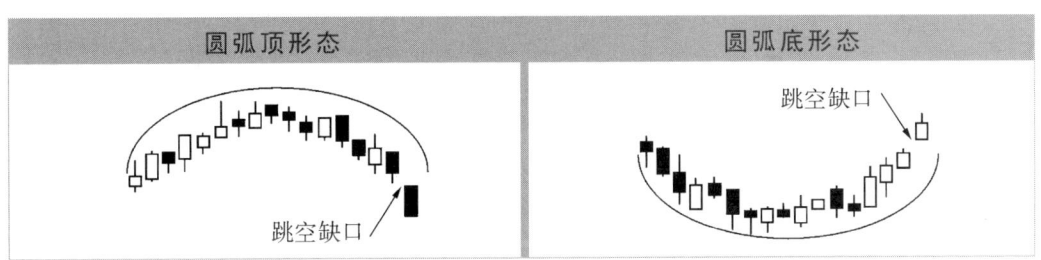

图 29

由图 29 可见，当圆弧顶形成以后，股价往往并不马上下跌，而是横向发展，形成徘徊区域，徘徊区一般称作碗柄。通常情况下，碗柄很快便会被突破，而且往往是以跳空的形式突破，它说明交易者终于按捺不住了，蜂拥而动。而在成交量方面，随着价格上升到圆弧顶部，成交量往往开始萎缩，然后随着价格下降的同时稍有增加，在跳空突破后成交量则会继续增加，并由此形成一个圆弧形，只是形状与上面的圆弧正好相反。

在实际的价格运动中，圆弧顶极少出现，圆弧底有时会以不太标准的姿态出现，但成交量却往往呈现出一个相反的圆弧形。当圆弧底出现后，往往一轮大的上涨趋势即将来临，只是它的上升趋势经常很缓慢，而且会被频繁打断，让没有耐心的交易者出局，但交易者若坚持下来，最终的收益还是相当可观的。总体说来，圆弧形态不会出现在投机性较强的股票当中，它往往体现着温和股票的运动特征。

判断该形态是否完成的标准，是看股价是否带量突破右边的碗沿，从而与碗柄彻底脱离。通常而言，圆弧形态所形成的时间愈长，其后股价上升（针对圆弧底）或下降（针对圆弧顶）的空间就会愈大。尤其是底部的圆弧反转形态，一旦脱离其长达几个月的盘整运动,则上涨空间往往非常可观。但我们只能从其形成的时间和其前面趋势的大小来判断股价未来的上涨空间,没有什么其他的度量方法可以用来测量最终的价格目标。

在日本K线技术分析中,与之对应的是圆形顶部形态和平底锅底部形态,其原理及意义与上面的圆弧顶(底)形态相同。

5. V形顶(底)形态

V形顶(底)形态其实不是完整的价格形态,但由于它的出现同样是一段时期内价格演化的结果,同时也确实是一种价格反转的现象,所以我们还是把它当作反转形态来研究。V形顶(底)形态不容易判别,因为它的反转运动通常没有什么征兆,而且反转运动来临之前也没有逐渐缓和的趋势(逐渐平衡的买卖实力)可供参考,急来急去,令人防不胜防。

V形顶(底)形态的出现,通常是报复性回撤(反弹)的结果。它往往在重大利空(利好)来临时产生,或是在严重超买(超卖)运动中产生,由此形成了短期内价格的剧烈波动。见图30。

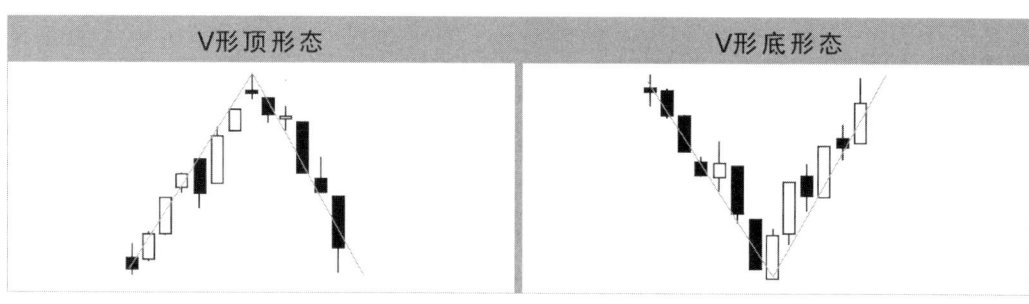

图30

由该图可见,V形顶形态的涨势很凶猛,但在突如其来的利空消息下,其跌势也十分迅速,只用两个星期就完成了V形顶的形态;V形底也一样,在带量下跌下,多方认为超卖十分严重,于是报复性反弹很快就完成了。

V形顶(底)形态出现时的一些规律:

其一,在趋势反转之前,原趋势一路猛进,且往往会出现多次的价格跳空缺口,当局势突然不利时,价格反向的运动就会猛烈开始,体现出暴涨暴跌的特性;

其二,在趋势反转的顶点,往往会出现岛型反转形态或关键日反转形态(即当日K线出现很长的上影线,或者出现灵位线,或者出现吞没形态,且成交量巨大);

其三,原有的趋势线非常陡峭,对趋势运行的支撑很薄弱,于是当反转运动开始时,价格会急速突破原有趋势线,以更陡峭的方式反向运行;

其四,因为前期价格运行速度快,所以在趋势反转时没有重要的支撑位(阻力位)可以提供,以至于价格往往回撤(反弹)至原趋势的1/3或1/2时才得以停住。

在日本K线技术分析中,与之对应的是塔形顶部形态和塔形底部形态。稍微有些区别的是,塔形顶部形态或塔形底部形态的价格可以在最高位或最低位徘徊几日,但其下跌或上涨同样很迅速，类似于岛型反转形态。

6. 其他反转形态

其他反转形态包括复合头肩形、扩散三角形、菱形和一些类似于整理形态的反转形态，如三角形形态、楔形形态、矩形形态等，见图31。

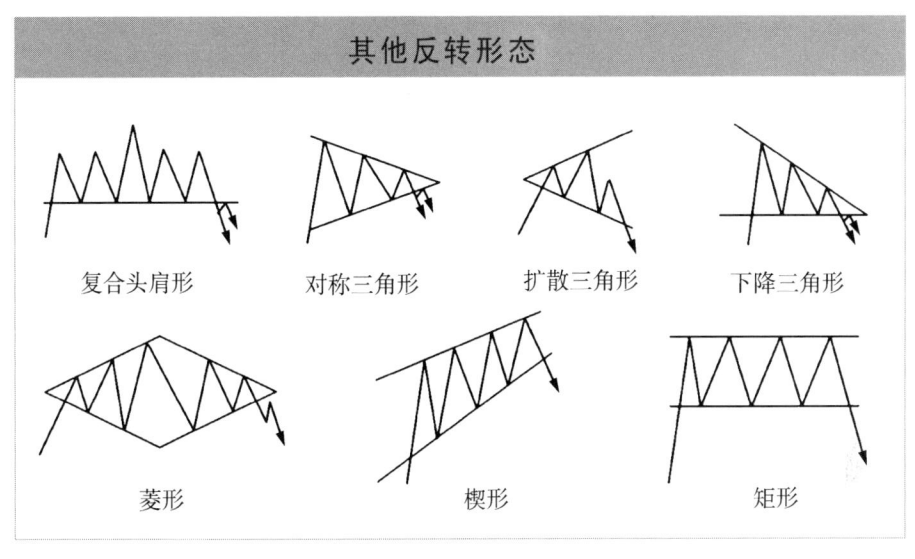

图 31

1) 复合头肩形态：头肩形态有时会发生变化，出现双头或双左肩、双右肩等，这样的形态常称之为复合头肩形态。复合头肩形态由于每次价格回调的程度不一样，又由于有类似矩形整理的支撑线存在，所以其颈线常常是两条相隔很近的水平线，只有这两条水平颈线中的一条被价格穿透后，才有可能形成价格突破。复合头肩形态的意义和度量同头肩顶（底）几乎一致，但由于形成的时间较长且成交量大，其威力常常被交易者高估。其实它的威力往往不如头肩顶（底）形态，因为头肩顶（底）形态很明确地向市场给出了交易信号，而复合头肩形态则往往形成了矩形整理运动，在较长的时间内消耗了大量的多、空双方力量，以至于价格突破后的运动幅度常常达不到头部到颈线的距离。

2) 对称三角形形态：对称三角形形态中大约有3/4的时候属于整理形态，1/4的时候属于反转形态。对称三角形形态究竟是反转形态还是整理形态，必须要等到形态被价格突破后才能认定，在此之前则充满着不确定的变化。当价格在从三角形左端到三角形顶点之间距离的1/2~3/4处进行了有效突破后，随后的价格运动常常会表现得较为强烈；如果价格在超过了该段距离的3/4以后还没有展开突破，还在越来越窄的价格波动中作横向运动，那么价格很可能会横向飘过三角形的顶点，而不会出现什么突破性的信号。此外，对称三角形形态被价格突破后的回抽动作，没有头肩形形态被价格突破后的回抽次数多。

3) 扩散三角形形态：扩散三角形形态通常出现在趋势的顶部，是头肩顶形态的变形。将其高点与低点各自连结成线后,两条线所组成的区域像一个喇叭形状。一般而言,这个形态里的成交量一直会保持着较高的水平,但会呈现出不规则的状态。这个形态意示着一个缺乏理智的、失去控制的市场状态,它只可能出现在牛市的最后阶段,而不可能出现在熊市的底部。此外,跨度极大的扩散三角形形态视为无效,一般整个扩散三角形形态的形成过程不超过 2 个月。

4)直角三角形形态:直角三角形形态分为下降三角形形态和上升三角形形态。当下降三角形形态出现在趋势顶部的时候,会出现趋势反转的现象;当下降三角形形态出现在趋势中部的时候,又会形成整理状态。与之相反的是上升三角形形态,当其出现在趋势底部时,会出现趋势反转的现象;当其出现在趋势中部时,又会形成整理状态。即:上升三角形形态往往意味着价格上涨,下降三角形形态往往意味着价格下跌。

5)菱形形态:菱形形态又称为钻石形态,由扩散三角形和收敛三角形合成,也可以看作是复合头肩形,较为罕见。它也是单独存在于趋势顶部,在趋势底部无法形成。

6)楔形形态:楔形形态可分为下降楔形形态与上升楔形形态。楔形形态经常出现在趋势的中间部位,因此通常形成整理形态;但楔形形态也可能出现在趋势的顶部或底部,同时发出趋势反转的信号。一般而言,楔形形态形成反转形态与形成整理形态的比例为 7:3;如果楔形形态形成的时间较长,那么趋势反转的可能性也会增大。

7)矩形形态:矩形形态也叫箱形整理形态,即价格在两条几乎平行的直线中运动,当然,这个"箱子"也可能斜放。矩形形态通常表现为整理形态而非反转形态,两者的比例一般为 3:1。作为反转形态的矩形形态,其在趋势底部出现的概率比在趋势顶部出现的概率大,也就是说,顶部趋势反转时很难以矩形形态的方式进行;长时间、疲弱、窄小的矩形形态一般发生在主要趋势的底部,有时也被归结为圆弧底形态。矩形形态被价格突破后,价格运动的空间至少是这两条平行线之间的垂直高度。一般而言,持续时间短、波动宽、近似正方形的形态比那些持续时间长、波动窄的形态具有更大的动能。

综上所述,对称三角形、直角三角形、楔形、矩形由于不完全具备趋势反转的意义,而反转信号才是交易信号,所以,建议交易者只着重于观察前面的 5 种反转形态,以及这里的复合头肩形形态、扩散三角形形态和菱形形态。

二、整理形态

当价格推进过快时,往往会在一个前进力量衰竭的地方停下来,这时价格要么会回撤到一个具有支撑的位置,要么就会出现向右平移或小幅下移的整理过程,直到原有趋势重新追上自己,而后开始继续前进。在这个趋势的整理过程中,常常会出现一些价格的整理形态,图 32 就例举了一些常见的向下整理形态,把它们反转 180°,就是向上的整理形态。需要注意的是,整理形态的完成过程往往不会超过 3 个月,而且多数出现在日 K 线图上,周 K 线图上则较少出现。整理时间不长的原因,是因为整理经不起太多的时间消耗,士气一旦疲软,则继续原有趋势就会产生较大的阻力。

同前面所讲述的 K 线持续形态一样,这里的整理形态也不是我们重点的关注对象。因为整理形态大部分的时候会继续原有的趋势,而我们关注的只是趋势反转的信号;

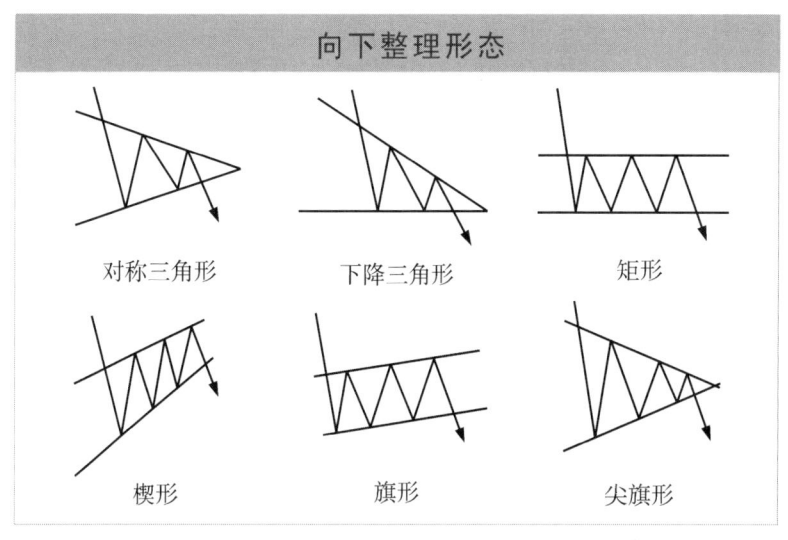

图32

同时，整理形态少数时候也会形成反转形态，这种两面性的形态显然不具备重要的研究价值。所以，当这些生成于两条夹线中的三角形、矩形、楔形等形态出现时，我们只要知道价格必将在两条夹线中寻求突破，并做好任何一个方向的突破准备就可以了，其他的时间就是等待。

此外，短线交易主要以K线的逐日观察为主，几乎不会等到长期形态来临才开始着手交易。也就是说，当价格在这些形态中来回折返的时候，就已经产生了很多的短线交易机会。因此，短线交易者对长期价格形态并不在意，而仅仅是对某些重要的突破位比较在意。不过，了解上述整理图形也有一些益处，至少可以使交易者见到这样的图形时不会再有陌生的恐惧感。

三、形态总结

形态技术分析诞生于西方，因而带有典型的西方人的行为风格。西方人喜欢用严谨的数量统计说话，因此表现在技术分析上，就是找出那些在历史走势图中几乎相同的价格走势图形，然后利用人工或计算机统计它们出现之后的价格走势，并形成预测经验。在这种情况下，他们找出了诸多的价格形态；并统计出这些形态约有3/4将在形成后导致价格继续前进，约有1/4则与之相反（即使是最可靠的头肩顶反转形态，也有可能横向形成类似于复合头肩形的矩形整理形态，而后导致行情继续上涨。）。但是我们在实际交易时，如果看不到明显的突破信号，往往就不会知道面前的形态将是属于3/4里的整理形态还是1/4里的反转形态。所以在价格突破信号被明确之前，即使是能叫出该形态的名称，我们也常常无所作为，惟有等待价格对趋势线或形态作出明确的突破信号之后，我们才能有所行动。而价格是否会突破趋势线或形态，则取决于当前的股票供求状况、价格区间（高、中、低位置）、近期人气（成交量或涨跌速度)、跨度时间(跨度时间越长变数越大)等，而不是形态本身。

通过分析我们还可以了解到，不是因为出现了头肩顶、双重顶、三重顶、圆顶、V形顶等反转形态，股价才会开始大跌，而是因为股价处在连续上涨的高位需要获利了结，所以才出现了这些特定的出货形态。由此可见，判断股票价格是处在高位、中间位还是低位，才是第一要素，价格形态只是对价格贵贱的印证方式而已。同理，因为股价尚未处于高位，所以多数情况下股价趋势会在稍加整理后继续上行，但突遭意外也有可能会发生反转，于是市场才出现了类似三角形、旗形、菱形、楔形、矩形等整理形态，并由此表现出3/4的时候是整理趋势、1/4的时候是反转趋势的大致特征。把"本"与"末"都弄清楚后，我们就知道，研究股票价格的高、中、低位是最为重要的，它们往往以"值不值"的价值关系，决定着趋势的起起落落，再表现出各种价格形态。

在作为西方技术分析"圣经"的《股市趋势技术分析》一书中，爱德华和迈吉费尽几十年时间找出的各种价格运动形态，并非是发现了什么新的趋势运动奥秘或新的技术分析原理，而仅仅是让人注意到一种高概率的图形现象和市场规律，以对股市中期趋势进行预测，并试图弥补道氏理论的不足之处。但这些形态的出现并不能说明市场未来一定会怎样，而只能说明市场未来可能会重复过去的运动，带有很强的主观意识。反过来，即使爱德华和迈吉没把这些形态找出来，价格围绕趋势线进行运动的规律也一样存在，我们通过对趋势及其势线的了解，也一样可以对股价运动作出判断。即：认清趋势及趋势线以后，价格形态及其定义就没有太大的意义了，该变的总会变，该持续的还将持续，跟形态无关，跟趋势有关，跟人气有关。趋势决定形态，形态验证趋势，这条本质认识将有助于我们打破形态的唯心主义，化繁为简地进行市场交易。

最后，交易者需要知道的是，在进行形态学习时，我们往往只是从上千幅价格走势图里孤立地找出了几个相似的价格形态，而忽视了其过去的历史背景和市场特征，但这些才是决定这些名目众多的形态何以会出现、又何以起反转或持续作用的深层次原因。所以，单纯的形态讲解仅有参考的作用，而在实际运用时，分析市场投资心理及市场环境状况才是根本性的东西，是它们决定了形态的林林总总。每个市场都有自己的特性，虽然形态分析适用于所有的金融交易市场，但是它们在每个市场上的准确性、可信度以及出现频率和变异状况都是不一样的。如有的形态出现在股票市场可以获得很好的预测效果，而出现在权证市场则可能会变得没有预测价值，甚至根本就无法形成。所以，在我们把这些基本的分析法套用到各个不同的市场甚至不同的交易品种之上时，必须要求其可靠性达到70%以上，才能以此来预测交易行情。从交易成功的要素来说，基本面分析、技术分析、供求分析、市场特征、策略管理等都是重要的环节，而形态分析不过是很小的一部分而已。所以，对于形态研究，不必入迷。

第二章 技术分析之趋势分析

从统计的数据来看，K线图的组合大致可以预测到股价1~3天的未来趋势，K线图的形态则大致可以预测到股价一个月左右的未来趋势，因而纯粹的K线图分析只适合于短线交易者；对于中线交易者来说，则必须了解中长期的技术分析手段和其他辅助分析技术。在这方面，西方技术分析法的优势就得到了体现。

西方技术分析把趋势分析放在首位。当K线图日复一日的往后延续时，就形成了连贯的运动轨迹，也就形成了形态、趋势、周期等要素。前面我们已经掌握了股价的短期形态和中期形态，接下来就要了解趋势和周期了。实际上，部分西方技术分析者将他们所有的注意力都集中在了以下的技术分析中，对前面的知识则毫不关注。

第一节 趋势的概述

股票价格随着时间的推移，会在图表上留下运动的轨迹，这一轨迹呈现出一定的方向性，体现着股价整体向上或向下或作水平运动的特征。即：趋势就是价格波动的方向，也是股票市场运动的方向。

在股市里，如果出现了一段上升或下降的趋势，则股价的波动必然朝着这个方向运动，直到有外力来改变它的方向为止。股价上升的行情里虽然也会出现一些短暂的下降行情，但不影响股价上升的大方向；股价下降的行情里即使出现短暂的反弹运动，也不会改变股价最终的下降趋势。

股票价格不会只停留在一个地方不动，肯定会有上下起伏的时候，从图形上看就是一条曲折的连线，每个拐弯处都会形成一个高峰或低谷。由这些高峰和低谷的相对高度的变化，我们可以看出股价趋势的方向。从股价趋势的表现形式上来说，趋势大致上可分为三种，见图33。

一、上升趋势

如果随着时间的顺移，图表中的每个价格高点依次上升，每个价格低点也依次上升，那么这种价格的运动趋势就是上升趋势。即：当每次股价进行回调的时候，还没等股价跌到前一次的低位，买家就迫不急待地涌入，推动股价继续上涨；而当股价临近前一次的高位时，买家又毫不犹豫地持续买入，促使股价再创新高。如此来回几次，便形成了一系列依次上升的波峰和波谷。如果这种现象持续的时间比较长，就属于典型的"牛市特征"。当这种峰位和谷底不断抬高的现象中断时，往往意味着上升趋势即将结束。

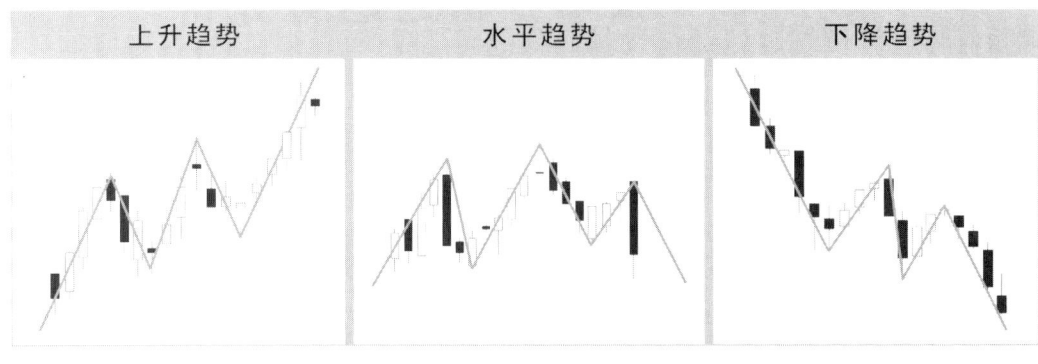

图 33

二、水平趋势

水平趋势也就是横向整理趋势。即随着时间的顺移，图形中的股价没有创出明显的新高，也没有创出明显的新低，基本上就是在两条水平线之间作折返运动。这种趋势不适合判断未来的股价运动方向，股价只有突破上面的水平线压力线或下面的水平线支撑线时，才能使我们看到市场真正的运动方向。如果这种现象持续的时间比较长，就属于典型的"牛皮市特征"。

三、下降趋势

同上升趋势相反，如果随着时间的顺移，图表中的每个价格低点依次下降，每个价格高点也依次下降，那么这种价格的运动趋势就是下降趋势。即当股价每次反弹的时候，还没等股价涨到前一次的高位，卖家就迫不急待的涌出，促使股价回落；而当股价临近前一次的低位时，卖家又毫不犹豫的持续抛售，促使股价再创新低。如此来回几次，便形成了一系列依次下降的波峰和波谷。如果这种现象持续的时间比较长，就属于典型的"熊市特征"。当这种峰位和谷底不断降低的现象中断时，往往意味着下降趋势即将结束。

第二节 趋势的分类

道氏理论根据时间的长短，将股价运动趋势划分为三种：基本趋势、次级趋势、短暂趋势。

一、基本趋势

基本趋势也叫长期趋势，通常运动时间在一年以上。基本趋势是股价运动趋势的主要趋势，是交易者努力要弄清楚的方向性问题，只有了解了基本趋势，交易者才能做到顺势而为。基本趋势是股价波动的大方向，一般持续的时间比较长。如果基本趋势是上升趋势，我们就叫它牛市，说明市场牛气十足，非常活跃；如果基本趋势是下降趋势，我们就叫它熊市，说明市场萎靡不振，持续向下。而在期货市场，由于有保证金交易的性质，所以持仓时间不可能很长，往往半年的价格运动就可以造就一轮基本趋势。

二、次级趋势

次级趋势也叫中期趋势，通常运动时间为3周到3个月之间。当股价持续上涨到一定阶段时，往往会进行局部的调整（反向运动），这个调整的任务是由次级趋势来完成的。至于股价会调整多少，可以是基本趋势波幅的1/3、1/2或2/3，如果股价调整过了头，那就不是股价正在做调整而是基本趋势反转了。3周到3个月的次级趋势运动时间，往往是交易者做波段交易的主要时间段。一般情况下，中线交易者看重的就是这段次级趋势，主抓次级趋势里的利润空间是其交易的重点。

三、短暂趋势

短暂趋势也叫短期趋势，一般运动时间在3周以内。短暂趋势是在次级趋势中进行的股价调整运动，它多数时候与基本趋势同方向。短期趋势可以调整到次级趋势波幅的1/3、1/2或2/3处，如果股价调整过了头，就不是股价正在做调整而是基本趋势继续发力了。通常而言，短暂趋势的转折点是中长线交易者的进场时机，因为它与基本趋势同向，预示着基本趋势可能开始重新掌握局势。但对于短线交易者而言，可能这个小小的短暂趋势，这个股价三周内的运动空间，就是其要捕捉的所有利润段。

在图34中，1~6是基本趋势，也是上升趋势；2~3及4~5都是次级趋势，是对长期上升趋势的回调；而A~B则是在次级趋势中出现的反弹运动，属于短暂趋势，但这波反弹运动如果创出了比2点还要高的新高，且后市行情继续曲折向上攀升，那么A~B就不属于短暂趋势，而是终止了次级趋势的回调，使趋势又恢复到了基本的上升趋势中。比如，3~4就又属于上升趋势中的一部分。

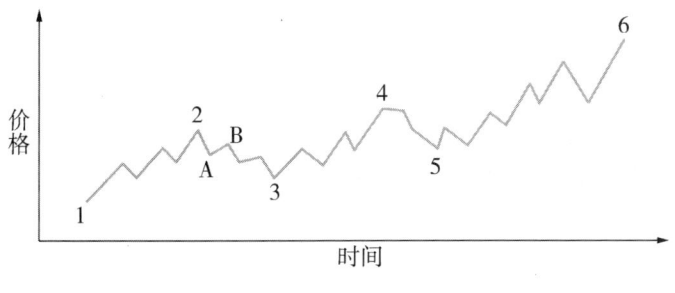

图34

一个长期趋势由若干个中期趋势组成，而一个中期趋势又由若干个短期趋势组成。在分析趋势的过程中，应按照从长到短的原则，先分析长期趋势，再分析中期趋势，最后分析短期趋势。长期趋势制约中期趋势，中期趋势制约短期趋势，而中期趋势至关重要，起着承上启下的作用。

在分析趋势时，我们往往是通过画趋势线来进行分析的。画趋势线是衡量趋势发展的手段，由趋势线的方向可以明确地看出股价的发展方向。从切线理论的角度来看，趋势线是切线的一部分。

第三节 趋势基本分析

趋势的基本分析，包括趋势线、管道线、支撑线和压力线的分析。下面逐一讲解。

一、趋势线

1. 趋势线的确认

在股价上升趋势中，从相隔较远的两根相对较低的K线底部连出一条直线，就能得到上升趋势线；在股价下降趋势中，从相隔较远的两根相对较高的K线顶部连出一条直线，就能得到下降趋势线；在水平趋势中，从相隔较远的两根相对较低的K线底部连出一条直线，就能得到水平趋势线。连接时，允许有少许误差。见图35。

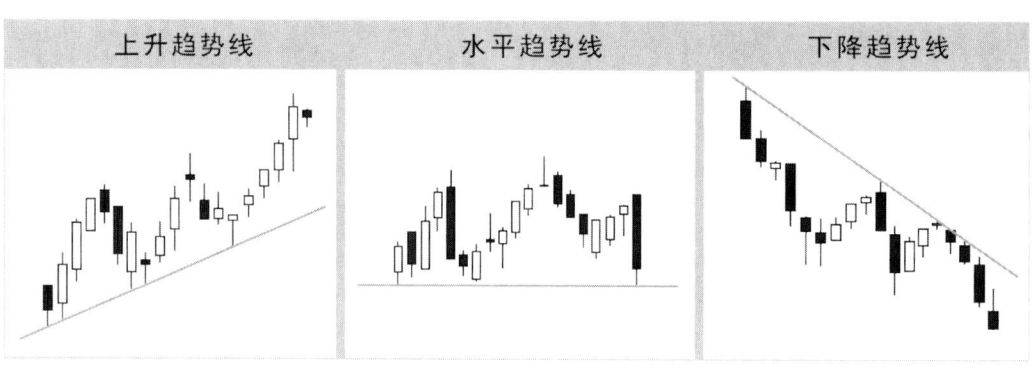

图 35

由图35可以看出，上升趋势线起支撑作用，即股价跌到此线附近时往往可以获得支撑的力量；下降趋势线起压力作用，即股价升到此线附近时往往会遭遇抛售的压力。但要得到一条真正起作用的趋势线，要经过多方面的验证才能最终确认。首先，必须确实有方向性的趋势存在。即：在上升趋势中必须确认有两个依次上升的相隔较远的低点，而在下降趋势中必须确认有两个依次下降的相隔较远的高点，才能确认趋势的存在，由此连接两个点的直线才为趋势线；其次，画出直线后，还应得到第三个触点的验证才能确认这条趋势线是否有效。

2. 趋势线的检测

通常而言，趋势线被股价触及（考验）的次数越多（被触及6次的线肯定比被触及3次的线重要），或者维持的时间越长（维持了2个月的线肯定比维持了2周的线重要），其有效性就越高，用它来进行预测就越准确。但是如果趋势线是由两个相隔非常近的低点或高点连接而成的，即这两个点形成的时间太近，则该趋势线可能没有多大意义，需要第三个触点再来验证。

此外，趋势线的角度也至关重要。低于30°的趋势线意味着股价上升的力度不够，不容易马上产生大行情，如果它变得更平缓，则股价很可能会进行横向整理的运动；过于陡峭的趋势线则不能持久，往往容易转变趋势，如果股价开始跌破陡峭的趋势线，则很可能向45°靠近，而不是马上产生逆反运动。一般来说，45°的趋势线是非常可靠的上升趋势继续维持的信号。除此之外，趋势线越接近水平，它在技术心理上就越重要，股价对它的突破也就越有重要的意义。当趋势线的角度从45°变成0°时，还不至于引起市场的恐慌，但当价格跳到水平线以下并开始反角度运动时，市场的抛售狂潮就会接踵而至，水平趋势线在这里充当了多、空临界线的作用。

3. 趋势线的作用

趋势线对股价今后的变动起着约束的作用，使股价大致运行在上升趋势线的上方或下降趋势线的下方。实际上，就是起着支撑或压力的作用。如果趋势线被股价突破，说明股价下一步的走势将会发生反转，越重要、越有效的趋势线被股价突破，趋势反转的信号就越强烈。上升趋势线被股价突破后，原来起支撑作用的趋势线现在起压力作用；下降趋势线被股价突破后，原来起压力作用的趋势线现在起支撑作用。趋势线其实就是动态的支撑线或压力线。

4. 趋势线的突破

不是依照股价新高或新低画一条线，就认为股价必定在此可以获得支撑或遭遇阻力的。确认趋势线是否有效，关键是看趋势线是否被股价突破及突破的力度。交易者必须对所有趋势线的稳定性始终保持怀疑的态度，尤其是当股价临近趋势线的时候，要严密关注市场对它的反应，这时任何的股价突破都有可能是假突破或测试性突破。

对于趋势线是否被股价有效突破，往往有三种确认方式，这三种方式也适用于类似颈线位的突破判断：

1）看成交量。股价向上突破趋势线时必须要有大的成交量，向下突破趋势线时则对成交量没有要求；

2）看幅度。股价突破趋势线后离趋势线越远，说明突破越有效，如突破总价格的3%、5%等；

3）看时间。股价突破趋势线后，至少2天以内原有趋势不再回头，时间越长的突破越有效。

注意，如果股票是以收盘价突破趋势线，则比日内最高价或最低价突破趋势线更有效。但对于积极的交易者，不一定非要等到收盘时才作出买卖的决定，而应根据盘中的实际突破情况及时作出买卖决定。等到收盘时再交易就可能已经太晚了，第二天的跳空高开或跳空低开将使你丢掉一大段利润或产生一大段损失。

另外，交易者不要教条的把价格穿越趋势线的幅度超过3%作为有效突破的证据。当价格向上突破压力线时，可以参考这条原则；当价格向下跌破支撑线时，则应采取一破位就离场的原则。此外，超幅3%并不适合于期货市场，至于超幅多少才算合理，需要针对不同的市场作测试，以保证你不会因一点小毛刺（小突破）而造成错误的交易。如果交易者能根据交易时间长短的不同以及个股股性的不同而适当变动上述超幅比例，那么对于判断股价突破的准确度将会大有提高。

还有一个股价反抽的问题。有时,股价突破幅度达到了总价的3%或股价在趋势线外盘整了两天,结果又回到了趋势通道里,制造了"假突破"的迹象;但没过两天,股价又开始快速向趋势线外运动,并毫不犹豫的远离趋势线而去。可见,究竟是假突破形成了价格回归,还是真突破造就了反抽行为,往往需要2~5天才能看得出来。即:趋势线被股价突破后,股价可能会前行,可能会反抽,也可能会往复,没有几天时间不易分辨出来。

上述确认价格突破的方式适合所有的突破行情,并被西方技术分析者称为"价格过滤器",以过滤掉所有的杂波和假突破。不过,这些"价格过滤器"不是绝对可靠的,它们只是从经验上和概率上给出了答案,但并不能杜绝错误信号的出现。这一点,需要引起交易者的注意。

附带说明一下,对于伴随着趋势线出现的峰位或谷底而言,其有效性的判断方法同趋势线的判断方法一致,但判断标准不一样。用上升趋势来举例,如果要判断一个上升波是有效的,那么:

1)从成交量上来看,必须要有放大的成交量,这说明空头力量正不断地被消灭,股价将会上涨;

2)从幅度来看,新上升波必须比上一波的波幅高出30%以上,而回调则不超过上一波波幅的60%,才更为有效;

3)从时间来看,新波运行时间应比上一波回调的时间长,而回调时间则不超过上一波运行时间的2/3,才更为有效。

5. 趋势线的修正

原有的趋势线往往要经过多次检验才能知道是否有效,因而存在一个需要修正趋势线的问题。每个交易者对趋势线的理解和对价格突破的判断不尽相同,所以对趋势线的修正也不会千篇一律。先看图36。

对趋势线的修正,先要看它是属于上升趋势还是下降趋势。对于处于上升趋势的趋势线,如果原趋势线连在两个低点上,假使价格在第三次回归时曾经击破过该趋势线但又回到了趋势线上,则说明该趋势线需要被修改,我们可以从第一低点到第三低点间再连线,也可以从第二低点到第三低点间再连线,至于哪一根连线正确,则要看价格的第四次回探落在哪里了;如果原趋势线已经在第三次或第四次价格回探时获得了稳定的支撑验证,那么之后若偶尔有一次的价格回探冲过了头,冲到了原趋势线之外又返了回来,那么这根趋势线仍然有效,冲过头的价格回探被当作是假突破,可以忽略;但是,如果再往后又偶尔出现了价格回探冲过头的行为,那么,可以在这次的回探点上连接上一次冲过了头的低点,形成双趋势线(见图36)。

当价格无力上冲内管道线而快速跌破内趋势线并到达外趋势线时,往往意味着下跌加速的信号开始出现。即使后来价格又站稳于外趋势线之上,后市也凸现了不祥之兆。但大体上,只要价格不破外趋势线,那么原有趋势依然存在。

注意,在趋势线刚被价格突破后,这条旧趋势线往往还有作用。一者,价格可能又会回到这条线附近,继续支持该趋势线的有效性;二者,其延长部分往往还具有压力或支撑的作用,在下一步的行情中会产生一定的影响。所以,对于旧的、曾经起到

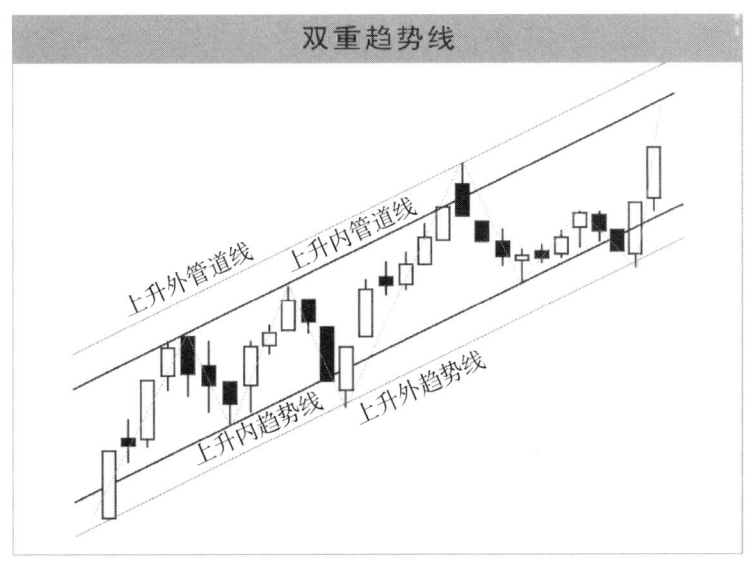

图 36

重要作用的趋势线，最好先保留，考察一段时间。

市场上总是有几种不同时间段的趋势并存，所以就会存在很多条趋势线，有经验的技术分析人员会不断地在图表上画出各种趋势线，只要两个价格低点或高点有些关联，他们就不会放过。然后在后续的观察中，他们会去掉无用的趋势线，重新画出临时趋势线，并保持有用的趋势线，同时以不同的颜色来区分。这就是技术分析里切线派的工作内容之一。

二、管道线

管道线又称通道线，是在趋势线的反方向上画一根与趋势线平行的直线，且该直线穿越近段时期价格的最高点或最低点。这两条线将价格夹在中间运行，有明显的管道或通道形状，如图 37。

可见，只要两个点能确立一根趋势线，那么与之反向的另一个价格最高点或最低点之处，就可画出一条与之平行的管道线。

管道的主要作用是限制价格的变动范围，让它不能变得太离谱。管道一旦得到确认，那么价格将在这个通道里变动。如果管道线一旦被价格有效突破，往往意味着趋势将有一个较大的变化。当管道线被价格突破后，趋势上升的速度或下降的速度会加快，会出现新的价格高点或低点，原有的趋势线就会被废止，要重新依据价格新高或新低来画趋势线和管道线。很多交易者就是利用价格突破管道线的时机来进行加仓或减仓的。

管道线除了有限制价格运行空间的作用外，还有一个发出趋势转向的警报作用。如果价格在一次波动中未触及到管道线，离管道线很远就开始掉头，这往往是趋势将要改变的信号，说明市场可能没有力量继续维护原有的上升或下降的趋势了。如果趋

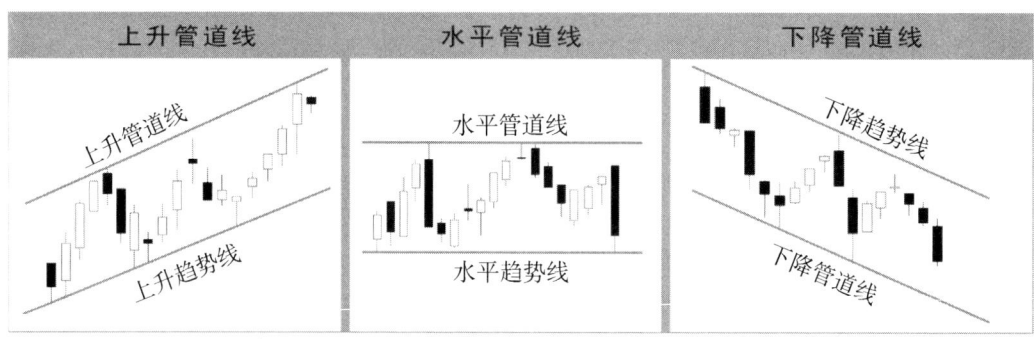

图 37

势线随即被价格突破,那么突破后的价格运动空间至少等于价格未到管道线的距离,或者等同于管道的宽度。该原理和效果也适用于价格远离趋势线就开始掉头的情况,只是结果恰恰相反。

在研究管道线的时候,有两个值得注意的现象。一个是当管道线被价格突破后,往往不会发生价格反抽的现象,即管道线不起到支持回抽运动的作用。当价格突破管道线后,要么一飞冲天,要么会迅速跌回趋势通道里,而不会在管道线附近做任何停留;再一个是下降趋势中的管道线往往起不到支撑的作用,它们经常会被价格迅速的跌破。

同趋势线一样,管道线也有被确认的问题。在上升管道线中,如果价格每到管道线附近就开始掉头,说明这条管道线是被市场认可的。当然,管道线被价格触及的次数越多,有效维持的时间越长,其被市场认可的程度就越高。管道线突破的确认,同趋势线突破的确认一样,只是没有价格反抽的动作。

总体来说,管道线和趋势线是相互作用的一对,先有趋势线,后有管道线,但趋势线比管道线重要得多,也更为可靠。同时,趋势线可独立存在,而管道线则不行。管道线是与趋势反向的价格回归运动的体现,但价格回归运动并不一定非要画根管道线来说明自身的存在,管道线只是体现了这种价格回归规律的可视性。

三、支撑线和压力线

前面讲述了趋势线可以作为支撑线或压力线,现在来着重讲解支撑线和压力线。

1. 支撑线和压力线的含义

支撑线又称抵抗线或需求线,是指当股价跌到某个价位附近时,将会引起多方在此积极买入,造成股价止跌回升的现象。这个阻止或暂时阻止股价继续下跌的位置,就是支撑线所在的位置。

压力线又称阻力线或供给线,是指当股价上涨到某价位附近时,将会引起空方在此积极卖出,造成股价止涨回跌。这个阻止或暂时阻止股价继续上升的位置,就是压力线所在的位置。见图38。

图38清晰的显示了两种支撑线或压力线。一种是由上升趋势线所形成的,当价格

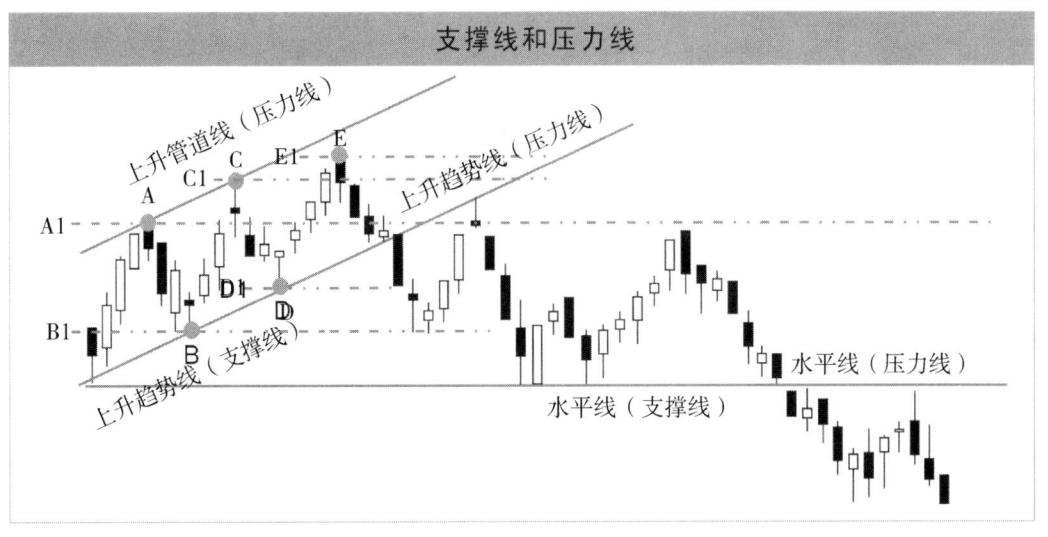

图 38

在其上运行时,趋势线起支撑作用,阻止价格下滑;当价格在其下运行时,趋势线则反过来起压力作用,阻止价格上涨。还有一种是由水平线所形成的,只要出现一个价格新高或新低,我们就可以通过这些价格新高或新低画出一条水平线,如图 38 中的 A1、B1、C1、D1、E1;当价格从 B 点上涨时,曾经成功的突破了 A1 线的制约,到达了 C 点;理论上,A1 线被价格突破后将成为支撑线,但由于价格运行空间太窄,A1 线的作用不明显,于是价格很快下滑到了 D 点;通过 B、D 和 A、C,我们得到了趋势线和明确的管道线,得知价格可能会在管道内运动,于是后面的 E1 线暂时就没有意义了;从后期走势也可以看出,B1 线曾经起到过暂时的支撑作用,而 A1 线也一度对股价后期走势起到过阻力的作用。

2. 支撑线和压力线的作用

支撑线会维持或暂时维持股价向一个方向继续运动,压力线则会阻止或暂时阻止股价向一个方向继续运动,这是它们最基本的作用。但股价的运动趋势是会发生反转的,一旦股价运动趋势发生反转,就必定会冲破阻止其继续向前的障碍。比如,股价要维持下跌的行情,就必须突破支撑线的阻力和干扰,创造出新的价格低点;股价要维持上升的行情,就必须突破压力线的阻力和干扰,创造出新的价格高点。可见,支撑线和压力线迟早会被价格突破,它们不足以长久的维持股价运动现状。

但是,支撑线或压力线又有彻底阻止股价按原方向变动的可能性。当一个趋势到头了,它就不可能创出新的低价或新的高价,这时的支撑线或压力线就显得异常重要。即:众多的支撑线和压力线迟早都会被突破,只会有一根是最后的支撑线或压力线,它们高高地在上或者低低地在下,彻底地终止了股价趋势的运行方向。

3. 支撑线和压力线的转化

如图 38 左半部分所示,当股价从上向下突破上升趋势线时,该趋势线就由支撑线变成了压力线，制压着股价后市的反弹运动；同样，如图38右半部分所示，当股价从上向下突破水平趋势线后，原来起支撑作用的水平趋势线就变成了压力线。在某些时候，如果股价运行在两条相互平行的水平线之间，则上面的直线为压力线，下面的直线为支撑线，这种情况常称为矩形整理或箱形整理，如图37的中间部分。一些交易者常根据这里的支撑线和压力线博取短线差价。

支撑线和压力线之所以能起支撑作用和压力作用，很大程度上是由交易者的心理因素引起的，久而久之就约定俗成了，这就是支撑线和压力线的理论依据。当然，还可以找到别的依据，如历史会重复等等。支撑线和压力线的重要性往往取决于价格穿越它们的幅度（比如达到了20%以上）。只有当价格从支撑线或压力线上穿越得足够远时，只有使市场参与者确信自己的判断是错误的情况下，人们才会意识到支撑线和压力线的重要性，它们的身份互换也才会有意义。

4. 支撑线和压力线的确认

举例来说，对于一条横在股价上面的压力线，在判断其是否能够被股价有效突破时，有三条标准可供参考（不大适用于支撑线被股价突破的情形，因为股价下跌将破坏很多规律，往往是无秩序的疯狂行为。）：

1）看成交量。即看在这条压力线上曾经有多少交易量。一般而言，如果不是价格回撤了30%以上，压力线上大约还有70%的人没有卖出（2/3的是中、长线交易者，1/3的是短线失败被迫做中、长线的交易者），只要价格回到压力线时，被迫做中、长线的交易者就会赶紧平仓出局，以免再受煎熬。所以原来压力线处的成交量越多，多头反击时所受到的压力就越大。

2）看时间。即看这条压力线的产生时间和当前时间间隔有多远。距离太远，则多头无所顾忌；距离较近，则记忆犹新的压力威力将持续发挥作用。

3）看次数。即看多头曾经向这条压力线发起过几次进攻。从没有进攻到频繁进攻，说明了多头集结兵力积极反击的信号；同时，随着几次多头反击的行为，空头的卖压也会逐渐被消化掉。

在进行上述判断时，交易者往往容易低估压力的强度，这是一个需要引起重视的问题。同时，由于股价变动，我们经常会发现原来确认的支撑线或压力线可能不再具有支撑或压力的作用，或者说轻易就会被价格突破，那么就必须对这个支撑线或压力线进行调整，这和趋势线需要被调整是一样的道理。但具体怎么调整，依每位交易者对支撑区域或压力区域的理解不同而不同。

5. 支撑线和压力线的突破确认

支撑线和压力线的突破确认方法同趋势线的突破确认方法一样，这里不再重复。

但有一点需要注意，往往在支撑线和压力线之间会有一个密集成交区，通过K线图下面的成交量，可以看出该密集成交区大致有过多大的换手率。在股价上行的时候，过去大量的换手率沉淀了大量的套牢盘，因而这个密集成交区的中轴线水平位附近会有较大的抛售压力；而在股价下行的时候，过去大量的换手率也沉淀了大量的低价购买单，当股价再次跌至该区间的时候，"股票便宜"的诱惑会使这个密集成交区的中轴线水平位附近产生较大的回购力或支撑力。

一般而言，密集成交区的成交量越大，股价突破它时所遇到的阻力就越大。但股价一旦突破了该密集成交区，则有可能直逼阶段性的阻力线或支撑线。通常情况下，股价对密集成交区的突破往往是真实而有效的突破，而对由历史高点和低点所构成的压力线和支撑线的突破，则往往有虚假的成份，需要引起注意。

6. 突破支撑线的交易信号

下面，再来谈谈在下降趋势中的卖出点问题。这里涉及到几个卖点的问题，也涉及到不同交易风格的问题。见图39。

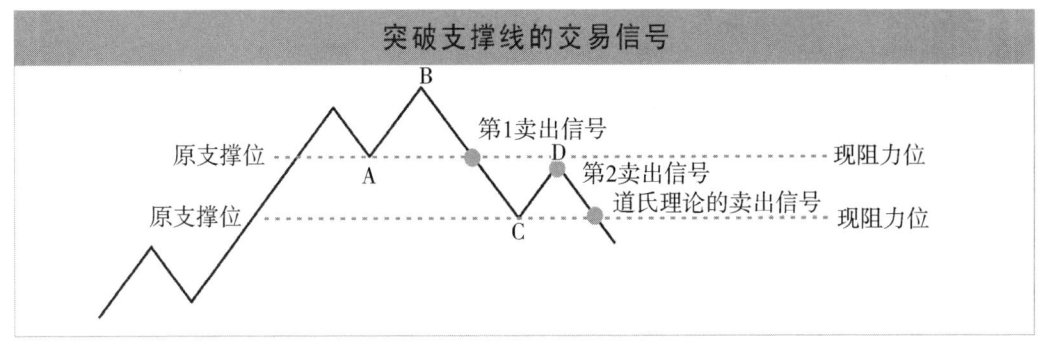

图39

图中，价格在连续创造了新高后开始回落，当它穿越由最近新低 A 点所构成的支撑位时，就已经给出了第 1 个卖出信号，很多短线交易者就会在此时采取行动，但此时的道氏理论者则认为趋势反转的信号不明确，后市价格有可能止跌后再创新高；当价格止跌回升却越不过上一次新低 A 点所造就的阻力线时，实际上已经给出了第 2 个卖出信号。此时，部分短线交易者开始加速清仓，而道氏理论者还在等待新高价的出现，毕竟价格还在前一次低点的支撑线上；直到价格跌破最近新低 C 点所构成的支撑线时，道氏理论者才认为趋势已开始反转，卖出信号明确。因为此时终于出现了依次下降的 B 高点和 D 高点，同时也出现了依次下降的 A 低点和 C 低点，由此形成了明确的下降通道，而且趋势继续穿越 C 点价位再创新低。长线交易者基本上是依据道氏理论来进行保守性交易的，因此当价格由 D 点下行至 C 点的时候，大量的抛盘才开始出现。直到此时，人们才发现所面临的已不是中级回调了，而是主要趋势开始反转了（关于道氏理论的讲述，见后面的"道氏理论"一节）。

7. 支撑线和压力线的重要性

支撑线和压力线对交易者是如此重要，但在不同的分析周期上，其重要性是不一样的。日 K 线图上的支撑线和压力线往往只是针对短暂趋势而言的，它们很容易被价格突破；而周 K 线图上表现出来的支撑线和压力线则要牢靠得多，它们往往代表着股价运动的中期趋势；至于月 K 线图则能提供更广阔的视角，在它上面所形成的支撑线和压力线，往往代表着股价长期趋势的变化信号。

8. 整数价位的支撑或压力作用

出于简单记忆的需要，人们习惯在整数价位上做交易。所以一些重要的整数价位常常也构成了股价的支撑线或压力线，比如股票上的 5 元、6 元、10 元处等。当价格靠近这些整数的时候，往往就是交易活跃的时候。

最后，交易者需要明白的是，并不是我们在图表上画出的辅助线有什么神奇的力量，它们之所以会发生作用，是因为它们如实地反映出了市场参与者的心理和行为，使人们得以清晰地把握市场参与者对各类市场事件的反应程度。但是，交易者不能过分依赖这些趋势线工具，真正要揣摩的是这些工具后面显现出来的市场含义和群众心理，以及随之而来的反向思维。

第四节 趋势辅助分析

为了破解股价趋势密码，人们从自然学、数学、心理学、行为学等方面，研究并总结出了许多分析方法，包括黄金分割线、百分比回撤线、甘氏线等。这些方法有时有一定的效果，有时又毫无作用，但总有人孜孜不倦的进行着研究，并能取得阶段性的成果。下面简要论述。

一、黄金分割线

黄金分割线可以用来预测市场价格回撤或反弹的空间，是证券市场主要的切线分析手段之一。它来源于数学家斐波纳奇在 13 世纪写的一本书，书中介绍了一些奇异数字的组合。这些奇异数字的组合是 1、2、3、5、8、13、21、34、55、89、144……任何一个数字都是前面两数字的总和。如：$2=1+1$，$3=2+1$，$5=3+2$，$8=5+3$……如此类推。

同时，他还发现任意一个数字与相邻的后一个数字之比，均趋向于 0.618；而任意一个数字与相邻的前一个数字之比，约等于 1.618。这组数字就叫神秘数字，而 0.618、1.618 就叫做黄金分割率。黄金分割率的基本公式是将 1 分割为 0.618 和 0.382。

按照前面的推算方法，奇异数字中有两组比值值得交易者关注，它们分别是：

A、0.191、0.382、0.5、0.618、0.809

B、1、1.382、1.5、1.618、2、2.382、2.618

上述数字在自然界中经常出现，以 0.38、0.62、1.38、1.62 最为重要。技术分析者认为，股价很容易在由这四个数组成的黄金分割线处产生支撑作用或压力作用。

黄金分割线的画法同下面的百分比回撤线的画法一样，只是它提供的划分数字是诸如 0.38、0.62、1.38、1.62 等黄金比值。

二、百分比回撤线

百分比回撤线考虑问题的出发点是交易者的心理因素。当股价持续向上时，肯定会遇到压力，遇到压力后就要向下回撤，对于股价回撤时停留的位置，大致会有 10 个，它们分别是：$1/8=12.5\%$ 处，$2/8=25\%$ 处，$1/3=33\%$ 处，$3/8=37.5\%$ 处，$4/8=50\%$ 处，$5/8=62.5\%$ 处，$2/3=67\%$ 处，$6/8=75\%$ 处，$7/8=87.5\%$ 处，$8/8=100\%$ 处。见图 40（该图将百分比都换成了数字）。

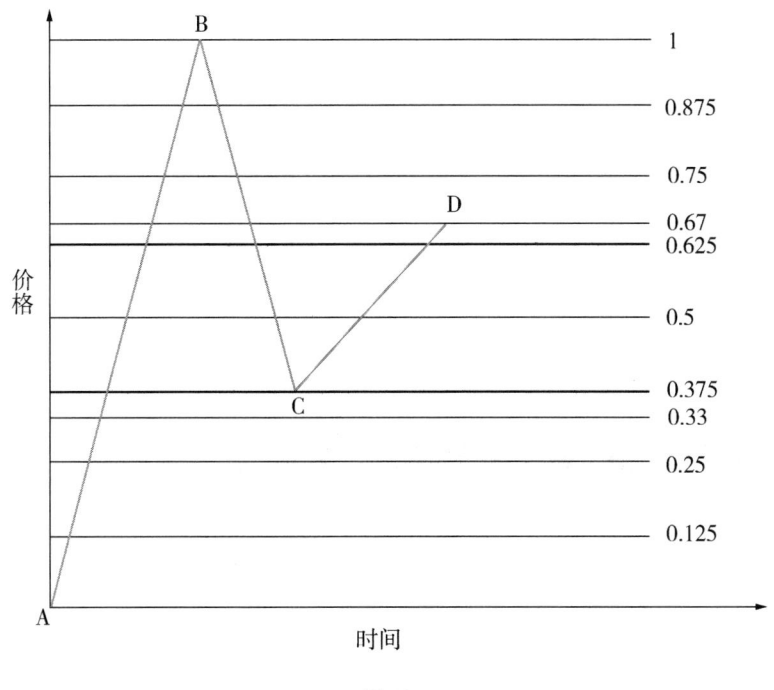

图 40

图 40 的由来：当股价从底部 A 处曲折上涨到最高点 B 处时，开始了回撤运动。为了预测它的回撤深度，我们通过行情分析软件中的"百分比线"工具，在 A 点和 B 点之间做了个定位，于是计算机自动在 A 和 B 之间，按照 10 个百分比数字的间隔距离在图表上画出了 10 条线，它预示着回撤的价格将在上述 10 个地方获得支撑。其中，0.375 和 0.625 近似于黄金分割比值中的 0.382 和 0.618，即最重要的黄金分割比值也被包含在内。事实上，最后图中股价的回撤落在了 0.375 的地方，随即开始了反弹运动。

以 10 个百分比数字来使股价获得支撑，主要是依据人们的心理猜测。如果股价回撤达不到 1/3 时，人们往往认为股价回调的力度还不够；如果股价回撤达到了 1/2 时，则人们会认为股价回调得差不多了；如果股价回撤达到 2/3 时，则人们会觉得股价已是深度回调了。人们就是在这样的认识和预测下展开了行动，带动了股价的调整变化。也就是说，股价因人们的猜测，会在 1/8、1/4、1/3、3/8、1/2、5/8、2/3、3/4、7/8、1 这 10 个地方受到关注。当然，这里的支撑位和压力位也是相互转换的。

百分比回撤线还有另一重含义：在股价上升行情中，如果股价回调到 1/4 的地方即开始重新攀升，那么说明该档回调属于强势整理，是股价上升行情中出现的正常整理过程，短线交易者可以积极跟进；如果股价回调到了 1/2 的地方，则说明该回调比较有力，也说明跌幅较深，而 1/2 的回撤线是该波上升行情继续或夭折的分水岭，中线交易者应该在此处提高警惕；当股价继续下探到 3/4 的地方时，已经是积弱难返了，但也有少许行情可以在此站稳后继续向上攀升，由此证明该档调整属于深度调整而不属于反转行情,长线交易者可积极关注此部位。股价下降行情中,股价反弹时的百分比用法与此相反。

在股价上升行情中画百分比回撤线时,首先要找到一段时期以来,上升行情结束、股价开始调头向下的最高点,同时找到这一段时期以来的行情启动时的最低点,由此,在这两点之间就能作出百分比回撤线,以此来判断股价的回调会在什么地方获得支撑。在股价下降行情中画百分比线时(预测股价反弹的力度),与上述方法相反。

可见,黄金分割线源自于自然界的一组神秘基因,而百分比回撤线则来自于交易者的习惯性心理,且将两个最重要的黄金分割率包含其中,从而更具科学性和包容性。但是这两种趋势判定工具均没有考虑到时间变化对股价的影响,所揭示出来的支撑位和压力位较为固定,比甘氏线有一定的不足。

三、扇形线

扇形线是针对不断出现的新趋势线的判研工具,它的目的是判断反转趋势是否来临。其基本判断原理如下:若股价趋势要反转向上,就必须突破三条压在上面的压力线;若股价趋势要反转向下,就必须突破三条横在下面的支撑线;轻微的价格突破或短暂的价格突破,都不能被认为是趋势反转的开始,必须消除所有阻止趋势反转的力量,才能最终确认反转趋势已经来临。见图41。

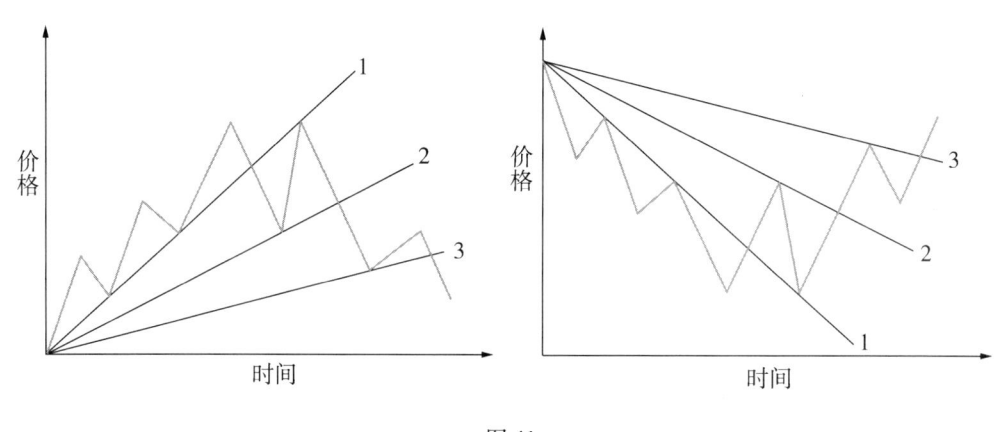

图41

扇形原理是依据三次价格突破的原则进行的。在上升趋势中,可先以两个低点画出上升趋势线;如果价格向下回调,跌破了刚画出的上升趋势线,则以新出现的低点与原来的第一个低点相连,画出第二条上升趋势线;如果第二条趋势线又被价格跌破了,则再用新的低点与第一个低点相连,画出第三条上升趋势线;如果这三条线都被价格跌破了,则说明价格回调运动已经变成了趋势反转运动。依次变得越来越平缓的这三条直线如同张开的扇子,扇形线由此得名。对于下降趋势也可如法炮制,只是方向正好相反。

扇形线还有一种预示意义:在股价的下跌行情中,当股价有效突破第一条扇形线时，是短线交易者的卖出信号；当股价有效突破第二条扇形线时，是中线交易者的卖出信号；当股价有效突破第三条扇形线时，则是长线交易者的卖出信号；第三条扇形线被突破时，预示着反转行情的来临。在股价的上涨行情中，情况正好相反。

此外，三条扇形线一旦被价格突破，它们的支撑或压力作用就会相互交换，这一点也符合支撑线和压力线的规律。

扇形原理适用于测量股价调整运动是否会演变为反转运动，但在实际运用中会遇到一些困难。比如，用来画扇形线的高点和低点如何选择？不同高点或低点之间间隔多长时间比较好？第三条扇形线被突破时，股价可能已经上涨或下降不少了，如何起到提前预示趋势反转的作用？等等。所以在实际运用中，扇形线还应结合其他分析工具一起使用。

四、速阻线

速阻线也是用来判断股价趋势是否将要反转的，有些类似于扇形线。不过，速阻线在判断标准上给出的是具有固定水平位的直线，而扇形线的直线则是随着股价的变动而变动的。速阻线具有一些百分比线的思想，它将每个上升运动或下降运动的幅度分成三等分进行处理。

速阻线的画法如下：首先，找到一个股价上升或下降过程的最高点和最低点；然后，将高点和低点的垂直距离三等分；接着，从最高点连接（在下降趋势中）0.33 分界点和 0.67 分界点，或从最低点连接（在上升趋势中）0.33 分界点和 0.67 分界点，由此得到两条直线，这两条直线就是速阻线。见图 42。

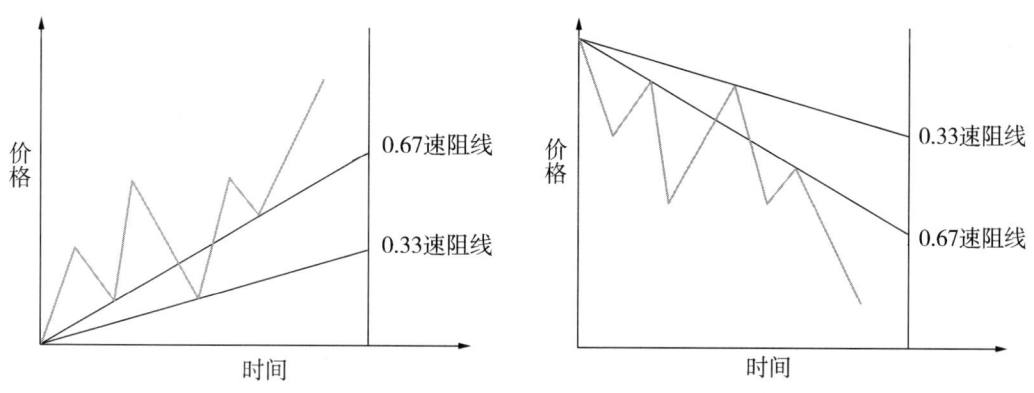

图 42

速阻线的判断原理如下：

1）在股价上升趋势的调整中，如果股价向下回调时突破了 0.67 的速阻线，则股价将试探下方 0.33 的速阻线；如果 0.33 的速阻线继续被股价突破，则股价将继续下滑，预示着这一轮上升运动已经结束。

2）在股价下降趋势的调整中，如果股价向上反弹时突破了 0.67 的速阻线，则股价将试探上方 0.33 的速阻线；如果 0.33 的速阻线继续被股价突破，则股价将一路上行，标志着这一轮下降运动已经结束。

3）速阻线一旦被股价突破，其原来所起到的支撑作用或压力作用将互换关系。

速阻线最为重要的功能是判断股价趋势是被股价暂时突破还是被股价长久突破（转势），即当时的股价趋势是处于回调状态还是反转状态。但需要注意，一旦股价有了新高或新低，速阻线将随之发生变动，而原有速阻线则失去了作用，需要重画。

五、甘氏线

甘氏线（也叫江恩线）是技术分析大师江恩将百分比原理和几何角度原理结合起来的产物，所以甘氏线也称为角度线。甘氏线将时间与价格的关系形象的体现出来，摆脱了前面工具中只论述价格位置的孤立状态，使交易者能更好地把握股价的波动速度和走势节奏。见图 43。

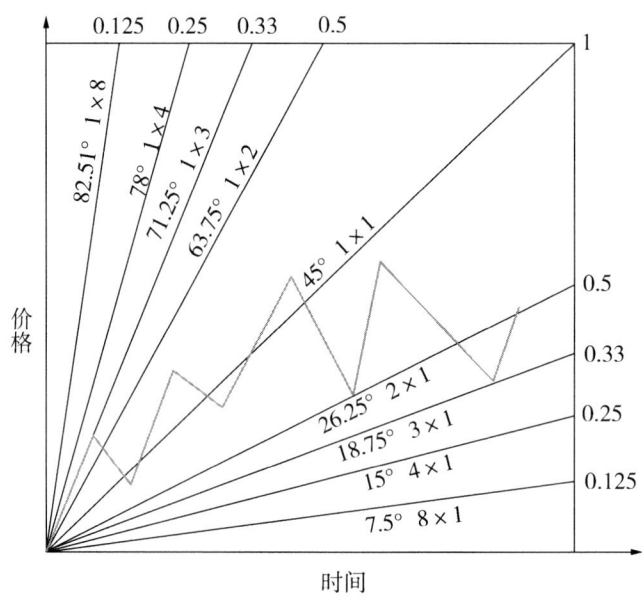

图 43

江恩把股票价格的运动划分为八等份，即 1/8 = 12.5%，2/8 = 25%，3/8 = 37.5%，4/8 = 50%，5/8 = 62.5%，6/8 = 75%，7/8 = 87.5%，8/8 = 1；同时，他也喜欢把价格运动划分为三等份，即 1/3 = 33%，2/3 = 67%，这和百分比回撤线的思路一致。但江恩为了顾及时间对价格的影响，又在此基础上提出了另外一组角度数字：$1 \times 8 = 82.5^0$，$1 \times 4 = 75^0$，$1 \times 3 = 71.25^0$，$1 \times 2 = 63.75^0$，$1 \times 1 = 45^0$，$2 \times 1 = 26.25^0$，$3 \times 1 = 18.75^0$，$4 \times 1 = 15^0$，$8 \times 1 = 7.5^0$。此处的 1×2 意味着在 1 个单位时间内价格上涨了 2 个单位，即价格上升速度是时间变化速度的 2 倍；1×3 和 1×4 由此类推；这里的 2×1 则意味着在 2 个单位时间内价格上升了 1 个单位，即价格的上升速度只有时间变

化速度的 1/2；3×1 和 4×1 以此类推。由此，我们就看到了价格和时间的关系，看到了股价涨跌快慢的变化。

图 43 中的每条直线都有一定的角度，每个角度的正切或余切分别等于 5 个百分比数中的某一个。这里面最重要的是 45^0 线、63.75^0 线和 26.25^0 线。其余的角度线虽然在股价的波动中也能起一些支撑或压力作用，但重要性不大，容易被股价突破。

图 43 中 1 位置处就是 45^0 线，它说明当近段时期的价格运动形成此角度时，1 个单位时间内的价格也正好走完了 1 个单位，由此形成了完美的均衡状态；如果角度过大，则说明单位时间内的价格上涨速度过快，恐怕维持不了多久；如果角度过小，又说明单位时间内的价格上涨缓慢，恐怕上升趋势即将掉头。这意味着股价对 45^0 线的突破，通常构成主要的趋势反转信号。即在牛市中，只要股价维持在 45^0 线以上，则牛市持续有效；而在熊市中，只要股价维持在 -45^0 线以下，则熊市持续有效。

此外，在上升甘氏线中，1×8、1×4、1×3、1×2 处的角度线常常是短线交易的参考线，这种角度的上涨趋势往往属于强势上升的行情，只要股价不跌破 1×2 处的角度线，则短线交易者可以一直持股；1×1 的角度线则是中线交易的参考线，一般比较大的上升行情都会沿着这条线走，它说明了行情上涨的动力充沛，只要股价不跌破这条线，则中线交易者可继续持股；2×1 和 3×1 处的角度线则是长线交易的参考线，如果股价跌破了 1×1 的角度线之后又连续跌破了 2×1 和 3×1 处的角度线，则意味着股价中长期的上升趋势已彻底结束，股价将进一步下跌。实际上，3×1 处的角度线也就是速阻线中的 0.33 分界线，当股价跌破这条线时，趋势反转就已经很明显了。

甘氏线同扇形线也有相同之处，只是股价突破的支撑位或阻力位不是事后连接的，而是事先就按角度准备好了。比如，当股价从高速上涨状态跌到 45°线时，意味着趋势将可能继续下行；当股价继续下跌时，将可能跌至 26.25 度线处获得支撑；如果价格又继续下跌，则可能跌到 18.75 度线处获得支撑；当这几条支撑线都被股价突破后，趋势反转的意图就很明确了。当然，这里的每一条线也都具有支撑和压力的互换作用。

画甘氏线时，首先要找到一个显著的价格高点或低点，然后以此点为中心，直接连接右边的百分比数字即可。在行情分析软件中，如果选择了起始点，那么计算机会将甘氏线自动画出，只是不同的软件可能画出的角度不同。如果连接不准确，可以先让软件画出百分比回撤线，然后在画甘氏线时用 8×1 线对准右边的 0.125 处就可以对齐了。但要注意，被选择的点一定要是显著的价格高点或低点，如果被选中的点马上被创新的价格高点或低点所取代，则旧的甘氏线就失去了意义。如果被选到的点是价格高点，则应画下降甘氏线；如果被选到的点是价格低点，则应画上升甘氏线。

需要说明的是，甘氏线对于横盘的走势没有帮助，它本质上也属于趋势线工具。它主要的作用是提醒交易者关注价格运行趋势是在 45°线之上还是在 45°线之下；同时它也说明，一段上升的趋势至少应该保持 18.75°的角度上行。

第三章 技术分析之指标分析

技术指标是很多交易者赖以分析的工具，有一定的积极意义，也有更多的消极意义。在西方，技术指标几乎就是技术分析的代名词，引起了各界褒贬不一的评价。实际上，它只是一种统计工具，只能客观的反映某些既成过去的事实，将某些市场的数据形象化、直观化，将某些分析理论数理化、精细化。技术指标有很多种，这里简要介绍一二。

第一节 技术指标概述

一、技术指标的简介

技术指标是依据一定的统计方法，运用一定的数学计算公式或数量模型，通过计算机系统生成的某种指标值或图形曲线。以技术指标来判断股价未来走势的分析方法，就是技术指标分析法。

产生技术指标的方法通常有两种。第一种是按明确的数学公式产生新的数值，这是技术指标中较为广泛的一类，KDJ、RSI、MA 等指标都属于这类；第二种是没有明确的数学公式，只有处理数据的文字叙述方法，这一类指标相对较少，比如宝塔线、三线反转图等。

技术指标大体上分两种。一种是针对个股的，其计算的原始数据是股票的开盘价、最高价、最低价、收盘价、成交量、成交金额、成交笔数等；另一种是针对大盘的，其计算的原始数据是股票上涨的家数、股票下跌的家数、上涨家数的成交量、下跌家数的成交量等。

对不同的原始数据进行不同的处理后，就会产生不同的技术指标，每一个技术指标都是从一个特定的方面对股票市场进行观察的，它们都有其合理的诞生原理和解释方法。技术指标的最大贡献，就是将一些定性的分析原理量化，使具体操作时的精确度得以提高。

二、技术指标的分类

目前，应用于证券市场的技术分析指标有百余种，按照不同的计算原理和反映状况，可以大致分为：趋势指标、震荡指标、压力支撑指标、量价指标、能量指标、大势指标等（不同行情分析软件上具有不同的名称）。

1. 趋势指标
BBI： 多空指标

MA： 移动平均线
EXPMA： 平滑移动平均线
DMI： 趋向指标
DDI： 方向标准离差指数
DMA： 平均离差
MACD： 指数平滑异同平均线
MTM： 动力指标
PRICEOSC： 指数震荡
SAR： 抛物转向
TRIX： 三重指数平滑平均数
DKX： 多空线
PBX： 瀑布线
ASI： 振动升降指标
ACD： 收集派发指标

2. 震荡指标
BIAS： 乖离率
CCI： 顺势指标
KDJ： 随机指标
ROC： 变动速率
RSI： 相对强弱指标
W&R： 威廉指标
DPO： 区间震荡线
DBCD： 异同离差乖离率
ALF： 过滤指标
KD： 随机指标
KST： 完定指标
MASS： 重量指数
RS： 相对强弱比
FASTKD： 随机快步
CCI-4.0： 通道指数

3. 压力支撑指标
BOLL： 布林线
MIKE： 麦克指标
BBIBOLL： 多空布林线
CDP： 逆势操作
XS： 薛氏通道
%B： 布林极限
ENE： 轨道线

CHANNELS：通道线
VB：　　　波幅通道
4. 量价指标
OBV：　　　能量潮
QHLSR：　　阻力指标
MFI：　　　资金流量指标
EMV：　　　简易波动指标
WVAD：　　威廉变异离散量
II：　　　　当日成交密度
VPT：　　　量价趋势
5. 能量指标
BRAR：　　人气意愿指标
CR：　　　能量指标
PSY：　　　心理线
VR：　　　容量比率
XDT：　　　心电图
NDB：　　　脑电波
6. 大势指标
ABI：　　　绝对广量指标
ADL：　　　腾落指标
ADR：　　　涨跌指标
ARMS：　　阿姆氏指标
BTI：　　　广量冲力指标
MCL：　　　麦克指标
MSI：　　　麦氏综合指标

以上只罗列了一些主要的技术指标，各指标的适用环境都不一样。如当市场行情有明显趋势可寻的时候，用趋势指标就能起到一定的作用，而此时的震荡指标则常常显示错误的信号；当市场行情处于盘整或极端高位或低位时，震荡指标（又叫摆动指标）则往往能指出行情的转折时机，因为它们能密切跟踪震荡市场里的高低行情，而此时的趋势指标则往往因无趋势可寻而失去了作用。大势指标仅仅是用来分析股指的涨跌真假和涨跌强度的，不适用于分析个股行情。

第二节　移动平均线

这里，把移动平均线从技术指标中单独列出来讲解，是因为移动平均线不同于其他的指标，它几乎已经等同于股价的一部分，理应单独看待。

一、移动平均线的概述

1. 移动平均线的概念

在证券市场中,对价格趋势进行平滑处理的最有效的方法,就是计算市场价格的移动平均线(MA)。所谓"移动"的概念,指的是每天产生的新价格会被纳入后一日的平均计算法里,形成更新的价格平均值。具体说来,移动平均线是用统计处理的方式,将若干天的股价加以平均,然后连接成一条线,用以观察股价运动趋势的一种方法。

移动平均线的理论基础来源于道氏理论的"平均成本"概念,它是当今证券市场上广泛运用的技术指标,甚至一些业内人士把它作为股票价格的一部分来对待。由于它的构造方法简单,效果容易检验,且信号明确客观,所以它构成了绝大部分自动顺应趋势系统的运作基础。

移动平均线是股价的生命线,是对交易成本的最直观反映。它实质上是一种追踪趋势的工具,其目的在于显示旧趋势已终结或反转、新趋势正在萌生的行情走势,因此它也可以称之为弯曲的趋势线;它的另一个作用则是使价格运动变得平滑,使价格的各种扭曲现象减少到最少。

移动平均线一般有简单移动平均线、加权移动平均线(在简单移动平均线的计算基础上,将最近日期的数据增加权重,即越靠后的数据乘以的系数越大,以突出反映最近日期价格对当前股价的影响力。)和指数加权移动平均线(一种简单的加权移动平均法)这三种。这里所介绍的移动平均线仅仅是简单移动平均线,在计算的时候,每日数据的权重都是相同的,取的是算术平均值。

2. 移动平均线的计算方法

计算公式:第 n 天的 $MA = (C_1 + C_2 + \cdots\cdots + C_n)/n$。

其中,C 为每日收盘价,n 为计算周期(天数)。

如果要求第 n 分钟的平均价,则这里的 C 为每分钟的收盘价。30 日、60 日、13 周、26 周等平均价计算方法以此类推。

二、均线的分类及意义

1. 均线的分类

由于移动平均线的理论基础来源于道氏理论的"平均成本"概念,而道氏理论将股价的波动情形依照时间的长短划分为基本趋势、次级趋势和短暂趋势三种,所以移动平均线也可以分为长期移动平均线、中期移动平均线和短期移动平均线,以研判股价的长期、中期和短期变动趋势。

不论是短期均线、中期均线还是长期均线,其本质上都是在反映股票在不同时间周期里的平均交易价格。交易者可以从不同的时间角度去察看现有的股价比过去是便宜还是贵了,过去的交易者现在是获利丰厚还是处于套牢状态,并由此决策目前股票值不值得买卖的问题。

在行情分析软件上,均线随同 1 分钟 K 线、5 分钟 K 线、10 分钟 K 线、15 分钟 K

线、30分钟K线、60分钟K线、日K线、周K线、月K线、45日K线、季K线、年K线一同出现。如同成交量一样，它们也构成了股价分析的基石。

移动平均线通常要放在以日为周期的K线图上进行分析才有效果。如果以日为周期的话，移动平均线可以分为以下三类，即使还有其他分法，也不过是时间周期不同罢了，而适合的时间周期是需要交易者自行调试的。

1）短期均线

短期均线包括3日、5日、7日、10日、13日、15日、17日、20日、21日、25日和30日均线等。

2）中期均线

中期均线包括34日、40日、45日、50日、55日、60日、65日、70日、75日、80日、85日、89日和90日均线等。

3）长期均线

长期均线包括100日、110日、115日、120日、125日、144日、150日、180日、200日、233日、250日和255日均线等。

2. 单根均线的意义

1）短期均线

在各类短期均线中，比较常用的有3日、5日、10日、20日和30日均线。

①3日均线

3日均线一般是行情分析软件中最短时间周期的均线。由于计算的时间周期短，3日均线常随股价出现敏感的波动状况，不能很好的起到价格平滑的作用。一般而言，懂得了K线分析后，3日均线是没有什么意义的，K线本身就是超短线技术分析的利器。这里列出3日均线，仅作了解之意。

②5日均线

股票每周正常的交易日为5日（周五和周六休市），5日均线对应着1周交易的平均价格。而在实际生活和工作中，人们的计划往往也是以周为时间单位的，所以，不少交易者将5日均线作为短期移动平均线的研判周期线。只要股价不跌破5日均线，就说明该股处于极强势状态。

③10日均线

10日均线又称半月线，它是股票连续两周交易的平均价格，是考察股价在半个月内走势变化的重要参考线。相比于3日均线和5日均线，10日均线少了随股价频繁起伏的缺点，又能及时和准确地反映短期平均股价的变动情况，因此常被交易者用作短线进出的依据。只要股价不跌破10日均线，就说明该股还处于强势状态。

④20日均线

20日均线又称月线，标志着股价在过去一个月中的平均交易价格达到了怎样的水平，在这一个月中，市场交易者是处于获利状态还是被套状态。20日均线是考察股价短期走势向中期走势演变的中继线，很多交易者将20日均线和10日均线组合使用，以研判股价的短期运动趋势。

⑤30日均线

30日均线具有特殊的重要性，它是股价短期均线和中期均线的分界线，日常使用的频率非常高，常被用来与其他均线组合使用，作为中短期买卖股票的重要依据。有一种说法得到了业内的普遍认同，即30日均线是短线主力的护盘线。这意味着当股价向上突破30日均线时，是市场短线主力进场的表现，只要股价一直运行在30日均线之上，就说明短线主力仍在其中，短期上升行情没有结束；而当股票经过一段较长时间的上涨后，一旦30日均线被股价向下突破，则可能预示着短线主力已经出局，但这不意味着该股从此走弱，还要看有无其他中长线主力在此运作（有些短线主力也会以25日均线或34日均线作为短期的护盘线）。

2）中期均线

在各类中期均线中，较常用的有45日、60日、90日均线。

①45日均线

一般而言，一个月的交易时间是22天，那么45日均线基本上等于两月线。这条均线位于中期均线的前端，是一条承接短期均线和中期均线的中继线。它对于研判股价的中期行情，常常起到先知先觉的作用，在中期均线的组合中使用得比较多，混合使用的概率小。

②60日均线

60日均线是三个月的市场平均交易价格线，也被称为季度线。这条线是比较标准的中期均线，对于判断股价中期走势有着重要的作用。在多数情况下，它用于中期均线的组合中，混合使用的概率较小。

③90日均线

90日均线是中期均线和长期均线的分界线，其特点是走势平滑、有规律，比各类短期均线滤噪性强、平稳性高，又比各类长期均线敏感度高、转折点清晰，因此，90日均线常被交易者用作判断股价中期运行趋势的重要依据。90日均线也常常被主力相中，当作其中期的护盘线。即当股价向上突破90日均线时，意味着中线主力开始进场，只要股价一直运行在90日均线之上，就说明中线主力仍在其中，中期上升行情没有结束；而当股价经过一段较长时间的上涨后，一旦90日均线被股价向下突破，则可能预示着中线主力已经出局。但这不意味着该股从此走弱，还要看有无其他长线主力在此运作（有些中线主力也会以75日均线或100日均线作为中期的护盘线）。

3）长期均线

在各类长期均线中，比较常用的有120日、200日、250日均线。

①120日均线

120日均线又称半年线，其使用频率不仅在长期均线组合中比较高，而且也常被用来混合使用，以察看股价长期运行趋势的状况。一般而言，在下降趋势中，它是年线的最后一道护身符；而在上升趋势中，它又是年线的前一个挡箭牌。半年线被股价突破的市场震撼力比较大，它意味着股价将进入长期上升趋势或长期下降趋势的状态。

②200日均线

200日均线通常是西方技术分析中股价长期趋势的看门线，如同国内股市中的年线。200日均线最早由美国股市分析专家葛兰碧提出，他同时也提出了著名的葛兰碧移动平均线八大法则，该法则在证券市场上具有普遍的判研意义。因此，西方交易者多数将200日均线作为其长期投资的决策依据。不过在我国，200日均线的拥护者并不普遍，它的重要性被250日线所代替。

③250日均线

250日均线又称为年线，是股价运行一年后的市场平均交易价格的反映。它是股市长期走势的生命线，也是"牛熊分界线"，是判断牛市是否形成或熊市是否来临的主要依据。即当股价有效跌破250均线时，说明熊市来临；当股价有效上穿250均线时，说明牛市来临。250日均线常被主力相中作为长线交易的护盘线。当股价始终运行在250日均线以上时，说明市场有长线主力在该股中运作；而当股价有效跌破250日均线时，通常意味着该股中的长线主力已经离场（有些长线主力也会以225日均线或255日均线作为长期的护盘线）。

3. 均线组合的意义

均线的预测意义往往是通过各种均线组合来实现的。代表不同时间周期的平均交易价格放在一起参考时，可以更好的分析出市场多、空双方的士气和意图。

1）专项均线组合

专项均线组合是将周期相近的几根均线放在一起进行专项判断的方法。专项判断的对象是股价的短期趋势、中期趋势和长期趋势，不同交易风格的操作者往往只盯住一个专项来研究。专项均线组合可以分为短期均线组合、中期均线组合和长期均线组合这三种。

①短期均线组合

常见的短期日均线组合为：5日、10日、20日、30日均线。

短期日均线组合主要是用来研究股价的短期变动趋势的，它的时间跨度视股价趋势是否会反转而可能是半个月，也可能是3个月。这些均线组合具有对股价变化敏感和反应迅速的优点，是短线交易者重要的均线参考依据。

②中期均线组合

常见的中期日均线组合为：45日、60日、75日、90日均线。

中期日均线组合主要是用来研究股价的中期变动趋势的，它的时间跨度视股价趋势是否会反转而可能是1个月，也可能是6个月。这些均线组合对股价变化不会太敏感，具有平稳起落的优势，是中线交易者重要的均线参考依据。此时，股价短期波动将被交易者视为"波动噪音"而不予以重视。

③长期均线组合

常见的长期日均线组合为：120日、150日、180日、250日均线。

长期日均线组合主要是用来研究股价的长期变动趋势的，它的时间跨度视股价趋势是否会反转而可能是3个月，也可能是24个月。这些均线组合对股价变化比较迟钝，且过于稳重，但却是长线交易者的均线参考依据。通常而言，长期均线组合不是用来指导交易的，而是用来判断某个长期趋势是否开始发生反转的论据。如果交易者坚持只有在各长期均线形成多头排列时才买入的原则，那么在中国股市里，只能在1991年、1996年、1999年、2006年这四年才有入场的机会。显然，如此少的交易机会是令交易者不满意的，而太晚的卖出时机则更会令交易者难以获利。

2）混合均线组合

混合均线组合是将周期比较远的几根均线放在一起进行参考的方法，即从短、中、长期均线中各取几根均线一起放置，以察看当前股价处于哪根关键的均线位置，并由此判断股价趋势的走向。混合均线组合可分为日均线混合、周均线混合和月均线混合这三种。

①日均线混合

软件系统默认的日均线混合为：5日、10日、20日、60日均线。

一般常用的日均线混合为：5日、30日、90日、250日。该方法结合了超短线主力、短线主力、中线主力、长线主力的护盘重心，行使起来比较稳妥，是较为中庸的应用方案。

②周均线混合

软件系统默认的周均线混合为：5周、10周、20周、60周均线。

系统默认的均线参数往往也是最大众化的应用方案，获得了市场的高度认同，得到了普遍的推广应用，可以作为参考条件。

③月均线混合

软件系统默认的月均线混合为：5月、10月、20月、60月均线。

该方法也是大众化的应用方法，但由于国内股票交易数据的提供时间比较短（就目前来说尚不足20年），且股票投机性强，股价易频繁变动，因此用月均线混合来判断股价趋势并不适合。

以上各类均线组合或均线混合都是比较常见的类型，交易者最好是根据自己的短、中、长线的交易风格进行具体的时间周期设置，但应以符合常理为主，因为主力操盘手也是根据常规日期来琢磨和影响大众交易者的。如果交易者不会设置或不愿设置时间周期，那么软件默认的各类均线也可以用来作参考。

三、均线的特性及判研

1. 均线的助推

"均线的助推"是指不同周期的均线在股价的上升趋势或下降趋势中，表现出跟随趋势、同步运行的现象。均线的助推是均线最基本的功能。具体来说，当股价处于明显的上升趋势时，短期均线会拉动中、长期均线上扬，同时，中、长期均线的上扬又会给短期均线提供支撑的作用，支持短期均线继续推进。此时，"均线助推"主要表现为短期均线会在长期均线的惯性推动下，沿着长期均线的运行方向继续前进。

均线的助推形式包括向上助推和向下助推。向上助推是指各类均线都往上走，相互影响；向下助推是指各类均线都往下走，相辅相成。

1）向上助推

当股价处于明显的上升趋势时，各类均线均处于同步上扬的状态，此时短期均线对股价继续上涨有较强的助推作用，而中、长期均线的稳步上升，也意味着不同时期入市的交易者的购买价格都在提升，市场的筹码处于不断轮换的阶段，这将有助于短期均线继续走强。

2）向下助推

当股价处于明显的下降趋势时，各类均线均处于同步下降的状态，此时短期均线对股价继续上涨有较强的阻力作用，而中、长期均线的稳步下降，也意味着不同时期入市的交易者的购买成本都处于亏损状态，这种不良氛围将导致短期均线继续走弱。

2. 均线的修复

"均线的修复"是指不同周期的均线在实际运行当中，会出现短期均线向中、长期均线回归的现象。

具体来说，当股价快速上升时，短期均线会快速脱离中、长期均线的纠缠，跟随股价一路高攀，形成过度偏离中、长期均线的情况；但到了一定的阶段，当快速增长的获利盘开始了结时，股价必然会减速运行并进入调整阶段，此时的短期均线就会开始掉头向中、长期均线靠拢，这就是均线的修复现象。

均线修复的形式包括主动修复和被动修复。主动修复是指短期均线主动向中、长期均线回归的现象，而被动修复则是指中、长期均线被动的向短期均线靠近的现象。即股价均以长期趋势为母，以短期趋势为子。

1）主动修复

主动修复是指当股价的短期均线过度偏离中、长期均线以后，经过一段时间的股价减速运行，短期均线会主动向中、长期均线回归的现象。这种修复通常出现在股价阶段性的顶部或底部。有时候，这种主动性修复往往也表现为均线的背离，见后面"均线的背离"。

2）被动修复

被动修复是指当股价的短期均线过度偏离中、长期均线以后，股价在做横向整理运动，短期均线也进入了横向延伸阶段，使中、长期均线被动的向短期均线靠拢的现象。这种修复通常出现在股价上升途中或下降途中。

3. 均线的背离

"均线的背离"是指不同周期的均线在实际运行当中，短期均线与中、长期均线的运行方向相反，从而形成背离的现象。当股价处于上升趋势或下降趋势的末端时，短期均线将会与原趋势方向相反，即与中、长期趋势的现有方向相反，这时就出现了均线背离的现象。

均线的背离形式包括顶部背离和底部背离。顶部背离是指短期均线下行时与长期均线的上行方向相反，底部背离是指短期均线上行时与长期均线的下行方向相反。

1）顶部背离

当股价处于阶段性的高位后，往往会开始向下整理，短期均线也将随之下行，但此时的中、长期均线可能还在上行的状态。当短期均线向下突破中期均线时，该运行方向将与股价的长期均线方向相反，与长期均线相互背离。

2）底部背离

当股价处于阶段性的低位后，往往会开始向上攀升，短期均线也将随之上行，但此时的中、长期均线可能还在下行的状态。当短期均线向上突破中期均线时，该运行方向将与股价的长期均线方向相反，与长期均线相互背离。

4. 均线的服从

"均线的服从"是指不同周期的均线在股价上升趋势或下降趋势即将出现反转的时候，短期均线走势受制于中期均线，中期均线走势受制于长期均线，从而形成各类均线同步运行的现象。

当均线出现了背离时，它将何去何从？这时均线的服从作用就体现出来了。具体来说，如果股价运行趋势在其末端出现了反向的信号，那么短期均线将受长期均线的影响，保持和长期均线的相同方向；同理，日均线的运行趋势将开始向周均线的运行趋势看齐，周均线的运行趋势将开始向月均线的运行趋势看齐。

均线服从的形式包括向上服从和向下服从。即长期均线向上运行时，短期均线在背离后多数还是会继续向上运行；长期均线向下运行时，短期均线在背离后多数还是会继续向下运行。

1）向上服从

当股价处于上升趋势时，各类短、中、长期均线均处于上扬状态，即使短期均线跟随股价向下调整，致使中期均线开始走平，但长期均线往往还处于上扬状态。一旦短期均线靠近中期均线，将会获得支撑而折转上行；或者短、中期均线在靠近长期均线时，将会获得支撑而开始折转上行（但如果股价已经处于反转状态，那么短期均线会下穿中期均线，中期均线会下穿长期均线。）。

2）向下服从

当股价处于下降趋势时，各类短、中、长期均线均处于下降状态，即使短期均线跟随股价向上反弹，可能中期均线开始走平，但长期均线往往还处于下降状态。一旦短期均线靠近中期均线，将会遇到阻力进而掉头下行；或者短、中期均线在靠近长期均线时，将会遇到阻力并进而掉头下行（但如果股价已经处于反转状态，那么短期均线会上穿中期均线，中期均线会上穿长期均线。）。

5. 均线的粘连

"均线的粘连"是指不同周期的均线在处于收敛状态后的一段时期内，三条甚至更多条均线相互纠缠在一起，几乎呈水平状态的往后延伸的现象。

这种现象意味着长期的买入平均价格和短期的买入平均价格非常接近，如果前期股价处于上升趋势，那么现在的股价已经降到了过去的平均水平；如果前期股价处于下降趋势，那么现在的股价已经升到了过去的平均水平。这些都是股价趋势即将变盘的信号，值得交易者重点关注。但需要注意，短期日均线组合（5~30日）容易产生粘连的现象，判研的价值较弱。

当均线出现粘连的现象时，往往前期已经经过了背离的状态，且体现了均线服从的含义。当几条均线于某段时期内一直在一个狭小的波动区间纠缠时，往往意味着此时已经产生了研究"变盘"的价值。预测均线粘连后的趋势变盘方向，可以根据以下几个因素来判断：

1）股价前期涨跌幅度

如果均线在粘连以前，股价前期的涨幅已经很大，那么此时股价向下的可能性较大。如果股价前期涨幅较小,那么此时股价向上的可能性较大;如果均线在粘连以前,股价前期跌幅很大,那么此时股价向上的可能性较大。如果股价前期跌幅较小,那么此时股价向下的可能性较大。

2) 股价的运行角度

如果均线在粘连以前,股价向上运行的角度比较陡峭(如70°以上),则此时股价向下的可能性较大。如果股价前期向上运行的角度比较平缓,则此时股价向上的可能性较大;如果均线在粘连以前,股价向下的运行角度比较陡峭(如-70°以上),则此时股价向上的可能性较大。如果股价前期向下运行的角度比较平缓,则此时股价向下的可能性较大。

3) 股价横盘的时间

如果股价在5~30日甚至更长的时间内纠缠着横向延伸时,说明前面的涨跌角度已经被市场消化了,市场在等待契机寻求新的突破方向。此时,股价基本上是在±5%的幅度内进行波动,对这个区间内的均线支撑或均线阻力作更细致的分析已没有什么意义,关键是要看股价是否会带量突破这个盘整的价格区间,如果是,那么可以判断出股价趋势即将变盘向上;如果股价向下突破盘整的价格区间,则说明股价趋势即将变盘向下。

至于均线粘连后趋势变盘中的股价涨跌幅度,则跟均线粘连的时间有一定的关系。均线粘连时间越长,说明趋势酝酿变盘的时间越长,未来股价上涨或下跌的空间就会越大。

但要注意,很多技术分析手段(包括均线分析)对于前期涨幅巨大的老庄股或基本面严重恶化的个股将失去作用,因为它们的跌幅不仅很深,而且跌势往往无休无止,主力一旦出局,该股将长期无所作为。

6. 均线的扭转

"均线的扭转"是指不同周期的均线在某一时段可能处于相互纠缠和粘连、交易价格趋于一致的现象,但短期均线终究会打破僵局,率先突围。

均线的扭转有其特定的背景,那就是当时的各类均线非常集中,在一个波幅很窄的区间来回起伏,时而短期均线向下突破中期均线,时而短期均线又快速向上突破中期均线,形成了粘连僵持的状态。但最后短期均线终究会向上扭转或向下扭转,脱离纠缠的区域。

均线的扭转形式包括向上扭转和向下扭转。

1) 向上扭转

当股价的各类均线处于纠缠僵持的状态时,它们的运行方向可能略微向上,也可能略微向下,或者横向延伸,但最终短期均线会大幅向上扭转,一举突破现有的纠缠状态。如果当时股价比较低而突破被证明是有效和有力的,那么股价后期走势将被看好。

2) 向下扭转

当股价的各类均线处于纠缠僵持的状态时,它们的运行方向可能略微向上,也可能略微向下,或者横向延伸,但最终短期均线会大幅向下扭转,一举突破现有的纠缠状态。如果当时股价比较高或市场氛围不理想,其突破又被证明是有效和有力度的,那么股价后期走势往往比较糟糕。

7. 均线的平行

"均线的平行"是指不同周期的均线出现收敛或粘连现象后开始发散前进，最后几乎形成平行的排列状态。

均线的平行意味着股价在均线发散后的运行速度比较稳定，运行角度几乎不变，导致各周期内交易者买入的价格保持匀速上升或匀速下降的状态。它预示着股价将在各类均线的惯性推动下，沿着各均线的同一方向前进。

均线的平行形式主要包括向上平行和向下平行。

1）向上平行

向上平行是指均线发散性的向上运动后，经过一段时间，各均线近乎呈等距离的同步上扬状态。具体表现为短期均线贴近K线运行，中期均线保持着和短期均线适当的距离同步上扬，长期均线也保持和中期均线适当的距离同步上扬，形成齐头并进的、平行（或发散）向上的现象。这种现象通常称之为"多头排列"，是完美的股价上升趋势形态。

2）向下平行

向下平行是指均线发散性的向下运动后，经过一段时间，各均线近乎呈等距离的同步下沉状态。具体表现为短期均线贴近K线运行，中期均线保持着和短期均线适当的距离同步下沉，长期均线也保持和中期均线适当的距离同步下沉，形成齐头并进的、平行（或发散）向下的现象。这种现象通常称之为"空头排列"，是股价明显的下降趋势形态。

对于均线平行的判研，一般有以下几种方式。但要注意的是，短期均线组合（5～30日）最容易产生均线平行的现象，而且持续时间较短，因而判研的价值较小。

1）均线运行的角度

当均线向上平行时，如果其运行的角度比较陡峭（如70°以上），那么它会对股价上行起到助涨的作用，加快股价的上涨速度，但同时也会减弱对股价的支撑力度，使股价容易向下突破。如果均线向上平行时的角度比较平缓，那么其作用的程度有所降低。

当均线向下平行时，如果其运行的角度比较陡峭（如-70°以上），那么它会对股价下降起到助跌的作用，加快股价的下跌速度，但同时也会减弱对股价的压制力度，使股价容易向上突破。如果均线向下平行时的角度比较平缓，那么其作用的程度有所降低。

2）均线平行的时间

均线平行的时间越长，股价趋势发生反转的概率就越大；均线平行的时间越短，股价趋势发生反转的概率就越小。均线平行的时间越长，趋势发生反转后股价的涨跌幅度就越大；均线平行的时间越短，趋势发生反转后股价的涨跌幅度就越小。

3）均线之间的距离

当均线向上平行时，意味着不同时间的买入价格在同步递增，这对未来股价的下跌能起到很好的支撑作用。均线平行时，相互间隔的距离越大，则均线支撑力的分布范围越广，能对股价的下跌构成层层支撑，防止股价快速跌破长期均线；如果均线之间的间隔距离较小，则均线支撑力的分布范围就相对集中，对股价下跌的支撑面就比较小，股价就有可能快速跌穿长期均线。

当均线向下平行时，意味着不同时间的买入价格在同步递减，这对未来股价的上涨会起到很强的压制作用。均线平行时，相互间隔的距离越大，则均线压制力的分布范围越广，能对股价的反弹构成层层障碍，阻止股价快速上穿长期均线；如果均线之间的间隔距离较小，则均线压制力的分布范围就相对集中，对股价反弹的压制面就比较小，股价就有可能快速上穿长期均线。

8. 均线的交叉

"均线的交叉"是指不同周期的均线在运行过程中出现的相互穿越现象。根据发生时间的先后顺序，越短周期的均线越早穿越比之周期长的均线。

一般把短期均线向上穿越中、长期均线的现象称之为"金叉"，意味着股价要开始上涨了；把短期均线向下穿越中、长期均线的现象称之为"死叉"，意味着股价要开始下跌了。下面，列举日均线的交叉来进行判研的说明。

1）二线金叉

这里选择5日、30日、90日和250日这组混合型的均线组合来进行讲解。5日均线代表强势护盘均线，30日均线代表短期护盘均线，90日均线代表中期护盘均线，250日均线代表长期护盘均线。

①5日均线和30日均线所形成的金叉

5日均线和30日均线所形成的"金叉"点，是判断股票短期性买入的一个重要信号。当5日均线开始向上突破30日均线形成"金叉"时，说明该股的短期上升趋势正在形成。如果此时成交量也同步放大，则买入信号更加明显。

②5日均线和90日均线所形成的金叉

5日均线和90日均线所形成的"金叉"点，是判断股票中期性买入的一个重要信号。当5日均线开始向上突破90日均线形成"金叉"时，说明该股的中期上升趋势可能正在形成（能有"三线金叉"佐证则更好）。如果此时成交量也同步放大，则买入信号更加明显。

③5日均线和250日均线所形成的金叉

5日均线和250日均线所形成的"金叉"点，是判断股票长期性买入的一个重要信号。当5日均线开始向上突破250日均线形成"金叉"时，说明该股的长期上升趋势可能正在形成（能有"三线金叉"佐证则更好）。如果此时成交量也同步放大，则提示信号更加有效。

在实际运用中需要注意，仅通过均线是否形成"金叉"的方法来判研股价趋势是远远不够的。

2）三线金叉

①5日、30日和90日均线所形成的金叉

5日均线上穿30日均线后，5日均线和30日均线又接连上穿90日均线时，是判断股票中期性买入的一个重要信号。如果此时成交量也同步放大，则买入信号更加明显。

②5日、90日和250日均线所形成的金叉

5日均线上穿90日均线后,5日均线和90日均线又接连上穿250日均线时,是判断股票长期性买入的一个重要信号。如果此时成交量也同步放大,则买入信号更加明显(实际此时的5日、30日和90日均线都已经上穿了250日均线)。

一般来说,"三线金叉"比"二线金叉"的指导性更强,准确性更高,但是比较滞后于股价行情的发展。

周均线的"金叉"也分为"二线金叉"和"三线金叉",判断原理同上,但是最好以分析软件默认的周期为准。一般来说,它判断的是股价的中、长期走势,所得出的指示更为可靠,但也更滞后于股价行情的发展。

3)二线死叉

①5日均线和30日均线所形成的死叉

5日均线和30日均线所形成的"死叉"点,是判断股票短期性卖出的一个重要信号。当5日均线开始向下突破30日均线形成"死叉"时,说明该股的短期下降趋势正在形成。如果此时成交量也同步放大,则卖出信号更加明显。

②5日均线和90日均线所形成的死叉

5日均线和90日均线所形成的"死叉"点,是判断股票中期性卖出的一个重要信号。当5日均线开始向下突破90日均线形成"死叉"时,说明该股的中期下降趋势可能正在形成(能有"三线死叉"佐证则更好)。如果此时成交量也同步放大,则卖出信号更加明显。

③5日均线和250日均线所形成的死叉

5日均线和250日均线所形成的"死叉"点,是判断股票长期性卖出的一个重要信号。当5日均线开始向下突破250日均线形成"死叉"时,说明该股的长期下降趋势可能正在形成(能有"三线死叉"佐证则更好)。如果此时成交量也同步放大,则提示信号更加有效。

4)三线死叉

①5日、30日和90日均线所形成的死叉

5日均线下穿30日均线后,5日均线和30日均线又接连下穿90日均线时,是判断股票中期性卖出的一个重要信号。如果此时成交量也同步放大,则卖出信号更加明显。

②5日、90日和250日均线所形成的死叉

5日均线下穿90日均线后,5日均线和90日均线又接连下穿250日均线时,是判断股票长期性卖出的一个重要信号。如果此时成交量也同步放大,则卖出信号更加明显(实际此时的5日、30日和90日均线都已经下穿了250日均线)。

周均线的"死叉"也分为"二线死叉"和"三线死叉",判断原理同上,但最好以分析软件默认的周期为准。一般来说,它判断的是股价的中、长期走势,所得出的指示更为可靠,但也更加滞后于股价行情的发展。

附:单根均线的判研

对于单根均线的判研方法,最为经典的是美国技术分析专家葛兰碧提出来的"均线买卖八大法则",它分为四大买入法则和四大卖出法则。

买入法则：

①平均线从下降状态开始走平，同时股价从平均线下方突破平均线时，为买进信号；

②股价下穿平均线，而平均线仍在上扬，不久股价又回到平均线上时，为买进信号；

③股价原在平均线上，现股价突然下跌，但未跌破平均线又上升时，为买进信号；

④股价原在平均线下，现突然暴跌而远离平均线之时，物极必反，是买进时机。

卖出法则：

⑤平均线从上升状态开始走平，同时股价从平均线上方往下跌破平均线时，为卖出信号；

⑥股价上穿平均线，而平均线仍在下行，不久股价又回到平均线下时，为卖出信号；

⑦股价原在平均线下，现股价突然上涨，但未涨到平均线处又开始下跌时，为卖出信号；

⑧股价原在平均线上，现突然暴涨而远离平均线之时，物极必反，是卖出时机。

图示葛兰碧八大法则，以 10 日均线为例。见图 44。

图 44

四、均线的应用性总结

1. 移动平均线的优点

1）用移动平均线可观察股价总体走势，不用考虑股价偶然的变动情况，容易选择交易时机；

2）用移动平均线八大法则作为股票买入或卖出的信号较好，尤其是当股价趋势变得明显时；

3）用移动平均线进行分析比较简单，它尤其适合于分析股价的中、长期趋势。

2. 移动平均线的缺点

1）移动平均线具有滞后于股价行情的特性，不易把握股价趋势的高峰与低谷；

2）在价格波幅不大的牛皮市，移动平均线频繁往返于价格之间，缺少明确的交易信号；

3）移动平均线的最优周期需要交易者自行调试和优化，一般需要隔6个月优化一次，看所用均线是否和股价运行趋势保持良好的跟随性。

3. 移动平均线的使用说明

单独用一根平均线来判研股价行情时，往往会有缺陷，使交易者只能看到局部趋势的发展状况，这种方法在超短线交易中可能存在，因为超短线交易者只在乎眼前的瞬间机遇。而在波段交易和长线交易中，则至少是用两根平均线来组合使用的。在研究两根均线与股价的相互关系时，主要是看均线的收敛、交叉、粘连、发散、平行、斜率、间隔、背离等要素。见图45。

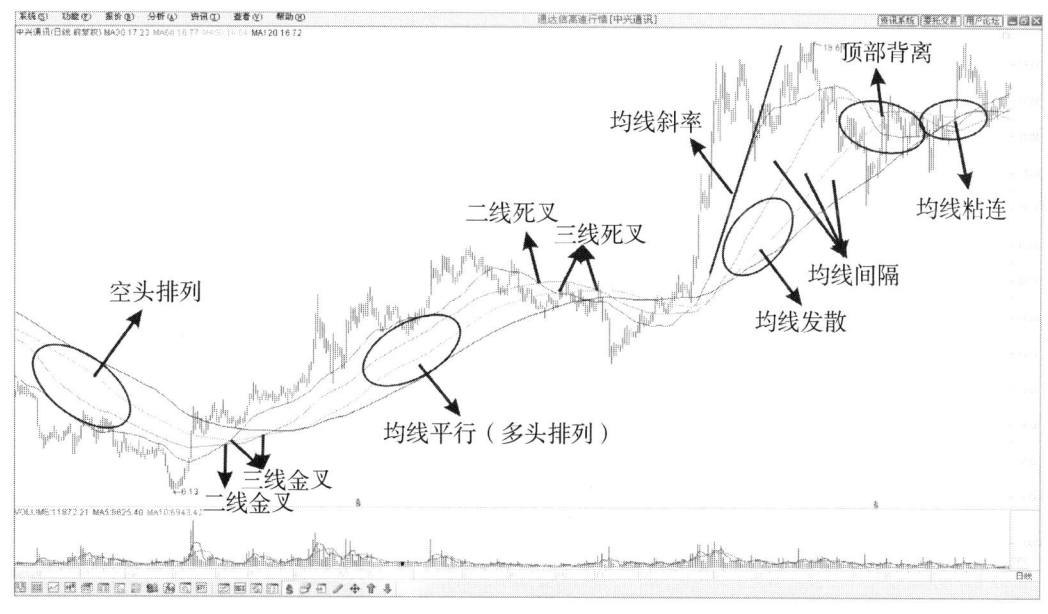

图45

在用一根短期均线和一根长期均线结合起来判研股价行情时，只要股价运行趋势持续，那么较长期的均线就能起到良好的作用，而短期均线所带来的价格波动"噪音"就该被过滤掉；一旦股价趋势反转或盘整时，短期均线则更适合判研行情，因为它灵敏反映价格变化的特点就表现出来了，而此时的长期均线往往还处在迟钝的爬行状态。可见，长期均线可以起到识别趋势的作用，而短期均线则可以用来选择交易时机。

根据美国美林证券研究部从 1970 年至 1976 年对 13 种期货商品进行移动平均线交易法的测试结果来看，移动平均线交易法确实为他们产生了显著的利润。他们指出，每个市场都有自己独有的优越移动平均线，具体市场需要具体选择；此外，在获利程度上，较长期的移动平均线要胜过较短期的移动平均线，而长、短期平均线的分水岭在 40 天（8 周）左右，多数商品的优越平均线集中在 60 天到 70 天之间；同时，简单移动平均线法既胜过加权移动平均线法，也胜过指数加权移动平均线法；且双平均线法获利能力最强，超过了三重交叉法。

既然最好的盈利方式是根据市场的具体情况，通过优化过程选出双移动平均线的最佳组合，那么交易者就应该在每个股票走势图上通过改变移动平均线的周期，以察看现有的股价走势节奏是否和被改变的平均线曲度保持一致。即：找到一根平均线，它尾随着股价走势并和股价走势保持适当的距离，只要股价不跌破这根平均线就可以一直持有。这根平均线应该较为灵活，能够及时发出应有的信号；同时它又适当的迟钝，以避开价格上跳下窜所带来的错误信号。然后把时间周期放宽，以同种方式再找到另一根具有更大包容性的移动平均线，并在交易中对比这两根平均线的聚合程度和离散程度，以此进行股价趋势的判断。如果只按常规的参数或系统默认的参数来使用移动平均线，那么就要考验交易者的累积经验了。

第三节　其他技术指标

其他技术指标有很多种，这里仅仅只介绍三种最常见和最实用的，以了解指标的由来和本意。在股指和个股既成趋势的时候，平滑异同移动平均线（MACD）是用得最广泛的指标，它的交易信号给得比较缓慢但也比较真实；在股指和个股处于盘整市道的时候，随机指数（KDJ）是用得最广泛的指标，它的交易信号给得很早但常有失误；均量线是最简单而有效的分析成交量的辅助指标，它能够直观的反映出肉眼看不到的成交量的细微变化；至于大势指标，研究的原理和出发点都很好，但是实用性很差，不如在股指趋势高位或低位去研究板块指数，所以这里就不作介绍。

一、平滑异同移动平均线

1. 指标简介

平滑异同移动平均线（MACD）是根据移动平均线较易掌握股价趋势的优点而发展出来的。它先是利用两条不同速度的指数平滑移动平均线来计算两者之间的差离状况（DIF），然后再求取 DIF 的 9 日平滑移动平均线，由此得出平滑的异同移动平均线。

平滑异同移动平均线实际上是考察快速和慢速两条移动平均线的聚合与分离的现象，从而研判股票的买进与卖进时机的。其最大长处在于平滑移动的特性，对于某些剧烈波动的市场或个股而言，这种平滑移动的特性能够对价格波动作比较平缓的描述，从而提高指标的实用性和有效性。

2. 计算方法

1）计算平滑系数

计算公式为：平滑系数 L = 2 ÷ （时间周期 + 1）

如 12 日的平滑系数 = 2 ÷ （12 + 1） = 2 ÷ 13 = 0.1538

26 日的平滑系数 = 2 ÷ （26 + 1） = 2 ÷ 27 = 0.0741

2) 计算指数平均值（EMA）

一旦求得平滑系数后，即可求出指数平均值，其公式如下：

今日 EMA = 平滑系数 × （今日收盘价 – 昨日 EMA） + 昨日 EMA

依公式可计算出 12 日 EMA = 2 ÷ 13 × （今日收盘价 – 昨日 EMA） + 昨日 EMA

同理，26 日 EMA = 2 ÷ 27 × （今日收盘价 – 昨日 EMA） + 昨日 EMA

3) 计算平滑异同平均数的 DIF

计算公式为：DIF = 快速平滑移动平均数 EMA – 慢速平滑移动平均数 EMA

如果快速平均线取 12 天的参数，慢速平均线取 26 天的参数，则：

DIF = 12 日 EMA – 26 日 EMA

4) 计算平滑异同移动平均数 DEA

DIF 是平滑异同移动平均线的核心，但为了使 MACD 所发出的信号更加可靠，又引入了 DEA 的概念。DEA 是 DIF 的移动平均，DIF 经过移动平均以后，消除了偶然的价格"噪音"，使分析结论更为可靠。

DEA 一般是 DIF 的 9 日平滑移动平均线，其计算方法为：

DEA = 平滑系数 × （今日 DIF – 昨日 DEA） + 昨日 DEA

如 DEA（9） = 0.2 × ［今日 DIF – 昨日 DEA（9 日）］ + 昨日 DEA（9 日）

由于第一次计算 DEA 时没有昨日的 DEA 可作参考，因此可以用昨日的股票收盘价或前几日的平均收盘价来替代。

3. 具体应用

MACD 在应用时，一般是以 12 日均线为快速移动平均线（12 日 EMA），以 26 日均线为慢速移动平均线（26 日 EMA）；然后计算出这两条移动平均线的平均值，再计算出两者的差离值（DIF）；再根据此差离值计算出 9 日的平滑移动平均线（DEA）；将 DIF 值与 DEA 值分别绘出曲线后，即可进行判研。

MACD 理论除了用以确认股价中期涨势或跌势之外，也可用来判研股价趋势短期的反转点。在 MACD 指标中，可观察其中的红、绿色柱状体的变化情况。当红色线位于零线的上方时，属于多头市场行情；当绿色线位于零线的下方时，属于空头市场的行情；当红线由长开始变短时，说明股价上涨开始变缓；当绿线由长开始变短时，说明股价下跌开始变缓。

一般而言，在股价持续的涨势中，12 日 EMA 在 26 日 EMA 之上，其间的正差离值（+ DIF）会愈来愈大；反之，在股价持续的跌势中，差离值可能变为负数（– DIF），负差离值会愈来愈大；当股价趋势开始反转时，正差离值或负差离值将会缩小并开始反向增大。

4. 研判方法

1) 当 DIF 与 DEA 在零线以上时，说明股价正处于多头市场行情。此时若 DIF 向下突破 DEA，只能看作趋势行情正在作短期的回调，不能看成空头市场的开始。

2）当 DIF 与 DEA 在零线以下时，说明股价正处于空头市场行情。此时若 DIF 向下跌破 DEA，可作卖出信号；当 DIF 向上突破 DEA 时，可看作股价反弹行情即将开始。

3）底背离：股价出现新的低点，但 DIF 并不跟着出现新的低点时，属于底部背离现象，可作买入讯号。

4）顶背离：股价出现新的高点，但 DIF 并不跟着出现新的高点时，属于顶部背离现象，可作卖出讯号。

5）当 DIF 在零线以上的高位第二次下穿 DEA 时，往往股价会出现大跌的行情；当 DIF 在零线以下的低位第二次上穿 DEA 时，往往股价会出现大涨的行情。

5. 其他说明

1）在股价进行盘整的行情中，MACD 指标能在一定程度上减少移动平均线频繁的欺骗信号。

2）在有明显趋势的行情中，MACD 指标能最大限度的确保移动平均线买卖法则的准确性。

3）MACD 指标给出的交易信号比较晚，但比较准确，适合稳健的中、长线交易者使用。

4）有的股票波动性很强，有的股票波动性较弱，套用同样的 MACD 指标时，往往会有出入。

5）在趋势的阶段性顶部或底部，MACD 可配合 KDJ（随机指数）使用，以弥补各自的缺点。

二、随机指标

1. 指标简介

随机指标（KDJ）由乔治·蓝恩博士最早提出，它起源于期货市场的技术分析，也是股票市场上常用的技术分析指标。随机指标是根据统计学的原理，通过一个特定的周期内（常为 9 日、9 周等）出现过的最高价、最低价、最后一个计算周期的收盘价以及这三者之间的比例关系，计算出最后一个计算周期的未成熟随机值 RSV，然后根据特定的数学公式来计算 K 值、D 值与 J 值，并最终绘成曲线图来研判股价行情走势。由于随机指标在设计过程中主要是研究股票最高价、最低价和收盘价之间的关系，同时也融合了动量观念、强弱指标和移动平均线的一些优点，因而能够比较迅速、直观地反映股价行情走势。

随机指标最早以 KD 指标的形式出现，KD 指标则是在威廉指标的基础上发展起来的。不过威廉指标只判断价格的超买、超卖现象，而 KDJ 指标则融合了移动平均线的观念，形成了比较准确的买卖信号。KDJ 指标本质上是一个价格随机波动的概念，对于研判股价的短期行情走势比较有利。

2. 计算方法

1）先计算未成熟随机值 RSV。

计算公式为：9 日 RSV = [（C9 − L9）÷（H9 − L9）] × 100

C_9：第 9 日的收盘价
L_9：最近 9 日内的最低价
H_9：最近 9 日内的最高价

2）再对 RSV 进行指数平滑，得到 K 值。

今日 K 值 = 2/3 × 昨日 K 值 + 1/3 × 今日 RSV 值

公式中，1/3 是平滑因子，可以人为选择，不过目前已经约定俗成为 1/3 了。

3）再对 K 值进行指数平滑，得到 D 值。

今日 D 值 = 2/3 × 昨日 D 值 + 1/3 × 今日 K 值

公式中，1/3 为平滑因子，可以改成别的数字，但同样已经约定俗成为 1/3 了。

4）最后计算出 J 值。

计算公式为：J = 3D − 2K = D + 2（D − K）

J 是 D 加上一个修正值的结果，实质上是在反映 D 和 D 与 K 的差值。

3. 判研方法

1）当 J 曲线开始在底部（50 线以下）向上突破 K 曲线时，说明股价的弱势整理格局可能会被打破，股价短期将向上运动，交易者可以考虑少量建仓。

2）当 J 曲线向上突破 K 曲线并迅速向上运动，同时 K 曲线也向上突破 D 曲线时，说明股价的中长期上涨趋势已经开始，交易者可以加大建仓的力度。

3）当 K、D、J 曲线开始摆脱前期窄幅盘整的区间并同步向上快速运动时，说明股价已经进入短线强势上涨的行情，交易者应继续看涨。

4）当 J 曲线经过一段快速向上的运动过程后，开始在高位（80 线以上）向下掉头时，说明股价短期上涨过快，将开始进入短期调整的行情，交易者可开始逐步减仓。

5）当 K 曲线也开始在高位向下掉头时，说明股价的短期上涨行情可能结束，交易者应及时获利了结。

6）当 D 曲线也开始在高位向下掉头时，说明股价的中期上涨行情已经结束，交易者应清仓离场。

7）当 K、D、J 曲线从高位同步向下运动时，说明股价的下跌趋势已经形成，在期货市场中可反手做空。

此外，也可以通过 KDJ 与股价背离的走势，来判断股价的短期顶部或底部是否形成。它有如下规律可循：

1）当股价上涨时间较长后，如果股价在创新高而 J 值没有创新高，为顶背离，是卖出信号；

2）当股价下跌时间较长后，如果股价在创新低而 J 值没有创新低，为底背离，是买入信号；

3）一次顶背离或底背离可能是错误的信号，但如果第二次及第三次继续出现同样的背离，那么后期股价趋势反转的可能性将大大增强。

需要注意，在进行顶、底背离判别时，其当前的高、低点只能和前一波的高、低点进行对比，不能跳到更前面去进行比较。

4. 其他说明

KDJ 指标对短线操作的帮助比较大，它对价格的反应速度比较敏感。KDJ 指标在

80 线附近属于超买区，对于持股者而言有一定的风险；在 50 线附近为徘徊区，不适合操作；在 20 线附近属于超卖区，短线交易者可以适当买入。由于 KDJ 指标的反应速度较快（尤其是 J 曲线），往往容易出现频繁的买卖信号，使失误操作的概率增加；而前面的 MACD 指标则比较平稳而滞后于行情，避免了部分虚假信号的出现，因此，可以将这两者结合起来判断市场的行情趋势，以更为准确地把握住 KDJ 指标对短线买卖发出的信号，同时掌握中、短期的市场运动趋势。

三、均量线指标

很多交易者在成交量的认识上存在着严重的缺陷或误区（这一点将在《解读量价关系》一章中集中论述），同时，对各种带有成交量的指标趋之若鹜，以为从这里可以找到破解趋势的密码。而实际上，对成交量的理解只要弄清楚量价关系里的 10 种情形就可以了。成交量是股市技术分析中的一个重要参考物，但其柱状图忽长忽短，不易连贯性的把握，于是均量线的作用就体现出来了。

1. 指标简介

在成交量指标中，围绕着成交量柱状图上下缠绕的黄白两线就是均量线，实际上就是成交量的两条移动平均线。它的存在，是为了显示近期内成交量的增加或减少的趋势如何，比成交量柱状图更具有连贯性和直观性。

2. 计算方法

均量线采用的是简单算术平均法。如果是 5 日均量线，那么用最近 5 日内的成交量之和除以 5 就可以得到第 5 日的均量线数值；如果是 10 日均量线，那么用最近 10 日内的成交量之和除以 10 就可以得到第 10 日的均量线数值。一般系统默认的是 5 日均量线和 10 日均量线。

3. 判研方法

当均量线开始上翘时，说明近期的成交量在持续增加，但同时还要看当时的股价是涨还是跌。如果股价在涨，则代表量增价涨，如果股价在跌，则代表量增价跌；当均量线开始下行时，也要看当时的股价是涨还是跌。如果股价在涨，则代表量缩价涨，如果股价在跌，则代表量缩价跌；当 5 日均量线上穿 10 日均量线时，代表着近期成交量开始持续增大；当 5 日均量线下穿 10 日均量线时，代表着近期成交量开始持续减少；当 5 日均量线和 10 日均量线纠缠在一起时，说明最近 5 日的成交量和最近 10 日的成交量几乎一样。注意，单一的成交量数据没有意义，必须结合股价一起看待，最好同时结合远、近期成交量的变化状况一起看待。

4. 其他说明

均量线只是用量化的曲线使交易者更容易识别成交量的增减变化，但它本身不改变成交量与价格的关系，也无法显示成交量的多寡情况。在运用该指标时，需要结合量价关系里的 10 种情形来综合看待。对于有丰富识图经验或只需大概了解成交量数据的人而言，只用看成交量柱状图即可，均量线只是进一步确认成交量变化状况的辅助工具。

第四节 技术指标总结

目前，应用于证券市场上的技术指标琳琅满目，但这里只着重讲解了移动平均线（MA）一种。这是因为移动平均线已作为股价的一部分，在全世界不断被人察看和研究，有着重要的影响力。而另一个原因，就是包括移动平均线在内，所有的技术指标都有着诸多的缺陷，过多的去研究这些并不先进的指标，会使我们瞻前顾后，无从下手。对于技术指标的诸多问题，集中体现在以下几个方面。

一、本身结构性问题

1）各技术指标均取材于开盘价、收盘价、成交量等要素，研究取向较片面且相似；

2）各技术指标均取材于已发生的价格或成交量等要素，只能滞后揭示股价的状况；

3）各技术指标都是数据统计的结果，它们只能给出统计结果，本身不能揭示行情；

4）各指标研发的环境和背景不同，把其套用到其他国家和不同市场时，问题重重；

5）有的指标在股票盘整时无效，有的指标在趋势明显时无效，而很多人并不知道；

6）各指标都有技术盲点的时候，那时它所统计的数据对我们的实际操作没有意义；

7）所有技术指标都需要逐一优化参数，但费时、费力、费钱之后往往还不知成效；

8）当使用多技术指标共同验证信号时，要么一致信号给得晚，要么不知相信哪个。

二、本身数据源问题

技术指标是通过数学计算公式计算出来的结果，用到的样本数据主要是开盘价、最高价、最低价、收盘价、成交量等市场交易数据，只要控制了这几个数据就等于控制了技术指标。而制造开盘价、收盘价、成交量等数据，并进而操纵指标异动的现象，在中国股市里是每天每时都在发生的事情。

如：RSI（t）= t 天内涨幅之和 ÷（t 天内涨幅之和 + t 天内跌幅之和）。$t \in \mathbf{N}$，单位为天。

从 *RSI* 计算公式可知，这一指标仅仅涉及收盘价，只要操纵了收盘价就可以操纵该指标。只须连续五天使收盘价持续下跌或上涨，那么 *RSI* 的指标值将等于 *0* 或等于 *100*。实际上，对于流通盘不大的股票而言，每天使其收盘价下跌一点并非难事，而当 *RSI* 为 *0* 时，当交易者认为股价调整已经到位时，股价也许连续几天下跌也只跌了几分钱。如果交易者依据 RSI 此时所给出的买入信号进行交易，也许真正的行情调整就在后面。

数据源的第二个问题暴露在"多技术相互验证法"上。很多交易者喜欢用多种技术指标来验证交易信号的准确性，如等待 KDJ、RSI 等技术指标发出一致的信号来进行交易等。但大多数技术指标和 K 线图一样，其数据源都是来自于开盘价、收盘价等，用出自同一数据源的统计信号来求得一致的交易信号，这种信号的有效性本身就大打折扣。同时，"多技术相互验证法"也加重了更多不确定性的因素，就像你带有两只手表就无法掌握时间一样。但即使是用 K 线图、量能指标、趋势线工具、周期分析等各成一体的分析手段来共同验证一个值得相信的交易信号时，也不见得会有效，因为技术分析总体就是一个单一的分析手段，还有些辅助提示信号则来自于交易市场的政策面或资金面等，它们才是决定股价运行环境的重要因素。

三、本身性质的问题

有时我们可以这样理解：技术指标如同汽车驾驶室里的仪表盘，它只能准确地显示速度、里程等数据，但告诉不了驾驶员汽车正在行驶的方向和路况等问题。而经验丰富的驾驶员往往不需要看这些数据，就大致能知道行车中的速度、油耗、方向和路况等状况。同理，优秀的交易者只需要知道价格、成交量和时间，就大致可以确认交易的方向和时机。

部分西方资深的技术分析师也认为，一些技术指标就像炼丹术，而另一些技术指标则有时或许有点作用，它们至少会出现两次辉煌：一次是在研究它们的时候，另一次是在巨大的牛市期间；他们还认为，技术指标是一个遮住珍珠的贝壳，或者是魔术师的把戏，它们蒙蔽了交易者，使他们不知道对于成功的交易而言，到底什么才是最重要的，什么才是最必须知道的。

可见，一些技术指标也许仅对发明它们的人有一定的作用，因为发明人知道它们的品性和问题，知道如何避免问题和修正缺陷；或者这些技术指标一出世就是残次品，永远也无法完善。所以，对于交易者来说，除非你对某项指标有非常细致和精深的钻研，并懂得如何调整它们，否则就应该尽量使用一些简明的分析方法。

四、亚当理论的反证

韦尔德曾当过机械工程师，精于数学分析。他于 1978 年出版了《技术性买卖系统的新概念》一书，发明了一系列技术辅助指标：相对强弱指数（RSI）、抛物线指标（PAR）、摇摆指数（SI）、转向分析（DM）、动力指标（MOM）、变异率（VOL）等等。这些指标一经推出，即风靡世界投资领域，即使是现在，这些指标仍受到广大交易者的推崇，并在当代技术分析领域占有一席之地。但是后期，韦尔德的思想却发生了巨大的变化。1987 年，韦尔德推出了他的新作《亚当理论》，该书的副题为"最重要的是赚钱"。在本书中，韦尔德彻底推翻了先前的这些指标，开始大谈"亚当理论"。

"亚当理论"认为，在投机市场中，没有任何一项技术分析指标可以准确地预测后市行情，每一项技术分析工具都有其固有的内在缺陷，依赖这些并不完善、也无法完善的技术分析指标去推测变化莫测的股价趋势，肯定会出现很多失误；同时，也没有人能够准确地预料到市场涨、跌何时结束，盲目地、主观地逃顶或抄底动作，都在事后被证明不是逃得过晚就是抄得过早。所以"亚当理论"主张：交易者应放弃迷信技术指标的做法，及时认清身处的市场趋势并顺势而为。

综上所述，建议交易者谨慎看待技术指标的问题，不要陷入到无止境的指标分析的烦恼之中。前面所讲述的几个技术指标，只是从传统应用的角度所作的讲解，其目的是使交易者知道技术指标是如何被世人所用，又是如何在误导世人的。尤其是"血缘"关系近的指标，往往不能用来进行综合性的对比分析，它们无法从不同的方面来揭示市场行情的变化。

一般而言，在进行股市技术分析时，用 K 线来捕捉短暂的趋势，用均线来把握长期的趋势，用成交量来辅助判断趋势拐点的形成，用各类趋势线、切线工具来模拟市场后期走势，用道氏理论和相反理论把握趋势节奏，用移动成本分布技术来分析个股筹码状况，用相对强度指标（该指标在"中线交易"一节中有讲述）来监控个股是否强势，用板块指数辅助辨析牛熊市场是否反转——这已经足够了。

第四章　技术分析之各种理论

古往今来，在世界证券市场史上，曾出现过数不胜数的股市分析技术理论，但多数如白驹过隙一般消失在历史的长河中，唯有少数技术理论站住了脚跟，赢得了世人广泛的传阅和思考。这里，仅介绍几个最为知名的技术分析理论，以供交易者参考。

第一节　道氏理论

道氏理论是历史最久远、最著名的股票分析方法，是股市技术分析的鼻祖。道氏理论的首创者是美国财经记者查尔斯·H. 道，其后经过后继者的不断总结和补充，该理论得到了进一步的丰富和完善，使之成为衡量国民经济发展走势和股市运行趋势的重要手段。一般所称的"道氏理论"，是查尔斯·H. 道、威廉姆·皮特·汉密尔顿与罗伯特·雷亚三人共同研究的结果。

一、道氏理论的形成

查尔斯·H. 道是纽约道琼斯金融新闻服务公司的创始人、《华尔街日报》的创始人。1851 年 11 月 6 日，道氏出生在美国东部康涅狄格州斯特灵郡的一个农场里，是一个农民的儿子。20 岁时，他开始走上采访、编辑、撰稿之路，成为美国麻省《共和党人报》的编辑，先后为新英格兰地区的三家地方性报刊撰写财经新闻。他是一名优秀的新闻记者，为人聪明、自制且极度保守。

1882 年 11 月，道氏和爱德华·琼斯、查尔斯·博格斯特里瑟等三人合伙创办了道琼斯公司。他们利用毗邻纽约联合证券交易所的优越条件，将在复写纸上书写的关于股票、债券交易的新闻递送给投资客户。1883 年，道琼斯公司正式开始发行股市交易行情的《客户午后日志》，这就是今天在美国家喻户晓的《华尔街日报》的前身。1884 年 7 月 3 日，在美国独立战争纪念日前夕，道琼斯工业平均指数由道琼斯公司首次发布于华尔街，开创了美国证券投资的新纪元。

道琼斯工业平均指数又称为股票市场平均价格指数。该指数诞生时只包含 11 种股票，其中有 9 家是铁路公司。直到 1897 年，原始的股票指数才一分为二，一个是工业股票价格指数，由 12 种股票组成；另一个是铁路股票价格指数，包含 20 种成份股。1928 年，工业股指的股票覆盖面扩大到了 30 种，1929 年又添加了公用事业股票价格指数。把三种价格指数一起平均，于是便形成了今天的道琼斯综合指数。虽然后来各地证券市场的价格指数层出不穷，但道氏于 1884 年首创的道琼斯工业平均指数却是它们共同的鼻祖。

出于对股票交易观察的需要，1885－1889年，道氏与爱尔兰人罗伯特·古德鲍蒂和葛林合办了一家股票经纪公司。由于纽约证券交易所要求每一位会员都必须是美国公民，于是道氏理所当然的成为了纽约证券交易所会员，并在证券交易大厅里工作了四年。在罗伯特·古德鲍蒂等待取得美国国籍的时间里，道氏指挥着该公司在股票交易所中的交易席位并在大厅里执行各种交易指令。同时，他对记者、编辑和评论员的工作仍然孜孜不倦。自罗伯特·古德鲍蒂成为美国公民以后，道氏退出了交易所，重新回到了他热爱的报纸事业上来。但这段交易经历，却为后来的道氏理论的形成打下了基础。

1889年7月8日，道氏创建的《华尔街日报》问世。《华尔街日报》的诞生为证券信息的广泛传播与股市投资的深入发展奠定了基础，道氏也因此成为了美国证券史上第一位把统计数学方法应用于股票交易的证券经纪人。作为《华尔街日报》的创办人之一，道氏担任了该报的第一任总编，直到逝世。1900—1902年，道氏用它的平均指数来观察股市，并撰写了许多社论，主要讨论股票投资的方法。事实上，他并没有对自己的理论做系统的说明，仅在一些讨论中作了些片断性的报道。甚至，他当时都没有意识到自己会形成一套用于观察股市趋势的理论，他的理论思想分散在诸多的文章中，而且多数是在不经意间得出的，因而很少成为他讨论的主要话题。严格来说，早期的"道氏理论"都是源自于道氏在写文章过程中的零散的思考结论。

道氏的全部作品都发表在《华尔街日报》上，只有在华尔街圣经般的珍贵档案中仔细查找，才能建立起他关于股市价格运动的理论。已故的S. A. 纳尔逊在1902年出版了《股票投机的基础知识》一书，当时他曾试图说服道氏来写这本书，但没有成功，于是他把自己可以在《华尔街日报》里找到的道氏关于股票投机活动的所有论述都写了进去，并提出了"道氏理论"的概念。而理查德·罗素在为该书撰写序言时，则把道氏对股票市场分析理论的贡献同弗洛伊德对精神病学的影响相媲美。1902年12月4日，道氏病逝在纽约的布鲁克林。《华尔街日报》记者于是将其见解编成《投机初步》一书，从而使"道氏理论"正式定名。

财经记者威廉姆·皮特·汉密尔顿曾在道氏的指导下进行股市研究，是道氏在《华尔街日报》的助手，也是道氏理论的传人。道氏去世以后，他在1903年接替道氏担任《华尔街日报》的编辑工作，直至他于1929年逝世为止。他继续阐明与完善了道氏的观念，这些内容主要发表在《华尔街日报》。1922年，汉密尔顿出版了《股票市场晴雨表》一书，书中集中论述了道氏理论的精华部分。汉密尔顿在许多问题中加入了自己的思想，其中包括市场操纵行为、投机行为、政府管制等问题的论述。但是，这本书基本上是在论证道氏理论中的几个观点的有用性和和正确性，没有条理清晰的总结出道氏理论的所有内容和含义，在股市统计和预测方面，也没有创造性的发现。

罗伯特·雷亚是汉密尔顿与道氏的崇拜者，他从1922年开始直至1939年逝世为止，在病榻上勉强工作，利用两人的理论来预测股票市场的价格走势。雷亚对于道氏理论的贡献很多，他纳入了成交量的观念，使股票价格预测又增加了一项根据。1932年，雷亚的《道氏理论》一书出版，雷亚在此书中摘取了汉密尔顿的研究成果，提出了许多有助于了解道氏理论的参考资料，并显示道氏理论可以稳定而精确地预测未来的经济活动。雷亚在所有相关著述中都强调，道氏理论在设计上是一种提升投资者知识的必备工具，是不可以脱离经济基本条件与市场现况的一种全方位的严格的技术理论。

道氏理论的推广在20世纪30年代达到了巅峰。那时，《华尔街日报》以道氏理论为依据每日撰写股市评论。1929年10月23日，《华尔街日报》刊登《浪潮转向》一文，正确地指出多头市场已经结束，空头市场时代即将来临。紧接这一预测之后，美国果然发生了可怕的股市崩盘，于是道氏理论名噪一时。

尽管道氏理论风光无限，但是道氏却曾多次声明其方法不是用于股市预测的，也不是用来指导投资的，它的目的是判断股市的牛熊市况，以股市活动晴雨表的形式最终反映总体的商业趋势。他将他的股票平均价格指数定义为一种"经济先行指标"。但是经过无数人对道氏理论的补充和完善后，道氏理论确实能为遵循他的投资者产生巨大的收益，而成熟的证券市场上的验证结果也表明，道氏理论对于价格走势的预测是有效的。为了庆祝道氏对证券市场研究所作的贡献，美国市场技术家联会曾颁奖给道琼斯公司，以表扬道氏对投资分析界的贡献。

二、道氏理论的内容

道氏理论的内容很精简，大致包括以下7条：

1. 股票价格平均指数反映了市场的一切变化

道氏理论认为股票价格平均指数反映了所有影响股票供给和需求的各种因素，包括经济、政治、投机行为、交易心理等众多方面的因素，也包括各种已知的及可预见的影响因素，甚至那些无法预测的天灾人祸，当其一旦发生，就很快被评估，其后果也被包含进去了。因此，交易者无需考虑这些因素的来龙去脉，而只需考虑股票价格平均指数就可以了。也就是说，股票价格平均指数的变动代表了市场所有交易者对股市的综合判断，现有的价格即是其现有的价值，交易者既然知道了股票现有的价值，就应该知道该如何采取行动。

2. 股票市场具有三种变动趋势

道氏理论把股票市场的趋势分成以下三种类型：

基本趋势：这是一段时期内股票价格走势所呈现出来的总体方向。一般来说，基本趋势通常持续一年以上，有时甚至达好几年，是一种长期趋势。基本趋势又可以分为基本上升趋势（牛市）和基本下降趋势（熊市）。股市不断创新高且低点也逐步提高就是牛市的表现，股市不断创新低且高点也逐步降低就是熊市的表现。基本趋势是三种趋势中被长线投资者所关注的唯一趋势，道氏理论把基本趋势比喻成海潮。

次级趋势：在股市基本趋势的演进过程中，会出现一些短期的、与基本趋势相反的逆向趋势，这个逆向趋势就是次级趋势，它是对基本趋势的短期修正行为。一般来说，这种反向运动的幅度为基本趋势波幅的1/3到2/3之间，其持续时间通常为三周到三个月（过了头的反向运动就不属于次级趋势而是基本趋势反转了）。在牛市里，这样的反向运动叫回调；在熊市里，这样的反向运动叫反弹。次级趋势是中线交易者主要的获利区间，道氏理论把次级趋势比喻成海潮里的波浪。

短暂趋势：短暂趋势就是与现有趋势方向相反的短暂价格运动。如果这个反向的短暂趋势变长了，那么它将成为次级趋势；如果次级趋势也变长了，那么将有可能是基本趋势开始反转。在次级趋势里，反向的短暂价格运动也被称之为短暂趋势（它将与基本趋势同向）。短暂趋势又称为小趋势或杂波，一般持续时间不超过三周，它们是短线投机者所关注的波动区间。道氏理论把短暂趋势比喻成波浪里的涟漪。

总体来说，道氏理论不关心短暂趋势，只关心基本趋势和能改变基本趋势走向的次级趋势。因为短暂趋势可以被市场操纵，次级趋势可以被市场影响，但基本趋势则是大势所趋，非一般性机构可以动摇。

3. 主要趋势分为三个阶段

道氏理论认为，股票市场的基本趋势一般经历三个阶段。以基本上升趋势阶段（牛市）为例进行说明。

第一阶段：积累阶段。当股价处于低位时，如果一些有远见的交易者认为股市的坏消息都已经发生，并预测经济情况在近期内会有所改善，那么他们就会开始购买股票，促使股价上涨。

第二阶段：上涨阶段。由于经济状况的改善，公司盈利的增加，以及股市技术面的好转，大批交易者开始进场购买股票，促使股票价格迅速上涨，交易量也急剧放大。

第三阶段：爆发阶段。随着公众蜂拥而上，市场股票急遽上涨，所有信息都令人乐观，股价不断创造新高，同时新股大量上市，交易量节节攀升。但在市场交易高峰到达后，股价增长趋于缓慢，一些有远见的交易者开始出售股票，导致股市开始回落。于是，熊市开始来临。

熊市也分三个阶段。在牛市的第三阶段转为熊市的第一阶段时，卖盘虽然汹涌，但买盘仍然强劲，人们把牛市开始反转的迹象当作是深度回调；当人们发现股价趋势降多升少，且回调过度、回调周期过长时，出于对熊市的恐慌，剧烈的抛售开始来临，股市加速带量下滑，此时为熊市的第二阶段；当想卖的几乎都卖完、不想卖的无动于衷时，市场的买盘开始增加，但由于看不到明显的牛市来临信号，所以出现了漫长的盘整时期，这就是熊市的第三个阶段。这之后即转换为牛市的第一阶段。

但是需要注意，没有任何两个熊市和牛市是完全相同的。也有一些熊市和牛市可能缺失三个典型阶段中的某一个，即市场只用两个阶段就走完了几个月的牛市或熊市，类似于巨幅的暴涨或暴跌运动；但更多时候是在中间那个阶段出现了几个折回，使人们分不清何时是市场的头部（底部）还是市场的腰部。

4. 各种平均指数必须相互验证

具体而言就是：除非两个平均指数都同样发出上涨或下跌的信号，否则市场就不可能发生大规模的上升或下跌运动。如果两个平均指数的表现相互背离，那么就认为原先的趋势依然有效。例如，当两个指数长期下跌时，一个指数发出了止跌回升的信号，这往往是很多先知先觉者的反应，但道氏理论作为重要的股市晴雨表，只关注基本趋势，所以不到两个指数同时发出止跌回升的信号，从而看到市场充分的人气时，长线交易者宁可继续观望。当然，没有必要要求两个平均指数同时达到某一位置，当它们同时上扬或下跌时，就可以起到相互验证的作用。

这里说的两个指数是指道琼斯工业平均指数和道琼斯运输业平均指数，只有两者都呈现出牛市或熊市的特征时，道氏理论才正式发出牛市或熊市的信号。

5. 交易量必须验证趋势

交易量是股票市场中的一个重要指标，在辨认基本趋势中的三个阶段时，通常需要与交易量进行相互印证。在正常情况下，股票价格会随着交易量的增加而上升。在基本上升趋势中，当价格继续上升而交易量同时增加时，说明购买股票的需求在增长，表明基本趋势还会继续上升而不会逆转；如果随后股票价格的上升并没有得到交易量增加的支持，那么这就是一个危险的信号，表明股价趋势有逆转的可能。但是，仅仅从几天的成交量的信息中很难得出有用的结论，只有经过一段较长的时间后，总体的和相对的成交量信息才能给出一些趋势转变的信号。

股票价格与交易量的关系是一个比较复杂的问题。当然，在道氏理论中，价格才是第一位的参考指标（道氏理论使用的买卖信号完全是以收市价为依据的，它不注重任何一个交易日收市前出现的最高价和最低价，它认为，只有收市价才能反映出交易者愿意持有股票过夜的慎重心态。）。

6. 只有当反转趋势明确显示出来，才意味着一轮趋势的结束

一个既成趋势具有惯性，通常要继续发展，如果没有出现明显的反转趋势，只能把反向的价格运动当作次级运动来处理。但是，一轮趋势被确立后，越往后走就越有可能出现反转趋势，也就是说，趋势反转只是早晚的问题。但是这个时间需要多久，只有等到明显的反转信号出现为止——即：牛市反转时，必须要有两个依次降低的新低点和两个依次降低的新高点，且股价继续跌破前一新低点的支撑位，同时次级运动的周期达到了3周到3个月，回调深度达到了牛市上涨波幅的30%以上，且成交量持续放大；熊市反转则反之推断，但成交量往往会更加放大，因为只有这样才能说明买盘强劲，促使股市由熊转牛。

道氏理论的这一结论招致了很多的批评，但最终它还是赢得了时间的考验。这个结论是以经验的形式来告诫交易者不要"抢跑"，凡是那些能够等到有明确信号而作出交易行为的人，往往比那些交易过早者能获得更高的成功概率。也就是说，只有当反转趋势明确显示出来，才意味着上一轮趋势的结束，否则趋势多数还是会维持原有的方向。

7. 直线可以替代次级趋势

道氏理论术语中，一条直线是指价格平均指数作横向运动（窄幅盘整）的现象，这一横向运动的时间可能会有两到三周，有时甚至长达数月之久。一条直线的形成表明了市场买卖双方的力量大体平衡，直线越长同时价格波动范围越小，则最后价格突破时的重要性就越大。直线经常会出现，它可能会出现在一个重要的底部或顶部，以分别表示建仓或出货的迹象；即使是作为现行基本趋势进程中的间歇行为，其出现的频率也比较高，在这种情况下，直线就取代了一般的次级趋势，或者说次级趋势也可以表现为直线运动（但直线运动不一定都是次级趋势的表现，有可能是趋势反转的前兆）。

三、道氏理论的优劣

在道氏之前，人们一直没有找到能准确衡量国民经济整体状况的客观尺度。当时，人们对国民经济整体状况的衡量指标主要是以"价格"为中心的指标体系，包括货币的价格、利率及银行信用等。但是，价格尺度本身不但具有滞后性，而且国民经济周期性的供求失衡在很大程度上应归咎于价格的误导作用。道氏理论则解决了上述问题，它提出了股市波动领先于经济周期的观点，因为股市波动中体现着各行各业独立自主的看法，以及他们下一步的行动。目前，在美国政府建立的国民经济领先指标体系中，股票指数仍是核心指标之一。

在道氏理论没有诞生之前，交易者也没有意识到个别股票的波动与整个股票市场变动的关系。道氏编制了股票指数体系之后，为衡量股票市场整体波动状况提供了一套合理的标准。事实检验，个股不仅受自身风险的影响，同样也受整个股票市场波动的影响，两者具有相关性。

总体来说，道氏理论的有效性得自于道氏的严谨性。道氏声称其股票价格平均指数不是用于预测股市走向，也不是用于指导投资者交易的，而是一种反映市场总体趋势的晴雨表。他在观察并分析指数的时候，总结了一些现象和规律，这些规律符合"存在即合理"、"事物矛盾发展但有规律性"、"大多数法则"等普遍现象。但是在趋势行进的过程中，如果要道氏理论以现象来求下一步的现象、以结果来求下一步的结果，显然就力所不逮。因为道氏知道，只要是人创造出来的事物，就只能大致把握而不能精准预测。

道氏没有将自己对股指的观察经验形成预测股市的技术，但是大多数人却将道氏理论当作一种技术分析手段，当作是可以据此来推测股票未来价格运动的一种方法，因而难免产生误差和疑惑。下面，就道氏理论应用于股市预测分析时所产生的缺陷作一些提示：

1）道氏理论仅对股市趋势进行了定性说明，却没有进行定量说明。所以道氏理论只能大致推断市场趋势，却不能推断市场趋势升幅或跌幅的程度，也不能准确的指出趋势转折点是否来临。

2）道氏理论对衡量股市长期趋势有较大帮助，对次级趋势和短暂趋势的预测则无能为力，因为它们往往被意外因素或主力操纵所影响。因此对于短线交易者来说，道氏理论没有太大的意义。

3）道氏理论看重的是股票指数的平均值，这对于挑选个股没有太大的帮助。即：个股容易被主力操纵，故而道氏理论可能常常失效。

4）道氏理论在基本趋势反转的初期，往往无法分清当时发生的是基本趋势的反转，还是次级趋势的延续，所以道氏理论并非不会"出错"。

5）道氏理论中基本趋势的确认信号来得太迟，往往错过了前1/3的买入期和后1/3的卖出期，因为它需要双指数同时显示出两个波段的证据。但这也是其最有争议的优点，因为道氏理论主要是用来捕获市场重要运动中波幅最大的中间阶段，它从不抢在市场趋势的前面。

6）道氏理论对于期货市场不大适用。由于这个市场存在着保证金运作机制，所以导致了交易者必须在短暂趋势和次级趋势里进行交易，以获取持续时间不长的利润。

7）道氏理论是"滞后指标"，预测时难免重惯性而缺灵活性。用其进行分析时需要有专业的知识，不会用的人则往往会带来错误的论断。同时，它就像是天气预报，不可能总是那么准确，因而在应用它时，只能把它当作是众多趋势求证法中的一种。

第二节　波浪理论

波浪理论是在道氏理论基础上发展起来的一种技术分析法，它专为预测股市趋势而生，具有很高的学术价值，也颇受市场分析者的重视。其对未来市场预测的准确性往往可以达到令人惊骇的地步，一度风靡全世界的投资分析领域。但其本身的高分析难度和易变性，也引起了无数的市场质疑。下面作简要介绍。

一、波浪理论的形成

拉尔夫·纳尔逊·艾略特于1871年7月28日出生于美国堪萨斯州的玛丽斯维利镇的一个小商人家庭。20岁时，他在墨西哥的铁路上工作。25岁时，他开始从事会计职业。随后的30年中，他以会计和企业重组的专长替很多家公司服务，又因自己在墨西哥的丰富经历而获得了美国政府的信任，在美国治理尼加拉瓜政务的时候，曾一度担任尼加拉瓜总会计师的职务，甚至他对拉丁美洲的经济政策的看法也曾获得过美国国务院的赞同，并影响了美国对拉丁美洲经济政策的实施。期间，在艾略特53岁的时候，他还曾为餐馆和茶室做过业务顾问，从财务的角度来分析当时一度流行的餐馆和茶室的运营技巧，并撰稿给相关杂志社以获取报酬。1926年8月，他出版了自己的第一本专著《茶室与自助餐厅的管理》。

1927年，艾略特开始患有严重的消化道疾病，1929年又发展到了恶性贫血的地步，于是他在洛杉矶定居并休养了12年。与此同时，在1929—1932年的美国股市暴跌中，艾略特损失惨重，积蓄几乎消耗殆尽。于是，1932年，艾略特开始关注股市，并研究道氏理论。他认为万物变化皆有因，他有责任尽力去发现它。于是，这位61岁且病魔缠身的老者开始了他的新征途。源于他早年做会计时的创新精神和细致认真的态度，以及他在为拉丁美洲服务时期的全局性思维和严谨的工作作风，他以道氏理论为基础，从美国股市75年的历史走势中，发现了大量的价格运动模式和行为轨迹。他将它们归纳到了一套通用的理论中，并称之为波浪理论。

1938年，艾略特的《波浪理论》一书得以出版。波浪理论认为，不管是股票价格还是商品价格的波动，都与大自然的波浪一样，一浪跟着一浪，周而复始，具有很强的规律性，展现出周期循环的特点，且任何波动均有迹可循。因此，交易者可根据这些规律性的波动来预测价格未来的走势，并在买卖策略上适当运用这些预测。如果说道氏理论对股市的发展趋势给了较完美的定性解释，那么波浪理论则在定量分析上提出了独到的见解。

1938年以后，艾略特进一步研究了哲学、艺术、数学、物理学、植物学甚至金字塔学等领域，他认为人类情绪与活动的潮涨潮落受自然法则的支配，并创造性的将自然界的斐波纳奇比率引用到了波浪理论中，极大的丰富了波浪理论的内涵和功能（事实上，在没有应用斐波纳奇比率之前，波浪理论里的诸多数字都暗合了斐波纳奇比率。）。1946年，艾略特的新作《自然法则——宇宙的秘密》开始出版，书中用自然界的定律进一步证明和丰富了波浪理论。同时，艾略特开始将波浪理论广泛运用在人类活动的各个领域的走势图之中。

艾略特所发明的这种趋势分析技术，是一套完全靠观察得来的规律，可用以分析股市指数和价格走势，但它也是世界证券技术分析史上最难了解和精通的工具。波浪理论已经超越了传统的道氏理论，能够针对市场的波动提供全盘性的分析角度，并解释特定图形发展的原因与时机，以及图形本身所代表的意义。但艾略特始终是站在一位局外人的角度来观察股市状况的，他没有华尔街的从业背景，也从未有过出色的交易记录。从他的分析手段来看，波浪理论同道氏理论一样，也是一个滞后的观察对象，而且是一门纯粹的技术分析方法。

波浪理论曾经为无数知名的交易者提供了准确地预测手段，并获得了广泛的应用和较高的美誉度，是当今世界预测周期最长的趋势分析工具。1996年5月18日，美国市场技术协会颁奖给已故的艾略特，以表彰他对技术分析领域作出的杰出贡献。

二、波浪理论的内容

按照艾略特波浪理论的阐述，股市波动如斐波纳奇神奇数列那样，具有一些奇特的但不需要解释的神奇数字，比如3、5、8、13、21、34、55、89、144等；其基本形态则是由一个主升浪和一个调整浪构成，一个主升浪又由5个浪（浪1，浪2，浪3，浪4，浪5）组成，一个调整浪又由3个浪（浪a，浪b，浪c）组成。这8个浪便形成了一个完整的艾略特波浪周期。如图46所示。

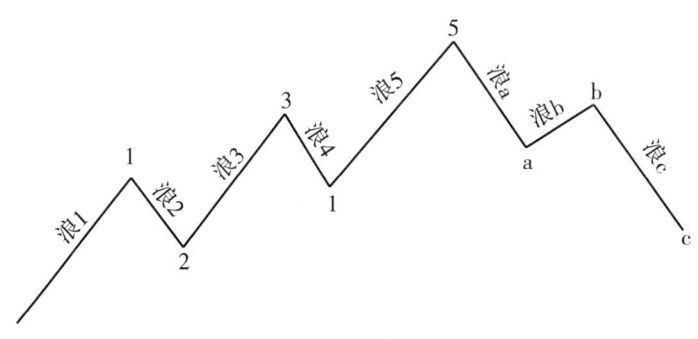

图46

图中，浪1、浪3、浪5为奇数浪，也称基本浪，与基本趋势方向保持一致；浪2、浪4为偶数浪，也称调整浪，与基本趋势方向相反。浪1中又包含有一个如浪1到浪5的图形，浪2中也包含一个如浪a到浪c的图形。基本浪和调整浪的区别在于：前者里有5个浪，后者里只有3个浪。基本浪的5个浪还可再分出21个小浪，调整浪的3个浪也可再分出 13 个小浪。如图 47 所示。

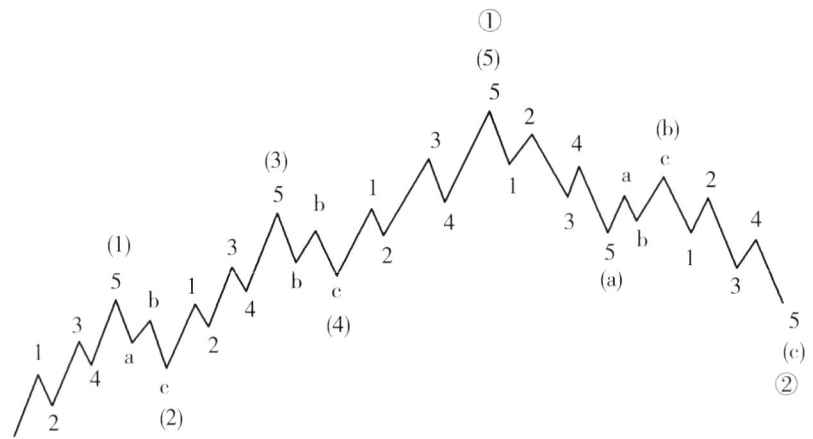

①+②=2 个浪
(1)+(2)+(3)+(4)+(5)+(a)+(b)(c)=8 个浪
1+2+3+4+5+a+b+c+ =34 个浪

图 47

事实上，34 个浪也不过是个局部趋势的浪，它们只是市场大 8 浪中的一个分支。就一个完整的牛市来看，会出现一个由 144 个小浪构成的完整的大周期。如图 48 所示。

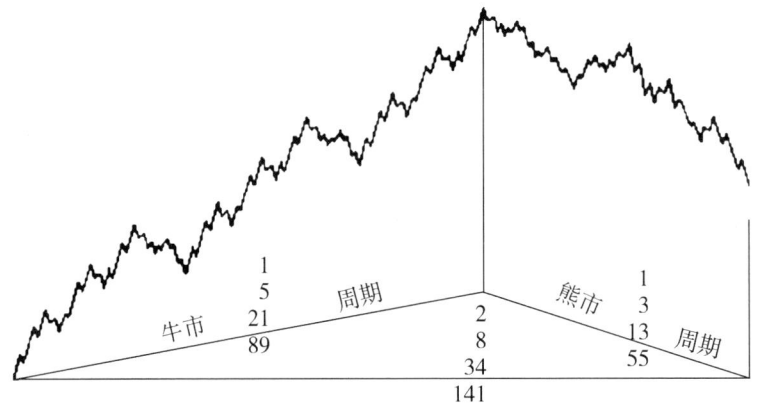

图 48

由此可见，艾略特波浪可以由一个超级大波浪一级一级地细分出无数的小波浪，再由这些小浪组成股市的一个完整周期。基于此，艾略特波浪可以从小到大分为：亚微浪、微浪、细浪、小浪、中浪、大浪、循环浪、超级循环浪、甚超级循环浪。一般来说，在一个 20 年的股市日 K 线图里，也许可以用得上循环浪，其连贯的小时图里也许可以用得上超级循环浪，而更小时刻的图里也许可以用得上甚超级循环浪。艾略特认为，这些波浪没有统一的长度和持续时间，但它们总是由 8 个浪组成，并形成"分形"的模式（图形的每一个局部都可以被看作是整体图形的一个缩小的复本）。下面，简要介绍一下波浪理论的构架。

1. 基本浪

这里所讲述的基本浪相当于道氏理论中的一个牛市趋势或一个熊市趋势。艾略特认为，一个基本浪由 5 个浪组成，其中 1、3、5 浪是上升浪，2、4 浪是调整浪。如图 49 所示。

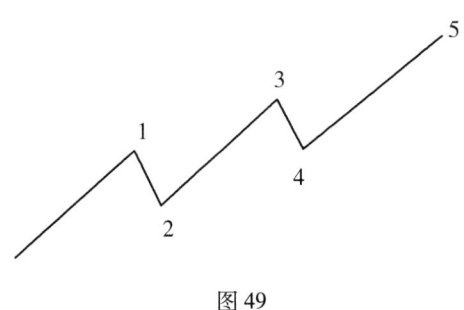

图 49

第 1 浪：通常出现在股市见底区域，经常是在熊市的第三阶段出现。这时，股票价格已经较低，各种利空消息相继出台，股票市场上人气消沉，大众交易者对股价走势普遍看淡，而一些有远见的交易者则开始在底部区域购买廉价股票，由此造成股价的回升，形成上升趋势的第 1 浪。一般而言，第 1 浪是基本浪 5 个浪中最短的一个浪。

第 2 浪：是针对第 1 浪所作的调整浪。由于第 1 浪上升了一定的高度，短线投机者有利可图，因而一部分股票解套筹码和获利筹码相继涌出，给股价上升形成了较大的压力，这使股价不得不作向下的调整。有时其调整幅度也相当大，可能会跌回到第 1 浪的出发点。如果回调不低于第 1 浪的底部，便会形成双底、多底或头肩底的见底形态，这样，就为更有力的上升趋势提供了条件。

第 3 浪：通常出现在股票价格作关键性突破的情况下。此阶段，由于股市基本面发生较大变化，以及技术面开始回暖，许多交易者的信心开始增加，股市人气开始旺盛，导致股价大幅上升。一般来说，第 3 浪是 5 个基本浪中最长的一个浪，而且有许多延伸浪也出现在这一浪中。第 3 浪大多标志着股价大幅上升的趋势，是交易者需要捕捉的主要获利阶段。

第 4 浪：是针对第 3 浪所作的调整浪。经过了第 3 浪后，股价已经上升了很多，必须停顿下来作一个调整，以清理和吸收股市中的浮动筹码，但调整的幅度一般不低于第 1 浪的顶点。一般来说，如果第 2 浪的调整形态比较简单，那么第 4 浪的调整形态就比较复杂，这就是艾略特波浪理论中"交替原则"的体现。

第 5 浪：第 5 浪一般比第 3 浪短，不是很强势，是基本浪的最后一浪。经过前面的第 1 浪和第 3 浪的冲击后，股价此时已被抬到了一个较高的位置，许多交易者已获利丰厚，因此在股价继续上升的过程中，其不断减持的行为将导致股价上涨异常缓慢。如果第 5 浪不能超越第 3 浪，便会出现双顶或多顶的转势形态，调整浪的 3 个浪（浪

a，浪 b，浪 c）就会接踵而至。

2. 调整浪

艾略特认为，基本浪的波动走势较容易预测，而调整浪的走势形态则较难预测，往往要在调整走势完成以后，才能较好地加以确认。艾略特指出，只有基本浪才可以分为 5 个小浪，而与股价主要走势相反的调整浪一般只有 3 个小浪（浪 a，浪 b，浪 c）。如图 50 所示。

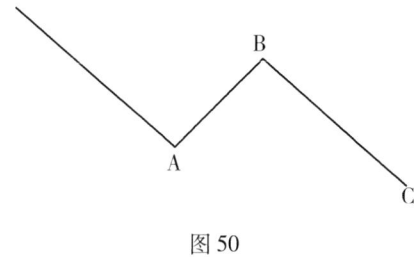

图 50

调整浪虽然变化多端，难以确定，但其变化的形式通常表现为以下四种类型：

第一种是锯齿型调整波。这种调整波形态通常在走势中以 5—3—5 波的形式发展。即 A 浪与 C 浪各自再细分为 5 个小浪，B 浪则可细分为 3 个小浪，形成 5—3—5 型的调整波。这种调整一般比较深，也比较有力度。如图 51 所示。

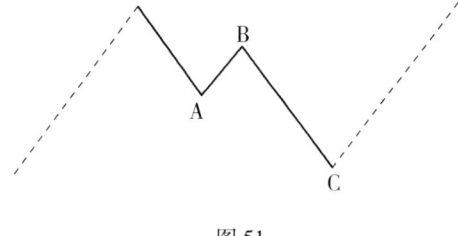

图 51

第二种是平台型调整波。其特点是 B 浪通常比较高，甚至往往会达到与第 5 浪平齐的高度，C 浪也比 A 浪高或与 A 浪平齐，由此形成平台整理的形状。它由 3—3—5 波的形式发展，即 A 浪中有 3 个小浪，B 浪中有 3 个小浪，C 浪中有 5 个小浪。这种调整一般比较平缓，主要是以时间换空间。如图 52 所示。

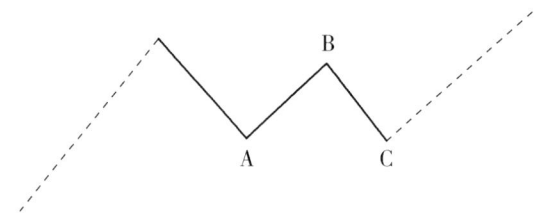

图 52

第三种是三角形调整波。它由 5 个 3 浪组成，呈 3—3—3—3—3 型的调整形态。它有几种不同的变化形态，如水平三角形和倾斜三角形调整形态等。这种调整也比较平缓，也是市场以时间换空间的反映。如图 53 所示。

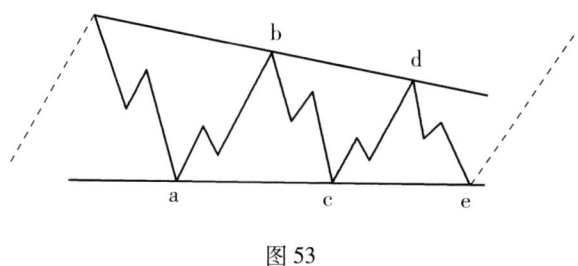

图 53

第四种是复杂调整波。通常由双重三浪和三重三浪构成，前者由两个 3 浪（7 个小浪）构成，后者由三个 3 浪（11 个小浪）构成，类似于绵长的平台整理形状。这种调整比较费时间，易引发变数。如图 54 所示。

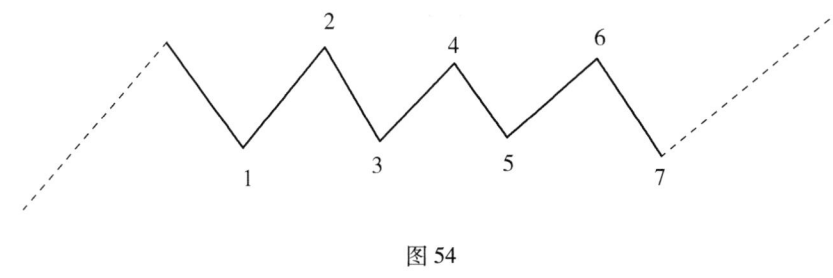

图 54

3. 延伸浪

艾略特认为，在主要趋势发力的时候，可能会在基本浪（浪 1，浪 3，浪 5）中出现延伸浪。但在基本浪的三个浪中，只有一个浪上会发生延伸现象。如果第 1 浪和第 3 浪上升或下降的力量相当，则第 5 浪可能会产生延伸浪；如果第 3 浪已产生延伸浪，则第 1 浪和第 5 浪就不会产生延伸浪。

尽管延伸浪不太常见，但它也是一种重要的股价运动现象。艾略特认为，延长浪时常按相同的规则出现在熊市中，但第 5 浪的延伸浪永远不会是一轮运动的结束，它会把价格带到更远的地方。一般而言，延伸浪可分为在多头市场中的延伸浪（如图 55 所示）和在空头市场中的延伸浪（如图 56 所示）。

由图 55 所示，（1）中的延伸浪发生在第 1 浪上，（2）中的延伸浪发生在第 3 浪上，（3）中的延伸浪发生在第 5 浪上，但无论如何，它们最终表现为（4）中的 9 个浪。也就是说，延伸浪在这里被数成了 5 个浪而不是 1 个浪。有时候，延伸浪中还有延伸浪，但这个浪只是长度变长而已，不会再细分为 5 个浪。

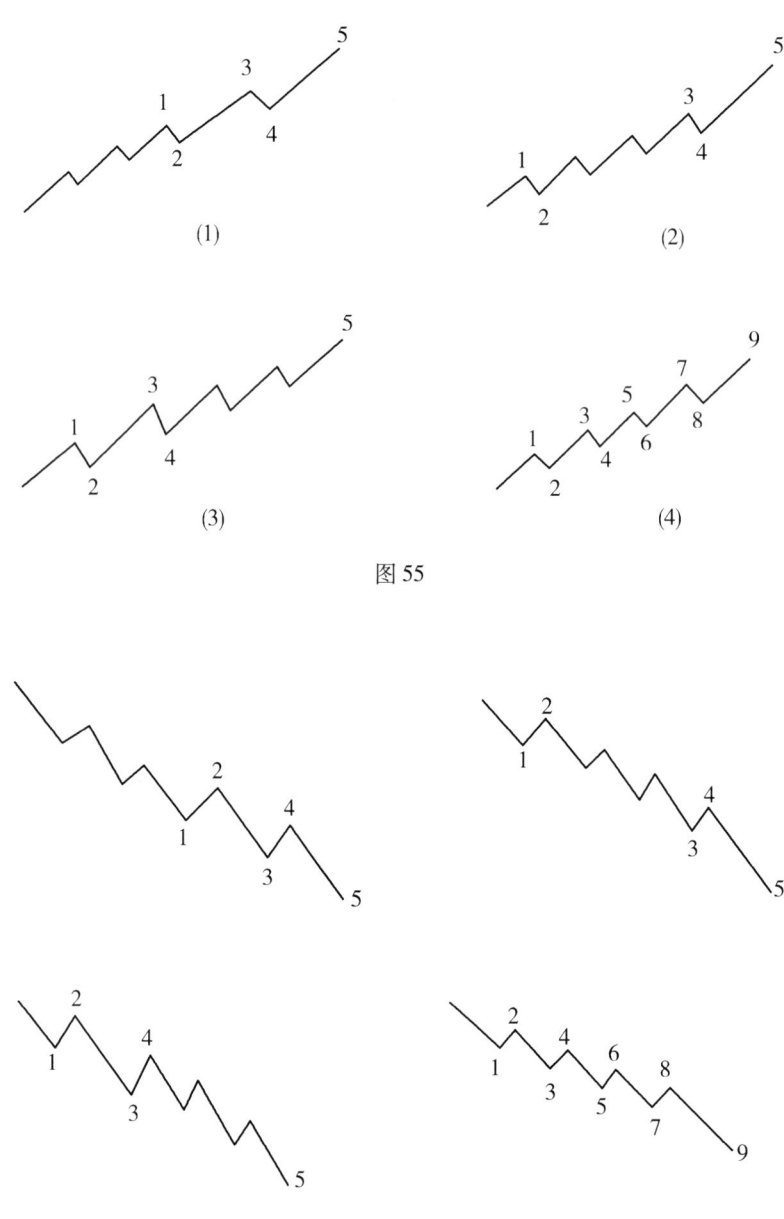

图 55

图 56

三、波浪理论的缺陷

总体来说,波浪理论主要关注三个方面,按其重要性依次是形态、比例和时间。所谓形态,是指波浪的形态或构造;所谓比例,是指通过测算各个波浪之间的相互关系来确定趋势回撤点和价格目标;所谓时间,是指各波浪之间在时间上的相互关联,这种关联又可以用来检验波浪的形态和比例。但是,就具体的应用性来看,波浪理论具有一定的缺陷。

1）相比于道氏理论，波浪理论一开始就是为了预测价格而来，为了利益而来。但为了追求正确性和科学性，波浪理论被修正到可以包容无数的价格变动。它可以说梅花应该在 1 月上旬开，如果没有那么就会在 1 月中旬或下旬开，最迟也应该是在 2 月份开。于是，它合乎自然之道，它变成了公理。可是，波浪理论又试图极尽准确地预测价格位置，因为它有足够多的触角来探测未来的价格位置。但哪一个触角最终是对的呢？没有人事先知道，它的解释缺乏客观性和唯一性。它只是用巨大的"包容性"和"准确性"征服了技术分析者，但使用它的人却鲜有常胜将军。

2）波浪理论从理论上讲是 8 浪结构完成一个完整的周期过程，但是，基本浪的变形和调整浪的变形会产生复杂多变的形态，波浪所处的层次又会产生大浪套小浪、浪中有浪的多层次形态，这些都会给应用者在具体数浪时提供发生偏差的机会。浪的层次的确定和浪的起始点的确认，是应用波浪理论的两大难点。因此，即使面对同一个形态，不同的人也会产生不同的数法，而不同的数浪法所产生的结果往往相差很大，导致交易者由此出现的踏空或亏损也往往是很严重的。

3）当趋势都走完后，回头再来看时，波浪理论的方法可以很完美地将趋势结构划分出来的。但是，在形态形成的过程中，对其进行波浪的划分则是一件很困难的事。所以，波浪理论可能只是一个归类目录。同时，波浪理论只考虑了价格形态上的因素，而忽视了成交量方面的影响，这给市场人为制造波形提供了机会。正如在价格形态中的假突破一样，波浪理论中也可能出现一些让人上当的形态，比如在一些交易清淡的股票或庄股中，波浪理论就经不起检验。

4）波浪理论的应用者常常会通过"周密"的计算得出"精准"的价格运动位置和到达时间，由此他们相信，市场运动是"计算"出来的，是冥冥中早就"注定"的，某年某月它一定到达那个位置。但这种宿命论的圈点方式，恰好是对科学的背叛和歪曲。如果根据自然法则，很多动物不会绝种，但人类的动作则改变了这一切；如果人类的这一动作将扰乱生物链而终将自食其果，但人类又有可能到另一个星球生活从而逃避这一法则。不遵循法则人类将饱受厄运，若固守法则人类又将固步自封。可见，法则之外另有法则，恪守小法则无异于刻舟求剑、井中望月。

第三节 江恩理论

相比于前面两位技术分析上的理论大师，江恩则是一名实战派的技术分析大师。在多年的股票交易和期货交易实践中，他发展出了自己的一套交易规则和测市方法，并获得了空前的成功，赢得了世人广泛的尊重。这个在华尔街赚了 5000 万美元利润、成功率高达 80% 以上的投资大师，为世人创造了股票交易和期货交易中的盈利奇迹。

一、江恩理论的形成

1878 年 6 月 15 日，威廉·戴尔伯特·江恩出生于美国得克萨斯州的卢浮金小镇。江恩的父母是爱尔兰裔移民，而他是 5 个兄弟和 2 个姐妹中最年长的一个。江恩的父亲在学校教书，并有一间台球房，他也买卖马和牛。江恩一家的商业机会很少，因此在得克萨斯州的松树林中过着简朴的生活。16岁时，江恩就在往来于泰勒市和得克萨卡纳市间的火车上工作，他给私人包厢中的乘客递送报纸和电报，还售卖明信片、食品、小饰物和小礼品。

江恩的家乡盛产棉花，在他很小的时候，他便目睹了棉花生产商和批发商利用期货市场为实物价格作对冲的做法，由此产生了浓厚的兴趣。1902年，24岁的江恩第一次入市买卖棉花期货，干起了经纪人的差事。1906年，江恩到俄克拉荷马州当股票经纪人，既管理客户也自己交易。1908年，30岁的江恩移居纽约，建立了自己的经纪业务。同年8月8日，他宣布了自己最重要的市场预测方法——控制时间因素。经过多次准确预测后，江恩名声大噪，其交易技巧也引起了人们的注意。

1909年10月，江恩同意接受著名的《股票行情与投资文摘》杂志的采访，该杂志的纳理查德·环考夫对此次采访进行了详细的报道。那时，当地市场每周有6个交易日，江恩在25个交易日里受到了严密的监视。在此期间，他总共进行了286次交易，平均20分钟就交易一次，既做多又做空。交易结果是：264次获利，22次损失，操作成功率高达92.3%，资本增值了1000%。

江恩出名后选择了写作的道路。1910年，他的《投机——有利可图的职业》面市了；他还开始撰写一系列的通讯报道，先是名为《大忙人》，后来改为《供与求》；同时撰写并发行《年度股票预测》，并发行对棉花和谷物的年度预测。江恩的事业高峰期曾聘用过25个人，为他制作各种分析图表及进行各类市场走势的研究；同时他还成立了两家研究公司：江恩科学服务公司及江恩研究公司，出版多种投资通讯。在每年出版的股市全年走势预测中，他都清楚地绘制出了在什么时间见什么价位的预测图，准确性很高。甚至1912年，他预测到伍德罗·威尔逊将当选美国总统；1918年春，他又预测到世界大战的结束；此后他还预测出1924年和1925年美国股市的牛市，以及1929年和1937年的美国股市大崩盘。

1950年，江恩将自己的公司业务和出版版权卖给了爱德华·兰伯特，因为他的健康状况不大好，出版发行大量的印刷资料已经成为他生活中的一种负担。江恩的最后几年生活在佛罗里达州的迈阿密市，1955年6月18日，江恩离开了人世。

由于江恩的父母是爱尔兰裔移民，其母亲是一个极为虔诚的基督教徒，因此江恩自幼熟读《圣经》，在其带几分自传性质的寓意小说《空中隧道》中，他说道："我坚信《圣经》是人类了解未来进程的钥匙，我的关于未来与历史再现之学说完全启蒙于《圣经》。"。在《圣经》中，江恩曾领悟了市场的循环周期，同时，江恩相信股票市场里也存在着宇宙中的自然规则，市场的价格运行趋势不是杂乱的，而是可通过数学方法预测的。

通过对数学、几何学、天文学、心理学、宗教等的综合运用，江恩建立起自己独特的分析方法。他的分析系统具有非常高的准确性，但是在描述自己的分析系统时，江恩总是回避性地用一些隐晦的语句，因此其预测技术往往抽象难懂，不易理解；而在分析系统之外，江恩还建立了一整套操作规则，当分析系统发生失误时，操作规则将及时对其进行补救。同分析系统不同的是，江恩的操作规清楚明确，容易理解。江恩深知分析和交易是两码事，所以他虽然经常做预测，但却不按预测来交易。只有等到趋势的走势与他的预测相吻合时，他才会确认自己的预测成功，并按自己的操作规则开始行动。

二、江恩理论的内容

江恩理论的实质就是在看似无序的市场中建立起严格的交易秩序，这些交易秩序包括江恩时间法则、江恩价格法则、江恩循环法则等，它们可以用来预测何时价格会发生回调以及价格将会回调到什么位置，以提前掌握市场价格的走势动向。

1. 江恩回调法则

江恩认为价格总是要回调或反弹的，它们在回调或反弹时的运动深度遵循一定的百分比原则，类似于前面所讲述的百分比回撤线原理。但江恩认为最重要的百分比回撤比例为50%，其次是100%，再其次是25%。百分比回撤的规律可以用到市场的基本趋势、次级趋势和短暂趋势之上。

例如：某只股票价格从40元的最高点下降到20元的最低点后开始反弹，这波反弹通常会在最高点与最低点之间的50%处、即30元时开始止步并回调；而30元与20元的之间的50%为25元，所以股价将会回调到25元时止步回升；如果股价能超越前期高点30元，那么它的下一个高点是40元与20元的75%处，即35元处；到了35元，股价很可能再回调至35元与25元之间的50%处，即30元处；或者直接从35元处继续涨到40元处，以实现从20元到40元的100%的价格反弹运动。

可见，江恩将"百分比回撤线"运用到了每一个新的最高点和最低点之间，同时又保留有历史最高点和最低点之间的"百分比回撤线"，等待价格向这些线靠拢，以矫正自己的预测和判断。当然，这些线不可能非常精准，所以江恩允许它们有±2%的偏差。

2. 江恩数字表

江恩认为股价与数字有密切的关系，于是他发明了数字表。他将数字沿垂直方向排列成四方形，用以预测价格的支持位和阻力位。江恩数字表有很多种，可以以数字6、9、12为基数排成四方形，也可以以19、20、27、36、52、90等数字为基数排成四方形。

在所有的数字表中，最常用的是九九四方形数字表。其绘制方法如下：从四方形的左下角开始，自下而上填写1~9，再从第二列下面继续填写10~18，以此类推直至填到81为止。

江恩认为，每一种股票都有其独特的波动率，在一定市场条件下，波动率会产生共鸣，引起趋势的反转。因此，应该使用与该市场波动率相近的四方形才会产生较好的效果。江恩还认为，数字表的重要支持位或阻力位极有可能发生在四方形的中点、四方形的中心线、四方形的对角线以及江恩螺旋四方形上。

3. 江恩四方形

江恩同时又发明了他的四方形规则。他将市场循环一周分成八等分，认为四方形的十字线和对角线上的价格是趋势极有可能发生转折的重要价位。江恩四方形的绘制方法是：先观察价格的历史走势，从中选择历史性高位或低位作为四方形的中心，再确定价格上升或下降的价格单位，然后逐步沿逆时针方向展开。在通达信行情分析软件中就有江恩四方形的计算方式，见图57。

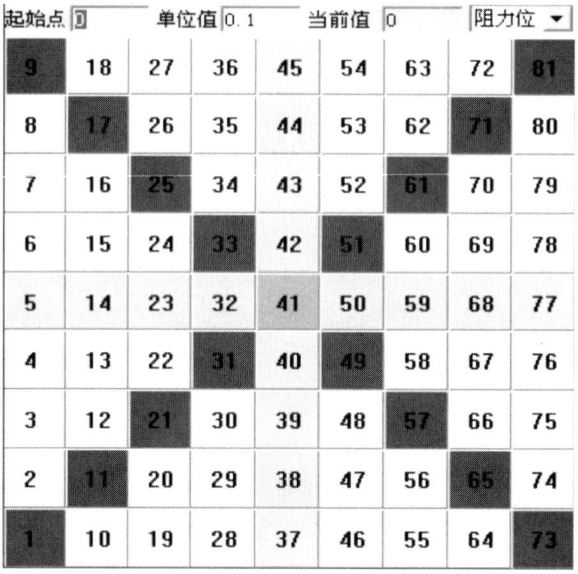

图 57

江恩认为四方形的中心线和对角线上的价位将可能成为价格走势的重要支持位或阻力位。江恩四方形之所以有较准确的预测功能，是因为它与黄金分割线有着异曲同工之妙。不同的是，黄金分割线是以对数级数展开的，后一项是前一项的1.618倍，而江恩四方形则是以算术级数展开的，后一项与前一项之间为等差数列。

江恩认为，一个上升趋势若以对角线上的价位为起点，则可能在价格的二次方上结束；而一个下跌趋势若以对角线上的价位为起点，则可能在价格的平方根上结束。需要说明的是，江恩四方形是江恩循环理论的重要组成部分，只有经过长期的揣摩后才能准确把握。

4. 江恩线

江恩线（又称为甘氏线）是江恩对股市分析技术的重大发现，他率先将时间和价格完美的结合起来进行分析，对股价运动的力度进行了剖析。江恩线是将百分比原理与几何角度原理结合起来的产物，分为上升江恩线和下降江恩线两类。详见前面《技术分析之趋势分析》一章中的"甘氏线"。

5. 江恩时间之窗

江恩认为，市场的运动就像自然界中万事万物一样具有特定的时间周期，在神奇的斐波纳奇级数的时间位置上，市场容易从量变的积累转化为质变的爆发。一些重要的数字为1，2，3，5，8，13，21，34，55……当市场趋势运行到与上述数字相同的天数、周数、月数时，市场便容易产生变盘的行情，这就是江恩的时间之窗理论。

江恩不仅关注以上神奇数字，同时也经过多年的数据统计得出以下结论：由市场的重要底部或顶部开始计算，在以下时间趋势将有可能出现反转的现象：

1) 7 至 12 天
2) 18 至 21 天
3) 28 至 31 天
4) 42 至 49 天
5) 57 至 65 天
6) 85 至 92 天
7) 112 至 120 天
8) 150 至 157 天
9) 175 至 185 天

江恩认为，在一切决定市场趋势的因素之中，时间因素是最重要的一个。其一，时间可以超越价位平衡（在上升趋势中，调整的时间若较前一次调整的时间长，表示这次价格下跌为转势之跌；若价位下跌的幅度较前一次下跌的幅度大，也表示市场已经进入转势阶段。）；其二，当时间到达时，成交量将增加并推动价位或升或跌。

对于市场顶（底）时间的预测，江恩有三种重要的判研方法：

第一，将市场数十年来的走势作一个统计，研究市场重要的顶部及底部出现时的月份，便可以知道市场的下一个顶部及底部通常会在哪一个月出现。

第二，市场的重要顶部及底部的周年纪念日是必须牢记的，市场经过重要顶部或底部之后的第一年、第两年、甚至第十年的周年纪念日，都是重要的时间周期，值得留意。

第三，重要消息（例如战争、金融危机等）导致市场出现大幅波动日子的周年纪念日也要特别留意。此外，还要留意消息入市时的价位水平，这些价位水平经常是市场的重要支撑位或阻力位。

6. 江恩循环理论

江恩认为，历史会重现，已发生的还将发生，已做的还将做，同一个太阳下没有新鲜事。这表明，任何事物都会按照一定的周期循环发生，不管是人类的社会生活、历史事件还是股票市场，无一例外。所谓循环就是一个潮起潮落的过程不断重复上演。

江恩认为在股市中较重要的循环周期一般有三种：短期循环、中期循环和长期循环。短期循环的时间一般为：1小时、2小时、4小时……18小时、24小时、3周、7周、13周、15周、5个月、7个月；中期循环的时间一般为：1年、2年、3年、5年、7年、10年、13年、15年；长期循环的时间一般为：20年、30年、45年、49年、60年、82或84年、90年、100年。

30年循环周期是江恩分析的重要基础，因为30年共有360个月，这恰好是360度的圆周循环，按江恩的价格回调理论对其进行1/8、2/8、3/8……7/8等分，正好可以得到江恩的长期、中期和短期循环。10年循环周期也是江恩分析的重要基础，江恩认为，十年周期可以再现市场的循环。例如，一个新的历史低点将出现在一个历史高点的十年之后，一个新的历史高点也将出现在一个历史低点的十年之后。同时，江恩指出，任何一个长期的升势或跌势都不可能不作调整的持续三年以上，其间必然有三至六个月的调整期。因此，十年循环的升势过程实际上是前六年中每三年出现一个顶部，最后四年中出现最后的顶部。

江恩在进行周期循环分析时，特别强调首先要有正确的起点，然后才能按照数字序例及几何模式去分析。江恩认为，循环中有大循环和小循环，循环中还有循环，环环相扣，包括顶顶循环、底底循环、顶底循环、底顶循环，且任何周期循环都应该是螺旋式的循环；同时，各个领域所研究的循环周期都只具有相对的意义，即：在一个大一级的循环前提下又有长期、中期、短期循环，而这大一级的循环外又有更大的循环。江恩将这些循环现象称之为轮中之轮。

7. 江恩轮中轮

根据循环理论，江恩设计了市场循环的轮中之轮，将市场上的短期、中期和长期循环加以统一的描述，并将价位与几何角度统一起来。轮中轮是对江恩全部理论的概括性总结。

江恩轮中轮的制作方式如下：将圆进行 24 等分；以 0 度为起点，逆时针旋转；每 15 度增加一个单位，经过 24 个单位完成第一个循环；依此类推，经过 48 个单位完成第二个循环；最后经过 360 个单位完成第十五个循环，即一个大循环，形成江恩轮中轮。

江恩轮中轮上的数字循环既是时间的循环也是价格的循环。例如，对时间循环而言，循环一周的单位可以是小时、天、周、月等；对价格循环而言，循环一周的单位可以是元或汇率等。

江恩轮中轮的关键部分是角度线。江恩认为，市场的顶部、底部或转折点经常会出现在一些重要的角度线上，如 0°线、90°线、180°线等。

8. 江恩六边形

江恩六角形把市场循环分为六等份，是介于江恩四方形与江恩轮中轮之间的一种预测方法。江恩把一个 360°的圆形分割为六等份，每等份的角度为 60°。若以一个 360 个月的市场时间周期来看，江恩六角形所界定的市场循环周期是 60 个月、120 个月、180 个月、240 个月、300 个月及 360 个月，即 5 年、10 年、15 年、20 年、25 年及 30 年；若以一年的周期来看，市场的短期周期分别为 60 天、120 天、180 天、240 天、300 天及 360 天；若以一天的周期来看，市场的即市循环周期分别为 4 小时、8 小时、12 小时、18 小时、20 小时及 24 小时。

江恩六角形的结构由 1 开始，以逆时针螺旋形方式将数字顺延开来，无穷无尽。六角形数字延伸的方式如下：

第一个循环：由 1 至 6，周期增加 6；
第二个循环：由 7 至 18，周期增加 12；
第三个循环：由 19 至 36，周期增加 18；
第四个循环：由 37 至 60，周期增加 24；
第五个循环：由 61 至 90，周期增加 30；
第六个循环：由 91 至 126，周期增加 36；

第七个循环：由 127 至 168，周期增加 42；
第八个循环：由 169 至 216，周期增加 48；
第九个循环：由 217 至 330，周期增加 54；
第十个循环：由 331 至 396，周期增加 60；

六角形中的数字代表市场的价位，当市场中的价位到达江恩六边形某一重要角度线时，如 0°线、150°线、180°线时，市场就会出现支撑力或阻力，对市场的影响相当大。需要说明的是，江恩六角形的意义在于时间和价位的配合。

9. 三日图与九点图

江恩三日图是以时间来决定市场趋势的，而江恩九点图则是以价位涨跌幅度来决定市场趋势的，两者相结合，对市场趋势的掌握比较理想。

江恩三日图的基本原理是：如果市场动力充沛，那么股价将会突破前期的新高或新低，使趋势得以持续。否则，就说明市场处于徘徊或整理状态，不适合进场交易。具体来说就是：当三日内的最低价格水平被价格向下穿破，表示市场趋势将会向下；当三日内的最高价格水平被价格向上穿破，表示市场趋势将会向上。江恩三日图有些类似于三线折转图，但它除了考虑价格因素外，还考虑了时间的因素，其优点是可以避免日内杂波对判断的干扰，其缺点是没有考虑成交量的因素。三日图是按照三日内有新高或新低就记录、没有就不记录的原则来画图的。

江恩九点图则来源于江恩对美国股市 37 年的观察，他认为绝大多数的趋势运动都在 9 点之上。即：在下跌趋势中，若市场反弹运动低于 9 点，表示反弹乏力；超过 9 点或更多时，则表示市场已经转势，且可能反弹至 20 点或更多；超过 20 点的反弹运动出现后，市场则可能进一步反弹至 30 点，但市场反弹运动很少会超过 30 点。江恩的这种统计法，实际上是对个股股性的研究，即研究一只股票在其历史运动中常常有着怎样的冲击力。将江恩统计中的"点数"换成股价变动的百分比数，则更适合于研究国内股票的股性。

从上述江恩理论的概述中可以看出，江恩的测市系统比较零散，但这相比于理论上的技术分析而言，却是实实在在的获利方式。总体而言，江恩看重股价的"价、时、空、量"。对于成交量，江恩研究得比较少，因为它的多寡只是前三者发展到极端时的表象，或者是它们走到某一处时的必然反应；对于"价和空"，江恩关注所有曾经出现过的股价高、低点，他认为这些都是股价趋势或大或小的支撑位或阻力位。同时，还有他的回调法则、江恩线、江恩四方形等，都是他常用的价格分析手段；对于"时"，江恩则比较看重其发明的时间之窗，以及一些历史统计资料，还有其计算复杂的江恩六边形及常规的时间周期等。

江恩对自己的测市系统宣传得不多，但对自己的交易规则却一再反复强调。在他看来，预测有对有错，但交易规则不会出错，总能保护自己达到目的。而且事实上，即使江恩有准确性很高的预测系统，他也没有完全按自己的预测来交易，只有当股价的运动轨迹与他的预测开始吻合时，他才开始确认自己的预测成功并付诸于行动。对于江恩的交易规则，详见后面《交易管理》一章中的"江恩的 24 条守则"。

江恩真正有价值和有前瞻性的地方在于他的资金管理技术，这一点几乎被世人忽略。1948年,当趋势分析之父约翰·迈吉还在模糊的谈论交易策略的时候,当资金管理技术概念尚未产生的时候,在1936年江恩所出版的《江恩测市法则》(原名叫《新股票趋势探测器》)里,第七章中整整22面的交易例子,讲述了他是如何以高超的资金管理技术从3000美元赚到几十万美元的。在案例中,江恩对资金管理技术的运用达到了炉火纯青的地步,其收放自如、进退有序的手法,使人叹为观止。仅书中的几个例子,便可以看得出江恩的投机功底和过人之处,其高超的交易手法胜过千万本股市书籍的陈词滥调,值得交易者再三阅读。

三、江恩理论的不足

江恩理论也有它的不足之处,否则江恩晚年也不会只言交易规则和统计手法,而不言其他。大致来看,江恩理论有四点不足:

1) 江恩理论的一些玄妙的计算方式脱胎于星相学,隐晦难懂,过于迷信自然法则。幸好江恩晚年已转向于统计研究,但统计往往只是对过去数据的统计,不代表将来。

2) 江恩理论过于相信技术分析,以至于忽视股价变动的内因而妄图以图形结果来求解下一个结果。幸好江恩有严格的交易规则来保护自己避免预测的失误。

3) 江恩沉迷于技术分析之中,眼界有限,无法以投资者的眼界来看待股市的发展问题。比如江恩认为美国股市永远不会超越1929年的高点等等。

4) 江恩理论比较适合于在股市中做短期投机或在期货市场进行交易,但对于做长线投资则力所不逮。因为市场对投机的容忍度和吞吐量都是有限的,这使投机者难以发展壮大。

第四节 其他理论

在世界证券发展史上,还曾出现过很多著名的理论,有一些具有一定的代表性,并有一定的参考意义,但更多的则是昙花一现。下面列举三个比较知名的理论观点,以供交易者加深对证券市场投资行为的理解。

一、相反意见理论

大众往往在股市下跌时悲观,在股市处于低谷时麻木,在股市上涨时乐观,在股市处于顶峰时疯狂。将股市涨跌的这四个阶段与大众情绪一一对应后,我们就可以通过大众情绪这个温度计,来探知市场即将出现反转的时机。

相反意见(逆向思考)理论是交易者最熟悉也是最常用到的一种心理学理论,它是一种深刻的反思方法,应用范围广泛,其目的是挑战当前社会、政治、经济等活动中被人们普遍所接受的观念,和大众观念相竞争。1954年,美国投资专家汉弗莱·B.尼尔在他的《逆向思维的艺术》一书中,推出了这一著名的理论。其后,该理论开始得到世人的广泛运用。

相反意见理论之所以能够成立,一方面是资源稀缺的现实和人类社会的博弈本质,决定了要社会满足多数人的需求是不现实的，而采用与大众相反的意见，则是一种胜率较大的思维方法；另一方面则是源自于人类的本性，诸如习俗、习惯、模仿、急躁、冲动、贪婪、恐惧等，这些行为显然容易被大众传播和感染，使大众丧失自我。而在法国社会心理学家勒庞看来，群体是用情绪在思考，个体是用大脑在思考，因而个体是理智的而大众是疯狂的，所以，采取独立的思考模式和逆反的思维方式，往往能找到正确的方向。

关于相反意见理论和逆向思考方法，尼尔的主要观点是：

1）当所有人都想得一样时，每个人都可能是错的；
2）太多的人发出同样的预言，预言反而不会应验；
3）在同一种预言上层层加码，预言就会因预防或抵消而不攻自破。

所以，尼尔认为：所谓逆向思考的艺术，一方面是要训练交易者的头脑习惯于深思熟虑，选择同大众相反的意见；另一方面，是交易者还需要根据当前事件的具体情况，以及人类行为模式的当前表现来推敲自己的结论。可见，利用相反意见理论进行逆向思考，不仅是为了理解社会经济与政治运动的宏观趋势的需要，同时也是交易者在股市表现极端时保持理性思维的必要方法。

当人人都看好时，就是牛市即将到顶之时；当人人都看淡时，便是熊市已经见底之时——这就是股市相反意见理论的根本含义。但对于相反意见理论在股市上的运用，有以下几个要点需要掌握：

1. 相反意见理论只是一种思维方法

相反意见理论主要是对大众普遍预期的一种矫正方法，而不是一种预测系统，它的价值更多地体现在帮助交易者在预测中避免出错。如同道氏理论一样，它只能以事实来反映现状，然后交由交易者来评估和判断。它可以说明什么但不一定是完全正确的，这需要交易者把握好分寸。

2. 相反意见理论只是说明在市场出现拐点时群众才往往是错误的

当主要上升趋势来临时，大部分人都会看好并付诸于行动，推动股市节节高升，此时大众的看法都是对的。但是，当几乎所有人都看好时，市场就会因供求失衡而发生逆转。即：所有想买的人都买入后，由于缺乏后续的购买力，市场就会开始走下坡路。同理，在熊市中，当所有想卖的人都卖出后，市场就会失去做空的力量而被多头倒戈。可见，在趋势发展过程中大众通常是正确的，但是在趋势的转折处大众却总是错误的。

3. 对主流观点的认识是应用相反意见理论的关键之处

比如，在牛市最疯狂的时候，大众媒介如报刊、电视、杂志、互联网等接连报道利好消息，场内、场外人气高涨，市场交易量接连创下历史天量，这往往是市场即将出现暴跌的先兆。相反，在熊市下跌连绵不绝之后，大众媒介对股市动态不闻不问，而仅有的报道都是没精打采的坏消息时，则往往是市场破晓前的沉闷时刻。所以，当大众媒介全面看好时，相反理论者就会看淡；当大众媒介全面看淡时，相反理论者就会开始行动。实际上，整个股票咨询服务行业基本上与大众的行为一致，因此他们的言论本身就不是什么专家言论，而只是一个很好的反向观点的观察对象。

交易者在应用主流观点的时候,必须注意:
1)如何了解目前流行的大众观点?
2)目前流行的大众观点是什么?
3)如何评估流行观点的强度?

一般而言,主流观点往往具有以下特点:
1)媒体的观点往往代表主流观点;
2)证券分析师一致同意的观点往往代表主流观点;
3)一般交易者常常议论的观点往往代表主流观点。

所以,在专业报纸和专业网站上都可以获得主流观点的信息。但是需要注意,当重大股市政策出台之时,交易者不能凭自己有限的经验去消化重大政策所带来的影响,而应该多看看主流的观点,听听不同的意见,在不迷信政策的前提下把握好市场风向。尤其是当大众的意见还没有形成一致观点的时候,交易者切勿自作聪明的与现有趋势作对。

4. 需要量化并评估大众意见的强度

如何评估大众意见的强度?单凭直觉或想象都不可行。交易者可以在专业网站上察看"市场情绪指标"或"多空情绪指标"或"沪深300人气指数"等指标,也可以通过采集各大券商、基金公司、专业咨询机构、专业报刊以及主要证券论坛等的看多和看空的比例,自己创建一个"多空情绪指标"。

下面以"多空情绪指标"为例来讲解如何评估大众意见的强度。该指标从0开始(代表所有人都看空),到100%为止(表示所有人都看多),一般在20%~80%之间震荡。如果市场一边倒地看多或看空,则表示牛市或熊市已经走到尽头,市场即将转势。

具体而言,当"多空情绪指标"为——

0%~5%时:说明物极必反,大势跌无可跌之际,即是市场转势之时。

5%~20%时:说明空头占有压倒性的优势,大势随时可能见底。

20%~40%时:说明看空比例仍高于看多比例。一般来说,交易者此时应顺应趋势,继续看空。但由于很多人看空,也不排除股市会就此出现上涨行情,故意使看空者踏空。

40%~60%时:说明看多者与看空者僵持不下,市场趋势不明,交易者此时应保持观望。

60%~80%时:说明看多者占多数,市场的发展有很大的上升余地。但由于很多人看多,也不排除市场会就此急转而下,将筹码在高位甩给多头。

80%~95%时:说明多头处于明显的优势地位。有时市场会借此继续攀升,直至所有人都看好为止。但有时,市场也会因主力先走一步而快速下跌。

95%~100%时:说明大众全面看多,该投入的资金已悉数入市,股市已是强弩之末,市场转势就在眼前。

以上只是一个理论上的描述状态,因为所需数据很难精确地采集到。对于交易者而言,重要的是要明白相反意见理论的实质,同时要保持独立思考的能力和反向思维的能力,知道何时该与群众保持一致,何时又该与群众分道扬镳。对群体心理知之越多，交易者对市场的认识就会越深刻。

二、空中楼阁理论

英国经济学家约翰·梅纳德·凯恩斯是现代西方经济学中最有影响的人物之一。1936年，在《就业、利息与货币通论》一书中，凯恩斯谈到了他的投资哲学——空中楼阁理论。该理论完全抛开了股票的内在价值，认为股票价值取决于交易者的心理揣测。

凯恩斯认为，股票价值虽然在理论上取决于其未来的收益，但由于进行长期预期相当困难且不准确，故投资大众会用一连串的短期预期来取代长期预期。而一般大众在预测未来时都遵守一条成规：除非有特殊理由使既有预测会有所改变，否则即假定现状将无定期的继续下去。于是交易者只要相信这条成规不被打破，使他常有机会在现状改变还不太大时就可以修改其判断、变换其投资，那么他就会觉得他的投资在短时期内相当安全，因此在一连串的短期内其投资也相当安全。由此，专业投资者最关心的不是比常人高出一筹去预测某一股票的未来收益如何，而是比一般大众早一些预测在此成规下市场对新的变化有什么反应。

凯恩斯把这种行为比作选美比赛，提出了著名的"选美理论"：如果在报纸上发表一百张美女照片，要求参赛者选出其中最美的六个，并给命中率最高的参赛者颁奖，那么为了在这种竞赛规则下获胜，每一位参赛者都不会根据自己的审美标准来评议，而会根据他对别人的审美观点的推断来选美，只有这样，参赛者才能获奖。可见，为了获奖，参赛者都必须服从大众的偏好，而不会去选择自己所认定的美女。

将此引申到股市，就是交易者要想在股票交易中获利，就必须了解并遵从一般投资大众的思维方式，去追逐大众将会选取并舍得投入的股票。凯恩斯认为，交易者之所以愿意以某种高价购买一种股票，是因为他相信将来有人会以更高的价格来向他购买这种股票，至于股价现在的高低和股票内在的价值并不重要，重要的是存在更大的笨蛋愿意以更高的价格来购买你持有的股票。精明的交易者不必去计算股票的内在价值，他只要抢在笨蛋之前买卖就可以了。股票价格并不是由其内在价值决定的，而是由投资者心理决定的——空中楼阁理论由此也被称为博傻理论。

空中楼阁理论的核心思想是：重要的不是事物本身的价值，也不是自己的思考，而是应该在知道别人是如何思考后，再进行自己的逻辑分析和取舍。

三、随机行走理论

"随机行走"是指基于某一事物过去的表现，人们将无法预测其将来的发展步骤和方向。该观念由法国数学家路易斯·巴克雷首次提出。1934年，美国学者保罗·H.库特纳著书《股票市场的随机行走特点》，从此，"随机行走"一词到处"行走"，名噪一时。

随机行走理论认为，股票市场内有成千上万的精明人士，并非都是愚昧无知的人。每一个人都懂得一定的分析，而且所搜集到的资料几乎都是公开的。既然信息你知我也知，股票现在的价格就已经反映了供求关系，或离本身价值不会太远。如果一只股票资产只值十元，肯定不会在市场上忽然变到值一百元或一元，市场也不会有人会出一百元买入这只股票或以一元卖出这只股票。现时股票的市价已经代表了千万精明人士的看法，构成了一个合理价位。同时，市价会围绕着股票内在价值上下波动，但这些波动却是随意而没有任何轨迹可寻的。

随机行走理论还认为，股价昨日升并不代表今日还会升，今日跌也不代表明日不再跌，每日与另一日之间的升跌并无相关。就好像掷铜板一样，没有人会知道下一次掷出的一定是正面或反面。所以，股票价格的运动没有方向，随机行走，乱升乱跌，无人可以预知股市趋势。同时，现有市价已经反映了股票的基本价值，这个价值由买卖双方公平决定，不会再出现变动，除非出现新的突发性消息。但下一次的消息是利好消息还是利空消息，大家事先都不知道，因而推测股票走势的方法并非有效，技术分析只是一派胡言。

为此，有人进行了一些研究：

1）有人用美国标准普尔指数中的股票作长期研究，发现猛涨或暴跌的股票只是很少数，大部分股票的单边升跌幅度都在10%～30%之间，出现了统计学上的常态分布现象（即升跌幅度越大的股票所占的比例越少）。所以股价并无单一趋势，买中会升的股票或是会跌的股票，其机会均等。

2）一个美国参议员用飞镖去掷一份财经报纸，从中拣出20只股票作为投资组合，结果这个随意挑选的投资组合竟然和股市整体表现相当，更不逊色于专家们建议的投资组合，甚至比某些专家的建议更为出色。

3）有人研究过基金的业绩，发觉今年业绩好的，明年可能表现得最差；而一些往年令人失望的基金，今年却可能脱颖而出。所以买基金也要看运气，投资技巧并非有用，因为股市并无记忆，大家都只是撞运气。

可见，随机行走理论对股市技术分析持完全否定的态度，如果随机行走理论成立，那么所有的股票分析专家都无立足之地。但是，随机行走理论在技术分析者眼里却只是学者思想、象牙塔理论，经不起市场的检验。因为该理论建立的基础是其认为股票市场是一个强有效市场，即股市中没有信息不对称的情况，所有的信息都能被世人公平而及时的获取，所有人的智商都是一样的，包括那些很少研究股票的人和在股市里交易了几十年的人。显然，这与事实不符。学术派没有时间去研究股价运动的表现方式，他们只能笼统的说个一二三。就结果而言，他们是对的；就过程而言，他们是错的。但是这个过程里，却能诞生很多盈利机会。所以，在技术分析者眼里，满目随机只是无力识别系统性价格变化的代名词。

第五章 基本面分析之重要点

股市中的基本面因素,是指影响股市和股票涨跌的长期性因素和根本性因素,它包括宏观经济因素、货币政策因素、股市调控因素、行业周期因素、公司经营因素等。基本面分析法就是利用丰富的统计资料,运用多种经济指标,从研究宏观的经济大气候开始,逐步研究中观的行业兴衰程度,以及微观的企业经营现状和前景,从而对企业所发行的股票价值作出客观的评价,并尽可能预测其未来的变化,以作为交易决策的依据。

基本面分析法是长线交易者最重要的分析方法。这种分析方法把对股票的内在价值分析放在首位,把对股票市场的大环境分析摆在次位,买的就是国家经济和企业的长期稳健发展。所以,长线交易者一旦在选股和选时上做好了充分的准备后,就会坚定的买入并持有,而不大关心股价每日的浮浮沉沉。若干年后,市场自然就会因国家和企业的稳健发展回报以交易者丰厚的收益。即便是对于短线交易者而言,也只有在了解股市当前的运行环境和所购股票质地的情况下,才有可能获得更高的操作成功率,避免一系列的股市陷阱。

第一节 宏观信息分析

宏观信息分析就是社会经济大环境分析。股市是社会经济结构中的一部分,隶属于资本市场,而资本市场是为社会经济服务的,因而股市也受制于宏观经济及其信息面。国民经济形势不仅制约着投资主观愿望的产生,也制约着投资实现的客观条件,因此,交易者需要密切关注宏观信息面的变化,捕捉好的投资市场、投资时机与投资产品。在进行宏观经济分析时,需要从总量分析和结构分析两个方面来考虑,前者是要明白某一指标的数值意味着什么,后者则是要从几个关联的方面来综合考虑这一指标的影响。

一、经济数据对股市的影响

用于观察宏观经济的数据有很多种,这里仅介绍三种人们最为熟知的数据:国内生产总值、通货膨胀率、消费者价格指数。

1. 国内生产总值对股市的影响

国内生产总值(Gross Domestic Product)简称为GDP,是指在一定时期内(如一年),一个国家或地区的经济中所生产出的全部最终产品和劳务的价值。一般来说,国内生产总值共有四个不同的组成部分,包括个人消费支出、私人总投资、政府支出和净出口额。国内生产总值不但可以反映一个国家的经济表现，更可以反映一国的国力与财富。它是宏观反映国民经济运行状况的晴雨表，是政府和社会各界使用频率最高、影响最大的经济指标。一个国家或地区的经济究竟处于增长还是衰退阶段，从这个数字的变化便可以观察到。当GDP的增长数字处于正数时，即显示该地区经济处于扩张阶段；反之，如果处于负数，即表示该地区的经济进入衰退时期了。以美国来说，国内生产总值能有3%的增长，便是理想水平，表明经济发展是健康的；但高于此水平则表示有通涨压力，而低于1.5%的增长，则显示经济放缓且有步入衰退的迹象。

在了解GDP时，交易者应该知道GDP是算不精确的。GDP反映的是国民经济的总体和总量，而现实中国民经济总是处在不断地变化之中，总是有一些新兴行业和新兴企业由于诞生时间短、统计不规范，很难纳入到国民经济核算中，如当前的技术咨询业、商务服务业、娱乐业等经济活动就很难准确纳入到GDP的核算之中，所以任何一个时点上的GDP只能是相对准确的数据。此外，由于新兴行业、企业的不断规范，核算条件的不断完善，GDP历史数据也会经常作出一些必要的调整，这又是国民经济核算中的一个特殊现象。

由于国内生产总值是由一定时间内所生产的商品与劳务的总量乘以"货币价格"或"市价"而得到的数字（这个数字为名义国内生产总值，名义国内生产总值增长率等于实际国内生产总值增长率与通货膨胀率之和。），因此，总产量即使没有增加，仅价格水平上升，名义国内生产总值仍然是会上升的，但在价格上涨的情况下，国内生产总值的上升只是一种假象。对经济有实质性影响的是实际国内生产总值变化率，所以在使用GDP指标时，必须通过GDP缩减指数对名义国内生产总值作出调整，才能精确地反映总产出的实际变动情况。一个季度的GDP缩减指数的增加，足以表明当季的通货膨胀状况；如果GDP缩减指数大幅度的增加，则意味着通货膨胀率的大幅度提升，这会对经济产生负面影响，同时也是货币供给紧缩、利率上升、进而外汇汇率上升的先兆。

一国的GDP大幅增长，反映出该国经济蓬勃发展、国民收入增加、消费能力随之增强的现状，但是GDP并非越高越好。对于发达国家来说，其经济发展总水平已经达到了相当高的水平，GDP的提高就显得比较困难；而对经济尚处于较低水平的发展中国家而言，其经济发展速度有可能达到高速甚至超高速增长，这时反而需要警惕宏观经济的过热状态。在这种情况下，该国中央银行将有可能实施提高利率、紧缩货币供应的政策，这对股市来说并不是一件好事。但这样的经济趋势又会彰显本国货币的价值，导致汇率提升，进而吸引大量外资进入国内，推动股市上扬，只是这种暗地里的推动效果比央行实施紧缩银根政策所带来的股市负面影响要弱一些；反过来，如果一国的GDP出现负增长，显示该国经济处于衰退状态、消费能力减低时，该国中央银行将可能通过减息政策以刺激经济再度增长，这对股市来说显然是一大利好消息。但是经济的疲软加之货币供应的充足又会适当降低汇率，导致部分国际游资撤离该国资本市场。

需要注意，在看待GDP数据时，不能采取一刀切的方式。GDP数据中包括个人消费支出、私人总投资、政府支出和净出口额，当这四个指标不能保持一种均衡时，国民经济的发展就会出现问题，国家就会进行局部的调控。比如，当投资的份额加大时，大量的货币资金就可能变成固定资产或商品，如果消费能力跟不上，则大量的在建工程和商品就是浪费的对象，已变成固定资产和商品的货币就会贬值，这些投资多数属于无效的投资，它们消灭了货币但没能换成产值，没能形成经济的良性循环；再比如，如果净出口额过多，不仅会招致对口贸易国家的反对与制裁，同时也会将国内大量的资源以低价格的方式消耗掉，而很多资源是不可再生的，这对一个国家来说是一种极大的浪费。在我国，政府支出尚未计入到 GDP 之中，而个人消费由于国人消费习惯和收入低下等原因，始终跟不上经济的发展，因此，国家始终想拉动的是内需和消费，一直支持的是出口贸易，一直控制的是社会投资。由于 GDP 数据的形成还跟物价有关，所以这里又多了一个需要监控的因素。显然，过高和过低的物价都会对经济的稳定运行不利，这也是国家要调控的内容。

总体来说，一国 GDP 增长率高，意味着国民收入增加、国内需求水平提高；同时也意味着劳动生产率的提高和成本的降低，使本国产品竞争力得到改善，这对股市而言是一大利好消息。在总体经济运行良好、物质生产蓬勃有力的基础上，股市从理论上来说应趋于稳定的上升通道；但是，中国股市的发展尚处于初级阶段，特别是管理层还有很多经验需要总结，还有很多规律需要探索，因而中国股市的运行和 GDP 的增长并不能保持一致；而且，GDP 数据并不是针对股市而产生的指标，它是一个衡量国家整体经济运行状态的指标，它的增减对股市并不产生直接的影响。

2. 消费者价格指数对股价的影响

消费者价格指数（Consumer Price Index）简称为 CPI，是对一个固定的消费品篮子价格的衡量，主要反映消费者支付商品和劳务的价格变化情况，也是一种度量通货膨胀水平的工具。CPI 是一个滞后性的数据，但它往往是市场经济活动与政府货币政策的一个重要参考指标。消费者价格指数 = 现期物价水平 ÷ 基期物价水平 × 100。在美国，构成该指标的主要商品共有七大类，包括食品和酒及饮料、住宅、衣着、交通、医药健康、娱乐、其他商品及服务；而在中国，CPI 叫居民消费价格指数，包括八大类：食品、衣着、烟酒及用品、家庭设备用品及维修服务、医疗保健及个人用品、交通和通信、娱乐教育文化用品及服务、居住。

在我国现行的消费价格指数统计中，食品类的权重约为 33%，医疗保健类约为 11%，教育娱乐及服务类为 14.5%，居住类为 13.6%。可见，就目前来看，食品价格变动对消费价格指数有很大的影响，而这里的"居住"并不是指住房购买消费，只是租房的消费。然而在实际的社会生活中，占居民生活支出最大的往往是住房、食品、医疗这三大类，突出食品消费支出而忽视购房消费支出以及轻视其他消费支出，无疑剥夺了真正消费主体的应有地位，使我国的居民消费者价格指数的真实性和客观性都要打上一定的折扣，因而对通货膨胀的观察和宏观经济的决策都会带来一定的扭曲效应。比如，我国 2007—2008 年来的 CPI 高居不下，导致通货膨胀率提高，进而导致国家实施加息的货币政策，但此阶段的 CPI 高涨多数是因为食品类价格上涨的原因，通过加息显然无法控制这些产品价格的上涨，真正的解决方法在于扩大食品类供应的产能，同时适当放开压抑已久的物价水平，恢复合理的增长势头。由此可见，国内 CPI

的稳定性及其重要性,并不像发达国家所认为的那样"有一定的权威性,市场经济活动会根据 CPI 的变化进行调整"。

尽管国内的 CPI 有一定程度的失真,但这并不妨碍它的基本功能的发挥,也不影响我们对它的理解。对于该指标的含义可以举个例子来说明:如果在过去 6 个月内,消费者物价指数上升了 5%,那么表示生活成本比 6 个月前平均上升了 5%;生活成本提高了,人们手中的货币价值也就随之下降了,如 6 个月前一张 100 元的纸币,如今只能买到价值为 95 元的商品及服务。所以,CPI 稳定、就业充分及 GDP 增长,往往是一国最重要的社会经济目标。事实上,随着国民经济的增长,CPI 的温和上涨是必然的,也是有利于经济增长的,它表明了消费者的购买能力在增强,也反映了国民经济的扩张状况。

CPI 本身也是衡量通货膨胀的一个重要指标。一般说来,当 CPI 出现小于 10% 的增幅时,被称为温和的通货膨胀;当 CPI 的增幅达到两位数时,被称为严重的通货膨胀;当 CPI 的增幅达到三位数时,则被称为恶性的通货膨胀。

我国目前的 CPI 并不能真实地代表通货膨胀的水平,但如果 CPI 升幅过大,至少可以反映通货膨胀的苗头和增幅,并为经济增长带来不稳定的因素。相应的,央行就会有紧缩货币政策和财政政策的反应,从而造成经济前景的不明朗和股市资金的撤离。所以,每当国家统计局公布月度 CPI 数据时,都会在当时的股市上引起一些波动,尤其是在市场低迷的时候。但在国家没有采取紧缩银根的政策之前,通常 CPI 的上涨都会导致股价上扬,因为多数上市公司的库存商品价值和出售价格都会提升,导致名义利润大幅增长(但少数公司则会因为消化不了急遽增长的原料成本而导致亏损),进而导致股票价格提升;此外,CPI 增长也会导致居民银行存款收益出现负增长,为了保值和增值的需要,很多资金将会涌入债券、股票和纸黄金等市场,从而激活整个资本市场。

综上所述,CPI 的温和增长对整个经济的运行是一件好事,但是,如果 CPI 增长过快或累计增长过多,则会对整个经济运行带来诸多不利的影响。物价上涨往往是物质产出与资金供应失衡的表现,这通常有两个原因:一个原因是基本生产资料的产出降低了,当社会总需求超过社会总供给的时候,就会出现物价上涨的现象,解决该问题的办法,就是刺激该领域的投资或新增产出渠道;另一个原因是流通领域的资金太多了,相对于既定的物质供应能力而言,就会形成货币贬值、物价上涨的现象。就目前的情况来看,全球都在加大经济投资建设的力度,物质生产逐年递增,所以当出现物价上涨、通货膨胀的时候,往往是第二个原因在作祟。在这种情况下,出于抑制通货膨胀的需要,国家就会通过紧缩银根的政策来回笼流通市场里的资金,同时限制资金的再供应,这包括提高贷款利率、提高存款利率、提高银行存款准备金率等措施。

3. 通货膨胀率对股市的影响

通货膨胀率(Inflation rate)是货币超发部分与实际需要的货币量之比,用以反映通货膨胀和货币贬值的程度。但货币的实际需求很难计算,因此,通货膨胀率通常是通过考察物价水平的变动来计算的。即:通货膨胀率 =(现期物价水平 − 基期物价水平)÷ 基期物价水平 × 100%,其中,基期就是选定某年的物价水平作为一个参照,这样就可以把其他各期的物价水平通过与基期水平相比较，从而衡量当时的通货膨胀水平。假如一个经济体的物价总水平从去年的100增加到今年的112，那么这一时期的通货膨胀率 =（112 – 100）÷ 100 × 100% = 12%，同时也意味着物价上涨了12%。需要注意，尽管通货膨胀与物价总水平上涨是同义语，但是一次性或短期性的物价总水平上涨或个别商品价格的上涨都不能算作是通货膨胀的表现，只有一般物价水平持续的、普遍的上涨才能算作通货膨胀的反映。

衡量通货膨胀率的价格指数主要有三个：生产者价格指数、零售物价指数和消费者价格指数。生产者价格指数简称为PPI，是衡量制造商和农场主向商店出售商品的价格指数，它是一个通货膨胀的先行指数，当生产原料及半制成品的价格上升时，数个月后便会反映到消费产品的价格上，进而引起整体物价水平的上升，导致通货膨胀加剧；零售物价指数简称为RPI，是指以现金或信用卡形式支付的零售商品的价格指数，它包括家具、电器、超级市场售卖品、医药等销售领域，该指标持续上升，将可能带来通货膨胀上升的压力。但是这两个指标目前在国内还不好统计，在谈论通货膨胀的时候，我国主要看重的是消费者价格指数。所以，从这里又可以看出，我国的通货膨胀考察方式并不科学，也就是说，CPI的增长率并不完全等同于通货膨胀率。可见，在我们谈论通货膨胀的时候，CPI数据只能作为参考而不能直接与通货膨胀划等号。

依据通货膨胀的表现形式，可以将通货膨胀分为公开型通货膨胀和隐蔽型（或抑制型）通货膨胀；依据通货膨胀的程度，可以把通货膨胀分为温和的通货膨胀（CPI增幅不超过10%）、严重的通货膨胀（CPI增幅达到两位数）和恶性的通货膨胀（CPI增幅达到三位数）；依据通货膨胀的原因，通货膨胀可分为需求拉动型通货膨胀（产品供不应求）、成本推动型通货膨胀（原材料直接涨价）、结构型通货膨胀（增长率不统一）和混合型通货膨胀（各原因都有）；依据采取不同的政策措施，通货膨胀可分为财政型通货膨胀（财政支出过多）、信用型通货膨胀（透支性消费和投资过多）和外汇收支型通货膨胀（因外汇在国内不能直接使用，过多的外汇储备需要央行投入大量的人民币以应付兑换，从而导致流通市场的货币供应过多）。

那么通货膨胀是怎么形成的呢？一般来说，一个国家必须保证自己的货币供给保持一定的数量，在总商品和劳务的供应保持不变的情况下，如果发行的纸币过多，就会造成纸币大幅贬值、物价快速上涨的通货膨胀现象（如果市场流通的货币过少，就会出现通货紧缩现象）。同样，在纸币供应总量保持不变的情况下，如果总商品和劳务的供应量减少，也会促使物价水平上升，进而形成通货膨胀，但这种情况很罕见，往往在战争中才会出现。通货膨胀是世界各国经济生活中所面临的一个难题，它对一国经济发展的诸多不利影响是很明显的。

通货膨胀和货币供应量密切相关。货币供应量是指全社会的货币存量，是全社会在某一时点承担流通手段和支付手段的货币总额，主要包括机关团体、企事业单位和城乡居民所拥有的现金和其在金融机构的存款等各种金融资产。参照国际通行原则并根据我国实际情况，中国人民银行将我国货币供应量指标分为5个层次：

M0：指现金或流通中的货币。

M1：指M0 + 企业活期存款 + 机关团体存款 + 农村集体存款，也称为"狭义货币供应量"。M1 流动性极强，是中央银行重点监控的对象。2007 年末，我国的 M1 为 15.3 万亿元。

M2：指 M1 + 单位定期存款 + 自筹基建存款 + 居民储蓄存款 + 其他存款（财政存款除外），也称为"广义货币供应量"。2007 年末，我国的 M2 为 40.3 万亿元。

M3：指 M2 + 债券 + 财政存款 + 其他金融机构存款 + 货币银行同业存款。M3 是考虑到金融创新的现状而设立的，我国目前暂不测算。

M4：M4 = M3 + 其他短期流动资产。

通常来讲，衡量货币供应是否均衡的主要标志是物价是否稳定。物价指数变动较大，说明货币供求不均衡，反之，则说明供求正常。M2 是一个与普通百姓有密切关联的经济数据，它的增减多少和增减速度，不仅影响着国民经济的运行速度，同时也决定着百姓手中的货币价值。

通货膨胀率的提高，往往是流通市场里货币供应增多的结果，而货币供给量的增加，对股票价格的影响是多方面的。

1）货币供给量增加，可以促进生产，扶持物价水平，阻止商品利润下降，同时也可使更多的闲散资金进入股市，促进股票市场繁荣。

2）货币供给量增加，将引起社会商品的价格上涨，使上市公司销售收入、利润和名义收益等相应增加，并进一步刺激市场对股票的需求，促进股票价格上涨。

3）货币供给量的持续增加，会提高通货膨胀率，带给人们市场欣欣向荣、企业利润普遍上升的假象，从而致使主流资金撤离股市，转向于其他投资市场。同时也会导致国家实施紧缩银根的货币政策，以打压股市投机，刺破泡沫经济。

二、货币政策对股市的影响

货币政策是政府调控宏观经济的基本手段之一。由于社会总供给和总需求的平衡与货币供给总量和货币需求总量的平衡相辅相成，因而宏观经济调控的重点必然立足于货币供给量。货币政策的主要方法是改变经济体系中的货币供给量，以此来达到稳定物价、充分就业、适度刺激经济增长与实现国际收支平衡的目标。货币政策在执行上可以分为紧缩和放松两种情况。紧缩的货币政策是指通过中央银行提高再贴现率、提高商业银行在中央银行的存款准备金率以及提高存、贷款利率，来减少社会上的货币供给量，限制社会过热的投资现象，但这将造成该国货币的升值效应（因为流通市场里的本国货币变少了）；如果是放松的货币政策，则其目的是增加社会上的货币供给量，以吸引投资和消费，但这将造成该国货币的贬值效应。

货币政策对股票市场与股票价格的影响非常大。宽松的货币政策会扩大社会上的货币供给总量，对经济发展和证券市场交易有着积极的影响。但是货币供应太多又会引起通货膨胀，使企业发展受到影响，使实际投资收益率有所下降；紧缩的货币政策则相反，它会减少社会上的货币供给总量，不利于经济的扩张，不利于证券市场的活跃和发展，使股市经常处于低迷状态。

国家在实施货币政策时，往往会动用三个指标，即利率、存款准备金率、汇率。

1. 利率对股市的影响

利率通常由中央银行控制，所有国家都把利率作为宏观经济调控的重要工具之一。

当经济过热、通货膨胀上升时，中央银行便会提高利率、收紧信贷；当过热的经济扩张和通货膨胀得到控制后，中央银行又会把利率适当的调低。利率对股市的影响是滞后的，但也是长远的，它将缓慢地改变市场资金的供应量和上市公司的经营成本等。一般来说，当利率持续下降时，股票的价格最终会上涨；当利率持续上升时，股票的价格最终会下跌。

当中央银行开始上调利率时，往往会在以下三个方面对股市产生影响：

1）当利率上升时，会增加公司的借款成本，减少公司筹措资金的数量，导致公司削减生产规模，减少未来利润。大众对此的预期反映就是股价会下跌，于是股票往往会出现被抛售的现象。

2）当利率上升时，交易者据以评估股票价值的折现率就会提高，即现有股票的实际价值会下降，从而导致股票价格也会相应下降。

3）当利率上升时，无风险的存款收益升高，于是一部分资金从风险巨大的股市转向于银行这个避风港。股票市场的资金量减少了，股市的整体购买力就会下降，股价就会下跌。

从中国历年来的加息政策来看，利率上调（加息）会对人们生活的各个方面产生长远的影响，但这需要一段时间来消化，它不能对抽离股市资金起到立竿见影的效果，所以实施于牛市里的加息政策，往往在短期内不能改变牛市的格局；而熊市早期里的加息政策则对股市有较大的影响，这如同雪上加霜；在熊市里的减息政策，同样不能在短期内改变熊市的格局，但它可以刺激部分敏感资金重新选择保值、增值的渠道。也就是说，加息政策属于长期政策，在短期内不能改变股市的发展趋势，除非当时确实到了牛市的尽头。它虽然代表着国家调控的用意和决心，但不一定市场走势就能马上如国家所愿。有时，群众与政府是一种博弈行为的对立面，难以用单一的政策来扭转高速运行的股市列车。

另外，贷款利率往往和存款利率同步调整，因为存、贷款利率之间的差距是银行的基本获利空间；又或者贷款利率的调整比存款利率的调整先行一步（少数时候且为时较短），因为控制了企业贷款规模就等于减少了银行资金的流出量，可间接地实现存款总量的控制目标。因此，通常情况下，根据贷款利率的上调可以推测出存款利率也将有可能出现上调。存款利率是针对借给银行资金的人，贷款利率是针对银行贷款的对象，利率政策就是这样通过两个利率的调整来控制社会资金的进出数量和进出速度。

一般来说，影响利率调整的因素主要有五个：

1）物价因素。如果物价长期上涨，国家就有可能采取措施以提高利率，促使流通市场的货币供应量减少；如果物价回落而经济极度疲软，国家则有可能以降低利率的方法来增加流通市场的货币供应量，从而刺激市场投资和消费。

2）投资因素。如果全国各地基建投资、楼市投资、股市投资等投资热情高涨，则意味着资金出现了流动性过剩的状况，国家就会采取提高利率的办法，吸引资金回笼到银行；反之，如果社会投资不景气，经济出现滑坡状况，国家又会降低利率，促使资金从银行流出。

3）资金供求关系。当社会上的资金供不应求时，往往说明当时的利率偏高；反之，则意味着当时的利率偏低。但是，当全国到处呈现出资金吃紧的状况时，在物价上涨和通货膨胀稍有改善的情况下，国家会适当降低利率，以改善企业资金的周转状况，减少企业的破产概率；反之，当银根比较宽松时，如果社会投机成风，国家就会提高利率，促使资金回笼到银行。

4）国际金融市场的利率水准。如果国外金融市场的利率低而国内的利率高，那么就会引起国外资金流入国内，享受无风险的高利率。如果国家不希望大量的国外资金涌入国内，势必也会降低本国利率；反之，则正好相反。

5）利润的平均水平。利息是企业和百姓将资金借给银行运营而获取的一种利润回报，也是他们衡量资金收益的一个最基本的标准。既然利息是市场平均利润水平的一种体现，那么它本身的存在就会有个限度。即：贷款利率的总水平要适应大多数企业的承受能力，而存款利率的总水平也要适应大多数银行的承受能力或存款人的最低投资收益要求。所以，存、贷款利率的调整是有限度的，越往上调整的压力就越大。

2. 存款准备金率对股市的影响

存款准备金是指金融机构为保证客户提取存款和资金清算需要而准备的在中央银行的存款，这一部分资金是风险准备金，是不能够随便动用的。中央银行要求的存款准备金占其存款总额的比例就是存款准备金率，这个比例越高，表明央行执行银根紧缩政策的力度就越大。2007年末，我国的广义货币供应量（M2）为40.3万亿元，从理论上分析，如果提高准备金率0.5%，就能够冻结银行资金2000亿元，而如果按照货币乘数计算，则影响的资金供应量将超过8000亿元。

当中央银行提高存款准备金率时，货币乘数就会变小，金融机构体系创造信用、扩大信用规模的能力就会降低，其结果是使社会银根偏紧、货币供应量减少、利息率提高、投资及社会支出相应缩减；反之，则情况正好相反。可见，提高存款准备金率可以相应地减缓货币信贷增长，防止金融风险产生，同时可有效降低货币流动性过剩所造成的通货膨胀，保持国民经济协调发展。

存款准备金率是针对银行等金融机构的，对最终客户的影响是间接的；利率是针对最终客户的，其影响是直接的；所以存款准备金率的调整对股市的总体影响不大，但它却反映了国家正在紧缩银根的信号，同时预示着利率最终可能也会上调，因而加大了股市上行的压力。对于股市而言，存款准备金率的上调是个利空的消息。

央行除了会动用存款准备金率这项货币政策工具之外，还经常会动用另外两个货币政策工具：再贴现率和公开市场业务。再贴现是指商业银行在缺少资金时，以其持有的、顾客需要贴现的票据请求中央银行给予再贴现，以取得资金满足客户贴现的需求；而再贴现率则是中央银行对商业银行的再贴现行为所收取的利率。当出现通货膨胀压力的时候，中央银行就会提高再贴现率，这会使商业银行因借贷成本提高而缩小放贷规模，于是流通市场的资金开始变少，致使物价开始回落；反之，中央银行则可以降低再贴现率，使商业银行获得低成本的供应资金，进而增加流通市场里的资金总量。

公开市场业务是指中央银行在货币市场上的证券（特别是短期国库券）买卖活动。当整个市场价格水平上升从而需要加以抑制时，中央银行就会将证券卖给商业银行，使商业银行的存量资金减少，放贷规模缩小，进而使市场投资以及物价总水平的上升得到控制或逆转；当经济呈现萧条迹象时，中央银行则会从商业银行手中买进证券，使商业银行的存量资金增加，信贷规模扩大，进而使市场投资需求和价格水平上升。

以上几种货币政策工具都是针对商业银行而言的，目的就是控制银行的资金流向和放贷数量，以及预防银行经营风险，遏制资金流动性过剩的现象。

3. 汇率对股市的影响

汇率也属于国家货币政策的调控范畴，但因为常涉及到多国之间的利益关系，所以一般国家对其干预不是很频繁。由于我国实行的是有管理的浮动汇率制度，因而人民币对美元等外币的兑换比例一直都在控制之中，没有引起股市剧烈变动的明显痕迹。但是自我国 2005 年 7 月开始实施新的汇率制度以来，随着人民币的不断增值，2005—2007 年的股市大牛市行情是有目共睹的，而 1985 年日元被迫升值之后，日本股市的暴涨暴跌也是举世闻名的。因而对汇率变动的研究，也就成为基本面分析中的一项重要因素。

汇率是一个重要的经济杠杆，其变动会对国家经济产生诸多重要的影响。一般来说，它对国家经济的影响常常体现在以下几个方面：

1）汇率变动的贸易效应。本币的贬值有利于该国扩大出口，限制进口，这是本币贬值最重要的影响，也是一国货币当局降低本币对外汇率经常要考虑的方面。但只有经过一段较长的时间后，贬值国的出口需求弹性才会逐渐增加，其贸易差额状况才会得到改善。由于汇率变动是双向的，本币汇率下降就意味着其他国家货币汇率上升，因此会导致其他国家的国际收支出现逆差、经济增长减缓的现象，并进而招致其他国家的经济抵制和报复。

2）汇率变动的资本流动效应。在其他条件不变的前提下，一国汇率下跌可使等量的外币购买到比以前更多的劳务和生产原料，从而引起更多的国外资本流入国内。如果人们预计一国货币贬值是短暂的，那么它可能吸引长期资本流入该国，因为该国货币增值后，其投入就会升值；如果人们认为一国货币贬值是长期的，那么它对资本流动的作用刚好相反。同时，当一国货币贬值时，以该国货币计量的金融资产的相对价值就会下降，人们就会用该国货币兑换他国货币，将资本大量移往国外，以寻求资本保值和增值。另外，本币贬值还会造成通货膨胀的预期效应，即人们预计该国货币会进一步贬值，从而造成投机性资本的外流。

3）汇率变动对物价的效应。从进口角度来看，本国货币汇率下降，会导致进口商品和进口原材料的价格上升，并使国内同类商品和最终成品的价格上升，引发成本推进型的通货膨胀；从出口角度来看，本国货币汇率下降，会引起出口量扩大的现象，在国内生产能力已得到较充分利用的情况下，这会加剧国内的供需矛盾，对国内制成品以及相关产品的价格上涨产生压力；从货币发行来看，货币贬值可增加一国的外汇收入，外汇储备会有一定程度的增加，但外汇储备增加的负面影响是该国中央银行会增加发行货币量以满足日常兑换需要，由此会扩大该国的货币发行总量，进而导致该国产生通货膨胀的压力。

4）汇率变动的利率效应。本币贬值会鼓励出口，增加外汇收入，同时使本币投放增加；本币升值则会减少出口，使外汇收入减少，使货币投放减少。因此，货币贬值会扩大货币供应量，引起物价水平上升，促使利率水平下降，这会带来通货膨胀的效应，但通货膨胀又会引起货币需求的增加，并最终导致利率上升。因此，对一般国家来说，伴随着汇率贬值而来的总是利率的上升。

5）汇率变动对国民收入和就业的效应。本币贬值有利于出口的增加，会带来国内投资、消费和储蓄的增加；同时，由于进口价格上涨，一些消费者会把准备购买进口商品的支出转向于购买国内商品上，这会产生同出口增加一样的作用，促使国民收入继续增加，并带动就业率的上升。

由此可见，汇率是一个很复杂的变量，常常过犹不及。对于股市而言，长期的本国货币升值将会吸引大量的外国资金流入国内，进入国内资本市场和商品流通市场，直接推动股市和商品价格上升，对股市而言是一大利好消息。但是，一旦获利丰厚之后，或者股市风险加大之时，这些国际游资就会迅速撤离股市，导致股市暴涨暴跌（例如2006—2008年的中国股市）。同时，本国货币升值还将导致国内商品和劳务的成本提高，引发出口停滞的现象，进而引起国内生产总值的下滑，尤其是外贸企业的利润将会严重下滑，但也会使一些需要用外币计值的公司资产获得大幅度的提升，或者使一些进口企业获得更为低廉的原材料成本。

三、财政政策对股市的影响

财政政策是政府依据客观经济规律制定的指导财政工作和处理财政关系的一系列方针、准则和措施的总称，是当代市场经济条件下国家干预经济的一种手段。现在大多数国家都实施多目标的经济政策，一般包括充分就业、物价稳定、经济增长、国际收支平衡、收入公平、资源优化配置这六大目标。作为经济政策的主要组成部分，财政政策目标与经济政策目标往往是一致的，这六大目标也就理所当然地成为了财政政策目标的主要内容。财政政策可以分为扩张性财政政策、紧缩性财政政策和中性财政政策，而财政政策对经济的影响则是通过对税率的调整、国债的买卖以及财政补贴等来进行的。紧缩的财政政策通过减少财政支出、提高税率、卖出国债来抑制社会总需求与物价上涨；而宽松的财政政策则恰好相反。财政政策是除货币政策以外，政府调控宏观经济的另一种基本手段，它对股市的影响也相当大。

1. 税收对股市的影响

税收是国家凭借政治权力参与社会产品分配的重要形式。税收具有强制性、无偿性和固定性的特征，它既是筹集财政收入的主要工具，又是调节宏观经济的重要手段。税制的设置可以调节和制约企业的税负水平，还可以根据消费需求和投资需求的不同对象设置税种或在同一税种中实行差别税率，以控制社会需求数量和调节经济供求结构。

国家财政通过税收总量和结构的变化，可以调节证券投资和实际投资规模，抑制社会投资总需求膨胀或补偿有效投资需求的不足；而对证券交易者的投资所得规定不同的税种和税率，则直接影响着交易者的税后实际收入水平，从而起到鼓励或抑制交易的作用。比如，对于股息所得，我国征收所得税；对于证券交易，我国实行印花税；

对于金融机构（包括银行和非银行金融机构）买卖基金的差价收入，我国征收营业税等。在股市低迷或高涨的时候，通过调整或减少这些税收的科目和比例，就能减少或增加市场交易的成本，刺激股市上扬或导致股市下跌，使交易者看清政府的调控意图。我国历年来多次提高或减少印花税，就是专门针对股市的一种财政政策。

此外，对于企业而言，需要缴纳的税赋越多，企业的税后利润就会越少，用于发放股利的盈余资金就更少。当所有股票的股息均低于同期的银行存款利息时，股票就失去了长期投资的价值，证券市场就会丧失投资的本源。可见，高税率会对股市发展产生消极影响，而低税率或适当的减免税，则可以扩大企业生产能力，增加个人投资和消费水平，从而刺激生产发展和经济增长。

还有，国家降低或减免部分税赋，等于就是替企业节余利润和现金，这将直接导致流通市场和资本市场里的货币增加，刺激股价上扬，当然也可能会提升通货膨胀率；反之，则将导致流通市场和资本市场里的货币减少，限制股价上涨，抑制已有的通货膨胀率。

2. 国债对股市的影响

国债又称公债，是政府举债的债务。具体是指政府在国内外发行债券或向外国政府和银行借款所形成的国家债务，是整个社会债务的重要组成部分。与其他类型债券相比较，国债的发行主体是国家，具有极高的信用度，因此被誉为"金边债券"。国债是一个特殊的财政范畴，是一种财政收入，国家发行债券或借款实际上是在筹集资金，具有弥补财政赤字、筹集建设资金、调节经济的三大功能。国债的发行遵循有借有还的信用原则，债券或借款到期时不仅要还本，还要支付一定的利息。国债具有认购上的自愿性，除极少数强制国债外，人们是否认购、认购多少国债，完全由自己决定。

按照不同标准可以把国债分为不同的种类。以国家举债的形式为标准，国债可分为国家借款和发行债券；以筹措和发行的期限为标准，国债可分为长期国债、短期国债和中期国债。世界大多数国家普遍将一年期以下的国债称为短期国债，10年期以上的国债称为长期国债，期限介于两者之间的国债称为中期国债；以筹措和发行的性质为标准，国债可分为强制国债和自由国债；以筹措和发行的地域为标准，国债可分为内债和外债。

国债对股票市场具有不可忽视的影响。首先，国债本身是构成证券市场金融资产总量的一个重要组成部分，由于国债的信用程度高、风险水平低，如果国债的发行量较大，就会使股票市场风险和收益的一般水平降低；其次，国债利率的升降变动，严重影响着股票的发行和价格，当国债利率水平提高时，交易者就会把资金投入到既安全又高收益的国债上。因此，国债和股票是竞争性金融资产，当证券市场资金增长有限时，过多的国债势必会影响到股票的发行和交易量，导致股票价格下跌。

可见，当国家需要抑制股市过热投机时，或需要减少流通市场中的货币供应量时，就可以利用发行巨额国债的形式，促使大众和机构争先购买，从而回笼社会资金或银行资金，同时直接减少股市里的资金供应量；反之，则会减少国债的发放，保持市场供应资金的均衡性。

3. 财政支出对股市的影响

财政支出分为两个方面，即财政投资与财政补贴。财政投资的主要方向是各种新兴工业部门、基础工业部门与基础设施等，以促进产业结构的更新换代或消除经济发展的瓶颈制约；财政补贴是国家为了实现特定的政治经济目标，由财政安排专项基金向国有企业或劳动者个人提供的一种资助。我国现行的财政补贴主要包括价格补贴、企业亏损补贴、财政贴息等，补贴的对象是国有企业和居民等，补贴的范围涉及到工业、农业、商业、交通运输业、建筑业、外贸等国民经济各部门和生产、流通、消费各环节及居民生活各方面。

从补贴的主体划分，财政补贴分为中央财政补贴和地方财政补贴。中央财政补贴列入中央财政预算，负责对中央所属国有企业由于政策原因发生的亏损予以补贴，同时对一部分主要农副产品和工业品的销售价格低于购价或成本价的部分予以补贴；地方财政补贴列入地方财政预算，负责对地方所属的国有企业由于政策原因而发生的亏损予以补贴，也对一部分农副产品销售价格低于购价的部分予以补贴。

财政补贴是国家调节国民经济和社会生活的重要杠杆，运用财政补贴特别是价格补贴，能够保持市场销售价格的基本稳定，保证城乡居民的基本生活水平，有利于合理分配国民收入，有利于合理利用和开发资源；但是，如果财政补贴范围过广、项目过多，也会扭曲比价关系，削弱价格作为经济杠杆的作用，妨碍正确核算成本和效益，掩盖企业的经营性亏损，不利于促使企业改善经营管理；如果补贴数额过大，超越国家财力所能，就会成为国家财政的沉重负担，影响经济建设规模，减缓经济发展速度。

如果财政投资和财政补贴对能源、交通等行业在支出安排上有所侧重，那么将促进这些行业的发展，从而有利于这些行业在证券市场上的整体表现。同样，如果国家对某些行业、某些企业实施税收优惠政策，诸如减税、提高出口退税率等措施，那么这些行业及其企业就会处于有利的经营环境，其税后利润也会增加，该行业上市公司的股票价格也会随之上扬。

财政政策与货币政策是宏观经济政策中最重要的两个部分，对于其他经济政策的实施具有基础性作用。下面介绍几种财政政策与货币政策的配合方式。

1）双"紧"的财政政策与货币政策。双"紧"政策通常在总需求大于总供给、通货膨胀压力较大时采用。"紧"财政政策的措施主要是增加税收、压缩支出；"紧"货币政策的措施是提高利率、减少贷款。这种结合方式的积极效应是可以有效抑制总需求并控制通货膨胀，而消极效应是容易造成经济萎缩。

2）双"松"的财政政策与货币政策。双"松"的搭配通常是在总需求远小于总供给、经济严重萧条的情况下采用，即财政政策的主要措施是减少税收、增加支出，货币政策的主要措施是增加贷款投放、降低再贴现率等。这种结合方式的积极效应是可以有效刺激投资并促进经济增长，而消极效应是易产生财政赤字、信用膨胀并诱发通货膨胀。

3）"松"、"紧"搭配的财政政策与货币政策。"松"、"紧"搭配的财政货币政策是在经济调控中最常用的一种调节方式，如何搭配两者的"松"、"紧"则取决于客观经济状况。例如，当经济稳定增长但已经出现财政赤字时，国家往往不会急于收紧银根、回笼货币，但是会采取增加财政收入、紧缩财政支出的对策，即选择"松"货币政策与"紧"财政政策的搭配；当经济增长动力不足但流通市场货币充足时，国家往往就会采取扩大支出、减少收入的"松"财政政策和紧缩银根、回笼货币的"紧"货币政策,但紧缩的程度往往不深。

四、政治新闻对股市的影响

政治和新闻因素,是指社会政治生活中所发生的一系列出乎意料的重大事件。这里面,既有人为的因素,也有自然的因素,但它们的出现,都对股市的发展有着或多或少的影响。

1. 政治因素对股市的影响

所谓政治因素,是指跟国家政权和政治关联的重要因素,它们的不稳定,将加剧股市的不稳定。一般来说,影响股市的政治因素主要有:

1)政变或政权更替。当一个国家出现政变或政权更替时,人们往往会对该国未来政局的稳定持怀疑态度,对货币是否被废除以及新的货币政策的实施普遍忧虑,对资本市场的存废和整顿也普遍担心。因此,该国此时的股市往往处于极度萎靡的状态。

2)战争。战争对股票市场及股票价格的影响,有广泛影响的也有局部影响的,有长期影响的也有短期影响的,有好的影响也有坏的影响,视战争性质而定。战争会促使军需工业兴起,凡与军需工业相关的公司股票必然上涨,但大部分股票则因诸多的不确定性和灾难性而导致下跌。一般而言,投资者会担心该国是否经得起战争的拖累、是否会引发参战国经济衰退等问题,并最终将资金撤离股市,致使股市低迷。

3)恐怖袭击。当一个国家遭受到重大恐怖袭击事件或国家领导人遇刺身亡时,均会导致资本市场动荡不安,并促使股价迅速下挫。如美国的"里根遇刺事件"和"9·11事件",均使美国股票市场出现过剧烈的波动。

4)国际政治形势。国际政治形势的改变,已随着资本在全球范围内的流动和基金在国际资本市场里的配置,愈来愈对股价产生强烈的作用。一些主要国家的政治、经济、财政等各方面的措施,往往会紧随着国际形势的变化而变化,进而导致该国股票市场也会随之发生变动。

通常情况下,政治因素往往只能改变股市短暂的运行轨迹,而无法从根本上扭转股市的运行状态,除非股票市场被战争摧毁或被新政取缔。但是对于中国股市而言,政策面对股市的影响是相当大的,这需要引起交易者的警惕。

2. 新闻因素对股市的影响

新闻是指那些不可预料的事件,包括经济统计数据的发表、政治事件、突发性灾难、市场谣言等。一般来说,影响股市的新闻因素主要有:

1)自然灾害的消息。如2008年1月我国出现的大面积暴雪天气,就曾导致几家上市公司停产,同时导致国家出现巨额的经济损失;而2008年5月的汶川地震,则更是致使几万人死亡,重建资金达到1.7万亿元,一些上市公司则直接停产。与此对应,股市曾出现过局部的剧烈波动,有股价连续跌停的,也有大发灾难财而导致股价连续涨停的。

2)经济数据的发布。在股市处于敏感的高峰或低谷时,诸如GDP、CPI、外汇储备等数据的公布,都会潜移默化地对股市产生影响。

3）货币政策的公布。在股市处于敏感的高峰或低谷时，诸如新的利率、银行存款准备金率、汇率等政策的发布，也会对股市产生一定的影响。

4）行业政策或税收政策的公布。出于国家经济调控的需要和股市调控的需要，诸如国家扶持某地区、某行业的信息，以及国家对部分行业的企业减免税收、对股市印花税进行调整等消息，同样会对股市造成影响，引起股市波动。

5）上市公司重要交易或丑闻。一些上市公司的整合、兼并、重组、关联交易以及公司重大丑闻等消息的公布，对个股及相关板块的影响也是比较大的，很多交易者就是靠到处打听这些消息来操作股票的。

新闻舆论是影响股票走势的一种突发性因素，包括层出不穷的报纸、杂志等各种新闻舆论工具的报道和一些广泛传播的小道消息。对于一个有着稳定走势的股票市场而言，重要新闻入市，将会打破原有的稳定走势，使股票市场发生短期波动。但这些新闻往往无法改变股市长期的走势，除非是市场供求关系被严重打破，或公司基本面发生了重大的变化。

五、市场因素对股市的影响

所谓市场因素，是指股票市场内在的机制因素，它们对股市的影响是直接而有效的。有时它们的作用时间比较短暂，比如调整印花税的影响；有时它们的作用又比较长远，比如国有股减持政策的影响。市场因素有很多种，但这里仅论述三种最为重要的内部因素：

1. 管理层调控对股市的影响

就目前的中国股市来看，还脱离不了政策市的痕迹，管理层对股市的调控会对股市产生很大的影响。例如股票发行上市制度、市场设立制度和股权流通制度等的创建和实施，对上市公司违规行为和大户机构操纵股价行为的监管，对证券公司的增资扩股和融资渠道的拓宽以及基金准入制度的管理等，都能从根本上影响股市资金与股票的供求关系，以及证券市场运行环境的稳定性，使中国股市常常独立特行于国际资本市场和国内经济环境之中。因此，管理层调控是所有交易者必须重点关注的问题。

2. 资金面供应对股市的影响

如今中国股市的投资者状况已和过去大有区别，一半以上的介入者为机构投资者。对于各路主力机构诸如公募基金、社保基金、保险资金、QFII、阳光私募基金等的资金出入状况，交易者都需要适当关注。他们的动向，意味着主力资金的投资或投机偏好，倘若能捕捉到他们的信息，交易者将事半功倍地实现投资股票的获利目的。此外，研究管理层批准基金入市的速度和规模，了解新基金的属性和入市速度等，都可以从中发现管理层调控股市的意图，以及基金本身对股市目前行情的看法。将股市融资规模的大小和资金入场规模的大小联系起来分析，交易者基本上就可以判断出当时是应该积极做多还是持币不动。

3. 群体心理对股市的影响

在股市中，群体心理主要体现在四个方面：其一是从众心理。服从多数是现代社会生活及经济生活的一项准则，在股市里，绝大部分交易者认为应顺势而为，于是跟风操作和追涨杀跌屡见不鲜；其二是预期心理。对行情的预期，对上市公司的预期，对政策的预期等等，构成了绝大部分交易者买卖股票的依据；其三是偏好心理。很多交易者喜欢按照自己的理解和偏好来买卖股票，或买高价股或买低价股，或买绩优股或买成长型股，或喜欢跟庄或喜欢坐庄等；其四是博傻心理。很多交易者认定市场博弈行为就是博傻行为，总是傻子和傻子的游戏，没有必要研究股票的价值。于是，蝴蝶效应、羊群效应、多米诺骨牌效应等，常常在股市里出现，这就是群体心理对股市的集中影响。股票市场是一个充满预期的市场，在这里，只有人而没有其他的东西。因此，研究大多数人和主力的想法，是交易者每天收盘后需要考虑的事项。

以上介绍了宏观信息分析的主要内容，但在实际应用的时候，很多交易者并不知道从哪里获取相应的数据资料。一般来说，宏观信息资料常常包括政府的重点经济政策与措施、一般生产统计资料、金融物价统计资料、贸易统计资料、国民收入统计与景气动向、突发性重大事件等。这些资料可以从以下地方获得：

1）电视、广播、报纸、杂志等媒体中关于世界经济动态与国内经济大事等的报道；

2）政府部门与经济管理部门的各种经济政策、计划、统计资料和经济报告、统计年鉴等；

3）各预测机构、证券公司和咨询公司公布的数据资料；

4）国家和省市领导人报告或讲话中的统计数据及其相关信息等。

此外，交易者在进行数据整理时，对数据资料还应有如下的要求：

1）准确性。数据资料必须准确可靠，虚假的数据资料将导致无效的结论；

2）时效性。数据资料要及时更新，要有近期和最新的数据资料；

3）系统性。数据资料要连续化和系统化，要有历史各期的统计数据资料；

4）可比性。有些数据因出自的地方不同，导致数据大小和考察范围不一，直接使用这些数据将会造成很大的误差，必须对不可比数据调整口径或进行单位换算，使之具有可比性；

5）适用性。搜集数据的目的要明确，所搜集的数据要能派得上用场，以免浪费搜索的精力。

第二节 行业性分析

宏观信息分析主要分析了社会经济的总体状况，向交易者给出了是否应该进场的信号，但它没有对社会经济的各组成部分进行具体分析，使得交易者不知道该选择哪个行业的股票进行交易。行业经济活动是介于宏观经济活动和微观经济活动之间的经济层面，是中观经济分析的主要对象之一。行业经济是宏观经济的构成部分，宏观经济活动是行业经济活动总和。但在国民经济中，一些行业的增长率与国内生产总值的增长率保持同步，而另一些行业的增长率则高于国内生产总值的增长率，还有一些行业的增长率则低于国内生产总值的增长率。可见，即使是面对同样的经济大环境，不同的行业选择也会导致投资收益的较大差距。

行业性分析等同于局部经济小环境的分析，越来越多的机构投资者都具有良好的行业分析能力，个体交易者也应该适应这门分析技术。行业分析是连接宏观经济分析和上市公司分析的桥梁，是基本面分析的重要环节，其重要任务就是挖掘最具投资潜力的行业，并在此基础上选出具有投资价值的上市公司。

一、行业的分类

所谓行业，是指一个企业群体，这个企业群体的成员由于其产品可相互替代而处于一种彼此紧密联系的状态，但企业与企业之间又因为产品可替代的差异性而表现出各有不同。

对于行业的分类，往往有三个出处。一个是国家统计局的行业分类，一个是证券交易所的分类，再一个是行情分析软件里的分类。国家统计局的行业分类是最标准和最齐全的，但是上市公司的覆盖面没有那么大，因而一般交易者还是以证券交易所的分类为准。上海证券交易所在2001年对所有上市公司作过一次行业分类，其后在2003年为配合上证180指数的发布，又以摩根斯坦利和标准普尔公司联合发布的全球行业分类标准（GICS）为基础，参照中国证监会发布的《上市公司行业分类指引》进行了调整，把上市公司分成10大行业并以此进行成份股的选样。但是，很多行情分析软件里还是以上海证券交易所在2001年所公布的行业分类为准，并按股票的关联波动性细分了更多的小分类。这里，仅大致地介绍一下一直沿用的上市公司行业分类标准，见下表：

我国上市公司行业分类标准

行业分类	小分类
农、林、牧、渔业	农业/林业/畜牧业/渔业/农、林、牧、渔服务业
采掘业	煤炭采选业/石油和天然气开采业/黑色金属矿采选业/有色金属矿采选业/非金属矿采选业/其他矿采选业/采掘服务业
制造业	食品、饮料/纺织、服装/皮毛/木材、家具/造纸、印刷/石油、化学、塑胶、塑料/电子/金属、非金属/机械、设备、仪表/医药、生物制品
电力、煤气及水的生产和供应业	电力、蒸气、热水的生产和供应业/煤气生产和供应业/自来水的生产和供应业
建筑业	土木工程建筑业/装修装饰业
交通运输、仓储业	铁路运输业/公路运输业/管道运输业/水上运输业/航空运输业/交通运输辅助业/其他交通运输业/仓储业
信息技术业	通信及相关设备制造业/计算机及相关设备制造业/通信服务业/计算机应用服务业

续表

行业分类	小分类
批发和零售贸易	食品、饮料、烟草和家庭用品批发业/能源、材料和机械电子设备批发业/其他批发业/零售业/商业经纪与代理业
金融、保险业	银行业/保险业/证券、期货业/金融信托业/基金业/其他金融业
房地产业	房地产开发与经营业/房地产管理业/房地产中介服务业
社会服务业	公共设施服务业/邮政服务业/专业、科研服务业/餐饮业/旅馆业/旅游业/娱乐服务业/卫生、保健、护理服务业/租赁服务业/其他社会服务业
传播与文化产业	出版业/声像业/广播电影电视业/艺术业/信息传播服务业/其他文化产业

二、行业的性质

不是所有的行业都会同国民经济发展速度保持同步，根据行业与国民经济周期的关联程度，可以将行业分为三类：

1. 增长型行业

增长型行业的发展状态与国民经济活动的周期及其振幅无关，它们的收益及其股票价值往往由其自身状态所决定。这类行业多数有着良好的新市场前景（因而不与传统市场的景气周期同步），拥有可靠的技术优势和优异的服务产品。它们领导着某一方新市场的潮流，并迅速地开拓着广泛的新市场，成为诸多投资者的造币机器。这样的行业曾一度包括计算机行业和新兴互联网行业等，它们总是不断创新，并能很好的改造和利用传统市场，因而获得持续的发展动力。但投资这样的行业时，难点在于无法具体衡量所属企业的价值，也无法评估介入时的估值高低问题。需要注意的是，由于我国企业自主创新能力较差，因而该行业的上市公司很难捕捉。

2. 周期型行业

所谓周期型行业就是其发展势头和国民经济周期密切相关的企业。当国民经济处于上升时期时，这些行业会紧随其扩张；当国民经济出现衰退时，这些行业也会随之萎靡。这样的行业多数是传统型产业，而且多数是制造性企业。通常而言，制造性企业受国民经济周期的影响比较大，比如钢铁行业、机械行业、有色金属行业等。当然，类似于奢侈品消费行业（例如珠宝行业等）也会受经济大环境的制约，表现出明显的周期性。交易者在投资这样的行业时，其优点在于容易通过国民经济周期的高、低点来判断股票的高、低点，从而把握有利的出入场时机；其缺点在于它们无法使股价长期保持总体上升的趋势。但就中国股市目前的情况来看，几乎所有的股票都会随着牛市和熊市的转换而上下起伏，几乎都具有"周期性"的投机特征。

3. 防御型行业

所谓防御型行业，是指那些经营收益不受国民经济周期影响的企业，它们虽然不一定会一直保持效益的持续增长，但至少在国民经济不景气或股市走熊时，还能保持稳定的获利水平和良好的股价抗跌能力。它们的获利稳定性来自于市场稳定的需求状态，这些行业里的企业通常属于特定消费资料的供应企业，而且往往是必需消费品的供应企业。例如食品业、医药业和公用事业就属于防御型行业，因为无论经济多么不景气，人们对食品、医药、水、电、煤气等的需求总是少不了的，所以这些公司的收益就相对稳定。但在国民经济不景气或股市走熊时投资于这些行业，显然已不是为了获取股票差价收益，而是为了获取稳定的股息所得，或为了保持既定的资金入市比例而不得不投资于这些收入较为稳定的企业，以抵抗熊市的持续性冲击。

一般来说，当经济增长下降时，防御型行业就会有较好的表现，而周期型行业在经济增长加快时表现优秀，增长型行业则在市场流动性增加时表现较好。此外，食品和公共设施被认为是价值性防御型行业，保健和制药业被认为是增长性防御型行业，银行业和高科技业则属于周期性增长型行业。当然，行业除上述的划分方法外，还有其他的划分方法。例如，按资源密集度来划分，可以把行业分成资本密集型行业、劳动密集型行业和技术密集型行业。这样，交易者在具体选择投资行业时，又多了一项参考因素。

三、行业生命周期

每个行业除了会同国民经济发展保持一定的关联外，其自身也都要经历一个由初创到衰退的发展过程，这个过程便称为行业的生命周期。一般而言，行业的生命周期可分为四个阶段，即初创阶段、成长阶段、成熟阶段和衰退阶段。

1. 初创阶段

在这一阶段，新行业刚刚诞生，只有为数不多的创业公司投资于这个新兴的产业。由于此时的初创投资和产品的研究开发费用较高，而产品市场的需求较小，导致销售收入较低，因而这些创业公司在此阶段普遍没有什么盈利，甚至常常出现亏损；同时，较高的产品成本和价格与较小的市场需求还使得这些创业公司面临很大的投资风险、财务风险和破产风险。但在初创阶段后期，随着行业生产技术的提高、生产成本的降低和市场需求的扩大，新行业便逐步由高风险、低收益的初创期转向于高风险、高收益的成长期。因此，处于这一阶段的企业更适合于投机者非投资者，比如一些新兴的互联网公司和生物制药公司等。

2. 成长阶段

在这一个阶段，新行业的产品经过广泛宣传和消费者的试用后，逐渐赢得了大众的欢迎，市场需求开始上升，新行业随之繁荣。由于市场前景良好，投资于新行业的厂商开始大量增加，产品也逐步从单一、低质、高价向多样、优质和低价方向发展，导致新行业出现了生产厂商和产品的相互竞争局面。这种状况会持续数年或数十年，直至出现资本和技术力量雄厚、经营管理有方的企业各霸一方的局面。那些财力与技术较弱、经营不善或新加入的企业，则往往被淘汰或兼并。因而这一时期企业的利润虽然增长很快，但所面临的竞争风险也很大，破产率与合并率相当高。在成长阶段的后期，由于市场需求基本饱和，产品销售增长率减慢，迅速盈利的机会减少，整个行业开始进入稳定的成熟期。这一阶段是行业和企业快速发展的阶段，同时也是利润可见、风险可察的阶段，很多优质企业的股票因此被称为成长型股票，获得了大量投资者的青睐。

3. 成熟阶段

行业的成熟阶段是一个相对较长的时期。这一时期里，在竞争中生存下来的少数大厂商垄断了整个行业市场，每个厂商都占有一定比例的市场份额，且由于彼此势均力敌，其市场份额发生变化的程度较小；厂商与产品之间的竞争手段也逐渐从价格手段转向于各种非价格手段，如提高产品质量、改善产品性能和加强售后服务等；而行业的利润则由于一定程度的垄断达到了很高的水平，但风险却相对稳定；新企业则很难和成熟型大企业相抗衡，往往会由于产品销路不畅或资金周转困难而倒闭或转产；此时，行业增长速度将会降到一个比较适当的水平，而某些行业的增长则可能会完全停止甚至出现下降，但由于技术创新等原因，某些行业可能还会有新的利润增长点。这一阶段的优质企业的股票，往往被称作绩优股，被机构投资者所持有。

4）衰退阶段

行业的衰退阶段往往出现在行业已经有了很长的稳定阶段之后。此时，由于新产品和大量替代品的出现，原行业的市场需求开始逐渐减少，产品的销售量也开始下降，某些厂商开始向其他更有利可图的行业转移资金，导致原行业出现了厂商数目减少、利润下降的萧条迹象。至此，整个行业便进入了生命周期的最后阶段。在衰退阶段里，市场逐渐萎缩，厂商逐步减少，利润不断下降。当正常利润无法维持或原有投资折旧完毕之后，整个行业便逐渐解体了。这一阶段的上市公司股票，对于中国股市而言，往往还有重组的特殊价值，因而也是投机者的偏爱对象。

可见，长线交易者在选择上市公司时，尤其要关注其所属行业的生命周期问题。过早的进入一个行业，其投资的风险比较大，收益的时间也比较漫长；而太晚的介入一个行业，同样也面临着投资风险巨大、收益日渐微薄的处境。对于那些初创期的行业和即将没落的"夕阳"产业，交易者要谨慎对待。

此外，交易者在进行行业分析时，不能只顾分析行业自身的周期性问题，还要结合上、下游行业同时进行分析。比如钢铁行业的上游行业是铁矿石和煤炭等行业，它们的涨价与否直接关系到钢铁行业的成本和利润问题；而钢铁行业的下游行业是汽车制造业、机械制造业、建筑业、家电业等，它们的发展速度和发展空间也直接关系到钢铁行业的发展速度和发展空间问题。

四、行业市场结构

行业的市场结构就是行业中的市场竞争或垄断的程度，它决定着一个企业的市场地位和市场规模。根据行业中企业数量的多少、进入限制程度和产品差别，一个行业基本上可分为四种市场结构，即：完全竞争市场、不完全竞争市场（垄断竞争市场）、寡头垄断市场、完全垄断市场。

1. 完全竞争市场

完全竞争市场是指许多企业生产同质产品的市场情形。其特点是：

1）生产者众多，各种生产资料可以完全流动；

2）产品不论是有形或无形的，都是同质的，无差别的；
3）没有一个企业能够影响产品的价格；
4）企业永远是价格的接受者，而不是价格的制定者；
5）企业的盈利基本上由市场对产品的需求而定；
6）生产者和消费者对市场情况非常了解，并可自由进入或退出这个市场。

完全竞争市场是一个理论性很强的市场类型，在现实经济中，这种类型很少见。

2. 不完全竞争市场

不完全竞争市场是指许多生产者生产同类但不同质产品的市场情形。其特点是：

1）生产者众多，各种生产资料可以流动；
2）生产的产品同类但不同质，即产品之间存在着实际或想象上的差异；
3）由于产品差异化，生产者可以树立自己的产品信誉，对产品的价格有一定的控制能力。

在我国国民经济各产业中，民营企业所参与的市场一般都属于这种类型。

3. 寡头垄断市场

寡头垄断市场是指相对少量的生产者在某种产品的生产中占很大市场份额的情形。其特点是：

1）这些少数生产者的产量非常大，因此他们对市场的交易价格具有一定的垄断能力；
2）每个生产者的价格政策和经营方式及其变化，都会对其他生产者产生重要的影响；
3）通常会出现一个起领导作用的企业，其他企业随该企业的变化而相应地进行调整。

资本密集型和技术密集型行业，如钢铁、汽车以及少数储量集中的矿产资源行业多属于这种类型。巨额投资、复杂技术或储量分布等特殊因素，限制了新企业对这个市场的入侵。

4. 完全垄断市场

完全垄断市场是指独家企业生产某种特殊产品的情形，特殊产品是指那些没有或缺少相近替代品的产品。完全垄断分为两种类型：一种是政府完全垄断，这样的行业如国营铁路、邮电等行业；另一种是私人完全垄断，这样的行业如根据政府授权的特许专营或根据专利拥有的独家经营，以及由于资本雄厚、技术先进而建立的排他性的私人垄断经营。完全垄断市场类型的特点是：

1）由于市场被独家企业所控制，产品没有或缺少合适的替代品，因此垄断者能够根据市场的供需情况制定理想的价格和产量，在高价少销和低价多销之间进行选择，以获取最大的利润；
2）垄断者在制定产品价格与生产数量方面的自由性是有限度的，它要受到反垄断法和政府管制的约束。

公用事业（如发电厂、煤气公司、自来水公司及邮电公司等）和某些资本、技术高度密集型企业以及稀有金属采掘业等，就属于这种完全垄断的市场类型。

很多QFII青睐大型国有企业和矿产资源类企业，就是源于中国企业的特殊国情及其垄断性的经营地位。事实上，国内很多上市公司几乎没有什么市场竞争力，但其垄断经营的优势却是明显的，因而也具有一定的投机价值。

五、影响行业兴衰的因素

影响行业兴衰的因素有很多，这里只论述五个最根本的因素：

1. 技术进步因素

技术进步对行业的影响是巨大的。例如，随着电灯替代了煤气灯，电力替代了蒸汽动力，激光唱片代替了磁带，轿车替代了马车等，很多行业已经完全消失，而新的行业则显示出旺盛的生命力。目前，人类社会所处的时代已是科学技术日新月异的时代，技术进步加快、产业周期缩短、产品更新频繁、信息技术的扩散与应用等，已引起了相关行业的技术革命，在催生一个新行业的同时，也在迫使一个旧行业加速进入衰退期。可见，交易者不但要选择新行业进行投资，还要慎重考察一个行业的产品生产线的前途，分析其被优良产品或其他消费需求所替代的趋势。

2. 行业组织创新因素

行业组织创新是同一产业内企业的组织形态和企业之间关系（市场结构、市场行为、市场绩效）的创新，是产业及产业内企业的"自组织"过程。它包括持续的技术创新和服务创新，而技术创新和服务创新则是推动产业形成和产业升级的重要力量。行业组织创新对行业的影响可分为直接影响和间接影响两种，直接影响包括实现规模经济、专业化分工与协作、提高产业集中度、促进技术进步和有效竞争等，间接影响则包括创造产业增长机会、促进产业增长实现、构筑产业赶超效应、适应产业经济增长等。行业组织创新能在一定程度上引起行业生命周期阶段性持续时间的变化。缺乏行业组织创新的行业如我国20世纪末期的建筑业、纺织业等，由于技术壁垒较低，行业平均利润水平较低，因而缺乏持续增长的潜力；组织创新活跃的行业则主要有计算机、生物医药、通信行业等，新技术和新产品的不断涌现，使得该行业可以获得超额的创新利润。

3. 政府影响和干预因素

政府实施管理的主要行业都是直接服务于公共利益或与公共利益密切联系的行业，更是关系到国计民生的基础性行业和国家发展的战略性行业，而这些行业是私人没有能力或不愿意涉足的行业。公用事业是社会的基础设施，投资大、建设周期长、收效慢，允许众多厂商投巨资竞相建设是不经济的，因此政府往往通过授予某些厂商在指定地区独家经营某项公用事业特许权的方法来对它们进行管理。被授权的厂商也就因此而成为这些行业的合法垄断者。政府一般只允许这些厂商获得合理的利润率，而且政府的价格管理并不保证这些企业一定能够盈利。政府对行业的促进作用可通过财政补贴、优惠税率、限制外国竞争的关税、保护某一行业的附加法规等措施来实现。这些措施有利于降低该行业的成本，并刺激和扩大其投资规模。具体来说，政府影响的行业范围有：公用事业，如煤气、电力、供水、排污、邮电通信、广播电视等；运输部门，如铁路、公路、航空、航运和管道运输等；金融部门，如银行、证券、保险等金融机构。

4. 社会习惯改变的因素

如今,消费者和政府越来越强调经济行业所应担负的社会责任,越来越注重工业化给社会所带来的种种影响。这种日益增强的社会意识或社会倾向对许多行业已经产生了明显的作用。比如,近年来,许多西方国家在公众的强烈要求和压力下,纷纷对许多行业的生产及产品作出了种种限制性规定,以防止环境污染和保持生态平衡等。可见,社会倾向对企业的经营活动、生产成本和利润收益等方面都会产生一定的影响。而随着人们生活水平和教育水平的提高,人们消费心理、消费习惯、文明程度和社会责任感都将逐渐改变,这将引起大众对某些商品的需求变化并进一步影响行业的兴衰,使一些不再适应社会需要的行业快速衰退,同时激发新兴行业的快速发展。比如,当人们收入较低时,人们会对生活用品有较大的需求,提供生活消费品的公司会有很大的发展;而随着人们收入水平的提高,人们将更多地需要服务性的消费,因而金融、保险、教育、文化、医疗、体育、旅游等行业都会从中获得快速增长的动力。

5. 经济全球化因素

经济全球化使投资活动遍及全球,各国金融市场日趋融合,世界贸易进一步规范,跨国公司作用进一步加强,也使产业出现了全球性转移;同时,国际分工的基础也出现了重要的变化,一个国家的优势行业不再主要取决于资源禀赋,后天因素的作用正在逐步增强,这些因素包括政府的工作效率、市场机制完善的程度、劳动者掌握知识与信息的能力、受到政策影响的市场规模等等。经济全球化使每一个行业和企业都置身于全球性的竞争中,同时也使各行业及企业获得了全球性的市场及资源。对于我国而言,经济全球化将使我国的进出口贸易、运输及港口、中成药行业等获得快速的发展,但同时也会使石油化工、钢材、汽车等行业受到不同程度的冲击。

总体来说,在选择行业时,交易者需要先了解这样两个问题:一是该行业的历史增长状况如何;二是其未来增长的趋势又会怎样。然后,交易者再去关心该行业在过去的销售和收入的增长如何,其增速与国内生产总值增速相比较,情况又怎样。选择与国民经济同步增长或增长更快的行业,再从中挑出更具稳定性和持续性的行业,是行业分析的重点任务。

但是在进行行业分析的时候,受诸多条件的限制,交易者很难获得第一手的、丰富的行业分析资料,这就需要交易者多在网站上阅读一些行业性的分析报告了。虽然这些报告不会在第一时间刊发,但对于长线交易者而言,这些包含有行业数据、行业分析、行业考察、行业展望、行业预期等内容的报告,都是很有价值的资料。尽管发表这些报告的机构可能早就建仓完毕,但不排除交易者也有获利的机会。需要注意的是,有一些报告纯粹是为了作报告而报告的,而另一些报告则是机构放出来的诱饵,还有一些报告则是闭门造车式的研究,交易者在阅读的时候要有自己的思维和立场。

六、经济周期与行业板块

1. 经济周期与相关市场的关系

总体来说,人们的投资领域大致有三个方面:债券市场、股票市场、商品市场,这三个市场的涨跌周期同国民经济周期密切相关。一般来说，国民经济很少处于稳定的状态，总是在扩张阶段和衰退阶段之间徘徊。当经济处于衰退的低谷时期，国家就会快速降低利率，以刺激居民投资和企业贷款，从而促进社会生产与消费的回升；当经济开始复苏后，国家就会保持一个稳定的利率环境，任由国民经济快速发展；当经济开始扩张时，国家就会逐渐提高利率，有意识地减少整个流通市场的货币供应量，防止经济过热和投资过度；当经济处于快速扩张时期，往往会导致物价上涨、通货膨胀、消费滞后，国家则会快速提高利率，回笼整个流通领域的资金，抑制过度投资和通货膨胀；此后，经济便陷入了紧缩时期，但国家会延迟降低利率，以等待经济泡沫的破裂，并为此作出必要的牺牲。如此，便形成了一个完整的经济循环。

如同股市技术分析一样，人们看重的往往是经济拐点的发生时间，经济到达峰位与到达谷底的时间永远是人们关注的焦点。当物价飞涨、通货膨胀高居不下时，国家就会在已经提高利率的基础上，加大提高利率的速度和力度，以快速回笼社会资金。当利率快速提高的时候，以前发行债券时所承诺的利率就会在短期内快速贬值，导致人们降低购买债券的欲望，进而致使债券市场快速下跌。此时，往往就是扩张性经济出现峰位和拐点的时候。但这个时候，企业资金依然充裕，收益依然丰厚，而股市资金也依然充足，财富效应明显，因而此时的股市仍处在高位阶段，而商品市场则因需求旺盛也继续保持在高位运行的状态。

但无论经济发展多么过热，一旦大量的社会资金被无风险的高利率吸引到银行之后，经济发展就会因为缺少资金周转、缺少消费的力度和生产的动能而开始衰退。所以，当利率提高到某一程度时，市场资金自然开始回归银行，债券市场也开始日渐冷落，有远见的主力则开始预测企业贷款成本将会增加、运营资金将会减少、投资收益将会下降、经济效益将会下滑、股市资金供应将逐渐减少，因而开始将资金撤离股市。于是股市的头部开始呈现，趋势的拐点开始形成。此时，股市作为经济晴雨表的功能就得到了体现。

当流通市场的资金大量回笼到银行之后，企业整体的扩张能力和销售能力都受到了制约，在预期经济效益会持续降低时，各企业都会削减开支、减少浪费，以适应经济紧缩的过程。此时，商品市场的需求开始明显放缓，价格整体回落。

经济周期循环与相关市场的关系，见图58：

2. 经济周期与行业板块的关系

没有任何一个经济周期是完全一样的，但经济周期本身不断地在通货紧缩与通货膨胀之间进行转换。有些行业比较适应于通货紧缩的环境，而有些行业则在通货膨胀的环境里才有较好的表现，因此股市中的各行业板块经常呈现出板块轮动的现象。

从常识性规律来看，经济复苏通常是由居民消费所带动的。居民只要度过经济衰退之后重新有信心进行消费活动时，首先需要解决的就是住房问题；而此前利率的不断下调，也为房地产行业提供了充裕的资金，房价的不断下降也刺激了消费者久违的购买欲望。所以，房地产行业通常是在经济复苏过程中率先启动的行业板块，它将继续带动建筑业板块的走强。

由于市场预期消费者支出将有所增加，同时也由于前期利率的不断下调，使企业

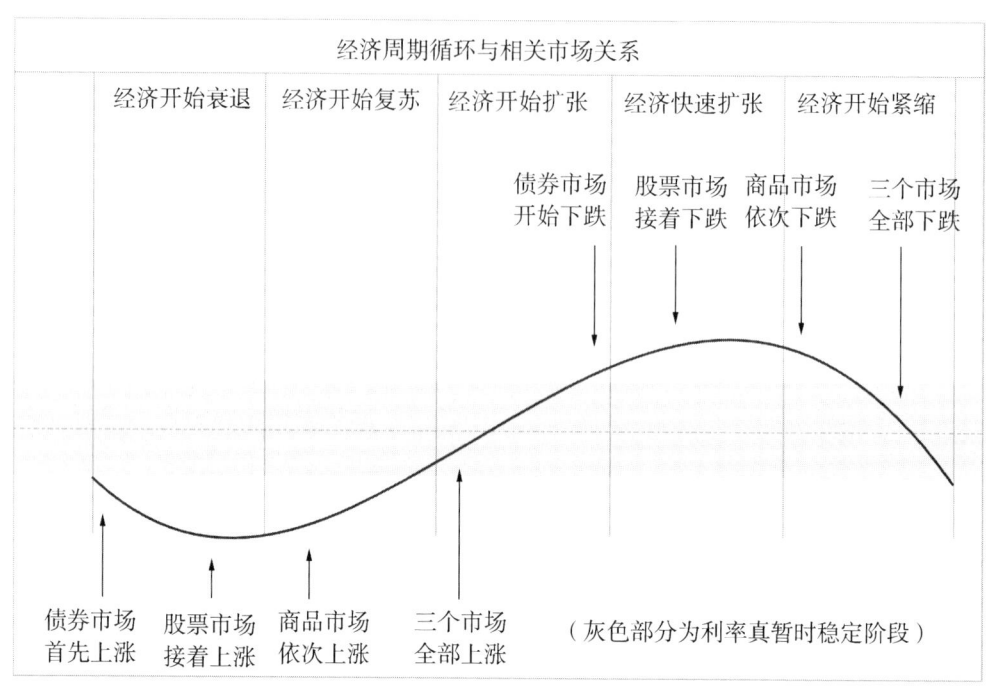

图 58

在控制了合理的盈亏平衡点后,敢于借贷并进行生产和销售的恢复性工作,因此,类似于餐饮业、零售业等批发和零售贸易行业的板块也开始走强。这是经济开始复苏的一个显著信号。

与此同时,金融保险业也开始走强。因为利率的不断降低刺激了企业投资的欲望,同时也刺激了居民投资的欲望,银行的贷款收益将开始上升,而保险业的消费能力也将得到提升。

电力、煤气及水的生产和供应业板块也开始走强。这些归属于公用事业类别的行业板块,由于本身贷款经营的性质很重,所以对利率的变化比较敏感,不断下调的利率将有利于其降低支出成本,提高收益能力。但这些行业通常属于防御型行业,其板块一般涨得慢也涨得不太高,将来跌得慢也跌得不太狠(相对于周期性行业而言)。

在其他的一些行业板块逐步上升后,制造业板块开始集体上涨。这是由于在经济复苏之前,各企业往往积累了大量的存货或材料,需要一段时间进行消化。当社会消费开始回升后,类似于机械、化工、电子信息等行业板块将开始走强。

在股市行情的高峰阶段,随着通货膨胀的高涨(商品市场价格节节攀高),煤炭石油、有色金属板块将接涨最后一棒。一般而言,当这些板块开始猛涨时,往往是牛市即将见顶的信号。而在此前一步,债券市场可能会提前 1~6 个月开始回落。

在牛市末期,虽然采掘业和制造业等板块还在高位盘整,但鉴于前期利率不断上调,对利率比较敏感的房地产板块、对能源价格比较敏感的交通运输板块和电力煤气及水的生产和供应板块将开始逐步下滑。与此同时,由于 CPI 持续高涨和基金怀疑市场头部开始形成等原因，农林牧渔和医药板块则开始升温。所以，在债券指数开始持续走低之后，监控这五类板块，有利于发现牛市何时开始反转。

下面有一张图，表明了理论上的经济周期与行业板块之间的关系：

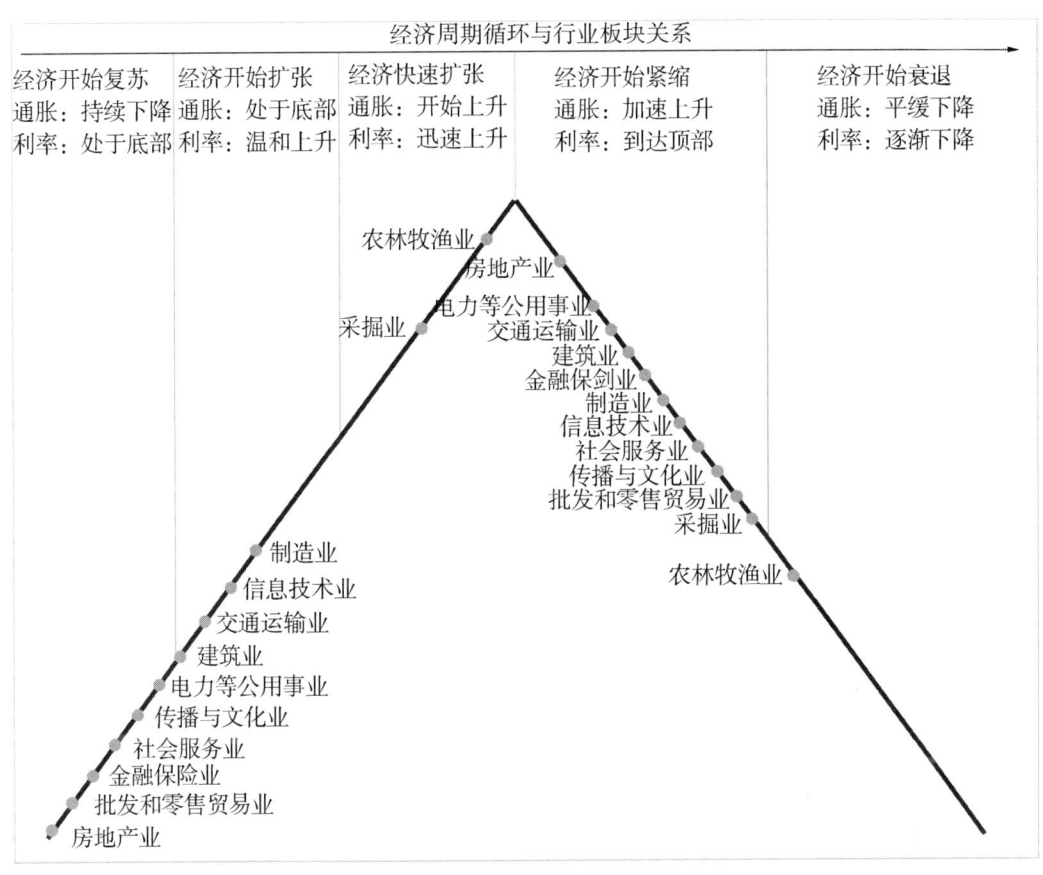

图 59

在应用上述结论时，交易者需要知道：其一，没有任何一个经济周期会完全相同，这将导致部分板块及个股行情会出现复杂和往返的现象；其二，很多行业无法根据其对通货膨胀的敏感性来划分，而这里表明的只是一个通常状况；其三，利率和通货膨胀虽然会对股票产生作用，但对股票产生作用的还有很多其他因素；其四，利润虽然会影响股票的价值，但最终还得看人们对各要素的看法以及当时的市场环境；其五，一些行业板块因其政策原因，往往会在某一年内有非常突出的表现，但这跟利率和通货膨胀并没有多大关系；其六，板块热点的变换和跟风效应，将会扰乱交易者的理性思维。所以，一些对利率或通货膨胀比较敏感的股票有时也会有违常理地进行运动，这一点，需要交易者理解。

总体来说，股票市场的周期呈现出明显的行业板块轮动的特性，这一方面是因经济结构的发展顺序所致，另一方面也是因大盘热点的转换所致。仅从经济周期的角度来看，对利率敏感的行业板块将先行一步，对通货膨胀敏感的行业则后行一步，其他的行业板块则夹在中间随大流发展。或者也可以这样理解：随着经济复苏，消费板块将领先上涨，再依次带动制造板块和能源材料板块继续上涨（但最近的研究统计表明，在股市持续走熊时，稀有的能源材料会成为各国经济实体争相抢夺的保值性产品，并进而反映到商品期货市场上，而期货市场历来比股市更为敏感，所以在经济复苏并不明朗的前期，类似于能源材料的上游行业和类似于消费品的下游行业，将双双成为股市里的领涨者）。

第三节 公司总体分析

对于长线交易者而言，通常的分析会有三个层次。第一个层次是对整个宏观经济形势进行综合分析，判断它当时处于经济发展的哪一个阶段，及其未来发展的大致方向，目的是为决定是否投资与何时投资提供依据；第二个层次是进行产业分析，比较各个产业在国民经济中所占的地位，明确各产业对经济发展所做的贡献，以及各产业的发展规模和发展趋势，从而确定介入的行业领域；第三个层面是对上市公司进行分析，分析它的现有价值和未来价值，以及它在同行业中的地位，做好买入品种前的调查分析工作。

前面已经介绍了宏观经济分析和中观产业分析，下面简要介绍微观中的公司总体分析。对公司的分析通常包括三个方面：公司竞争能力分析、公司管理状况分析和公司盈利性及增长性分析，下面一一介绍。

一、公司竞争能力分析

上市公司竞争能力分析是公司基本分析的首要内容。市场经济的规律就是优胜劣汰，在本行业中无竞争优势的企业，注定要随着时间的推移逐渐没落及至消亡。只有确立了竞争优势，并且不断通过技术更新和管理提高来保持这种竞争优势的企业，才能在市场经济中长期存在并发展壮大，也只有这样的企业才具有长期投资的价值。对于公司竞争能力的分析常包括以下几个方面：

1. 技术水平分析

对于大多数制造公司而言，决定公司竞争地位的首要因素在于公司的技术水平。对公司技术水平高低的评价可以分为技术硬件部分的评价和技术软件部分的评价。评价技术硬件的部分如：机械设备、单机或成套设备等；评价技术软件的部分如：生产工艺技术、工业产权、专利设备制造技术等。同时还需要看一个公司具备了何等的生产能力和达到了怎样的生产规模，以及公司扩大再生产的能力如何，公司拥有多少高级人才等等。

2. 市场占有率分析

公司产品的市场占有率是公司利润之源，效益好并能长期存在的公司，其市场占有率必然也是长期稳定并呈增长趋势的。不断挖掘现有市场潜力并不断进军新的市场领域，是一个公司扩大市场占有份额和提高市场占有率的主要手段。至于公司的市场开拓能力，对比该公司过去市场占有率的增幅及其所用手段，基本上就可以判断出来。

3. 资本与规模效益分析

有些行业，比如汽车、钢铁、造船这些资本密集型行业，往往是以"高投入，大产出"为行业基本特征的，资本的集中程度决定了这类公司的规模效益和未来前景。在进行长期投资时，一些身处资本密集型行业但又无法形成规模效益的厂家，一般不应在考虑范围之内。

4. 新产品开发分析

在科学技术发展日新月异的今天，只有不断进行产品更新、技术改造的公司才能长期立于不败之地。一个公司在新产品开发上的停滞，相对于其他前进的公司而言就是后退。一手抓研发，一手抓效益，长、短期利益能兼顾，这样的公司才值得看重。而一些新产品的巨大商业价值，不仅可以改变整个公司的命运，而且往往能够一举改变其在资本市场上的颓废表现。

5. 公司资源供应分析

如果公司的生产资源由自我供应，则供应稳定，成本低廉，对外部的依赖程度小，风险也小。但缺陷通常是内部效率低下，同时，如果上游资源出现问题，容易对公司内部资源产生影响，并容易引发资源类资产的贬值问题；如果公司的生产资源由外部供应，则公司生产的市场化程度较高，自我经营效率也比较高。但缺陷是资源供应得不到保障，会增加经营成本的不稳定性。

此外，投资项目、资产重组、关联交易、会计和税收政策变化对公司经营业绩的影响等，也是交易者应重点分析的要素。

二、公司管理状况分析

公司本身只是一具空壳，是资金将关联的人组织起来，是项目将关联的人调动起来，而对于资金的盘活与否和对于项目的成功与否，都取决于"人"这个最活跃的因素。因此，考察公司的竞争能力只是一种事后的观察，而事先的观察和主观能动性的东西都在公司的经营管理里。实际上，对于任何一家上市公司，我们投资的首先是项目，其次是人，但在同等的项目运营中，人的因素更为重要。一般来说，在考察公司管理状况的时候，通常要看以下几个方面：

1. 公司管理能力分析

1）决策层

决策层是公司最高的权力机构，其组成人员应有明确的经营战略和良好的经济素养，具备较高的企业管理能力和丰富的工作经验，有清晰的思维头脑和综合判断能力，同时具备较强的法制观念和严明的组织纪律性，坚持正确的经营方向。

2）高级管理层

高级管理层人员应具有与该企业相关的技术知识，通晓现代化管理理论知识，有实际的管理运作经验，有较强的组织指挥能力，有扎实的廉政工作作风。此外，高级管理层人员的工作欲望、沟通协调能力、专业管理能力等，也是应考察的因素。

3）执行层

执行层是企业的最基层，是所有工作任务的具体实施和完成者。好的执行层的特征是：了解本岗位工作范围，严格执行操作程序，操作技术娴熟，热爱本职工作，遵守企业规章制度，服从管理，品行端正。

2. 公司经营效率分析

公司产品的销售、生产原材料的供给、经营利润的获得都必须靠精干的经济活动部门来实现，他们必须按时、按量、廉价采购回原材料或零部件，保质保量地进行产品的加工生产，同时将自有产品及时推销出去，打开国内外市场以获取尽可能高的利润。所以，对于制造公司而言，原材料供应情况、新产品研发情况、产品生产情况、产品销售情况、市场信息反馈情况等，构成了公司经营效率分析的相关环节。

3. 内部调控效率分析

公司一般都有资金和人员，也有项目和目标，但是对于现代化的大型生产公司而言，如果内部的调控机制出现了问题，那么这部大型机器就会增加不必要的成本甚至出现停顿。我们可以根据公司的具体经济目标，看其内部各项规章制度是否订立，是否切实可行，各员工是否遵守；各部门是否都有自己的办事程序，分工是否明确，职责是否清楚；员工是否都熟悉自己的业务，操作是否娴熟，是否善于应变等等，据此作出对该公司内部调控效率的总体评价。

4. 人事管理效率分析

人事管理是一门科学，更是一门艺术。它需要公司合理使用人才，挖掘人的智慧和发挥人的创造精神，做到用其所长，避其所短；同时还需要公司积极教育培养各种专业人才，提高员工个人和整个员工队伍的技术水平和文化素质；此外，还需要公司根据生产经营需要增减机构，根据增减机构的实际情况做到因事设岗，因岗用人，最大限度地减少人力浪费的现象，同时合理地进行公司内部的人才流动。对于这方面的评估和分析，可通过观察高层管理人员的去留情况和员工队伍的稳定性来进行。

5. 生产调度效率分析

科学的生产调度需要公司根据经营目标制定各项生产计划，合理安排生产任务，适时调节生产规模以及产品生产的各要素；同时严格按照生产计划进度表办事，提高生产设备的利用率，发挥对各类生产设备的协调作用，保证生产的顺利进行；最好还能在保证质量的前提下增加产品的品种和产量，节约能源，降低成本，加强技术改造和技术更新，减少或杜绝残次产品，积极开发新产品，提高产品的市场竞争力。对于这方面的考察有些难度，交易者需要到公司进行实地调研。

6. 公司治理结构分析

公司治理结构是公司运营的核心，它分宏观层面与微观层面两层。宏观层面主要是指公司股东、董事会、监事会和经理层之间相互负责、相互制衡的一种制度安排；微观层面主要是指公司的内部控制制度。在宏观层面，要重点分析是否存在大股东侵蚀上市公司利益的行为或大股东操纵上市公司的行为，这可以通过两个方面来进行：一是关注上市公司与控股股东的关联交易情况，特别是非经常性业务的关联交易；二是关注监事会与独立董事对公司重大事项的独立意见，但也有必要对其意见进行反向思维。

7. 公司股东持股分析

在这方面，一是看控股股东变动状况，二是看大股东的持股变动状况。控股股东的变动通常有两种情况：一种是国有股股东由于股权的划转而导致控股股东改变，另一种是由于市场上发生兼并或资产重组行为而导致控股股东改变。前者由于变动比较平稳，短期内不会对上市公司产生剧烈的冲击，但由于新旧控股股东的发展战略与经营理念各有差异，可能会对公司的长期发展产生影响；而后者中新的控股股东通常会对公司的经营、管理、人员等各方面进行重大调整，这些调整会改变公司的基本面，进而对股票价格产生重大影响。至于大股东的持股变动状况，可作如下分析：如果大股东正在通过二级市场增持或减持股份，则说明大股东对公司充满信心或失去信心；如果公司董事长和总经理持股较少，股价涨跌几乎与他们没有利益关系，这样的公司经营状况往往不大乐观；如果十大流通股东多数是基金，说明该股受到长线投资者看重，如果是个人或机构持仓较重，则可能说明有庄入驻。

至于企业文化的分析，基本上可以不用考虑。我们所听到的企业文化信息，往往都是道听途说或纸上谈兵的结果，而企业文化本身也是死的企业制度和活的企业管理之间的润滑剂，并不意味着企业必然会成功或失败。好的企业自然有好的风气，无须刻意探询。

三、公司盈利性及成长性分析

无论前面针对公司分析了多少内容，最终还是要转换到公司的盈利性分析和成长性分析之上。一个公司的现有价值和未来价值，除了体现在公司的市场前景上，还体现在公司目前的盈利状况和来年的盈利性分析上。对于这部分的分析详见下面的"公司财务分析"一节。

第四节　公司财务分析

对于长线交易者而言，购买一只股票就是购买一家上市公司的股权，上市公司的经营状况同股价的最终涨跌密切关联。经营状况好的公司将产生大量的股息，值得市场信任，进而导致投资者在股票买卖差价上收益丰厚；而经营状况差的公司则不会有股息产生，甚至丧失市场的信任，进而导致投资者在股票买卖差价上出现亏损。上市公司的经营状况是通过财务报表来反映的，因此，分析和研究公司财务报表就显得尤为重要了。

无论是一名长线交易者还是一名短线交易者，了解一个公司的质地和简单的财务状况，往往可以躲避很多必然的亏损和陷阱。所以，建议交易者能知晓公司资产负债表及损益表上各项数字所代表的含义，熟悉一些简单的财务分析方法，做到知己知彼，百战不殆。

对股票进行财务分析，是指交易者通过对上市公司的财务报表进行研究和分析，以了解该公司的财务情况和经营效果，进而了解财务报告中各项变动对股票价格的有利和不利影响，最终作出买卖某一股票是否有利、是否安全的准确判断。财务分析是股票基本面分析的一项重要组成部分，也是长线交易者非常看重的分析要点。对于基金类公司而言，财务分析更是其必要的分析内容和操作前提。

一、财务分析的内容

对上市公司进行财务分析,有很多分析方法和分析公式,但无论运用什么比较方法或参考什么数据,其主要目的不外乎是为了得到以下四个方面的分析结论:

1. 收益性分析

收益性分析是针对公司获利能力的分析。一个公司当前投入的资本运用状况和实际获利状况如何,是衡量该公司经济效益优劣的依据,也是交易者选择公司股票的主要依据。上市公司所派股息的多少以及绩优股的选择,都是根据公司收益的多少和利润的高低来进行的。从长线交易者的角度来考虑,经营稳定、利润丰厚、投资回报率高的公司值得介入;而利润忽高忽低、利润偏少、投资回报率低的公司则应该摈除。

对公司进行收益性分析时,需要考虑的指标有很多,所考察的角度也不同,这里仅介绍几种最常用的分析指标:

公司收益性分析指标

收益性指标	计算公式
资产净利率	净利润÷资产总额×100%
净资产收益率	净利润÷(总资产-总负债)×100%
销售毛利率	(销售收入-销售成本)÷销售收入×100%
营业利润率	营业利润÷销售收入×100%
每股收益	(净利润-优先股股利)÷普通股股数
每股股利	支付普通股的现金股利÷普通股股数
每股净资产	股东权益÷股本总数
股利发放率	每股股利÷每股税后利润×100%
股利实得率	每股股利÷每股市价×100%
市盈率	每股市场价格÷每股税后利润×100%
市净率	每股市场价格÷每股净资产×100%

1)"资产净利率"用来反映公司资产的利用程度。它可分解成净利润率与资产周转率的乘积,这样就可以分析到底是什么原因导致公司资产净利率的增加或减少。

2)"净资产收益率"用来反映公司中属于股东所有的资产的利用程度。它可以直观地透视公司的投资价值,即公司净资产的运用所带来的收益。另外,净资产收益率还是公司进行股利分配的基础,是公司股利发放决策的重要依据。净资产收益率相对稳定的公司能够较好地把握自己,有可能支付比盈余不稳定的公司更高的股利;而净资产收益率不稳定的公司,采用低股利政策也可以减少其因收益下降而造成的股利无法支付或股利急剧下降的风险,还可以将更多的盈余用作投资,以提高公司权益资本的比重，减少财务风险。

3)"销售毛利率"用来反映公司产品销售的初始获利能力。该指标是公司净利润的起点，没有足够高的毛利率便不能形成较大的净利润。与同行业比较，如果公司的毛利率显著高于同行业的平均水平，说明公司产品附加值高，产品定价高；或说明与同行业相比较，公司存在着成本上的优势，有很好的竞争力；若与历史相比较，公司的毛利率显著提高，则可能是公司所在行业处于复苏时期，产品价格大幅上升所致。在这种情况下，交易者需考虑这种价格的上升是否能够持续，公司将来的盈利能力是否有保证。相反，如果公司毛利率显著降低，则可能是公司所在行业竞争激烈，若以后该行业发生价格战，则往往是一损俱损的结局。

4)"营业利润率"用来反映公司主营业务的盈利强度。一般来说，公司的净利润不仅来自于营业利润，还会来自于投资收益、利息收益、补贴收入、外汇收益、资产处置损益等方面，但这些收入或损失的持续性较差，只有排除这些影响因素而只看主营业务的利润率，才能更好地看出公司盈利能力变化及不同公司盈利能力的差别。作为考核公司获利能力的指标，营业利润率比销售毛利率或营业毛利率更趋于全面和合理。

5)"每股收益"用来反映公司普通股每股在一年中所赚得的利润。每股收益常被用来衡量公司的盈利能力和评估股票投资的风险程度，如果公司的每股收益较高，说明公司盈利能力较强，投资于该公司股票的风险也就会小一些。但这一指标往往适用于在同一公司不同时期的纵向比较，以反映公司盈利能力的变动情况，而很少用于不同公司之间的比较，因为不同公司由于所采用的会计政策的不同会使这一指标产生较大的差异。

6)"每股股利"用来反映公司每股红利大小。每股股利高的公司，自然会受到持股者的欢迎，但并不意味着每股股利低的公司就会遭受市场的抛弃。很多成长型的公司往往发不出股利，因为其资金都用在了公司的后续发展上，但这并不代表着这些公司后期没有更高的获利空间。

7)"每股净资产"用来反映股东对公司净资产所拥有的权益。该指标说明股东所持的每一股股票在公司中所具有的价值，即所代表的净资产价值。该指标可以用来判断股票市价是否合理。一般来说，该指标越高，每一股股票所代表的价值就越高，但是这应该与公司的经营业绩相区分，因为每股净资产较高的原因，可能是由于公司在股票发行时取得了较高的溢价收益，而这些超额收益往往都被计入了公司的净资产之中。

8)"股利发放率"用来反映公司的股利政策。对这一指标的评价，很大程度上取决于交易者是进行短期投资还是中长期投资。一般地，若作为短期投资，交易者应选择股利发放率比较高的股票；若作为中长期投资，交易者则应选择股利发放率比较低的股票，因为这可能预示着该公司正在把资金用在扩大再生产上，从而使该公司未来的利润增长具有更大的动力，并使该公司未来的股票价格上涨。一般说来，处于成长阶段的公司的股息发放率会低一些，而大型蓝筹股公司的股息发放率会高一些。

9)"股利实得率"用来反映股票交易者的现金收益率。这一指标往往被那些对股利比较感兴趣的投资者所注意,对于这些人而言,股利实得率较高的股票具有较强的吸引力。但要注意将利润及利润分配表中的有关数据与资产负债表、财务状况变动表中的有关数据相对照,看看它们是否一致。若发现这些数据之间无法取得一致,则说明报表中的许多资料都有错误甚至是失实了。

10)"市盈率"用来反映市场愿意用多少倍的代价来购买每股收益。假定某种股票的市价是每股税后利润的25倍,其倒数(即 $1/25 = 4\%$)则表示投资于该种股票的投资报酬率。由此也可以看到,就目前银行一年期储蓄存款利率大约为4%而言,如果股市的平均市盈率高于25倍,就不具备投资的价值。

一般来说,股票市盈率的高低与其投资价值成反比。高市盈率意味着股票的市场价格偏高或公司收益偏低(但过低的市盈率也可能是因为该种股票对交易者缺少吸引力而使价格难以提高),也可能意味着个股具有长期看好的内在价值和预期回报因而被市场追捧,但关键是要看股价是否高得离谱。

同时,交易者需要知道,静态市盈率指标中的每股税后利润都是上一年度的成果,如果被考察公司的经营环境不稳定,那么过去的这个静态市盈率就没有什么实际参考价值;而动态市盈率中的每股税后利润是以公司当前的季报数据来估算的,但用一季度的平均每股税后利润乘以4、或用前两个季度的平均每股税后利润乘以2来估算当年的每股税后利润,显然也是不合理的。可见,市盈率指标只能提供模糊的参考意向,而不能成为交易者选择股票的精准依据。

此外,在统计股市平均市盈率的时候,往往有两种计算方法:一种是简单平均计算法,即股市平均市盈率=所有股票市盈率之和÷股票只数,该方法与股市总股本无关;另一种是加权平均计算法,即股市平均市盈率=所有股票市盈率分别乘以各自的总股本之和÷所有股票的总股本之和,该方法与股市总股本有关。交易者在看到这些数据的时候,需要引起注意。

11)"市净率"用来反映每股净资产是否被高估。该指标越小,说明股票的投资价值越高,股价的支撑越有保证;反之,则说明股票的投资价值低,股价的支撑力度弱。如果说交易者购买股票就是在购买一家公司,那么该指标就意味着交易者是否真的愿意以如此高的倍数来购买这家公司的净资产。很多股权投资者都比较看重该指标。

2. 成长性分析

成长性分析是针对公司扩张经营能力的分析。很多小型公司在发展初期都不具备良好的盈利能力,但因为市场前景好且能很好地把握机遇,所以其后期发展潜力较大,未来收益较高;而另外一些大型公司则由于扩张需要,把大部分盈利用来进行再生产投资,虽然分红少但是成长速度快,升值空间大。这两种公司显然比那些当前盈利多、股息多但不作积累和扩大再生产的公司更具有价值提升的潜力。买股票就是买公司预期,因而对公司进行成长性分析就显得非常重要。

对公司进行成长性分析时,需要考虑以下指标:

《公司成长性分析指标》

成长性指标	计算公式
总资产增长率	（期末总资产－期初总资产）÷期初总资产×100%
固定资产增长率	本期固定资产÷前期固定资产×100%
主营业务收入增长率	（本期主营收入－上期主营收入）÷上期主营收入×100%
主营业务利润增长率	（本期主营利润－上期主营利润）÷上期主营利润×100%
净利润增长率	（本年净利润－上年净利润）÷上年净利润×100%
利润留存率	（税后利润－应发现金股利）÷税后利润×100%

1）"总资产增长率"用来反映公司总资产的增加状况。公司所拥有的资产是公司赖以生存与发展的物质基础。处于扩张时期的公司，其基本表现就是规模扩大，这种扩大一般来自于两个方面：一是所有者权益的增加，二是公司负债规模的扩大。对于前者，如果是由于公司溢价发行股票而导致所有者权益大幅增加，交易者就需关注募集资金的使用情况，如果募集资金一直处于货币形态或作为委托理财使用，这样的总资产增长率所反映出来的公司成长性将大打折扣；对于后者，公司往往是在资金紧缺时向银行贷款或发行债券，资金闲置的情况比较少，但它受到资本结构的限制，当公司资产负债率较高时，负债规模的扩大空间有限。

2）"固定资产增长率"用来反映公司固定资产的增加状况。对于生产制造公司而言，固定资产的增长反映了公司产能的扩张，特别是那些供给存在缺口的行业，像电力、钢铁行业等，产能的扩张直接意味着公司未来业绩的增长。在分析固定资产增长时，交易者需要分析增长部分固定资产的构成。比如，对于增长的固定资产，如果大部分还处于在建工程状态，交易者需关注其预计竣工的时间，待其竣工时必将对竣工当期利润产生重大影响；如果增长的固定资产在本年度较早月份已竣工，则其效应已基本反映在本期报表中，交易者若希望其未来收益在此基础上再有大幅增长已不太现实。

3）"主营业务收入增长率"用来反映公司主营业务的增长情况。通常而言，高成长性的公司多数都是主营业务突出、经营比较单一的公司。主营业务收入增长率高，表明公司产品的市场需求大，业务扩张能力强。如果一家公司能连续几年保持30%以上的主营业务收入增长率，则基本上可以认为这家公司具备较高的成长性。

4）"主营利润增长率"用来反映公司主营业务利润增长状况。一般来说，主营业务的利润稳定增长且占利润总额的比例呈增长趋势的公司，往往正处在成长期。但需要注意，一些公司尽管年度内利润总额有较大幅度的增加，可是主营业务利润却未相应增加甚至大幅下降，这样的公司可能蕴藏着巨大的风险，也可能存在资产管理费用居高不下等问题。

5)"净利润增长率"用来反映公司净利润的增长状况。净利润是公司经营业绩的最终结果,净利润的连续增长是公司高速成长的基本特征。如其增幅较大,表明公司经营业绩突出,市场竞争能力强;反之,若净利润增长率小甚至出现负增长,那么该公司也就谈不上具有成长性了。

6)"利润留存率"用来反映公司税后利润有多少用于发放股利或弥补亏损、有多少用于留存收益或扩张经营。利润留存率偏高,表明公司资金充裕,后期发展势头强劲;反之,若利润留存率偏低,则有可能导致公司后期发展势头减缓。当然,该指标对现金充裕的非资本型扩张公司不太有用,因为这些公司并不需要太多的现金来滚动,即可创造可观的经济收益,比如那些订单不断、销路不愁的公司。

3. 周转性分析

周转性分析是针对公司资金经营效率的分析。一个公司资金经营效率的高低可通过分析财务报表中各项资金和资产周转速度的快慢而反映出来。每一个公司的资金都有一个限度,资金周转速度快的公司可以化解资金供应不足的矛盾,同时提高资金的投资回报率,而那些一味增加资本供应的公司则往往背负着高额的运转成本。同时,资金周转速度快,说明公司资金利用效率高,公司经营活动畅顺,结构协调,管理得法;反之,若资金周转速度慢,则说明公司营运效率低,且缺乏活力。

对公司进行周转性分析时,需要考虑以下指标:

公司周转性分析指标

周转性指标	计算公式
存货周转率	销售成本÷平均存货×100%
应收账款周转率	赊销收入净额÷应收账款平均额×100%
流动资产周转率	销售收入÷流动资产平均额×100%
固定资产周转率	销售收入÷固定资产净值×100%
总资产周转率	销售收入÷资产总额×100%

说明如下:

1)存货周转率越高,说明存货周转速度越快,公司控制存货的能力越强,营运资金投于存货上的金额越小;反之,若存货周转率太低,则表明公司存货过多,不仅使资金滞压,影响资产的流动性,还会增加仓储费用甚至产生不必要的产品损耗。

2)应收账款的周转率越高,说明资金每周转一次所需的天数越短,也说明公司收账越快,应收账款中包含旧账及无价的账项越小;反之,若应收账款的周转率越低,则说明资金每周转一次所需的天数太长,也说明公司应收账款的变现过于缓慢以及应收账的管理缺乏效率。

3)流动资产的周转率越高,表明流动资产周转速度越快,流动资产的闲置越少;

反之，则表明流动资产闲置严重，资产效率未能得到充分发挥。

4）固定资产的周转率越高，表明固定资产周转速度越快，固定资产的闲置越少；反之，则表明固定资产闲置严重，资产效率未能得到充分发挥。

5）总资产周转率越高，表明流动资产和固定资产的周转速度快，总资产被闲置的机会少；反之，则表明总资产没有很好地利用，资产管理上有缺陷。

4. 安全性分析

安全性分析是针对公司偿债能力的分析，也可以说是资金调动的安全性分析。公司偿债能力包括公司短期偿债能力和长期偿债能力，但由于公司经营战略实施和布局等原因，在某一时点上，公司的获利能力与偿债能力并不成正比。有时公司尽管盈利不错，但由于资金结构不合理，导致即将到期的偿债能力差，因而潜藏着极大的被兼并或破产的风险。因此，交易者应加强对公司流动性状况及资本结构的分析，若发现公司偿债能力下降，应及时作出决策以转移风险。

对公司进行安全性分析时，需要考虑以下指标：

公司安全性分析指标

安全性指标	计算公式
流动比率	流动资产÷流动负债×100%
速动比率	速动资产÷流动负债×100%
净资产比率	股东权益÷总资产×100%
资产负债比率	负债总额÷资产总额×100%
举债经营比率	负债总额÷股东权益×100%
资本化比率	长期负债÷（长期负债+股东股益）×100%

说明如下：

1）通过分析流动比率，我们可以得知公司 1 元的短期负债能有几元的流动资产做清偿保证。一般认为流动比率大于 2∶1 较合适。这是因为，流动资产中变现能力最差的存货金额往往占到流动资产总额的一半，剩余流动性较大的流动资产至少要等于流动负债，这样，公司的短期偿债能力才会有保证。当流动比率过低时，公司可能面临清偿到期债务的困难；当流动比率过高时，则表明公司持有闲置的流动资产，说明公司资产利用率低，管理松懈，同时也说明公司过于保守，没有充分使用目前的借款能力。

2）通过分析速动比率，我们可以得知公司在短时间内取得现金以偿还短期债务的能力。一般认为，1∶1 的速动比率是比较合理的，它说明公司每 1 元流动负债背后有 1 元的速动资产在做清偿保证。速动资产是指那些能立即变现的资产，一般是指从公司流动资产中扣除流动性较差的存货、预付款等之后的余额，因而该指标所反映的短期偿债能力更加令人可信。如果速动比率偏高，说明公司有足够的能力偿还短期债务，同时也表示公司有较多的不能盈利的现款和应收账款,使公司失去了更多的收益机会;如果速动比率偏低,则意味着公司将要依赖出售存货或举新债来偿还到期的债务,这可能会造成因急需出售存货而带来的削价损失或举新债所形成的利息负担。但需要注意,行业不同,则速动比率会有很大的差别。

3) 通过分析净资产比率,我们可以得知公司的财务结构是否合理。该指标主要用来反映公司的资金实力和偿债安全性,它的倒数即为负债比率。净资产比率的高低与公司资金实力成正比,但该比率过高,则说明公司财务结构不尽合理。该指标一般应在50%左右,但对于一些特大型公司而言,该指标的参照标准应有所降低。

4) 通过分析资产负债比率,我们可以得知公司总资产中有多大比例的资产是通过借债而来的,可以衡量公司在清算时保护债权人利益的程度。这个指标反映了债权人所提供的资本占全部资本的比例。从股东的立场来看,在全部资本利润率高于借款利息率时,负债比例越大越好;否则,即表明公司负债越来越多,自有资本越来越少,长期偿债能力有问题。一般认为,借款筹资与自有资产的杠杆比例最高可为3:1,即公司的举债总额不能超过公司总资产的75%,且必须保证资本利润率要高于借款利息率。

5) 通过分析举债经营比率,我们可以得知公司扩张经营能力的大小,并揭示股东权益运用的程度。该指标越高,表明公司扩张经营的能力越大,股东权益越能得到充分利用,同时也意味着公司越有机会获得更大的利润,为股东带来更多的收益;但举债经营要承担较大的风险,如果公司经营不佳,则借贷的利息会由股东权益来弥补,如果公司达到无法支付利息或偿还本金的地步,则有可能被债权人强迫清偿或改组。若该指标高,表明的是高风险、高报酬的财务结构;若该指标低,表明的是低风险、低报酬的财务结构。该指标同时也表明债权人投入的资本受到股东权益保障的程度,或者说是公司清算时对债权人利益的保障程度。

6) 通过分析资本化比率,我们可以得知公司长期负债的风险性。该指标主要用来反映公司需要偿还的有息长期负债占整个长期营运资金的比重。该指标不宜过高,一般应在20%以下。

以上讲述了一些财务指标的使用要点,但在进行财务分析时,交易者要清楚以下三点:第一,自己所作的都是静态分析,对于预测未来并非具有绝对的可靠性;第二,所使用的数据多数为账面价值,难以反映现时物价水准的影响和未来资产出售时的真实价值;第三,一些财务数据是估算的和偶然出现的,无法反映公司收益的真实状况。所以在进行财务分析时,交易者一定要注意将各种数据联系起来进行全面分析,不可单独地看待一些指标,否则便难以准确地判断公司的整体情况;同时还要注意审查公司的国营或私营性质及其实际情况,了解财务报表数据的准确性、真实性与可靠性,不能只着眼于财务报表本身。

二、财务报表的种类

上市公司的财务报表主要有三类:

1. 资产负债表

资产负债表是上市公司最主要的综合财务报表之一,它是一张平衡表,分为"资产"和"负债+股东权益"两部分。资产负债表的"资产"部分，反映公司的各类财产、物资、债权和权利，一般按变现的先后顺序表示；"负债+股东权益"部分包括"负债"和"股东权益"两项，其中，"负债"表示公司应支付的所有债务，"股东权益"表示公司的净值，即在偿清各种债务之后公司股东所拥有的资产价值。三者的关系用公式表示是：资产=负债+股东权益。

下面简要论述资产负债表的三个账项的含义：

1）资产

"资产"主要包括流动资产、资产、长期投资和无形资产四种。"流动资产"主要包括现金、适销证券、应收账款、存货和预支款项，期限通常在一年以内；"现金"包括公司所有的钞票和活期存款，当公司现金过多而超过需要的持有量时，公司就会把超额部分投资于短期的适销证券或商业票据上；"应收账款"是由于赊销或分期付款引起的；"存货"则包括原料、再加工产品和制成品（这是对于生产性公司而言的，对于零售公司来说，存货仅指库存商品）。

2）负债

"负债"往往包括流动负债和长期债务。"流动负债"是指一年以内到期的债务，主要包括应付账款、应付票据、应付费用和应付税款。"应付账款"表示公司由于赊购而欠其他公司的款项；"应付票据"表示公司欠银行或其他贷款者的债务，它通常是由公司短期或季节性资金短缺而引起的；"应付费用"包括员工的工资和提成、到期的利息和其他类似的费用，它表示公司在编制资产负债表时所应支付费用的情况；"应付税款"表示公司应缴纳税款的金额，它与公司的所得税有密切的联系；"长期债务"是指一年以上到期的债务，它包括应付债务、抵押借款等项目。一般而言，公司通常借入短期资金来融通长、短期资产，如存货和应收账款等，当存货售出或应收账款收回时，短期负债即被偿清；而长期债务则通常用来融通长期资产或固定资产，如厂房、设备等。当长期利率水平相对较高并预计不久将会下降时，公司可能会先借入短期资金进行周转，等利率下降后再借入所需的长期资产，以便降低筹资的费用。

3）股东权益

"股东权益"表示除去所有债务后公司所拥有的资产净值，它反映了全体股东所拥有的资产净值情况，一般分为缴入资本和留存收益两个部分。"缴入资本"包括以面值计算的股本项目以及公司股东上缴的注册资本金；"留存收益"表示公司利润中没有作为股息支付而重新投资于公司的那部分收益，它反映了股东对公司资源权益的增加情况。留存收益通常并非以现金的形式存在，其大部分都被投资于存货、厂房、机器设备之中或用于偿还债务。留存收益增加了公司的收益资产，但其本身却不能作为股息来分配。

通过分析资产负债表，我们可以了解公司的财务状况，可以对公司的偿债能力是否有保证、资本结构是否合理、流动资金是否充足等作出判断。

2. 损益表或利润分配表

损益表又称为利润表，也是公司最主要的综合财务报表之一，是反映一个公司在一个财政年度里的盈利或亏损状况的表格（这种盈利或亏损是通过营业收入和营业费用的对比来体现的）。损益表反映了两个资产负债表编制日之间的公司盈利或亏损的变动情况，是依据"收入－费用＝利润"这一平衡公式编制而成的。它既可以作为公司经营成果的分配依据，又能够综合反映生产经营活动的各个方面，有助于考核公司经营管理人员的工作业绩。

损益表主要由三个部分组成。第一部分是营业收入或销售额；第二部分是与营业收入有关的生产性费用和其他费用；第三部分是利润和利润在股息与留存收益之间的分配。

下面简要论述损益表的三个账项的含义：

1）营业收入

"营业收入"是指公司通过销售产品或对外提供劳务而获得的新的资产，其形式通常表现为现金或应收账款等项目。对一般公司来说，销售收入是公司最重要的营业收入来源。一般而言，公司的营业收入通常与它的营业活动有关，但也有一些公司营业收入的某些部分与其自身的业务并无关系。因此，交易者在具体分析的时候，需要区分营业收入和其他来源的收入。

2）营业费用

"营业费用"是指公司为获得营业收入而使用各种财物或服务时所发生的费用。这些费用如："销货成本"，包括原材料耗费、工资和一般费用等；"一般费用"，包括水电杂费、物料费和其他非直接加工费等；"销售和管理费用"，包括广告费、行政管理费、职员薪水、销售费和一般办公费用等；"利息费"，表示用以偿付债务的费用；"摊提费"，表示公司预先计提的分摊到当期的费用；"折旧费"，表示公司固定资产折旧时的当期分摊费用。一般而言，计算折旧费的方法有4种：直线折旧法、折旧年限积数法、余额递减法、成本加速补偿法。其中，直线折旧法是一种使用最为广泛的折旧方法，这种折旧法意味着在资产的有效使用年限里将每年提取等量的折旧费。

3）利润

"税前利润"通常由营业收入与营业费用之差来决定。从税前净利润中减去税款，再给非经常性项目作调整后，剩余的利润就是"税后净利润"。税后净利润又分为支付给股东的股息和公司的留存收益两项。若公司亏损，公司的留存收益将会减少，公司多数时候会因此而停止派发现金股息的行为；若公司盈利，这些收益将首先用于支付优先股的股息，之后再给普通股股东分红；若公司收益不足以支付优先股股息时，则常常会出现两种情况：如果优先股是累积优先股，则公司本年度的所有股息转入到期未付的债务项下，待有收益时再优先偿付；如果优先股是非累积优先股，则优先股与普通股均不能获得股息。

通过分析损益表，我们可以了解公司的盈利能力、盈利状况和经营效率，可对公司在行业中的竞争地位及持续发展能力作出判断。

3. 现金流量表

现金流量表反映公司一定期间内现金的流入和流出情况，表明公司获得现金和现金等价物的能力。它以现金的流入和流出反映公司在一定期间内的经营活动、投资活动和筹资活动的动态情况，并反映公司现金流入和流出的全貌。现金流量表是以收付实现原则作为现金流量表的编制基础的,所以现金流量表能够真实地反映一个公司的财务状况,便于报表阅读者了解公司现有的支付能力,同时预测该公司未来的支付能力。现金流量表通常包括:经营活动的现金流量、投资活动的现金流量、筹资活动的现金流量、非经常性项目的现金流量、本期现金净流量和不涉及到现金变动的投资及筹资活动。

通过分析现金流量表,我们可以了解公司获取现金和现金等价物的能力,并据此预测公司未来的现金流量。

此外,在上市公司的财务报表中,往往还会有一张财务状况变动表,它和现金流量表有些相似,但两者也有根本的区别。主要表现在:其一,编制基础不同;其二,反映内容不同;其三,产生的作用不同;其四,分类方法不同。现金流量表与财务状况变动表相比,更能反映公司的真实财务状况和偿付能力,因而受到市场的欢迎。对于广大投资者和债权人而言,最关心的是投资对象或债务人的偿付能力,因此,公司是否具有足够的现金流入是至关重要的;而财务状况变动表则因不能全面提供投资者和债权人所需的现金流动信息,因而正在被现金流量表所取代。

总体来说,在分析财务报表的时候,往往有三种最基本的比较法:其一,是就公司某一指标的大小进行分析;其次,是对公司历年来的同一指标进行分析;再次,是对同行业公司的同一指标进行分析。

三、财务造假面面观

鉴于国内上市公司财务造假成风,所以这里不详细介绍三大报表的各项目含义,交易者如需要进行深一步的了解,可找更专业的财务书籍钻研。这里,仅例举一些财务造假的现象和识别方法,以供交易者防范。

1. 税项造假

如果一家小型上市公司出现几千万元的欠税,或者说一家公司的税费小得和其营业收入不成正比,那么多数情况下就是公司在虚开发票以减少公司利润或者是在少报营业收入以逃避纳税。对于这样的公司,其税费既然是虚构的,那么其收入和利润也自然是虚假的,财务报表完全没有必要看,其诚信度足以使投资者敬而远之。

2. 营业收入造假

有些公司为了虚构利润,就会虚构营业收入。检验它的方法可以用主营业务的毛利率来测试,如果该公司主营业务的毛利率大大超过同行业水平或波动幅度较大,那么就有可能是在造假,因为市场竞争基本上导致了同行业公司的毛利率相差无几,而且也不会导致个别公司在毛收入上大起大落,即使各公司的净利润有差异,那也多数是内部管理成本控制的问题。

3. 净利润造假

如果一个公司的净利润高,那么很多收益性的财务指标都会拔高,其漂亮的账面财务状况会吸引大量中小股东的注意,因此这也是造假的集中之地。在利润表上造假比在现金流量表上造假要容易得多,检验它的方法就是看该公司的现金净流量。如果该公司的现金净流量长期低于净利润,将意味着已经确认为利润的资产可能属于不能转化为现金的虚拟资产；若反差数额极为强烈或反差持续时间过长，则说明有关利润项目可能存在着挂账利润或虚拟利润的问题。简而言之，如果一个公司每股收益很高，而每股经营现金流量却是负的，这样的上市公司往往就是在造假。

4. 应收款项和存货造假

如果上市公司利用对开发票来虚增收入和利润，那么在税负上就不会出现巨额欠税，但上市公司很少同时等额增加收入和成本，其必须虚增存货以消化一些购货发票，而这样又会导致应收款项急剧增加、应收账款周转率急剧下降、存货急剧增加、存货周转率急剧下降等现象。为堵住漏洞，这类公司往往会先把资金打出去，再让客户把资金打回来，打出去时挂在其他应收款或预付账款项目下，打回来作货款确认为收入；为了提高存货周转率，这类公司又会故意推迟办理入库手续，同时将存货挂在预付账款上，然后少结转成本，以使存货账与实际情况挂钩。这样，上市公司虚增的一块利润将挂在预付账款上。

5. 长期应收款造假

在一些国内的上市公司中，上市公司往往已成为大股东的提款机。在二级市场的收购战和上市公司法人股的转让及各种重组中，各类股东一直存在着通过控股上市公司在二级市场"圈钱"的想法；一旦成为上市公司的股东后，有的股东会直接通过上市公司来融资和借贷，有的股东则间接通过内部银行结算来占用上市公司的资金，而上市公司则在信息披露时对此类事情常常刻意回避或含糊其词。实际上，控股股东挤占挪用的资金往往是因为投资失策或变成其他非货币性资产而不能按期完全归还的资金，挂在长期应收款上，其实是等同于迟早要计成坏账损失的款项。

6. 资产造假

由于要虚构收入，但又要把虚构的收入消化掉（以免公司账面上看不到相应的现金流量或为了逃避本不该交纳的税款），于是很多上市公司纷纷虚构资产和投资项目。比如其组建的电子商务公司、信息技术公司等长期亏损，但依然存在；在建工程一直挂在账上，过时的生产设备也一直存在；诸如租赁、承包、托管等子公司或分公司往往就不存在等等。这样做的目的，就是虚构投资，虚增资产，消化收入，减少账面现金，减少纳税。虚增固定资产和在建工程，是很多上市公司经常用的造假方法。

7. 财务全面造假

一些上市公司有财务造假的历史习惯，无法从根本上扭转，除非抹掉过去的财务历史重头再来。在这样的财务报表中，造假的地方随处可见，很多东西只有财务人员自己清楚。比如，应收账项中有多少收不回的坏账？存货中有多少滞销、贬值、甚至报废的部分？固定资产中有多少与现实公允价值背离较远的部分，有多少已经不能再给企业带来可预见的经济效益但仍反映在账表上？有多少无形资产是自己高估的？等等。只有在企业最终清算时，这些虚假的财务数据才能现出原形，这也是为什么很多公司一遇到清算、重组、改制时，就会出现财务"大窟窿"的原因。

8. 关联交易造假

国内的上市公司大多属于集团性企业，多数处于一种复合型的多元化架构之中，其向公众披露的合并会计报表往往涵盖了母公司、子公司、各类合营公司、联营公司、控制或共同控制企业等各类关联企业的经济活动情况。关联企业均为独立法人，各自独立核算，但关联企业之间往往在整个集团内又相互配套，甚至互为商业购销客户，这样就为上市公司通过内部交易调节合并数据提供了平台。一般来说，如果一家上市公司主营业务中的关联交易占较大比重，其业绩往往不可信；如果关联企业之间的往来账在增加，这里面也往往存在着造假的问题。

9. 重组造假

每到年底，各家"T"类或准"T"类公司为避免停市摘牌的厄运，都会挖空心思地利用各种形式的重组和资产转让、股权转让等"一锤子买卖"来调节报表，使自己公司的财务账面上出现扭亏为盈的变化。泡沫式重组或突击进行资产转让，实则是上市公司饮鸩止渴的反映，因为通过这些方式所获得的非经常性收益往往只是一时的，而上市公司的主营业务并没有得到真正的成长，所以这样的公司在业绩"大幅提升"一年之后，往往又会出现业绩大幅下滑的情况，再次陷入亏损的泥潭，且负债愈来愈多，股权状况更加混乱。

10. 审计意见造假

审计报告只是审计人员站在公正的立场上，对上市公司编制的财务报表是否遵循了会计准则，是否恰当地反映了公司的财务状况所表明的一种看法或意见。但"无保留意见"的审计报告并不意味着公司的会计处理准确无误，也不意味着公司内部无舞弊现象以及公司的管理工作卓有成效；而因审计人员无法得到有关信息或因审计人员业务素质不高等"合理"因素，也会导致含有水分的"无保留意见"审计报告的出炉。绝大部分公布年度报告的上市公司都会获得会计事务所的"无保留意见"的审计报告，但是大多数公司的财务报表都有问题，这也是中国股市的一大特色。

四、如何阅读公司年报

年报是公司对其报告期内的生产经营概况、财务状况等信息所作的正式而详细的报告，交易者阅读年报后即可对上市公司有较完整和大致的了解。一般来说，年报所披露的内容都是交易者完整了解公司时所必需的信息，只有对年报披露的主要信息进行认真阅读后，交易者才能减少遗漏年报所包含的重大线索与信息的状况，同时发掘出年报信息中所隐含的投资机会。

目前，沪深两地上市公司已接近1600家，1000多家公司的年报集中出炉，常常令许多想完整阅读年报的交易者无暇应付，因此，建议交易者只研究自己关心的上市公司年报，且只抓住年报中的重点部分进行阅读。

下面，简要论述交易者在阅读公司年报时应注意的几个问题：

1. 避免看年报的误区

1）只泛读而不精读

走马观花式地阅读报表和不去阅读没有区别，如同"七窍通了六窍"。

2）只看业绩而不看风险

有些好业绩是虚构的，有些好业绩是偶然的，若只看业绩而不看风险，其后果显而易见。

3）只看结果而不看过程

只看被粉饰的财务结果而不关心结果的来龙去脉，其后果往往就是上当受骗。

4）只看历史而不看未来

只看过去的历史数据而不关心经济周期和未来市场的变化，则必然会遭遇投资风险。

5）只看主页而不看附页

只看主页的会计数据和经营情况，不看附页的审计结论和报表附注，也难免会出问题。

6）只阅读而不保管

不保存连贯的年报数据，就难以形成对上市公司连贯的认识，其投资也往往容易出问题。

2. 关注年报的主要内容

1）公司简介

公司简介包括公司董事会秘书及其授权代表的姓名、联系地址、电话、传真、公司电子信箱、年度报告备置地点等信息。交易者可以从中了解上市公司的大致状况，并及时和上市公司取得联系。

2）会计数据和业务数据的摘要

这里披露了公司每股收益、净资产收益率及其同期增长情况。每股收益决定了股票定价水平和按业绩划分时该股所属的板块类型；净资产收益率则不仅是公司综合收益能力的反映，同时也决定了公司是否有资格进行配股。

3）股本变动及股东情况

通过察看十大股东名单及其持股数量有无变化，交易者可发现各类投资者对上市公司的看法；通过股本变动情况和财务状况，交易者则可推测公司股本扩张的倾向及能力。

4）股东大会简介

在这里，交易者可以察看股东大会决议事项及董事、监事的变动情况，以推测公司人事结构是否协调和稳定。

5）董事会报告

在这里，交易者一是要看公司本年度利润分配预案或资本公积金转增股预案；二是要看董事会工作能力及公司的发展状况；三是要看公司本年利润实现数与预测数的差异原因。

6）监事会报告

在这里，交易者可以察看出现特殊事项时监事会所作的解释。如募集资金投入项目变更、关联交易、会计事务所出具有保留意见或解释说明的审计报告、本年度经营出现亏损等方面的解释。

7）业务报告摘要

在这里，交易者可以察看公司的经营状况，尤其是财务状况。一般来说，主要是看公司的投资情况，尤其是对募集资金使用情况的说明，还可以看公司新年度的业务发展计划。

8）重大事项

对于有关未决诉讼、仲裁事项以及未完成的重大收购项目等事件，交易者也应长期保持关注。同时，应警惕频繁变更会计事务所的上市公司，这往往说明该公司财务上存在着重大问题。

9）财务报告

在这里，交易者要分析会计报表中的重要数据，留意审计报告中的注册会计师意见，尤其是非"无保留意见"的审计报告或带说明文字的审计报告，同时注意会计报表附注中的重要信息。

10）公司其他有关资料

在这里，交易者需要留意报告期内该公司股票的主承销商资料。有的主承销商为了确保完成承销任务，往往持有较多该公司股票，一旦该承销商内部有重大事件发生，则常常会影响该公司的股票价格。

3. 关注年报中的财务信息质量

财务信息质量直接影响到交易者对年报中反映出的财务状况的可信程度，而年报中反映财务信息质量的内容主要体现在审计报告与会计报表附注中。

审计报告是注册会计师经过审计后对上市公司披露的财务信息质量起鉴证作用的一种书面报告，交易者在阅读年报时一定要注意阅读审计报告。按审计意见的类型分，审计报告可分为无保留意见的审计报告、保留意见的审计报告、否定意见的审计报告和无法发表意见的审计报告。

一般来说，出具"无保留意见"的审计报告时，表明上市公司披露的财务报告在所有重大方面都遵循了会计准则，财务信息是基本可信的；出具"保留意见"的审计报告时，表明公司披露的财务信息整体上公允地反映了公司的财务状况，但还有一些重大的方面不尽人意；出具"否定意见"或"无法发表意见"的审计报告时，表明上市公司提供的财务报告基本不可信，如果仅以财务报表来分析上市公司的状况，将存在很大的风险。

反映财务信息质量的另一方面是会计报表附注。看附注时要注意两个问题：首先是会计政策的选用，上市公司可以在遵循国家会计制度与会计准则条件下选择具体的会计政策，不同的会计政策下反映出的财务信息质量是不一样的；其次是会计估计的变更，一般采用未来适用法直接调整当期报表。如果交易者不看会计报表附注，可能就不会发现这些变化对报表的影响。

另外，交易者还需要关注会计报表附注中披露的"或有事项"。"或有事项"是企业在过去交易中形成的、可能对企业未来产生有利或不利影响的不确定事项。在"或有事项"不满足确认的条件下，通常不反映在财务报表中，交易者需要通过查看会计报表附注才能了解相关信息。

4. 关注年报信息的披露媒体

很多行情分析软件中的资讯信息不一定会及时更新，更难以连贯披露上市公司的财务报告，所以，建议交易者到中国证监会指定的上市公司信息披露的报刊和网站上去浏览，看不明白或有疑问，可以直接致电上市公司。

目前，交易者可以通过《中国证券报》、《上海证券报》、《证券时报》、《证券日报》等报刊来阅读上市公司所发布的公告，也可以登录上海证券交易所网站（www.sse.com.cn）、深圳证券交易所网站（www.szse.cn），输入相关上市公司的代码进行检索查阅。

你必须知道图表上正在发生现象的真假性,这比技术分析更重要

第二部分　综合分析

第一章　解读盘面语言
第二章　解读盘口现象
第三章　解读分时走势
第四章　解读大盘走势
第五章　解读板块效应
第六章　解读量价关系

第一章 解读盘面语言

熟悉了经典的技术分析之后，接下来的工作就是"识骗"。在同一种经验下，是不可能使博弈双方分出输赢的，这其中必定会有骗局和差错。从本质上而言，技术分析就是用来"欺骗"和"识骗"的工具，当我们看到某一价格运动的轨迹之后，要在第一时间明白这是什么意思，紧接着求证这是真的还是假的。综合分析是技术分析的灵活运用，下面，我们先从股票分析的应用软件开始讲述。

第一节 选择软件

一、选择交易商及其软件

进入证券市场的第一步就是进行证券公司和交易软件的选择，下表向交易者给出了一些建议。

2006 年证券公司净资产排名及其软件特性

名次	公司名称	净资产（元）	使用软件	软件财务资讯	软件显示速度	版本
1	中信证券	12309949430	通达信	港澳资讯	快	新版
2	国泰君安证券	4093626636	通达信/大智慧/钱龙	万国测评/港澳资讯	快/快/稍慢	旧版
3	招商证券	4010031490	通达信	港澳资讯和维赛特资讯	快	新版
4	广发证券	3650281093	通达信/同花顺	万得资讯	刷新慢/慢	旧版
5	国信证券	3536975980	通达信	万得资讯和港澳资讯	快	新版
6	宏源证券	3518814569	通达信/大智慧	维赛特资讯	前者快	新版
7	海通证券	3475612497	大智慧/同花顺	港澳资讯	前者快	旧版
8	华泰证券	3401982641	通达信/大智慧/同花顺	万国测评	前者快	旧版

续表

名次	公司名称	净资产（元）	使用软件	软件财务资讯	软件显示速度	版本
9	光大证券	3356217313	通达信/大智慧/同花顺/钱龙	维赛特资讯	前者快	旧版

注：净资产＝资产－负债，它是证券公司净资产中流动性较高、可快速变现的部分，它表明证券公司可随时用于变现以满足支付需要的资金数额。净资本这个指标目前主要用于证券行业，其目的是为了挤掉资金泡沫，识别券商破产的风险。如果交易者需要知道最新的证券公司净资产排名数据，可到中国证券业协会网 www.sac.net.cn 去查看。

上表中筛选的结果是：招商证券是最优选择，其次是国信证券。招商证券是由原来的招商银行证券业务部发展起来的，携带银行管理的优势，是中国证券市场的后起之秀；国信证券则是由原来的深圳国投证券业务部发展起来的，是中国老牌的证券公司，素以经营"精品营业部"著称；至于中信证券，由于有上市公司的融资性质，所以拥有如此巨大的净资产，但对于一般客户而言，中信证券的佣金比较高，所以不是最好的选择。

需要说明的是，这里所列的交易软件仅仅是针对交易者喜欢使用券商提供的交易软件而言的；也有部分交易者喜欢到软件公司网站下载最新分析软件或付费软件使用，同时到就近的、资深的证券公司开设资金账户，下单时，使用软件提供的闪电下单功能或独立运行下单程序。对于这类交易者来说，需要注意的就是你所下载软件的资讯服务是由谁提供的，是否完善和及时。就目前来说，万得资讯可能是最好的。

二、证券交易软件的比较

目前，证券公司提供给交易者免费使用的证券分析软件主要有以下五种：杭州核心软件公司出品的"同花顺"，深圳通达信公司出品的"通达信"，上海大智慧网络公司出品的"大智慧"，上海乾隆科技公司出品的"钱龙"，杭州恒生电子公司出品的"投资通（前身叫大福星）"。这五种软件广泛应用于各大证券公司，各有特色，但总体功能大同小异。下表只是对比了一些看盘等常用功能方面的差异，仅供交易者参考。

5 种行情分析软件的看盘功能比较

	窗口设置	多股同列	看盘新点	数据统计	其他特点
同花顺	窗口可任意拉伸，有利于桌面的合理布置	4、9、16 股同列，有利于对应屏幕选择股票的显示数量	两股对比，两股叠加，多窗看盘	阶段统计，可选某一时段任意统计	五星评级，诸多股票均有评定星级
	右边报价窗口可隐身，有利于用小图看大盘指数	同列时主窗口高度较高，有利于在小图上看清楚细微走势	多周期同列，可一股多周期同时显示	板块分析，强弱统计，各类分析指标统计	持股机构，可显示该股持有的机构
	可同时显示沪深指数走势和涨跌排名，免切换窗口	可同时选择沪深两市即时涨跌顺序同列，有利于优选抢单	鹰眼盯盘，对符合自设条件的股票进行报警	有一个较有用的财务分析	特有基金、港股、期货、外汇专栏
通达信	窗口可任意拉伸	通过设置可调出 4、9、16 股同列	两股对比，两股叠加，自定义看盘、多股同测	阶段统计	
	右边报价窗口可隐身	同列时主窗口高度较高	能多周期同列	板块统计	
	可同时显示沪深指数走势	可同时选择两市涨跌顺序同列	市场雷达，报警符合条件股	强弱统计	
大智慧	窗口可任意拉伸（Level-2）	4、9、16 股同列	两股叠加，可自定义多窗看盘（Level-2）	阶段统计	股票评级建议（Level-2）
	右边报价窗口可隐身	同列时主窗口高度较高（Level-2）	多周期同列（Level-2）	板块统计、指标统计	基金及港股（Level-2）
	可同时显沪深指数（Level-2）	可同时选择两市涨跌顺序同列	盘中预警（Level-2）	定位分析/联动分析（Level-2）	期货及外汇（Level-2）
钱龙	窗口可任意拉伸	4 股同列	有两股对比，两股叠加	阶段统计	
	报价窗口可隐身	同列时主窗口高度不高	多周期同列	板块统计	
	可同时显示沪深指数走势	不可选择按即时涨跌顺序同列	无鹰眼盯盘	强弱统计、指标统计	特有港股专栏和风云榜

续表

	窗口设置	多股同列	看盘新点	数据统计	其他特点
投资通	窗口可任意拉伸	16股同列	无两股对比，但可以叠加股票和多窗看盘	阶段统计	
	右边报价窗口可隐身	同列时主窗口高度较高	多周期同列	板块统计	
	不可同时显示沪深指数走势	只可选择某一市场涨跌顺序同列	无鹰眼盯盘	强弱统计、指标统计	有期货、国际市场行情

三、证券交易软件的选择

上述软件均是由专业软件公司在 1995 年左右开始研发的，历经十余年的打磨，这几种软件目前已成为国内证券公司主流的看盘应用软件。曾经风靡一时的分析家软件、飞狐软件等则因缺少与券商的合作，现在已开始淡出人们的视野。

就目前的使用情况来看，在不涉及到 Level-2 版本（快速行情系统）的基础上，通达信软件的分笔成交显示速度通常是最快的，同速度的还有部分券商的同花顺软件和大智慧软件。就综合表现来看，通达信软件的应用最广泛，自定义看盘最便利；同花顺软件较适合于机构，分析功能较丰富；大智慧软件综合性功能最多，分析应用比较便利。

上面提到了 Level-2 产品，下面对该产品作一些说明。Level-2 产品是由上海证券交易所于 2006 年下半年推出来的实时行情信息收费服务，该服务目前仅限于上交所提供，深交所无此服务。该服务产品的不同之处在于：传统的上证所行情是通过 Show2003.dbf 数据库发布的，每 6 秒发布一次行情快照，而 Level-2 产品的行情数据则是每 3 秒发布一次的，发布速度更快；在一般行情分析软件中，交易者看到的分笔成交数据其实是两次快照期间（6 秒内）累计的成交量和最后一笔的成交价，但在 Level-2 行情中，即使是每 3 秒发送一次的数据，也能同时显示这 3 秒内所有逐笔成交的明细；此外，Level-2 版本的软件还能显示十挡买卖盘、总买总卖量和加权均价、逐笔成交数据、买一卖一队列（50 笔挂单明细）、累计撤单信息等，是目前市面上最优的行情分析版本，也是超短线交易者的必备工具。

需要说明的是，各软件商提供给券商的往往不是最好的版本，这可能跟软件的更新有关系。如果交易者自行到各软件公司网站上下载其免费的最新版，则大智慧可以提供给交易者前表中的诸多新功能；而同花顺则拥有闪电下单功能、五星评级系统和傻瓜选股等功能；通达信则提供趋势导航信息、热点分析、机构重仓、股票评级等功能。所以，交易者如果要缴费使用 Level-2 版本的新软件，则下载大智慧 Level-2 版本是不错的选择；如果想使用免费的最新软件，且喜欢自定义看盘和快速下单，则建议直接到通达信公司网站下载 Level-2 版本，选择"免费登陆"即可；同花顺软件之所以落选，是因为其要缴费的 Level-2 基础版比之大智慧软件不占优势，其免费使用的版本比之通达信软件又无自定义看盘功能。

对于收费的行情软件，还有一种年收费为 19800 元的"赢富版"，目前同花顺和大智慧均有该版本产品。上证交易所于 2005 年建立了一个国内金融行业最大的数据库，该数据库实际上是一个从数据清洗、存储、整合、查询、统计分析运用到高端分析、挖掘和预测的智能信息平台，"赢富信息"即是上交所为满足所有市场参与者的需求而在此平台上所开发的一个服务性产品，包括盘中交易统计服务、盘后交易统计服务、上市公司个性化信息服务、证券机构个性化信息服务等。在"赢富版"软件内，可提供揭示多空双方买卖意愿强弱的"个股内外盘交易统计"，反映交易集中程度的"买卖量 Top10 营业部揭示"，反映各类型交易者交易方向的"个股分类账号买卖统计"，反映市场资金流向的"会员交易统计"等服务，这对于机构把握资金流向、判断行情热点、察看成交来源、了解个股资本构成等有较大帮助。

总体来说，目前市面上的几种主流行情分析软件已有了长足的进步，基本上可以满足市场的各类需求，但美中不足的是，所有软件开发公司似乎都被散户牵着鼻子走，还在不断开发出令人眼花缭乱的各种功能，并在过时的技术上不断完善。这些技术人员似乎不清楚，随着网上交易和 IT 技术的迅猛发展，大屏幕及多屏幕的家庭大户室正在大量普及，而自定义看盘将成为行情分析软件的最有利发展趋势。股票交易，本质上是市场信息、交易经验、自我控制三者的结合，而软件开发的根本目的只能是提供更有利的市场信息，而并非五花八门的各类技术性功能，仅仅靠技术来解决投资或投机的问题是不现实的，也是不可能的。所谓市场信息，主要包括个股走势、板块走势、大盘走势、实时新闻、个股快讯及其财务信息，如果在一个屏幕内能同时解决上述所有信息的发布，并能提供最优的看盘方式，则这样的软件将无庸质疑地成为行业的翘楚。尽管目前大量的散户并不明白这样的道理，仍在各类指标、功能、新技术、新方法上寻求答案，但数年以后，随着其交易技术的成熟，也必将选择同样的道路。另外，软件开发公司因客户需求去开发一些其特定的搜索条件或分析公式，也不失为一种较好的赢利模式。

四、如何连接两台显示器

对于一些专业的交易者而言，往往需要两台显示器才能完成自己的看盘工作，但是很多交易者并不了解如何在一台电脑上连接两台显示器进行工作，下面给出一个实际操作的建议。

如果交易者有一台主机和两台显示器，那么只需要主板同时集成有 VGA 接口（蓝色）和 DVI 接口（白色）即可。如果没有，交易者就需要买一块带有 VGA 接口和 DVI 接口的普通显卡了。

交易者可以用带有 VGA 接口的连接线来连接主机上的 VGA 端口和一台显示器；如果另一台显示器自带有 DVI 接口，那么只需把带有 DVI 接口的连接线连到主机上的 DVI 端口和该台显示器即可；如果另一台显示器上只有 VGA 接口，那么就必须买一个

DVI 转 VGA 接口，把这个转接口接到主机上的 DVI 端口，再把 VGA 接线连接到这个转接口的另一头和显示器的 VGA 接口上即可。

不必修改电脑的 CMOS 参数，在安装了显卡驱动程序后，交易者即可通过"控制面板"里的"NVIDIA 控制面板"中的设置来调整显示器（针对 NVIDIA 的显卡芯片）。"NVIDIA 控制面板"会问你是要把两台显示器合并为一台显示，还是显示同样的内容或分别显示不同的内容（选择此选项）等等；同时指导交易者分别设置两台显示器的不同分辨率，以及如何设置主显示器和副显示器等等（前提是要安装多国语言版的显卡驱动程序，否则这里显示的可能全是英文。）。

都调整好后，把一个窗口缩小，就可以用鼠标拖动它往另一个显示器上移动了（一般是往主显示器的右边移动）。这样，两台显示器就可以独立工作了。如果交易者需要在一台电脑上接四个显示器独立工作，以目前的 IT 技术来看，除了昂贵的多屏卡能够办到之外，无其他技术条件可以实现。但交易者可以购买两台电脑，再按照上述方法炮制即可。

第二节　软件应用

很多交易者对行情分析软件并不熟悉，因而在使用效率上大打折扣。下面，就通达信软件常用的界面和功能作些介绍。

一、基本功能键的运用

在交易者使用行情分析软件时，无一例外的都要用到计算机，对于计算机的使用这里就免去说明。了解行情分析软件，可以先从软件"菜单栏"里的"帮助"开始。都是中文界面，只要是能识字的交易者都可以放心地反复观摩和测试，直至将一切基本功能了然于胸。

在计算机键盘的最上面有一排功能键区，从 F1 到 F12 都是方便程序开发者自定义功能的。下面以通达信软件为例，就这些功能键在股票分析时的应用作一些说明。

1. F1 键的作用（或按 01 + 回车键）

在个股分时图上按 F1，可查看股票当日全天的成交明细，该记录表由"时间、价格、现量"构成，交易者可由此察看当日所有以时间为顺序的成交情况；在个股 K 线图上按 F1 时，将进入历史日成交报表，通过它，交易者可以察看近段时期以来的个股日成交概况。

2. F2 键的作用（或按 02 + 回车键）

察看股票当日全天的分价表，该表由"价格、成交量、比例、竞买率"构成。所谓"比例"是指某价格上的成交量占当日成交量的比例，所谓"竞买率"是指在某价位上主动性买量所占的比率。通过对分价表的分析，交易者可了解个股在当日盘中的成交密集区、阻力区和支撑区。

3. F3 键的作用（或按 03 + 回车键）

查看上证综合指数（即上证领先指标）即时走势图。

4. F4 键的作用（或按 04 + 回车键）

查看深圳成份指数（即深证领先指标）即时走势图。

5. F5 键的作用（或按 05 + 回车键）

切换分时图和 K 线图。

6. F6 键的作用（或按 06 + 回车键）

查看自选股的情况。交易者可以将需要随时跟踪的股票编成一组，把它们放在自选股一栏里，在任何界面上，直接按 F6 键就可以进入自选股界面。

7. F7 键的作用（或按 07 + 回车键）

进入资讯栏。这个键的功能在不同的软件里是不一样的。

8. F8 键的作用（或按 08 + 回车键）

切换 K 线周期，比如进入周 K 线图、月 K 线图、季 K 线图、5 分钟 K 线图等。

9. F9 键的作用

进入网上下单交易窗口。这个键的功能在不同的软件里也是不一样的。

10. F10 键的作用（或按 10 + 回车键）

察看个股基本面的详细资料。这些资料包括公司最新动态、公司概况、股本结构、相关报道、公司公告、财务分析、机构持股等信息，是交易者对上司公司进行基本面分析的重要信息来源。

此外，还有一些特殊键的功能应该记住：按 61 + 回车键进入沪 A 涨幅排名；按 63 + 回车键进入深 A 涨幅排名；按 67 + 回车键进入沪、深 A 涨幅排名（有的软件上是按 60 + 回车键）；按 81 + 回车键进入沪 A 综合排名；按 83 + 回车键进入深 A 综合排名；按 87 + 回车键进入沪、深 A 综合排名（有的软件上是按 80 + 回车键）。

二、基本功能的使用

1. 键盘精灵

很多行情分析软件上设有"键盘精灵"这项功能。当键盘输入法在英文状态且交易者在使用行情分析软件时，按下电脑键盘上的任意一个数字或字母，在软件程序的右下角都会弹出"键盘精灵"。见图 64。

交易者在使用"键盘精灵"时，既可以通过输入代码、中文名称来搜索对应的目标（股票、基金、债券、指数等），并按回车键（Enter）进入相关页面；还可以通过输入技术指标（如 KDJ）的中、英文名称，更换技术指标窗口里的指标；也可以通过快捷键来察看所需的内容，如按"61 + 回车键"直接进入"上证 A 股涨幅排名"。

"键盘精灵"还支持汉字输入和模糊查找，输入任何一个汉字，即可在"键盘精灵"里得到相关的信息；同时，输入任何一个拼音的首个字母，"键盘精灵"也会把所有读音相符的词都找出来。但在"键盘精灵"里用得最多的还是组合拼音首个字母查询法，如需查民生银行股票，可在"键盘精灵"里敲入"MSYH"四个字母即可。

2. 放大或缩小 K 线图

在行情分析软件的 K 线图上，交易者可使用"↑"和"↓"键将 K 线图放大或缩小。放大功能可将 K 线图的某一部分显示得更清楚，缩小功能则可使交易者观察到更长时间段的 K 线图。当交易者用鼠标双击出现"十字光标"的时候，无论此时的光标指向 K 线图的何处，在按"↑"和"↓"键进行放大或缩小时，都是围绕此光标附近的 K 线图而展开的。

交易者也可通过选择"隐藏信息窗口"来扩大 K 线图显示窗口的大小，但该方法只是将 K 线图的横向显示面积扩大了，交易者所看到的 K 线范围并没有随之扩大。

3. 多股同列

多股同列是指行情分析软件可以自行将 K 线图的主窗口划分为 4 个或 9 个或 16 个小窗口，以同时显示 4 只或 9 只或 16 只股票的 K 线图。交易者可以根据自己的需要，按照软件主窗口菜单栏的提示，或更改"系统设置"来自定义股票的多股同列数量。

多股同列可以用来同时显示自选股里的股票，也可以用来同时显示特定板块里的股票，还可以用来同时显示沪、深涨幅排名靠前的股票等，对于同时追踪多只股票具有很好的作用。在通信达软件上，该功能在窗口主菜单栏"分析"里的"多股同列"中。

4. 变换分析周期

变换分析周期是指对个股或指数的 K 线周期进行变更，以查看不同周期的 K 线图。一般的周期类型主要有日线图、周线图、月线图、季线图、年线图、1 分钟图、5 分钟图、30 分钟图、1 小时图等。可以在 K 线图上通过鼠标"右键菜单"选择"变换周期"来实现该功能，也可以在 K 线图上通过按 F8 键来切换 K 线的分析周期。

在多图同列的基础上还可以实现多周期同列的功能，即在一个系统画面上同时显示某股票的日 K 线、周 K 线、月 K 线等。在通达信软件里，多周期同列是通过窗口主菜单栏"功能"里的"定制版面"中"新建空白版面"来自定义实现的。可先自定义看盘界面的模块数量，再将每个模块自定义为普通分析图，然后再通过按 F8 键将不同模块里的 K 线图进行周期切换，以获得个股或指数的多周期同列显示（这比某些软件里直接调用多周期同列功能要复杂得多）。见图 60。

图 60

5. 多窗看盘

多窗看盘是指在个股 K 线图界面上，借助多个小窗口可同时查看多个股票信息。见图 61。

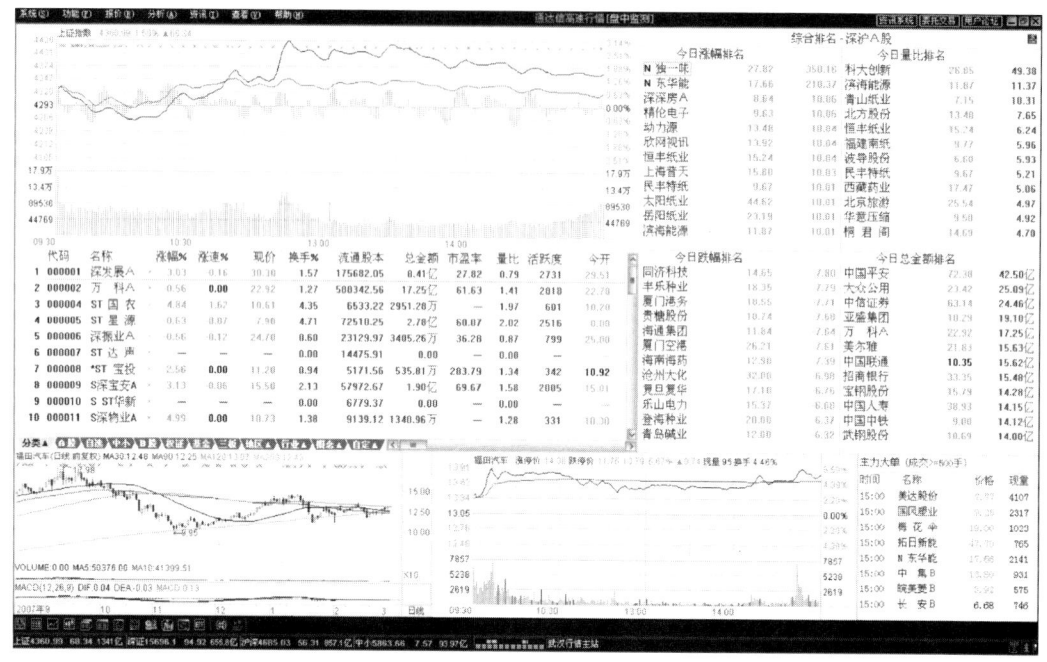

图 61

在一些软件的窗口主菜单栏里有几个现成的模版可供选择，但也可以通过自定义多窗看盘来实现更具个性的看盘设置。此举能够最大化地利用屏幕空间，且不需要来回切换画面即可以实现同时监测各行情的功能。在通信达软件上，该功能在窗口主菜单栏"功能"里的"定制版面"中的"盘中监测"里。

6. 复权处理

要了解"复权"必须先了解"除权"。由于上市公司送股、分红等原因，会导致股票的每股净资产有所减少，为了保持交易的公平性，需要在发生该事实之后从股票市场价格中剔除这部分因素，由此形成的剔除行为就是"除权"动作。如果不进行除权（因为送股）或除息（因为分红），那么在除权或除息日以前购买股票的交易者与这天之后（含当天）购买该股票的交易者会发生同股不同权的现象，即使两者用相同的价格购买了相同的股票数量，但其所持股票的每股权益（净资产）已经有了很大的区别；因此必须在除权或除息日当天向下调整股价，使股票的每股价格与每股净资产保持连贯的价值关系。在个股 K 线图上，除权或除息日的巨大缺口就是这样产生的。

当个股 K 线图上出现巨大的向下缺口后，K 线图和均线系统就会变得不连贯或者紊乱，为了方便交易者察看，于是软件中就出现了"复权"的概念。所谓"复权"，就是对个股股价和成交量进行权息修复，按照股票的实际涨跌情况绘制股价走势图，

并把成交量调整为相同的股本口径。在不同的软件上,对于复权处理的名称不一而同,但基本上有以下几种:

标准除权:是指在 K 线图上保留除权缺口,但对均线系统进行除权处理。

后复权:是指保持除权日以前的价格不变,将除权日之后的价格增加,将除权日之后的 K 线向上平移,以保持股价走势的连续性。

前复权:是指保持现有价位不变,将除权日之前的价格缩减,将除权日之前的 K 线向下平移,以保持股价走势的连续性。

定点复权:是指选择一个除权时间为基准,将当前股价向上平移,以保持股价走势的连续性。

细心的交易者会发现,前复权和后复权之后的 K 线图里的除权缺口都被连接上了,图形本身是一样的,只是右边的价格数字会发生变化。当采用前复权时,最后一根 K 线右边所显示的价格刻度和当日的成交价格基本一致,这是因为它忽视了前面的送配股和分红等情况,使交易者以为该股本身就值这么多钱,因而易产生股价便宜的错觉;当采用后复权时,最后一根 K 线右边所显示的价格往往会比当日成交价高出很多,这说明如果计算前面的送配股和分红等情况后,该股目前的价格实际上已经很高了,长期持股者获利丰厚,此时购买该股的风险较大。但为了方便对应当前的报价情况,一般我们所选用的还是前复权,只有在具体分析个股的真实价格时才会用到后复权。比如,深万科股票在 2008 年 8 月的成交价格大致为 7 元,但同期的后复权价格为 80 元左右,这么高的利润,即使该股持续下跌也不无可能。

需要注意的是,个股数据的齐全与否对后复权的当前价格有很大的影响。由于计算方式不同以及数据不齐全等原因,多数行情分析软件的后复权所显示的价格是不一样的。特别是由计算机自动进行的除权行为,往往存在着很多问题,不能做到准确复权。

通常在任何一只个股的 K 线图界面中,从点击右键出现的菜单里即可找到"复权处理"。

第三节 大盘界面

各类行情分析软件能看到很多分析界面,其中最常见的就是大盘分析主界面和个股分析主界面。大盘分析主界面是分析沪深股市各类指数走势的主要界面,也是研究沪深大盘走势的主要界面。大部分行情分析软件都提供了几十个沪深市场的各类指数,其中常用的是上证综合指数、深证成份指数、沪深 300 指数、上证 180 指数等。这其中,交易者最常用到的是上证综合指数和深证成份指数的分时走势图及其 K 线图。下面,以上证综合指数的图形来进行讲解。

一、大盘 K 线图界面

1. 窗口主菜单栏

打开任何一款通用的行情分析软件,按 F3 键或按 "03 + 回车键",交易者都可以看到上证综合指数K线图（如果出现的是其分时走势图，则按F5键即可切换到该界面。）。交易者可以通过窗口主菜单栏熟悉该软件的功能设置。窗口主菜单栏一般位于系统画面的左上方，见图62。交易者可以用鼠标左键逐一点击，以察看众多的使用功能。

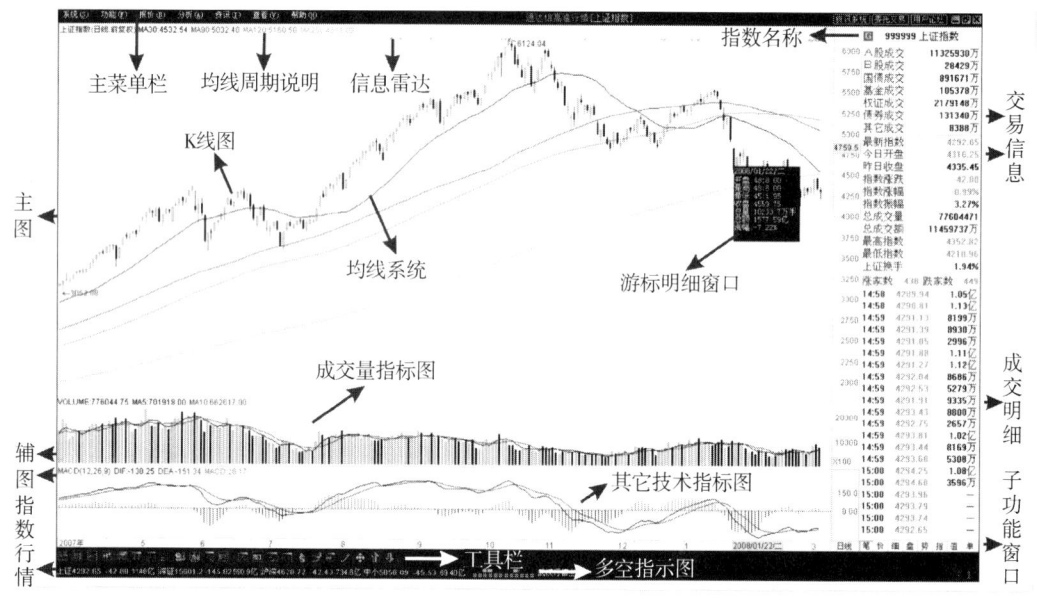

图 62

2. 窗口主图

窗口主图在系统画面的正中心，最上面显示的是"均线周期的说明"，它说明了当前画面上所使用的各类均线的周期是多少天，其对应的均线颜色是什么色；再往下面的红色＊号是"信息地雷"，它显示了＊号所对应日的资讯信息，包括上市公司公告和新闻、盘中点评等信息，将鼠标移到＊号上或双击＊号即可察看该信息内容；再往下面就是"K线图"，它占据了系统画面的最大位置，是我们主要的研究对象；围绕着K线图的各色曲线就是"均线系统"，一般软件系统默认的是4个不同周期的均线，交易者也可以自行调整均线参数；将鼠标移到任意一根K线上，即会出现"游标明细窗口"，又称为"十字光标"，小窗口里显示了一些该交易时段的基本交易数据，将鼠标移动到别处，就可以退出该小窗口；通常主图上都以横、纵向坐标为背景，如果交易者嫌坐标线妨碍看图，也可以在"系统设置"里去掉这些坐标线。

3. 窗口辅图

在窗口主图的下面，即是窗口的辅图区域。主要是用来显示各类技术指标图的，其中最为常见的就是"成交量指标图"。成交量指标图包括成交量柱状图和均量线图。在成交量柱状图中，每一根柱状线代表某一周期的累计成交量（单位为手），如果交易者看的是月K线图，那么这里的每根柱状线显示的是当月的成交量。成交量柱状图的颜色是随指数的涨跌而改变的，如果指数当时收的是阳线，则成交量柱状图的颜色为红色；如果指数当时收的是阴线，则成交量柱状图的颜色为绿色。均量线是分析成交量变化的辅助工具，一般有两根，分别用黄色和白色表示，具体作用详见前面第三章"技术指标"中的第三节"其他技术指标"。

在"成交量指标图"的下方，是其他技术指标图，可以根据交易者的需要自行添加和更换。一般行情分析软件里提供的技术指标图有百余种之多，但在辅图区域，软件系统默认的技术指标图只有两个，它们分别是"VOMULE（成交量）"指标和"MACD（指数平滑异同移动平均线）"指标。根据需要，交易者可以同时设置9个技术指标以多角度判研股票的运动趋势。如果交易者嫌技术指标图的高度不适合而影响看图，也可以自行提高或压缩每个技术指标图的高度。

4. 窗口尾图

在辅图之下即是窗口尾图，不同的分析软件上，这里所显示的信息是不同的，它们的存在可有可无。一般这里显示的是"指数行情"，即现在大盘指数的运行点数、涨跌点数、成交金额等。"多空指标图"也是一个个性化的参数，在一些软件上是没有的。在通达信软件中，左边方格条为沪市的多空条，右边方格条为深市的多空条，代表当时的市场多空人气状况。

每个软件上都会有"工具栏"，即软件公司会把"窗口主菜单栏"里交易者常用的软件功能集中起来以供交易者快捷而方便的使用。这个"工具栏"可以被人为的设置在窗口尾图里，也可以自动隐藏在窗口主菜单之下，当鼠标移过去时自动显示。

5. 交易信息栏

交易信息栏在系统画面的右上方，是显示当天大盘指数主要信息的窗口，交易者可以通过这些信息的对比和分析，对上交所当天的交易概况有个全面、快速的认识。通常，最上面显示当前的"指数名称"，如"上证指数"、"地产指数"、"B股指数"等。在大盘的"交易信息"栏里，上半部分显示的是一些分类市场的成交情况，如"A股成交"、"国债成交"、"基金成交"等；下半部分显示的是与大盘相关的即时行情信息，如：

最新指数：表示现在该指数的最新数值。

今日开盘：表示今日该指数的开盘点数。

昨日收盘：表示昨日该指数的收盘点数。

指数涨跌：表示现在该指数距离昨日收盘指数的涨跌点数。

指数涨幅：用现在该指数的涨跌数值除以昨日该指数的收盘点数再乘以100%，即可得出该数值，它体现了该指数现在的涨幅状况。

指数振幅：用从开盘到现在为止的该指数最高点和最低点之间的差值，除以昨日该指数收盘时的点数再乘以100%，即可得出该数值，它体现了今日该指数的波动幅度。

总成交量：表示开盘后到现在为止，该指数所含标的物的成交总量（单位为手）。

成交金额：表示开盘后到现在为止，该指数所含标的物的成交总金额（单位为元）。

最高指数：表示开盘后到现在为止，当日该指数曾出现过的最高点数。

最低指数：表示开盘后到现在为止，当日该指数曾出现过的最低点数。

上证换手：用现在上海证券交易所的即时成交量除以昨日收盘时该交易所的总流通股数，再乘以100%，即可得出该数值，它体现了现在上交所的交易活跃状况。

涨家数：表示在该指数所含标的物中，当前上涨家数的总和。

跌家数：表示在该指数所含标的物中，当前下跌家数的总和。

需要说明的是，以上这些信息都是当天的即时信息，每分每秒都在发生变化。

6. 成交明细栏

在"交易信息"栏下面是"成交明细"栏，它显示了各指数即时的点位状况和在该点位上的成交状况。

7. 子功能窗口

这里的子功能窗口主要显示了"笔、价、细、盘、势、指、值、筹"这几个数据，通过用鼠标切换的方式，交易者可以得到以下信息：

1）笔：是指分笔成交明细，即在什么时间、什么指数点位成交了多少手股票（大盘图上）；或在什么时间、什么价格成交了多少手股票（个股图上）。"笔"通常作为这块区域的默认显示图。

2）价：是指当日的分价表，即在什么指数点位上成交了多少手股票（大盘图上）；或在什么价位成交了多少手股票（个股图上）。

3）细：是指逐笔成交明细，即在每分钟内的所有成交记录，只要是在交易所有成交记录的，在这里都会逐秒显示出来（个股图上）。但该功能只在 Level-2 版本中才能使用。

4）盘：是指目前排在最前面的十个委托卖盘和十个委托买盘的报价（个股图上）。但该功能只在 Level-2 版本中才能使用。

5）势：是指大盘现在的分时走势图（大盘图上）；或个股的分时走势图（个股图上）。

6）指：是指现在的大盘指数的分时走势图。如所查询的个股属于上海交易所，则这里显示当时的上证指数的分时走势图；如所查询的个股属于深圳交易所，则这里显示当时的深成指数的分时走势图。

7）值：是指相关的数据值，如总股本、总流通股本、总市值、流通市值、平均市盈率等数据（大盘图上）；或多空力度分析中的多头平衡、多头获利、多头止损等数据（个股图上）。下面浅显的介绍一下多空力度分析和逆势操作系统。

①多空力度分析：

所谓多头，是指对股市或股票看好，认定其后市一定会涨的人；所谓空头，是指对股市或股票看淡，认定其后市一定会跌的人。究竟后市会不会跌，多头或空头往往都无法正确预测，一些多空数据不过是他们当时看多或看空的程度而已。但要注意，多头和空头是可以相互转换的，这就是所谓的"空翻多"或者"多翻空"，当这种情况发生时，股票行情往往即将发生转变。

多空平衡：是指今日看空和看多者可能在此价位上取得平衡。

多头获利：是指今日持股者可能应该在此价位上获利了结。

多头止损：是指今日持股者可能应该在此价位上止损出局。

②逆势操作系统：

逆势操作系统（CDP）是一种用于极短线的操作系统，是当日内买进或卖出股票的操作指标。它利用昨日的行情走势来预测今日股价可能发生的变动，为交易者提供当天盘中的短线操作参考。

逆势操作系统 CDP =（H + L + 2C）÷ 4

其中，H 是前一日的最高价，L 是前一日的最低价，C 是前一日的收市价。

AH（最高值）= CDP +（H − L）

NH（近高值）= CDP × 2 − L

NL（近低值）= CDP × 2 − H

AL（最低值）= CDP −（H − L）

这五个数值从最高到最低的排列顺序依次为：AH，NH，CDP，NL，AL。

③判研方法

逆势操作系统研判的关键，是看个股的今日开盘价开在 AH、NH、NL、AL 四个数值的哪个附近。如果今日开盘价开在最高值或最低值附近，意味着价格跳空高开或跳空低开，预示着一个较大的即日行情即将开始。在过去价格涨幅不高的情况下，当价格发生跳空高开时，交易者可在最高值的价位去追买；当价格发生跳空低开时，交易者则应该在最低值的价位卖出。如果今日开盘价开在近高值与近低值之间，则表示今日行情可能呈小幅震荡趋势，交易者可以在近低值的价位买进，再于第二天的高值附近卖出；或今日于近高值附近卖出，再在当天近低值附近买进。

逆势操作系统适合于上下震荡的盘整行情，以选择高卖低买的区间赚取短线利润。但是对于大涨或大跌的单边行情，为了防止出现重大损失，则应多看前面的多空平衡、多头获利、多头止损，作好应对的准备。

8）筹：是指移动筹码分布图，它反映了不同交易者在不同时间的持仓数量和持仓价格（成本），这对于分析主力资金进出状况，以及分析股价的压力位、支撑位均有一定的作用。这个指标要在个股日 K 线图上才能看得到，详见后面的"解读移动成本"一章。

二、大盘分时图界面

大盘分时图是大盘指数每分钟的即时走势图，其实就是每分钟指数的连线图，见图 63。该图的上边、下边和右边同大盘 K 线图是一样的，区别在于主图和辅图所显示的内容不一样。下面以上证领先指数的分时走势图来讲解。

1. 窗口主图

①黄线和白线

大盘分时图上的黄线是指不加权的上证指数走势图，由各大行情分析软件公司自行编制，在计算时采取简单算术平均法。该线仅对白线的走势有对比参考的作用，不具备其他意义。

大盘分时图上的白线是指加权的上证指数走势图，由上海证券交易所发布并编制，在计算时采取加权算术平均法。当媒体报道上证指数时,所报的点数就是白线的即时点数。

采取简单算术平均法计算出来的黄线,因为各股票的权重都相等,因而可以很好的体现出小盘股的价格变动痕迹;采取加权算术平均法计算出来的白线,因为各股票的权重不一样,而各大指数基本上是以总市值来计算权重的,所以总市值大的股票,其涨跌幅度对指数的影响就比较大。

举例说明:假设某指数样本股由甲、乙、丙、丁4只股票构成,设其基数是100点,那么采用简单算术平均法计算时,每只股票被分到的权重系数都是25%,即每只股票在100点里各占25点的份量。当某一时刻的甲股上涨10%、乙股上涨5%、丙股持平、丁股下跌7%时,则该时刻的指数为:100 + (0.1×25) + (0.05×25) + 0 + (-0.07×25) = 102点;而当采用加权算术平均法时,可能甲的总市值在4只股票的总市值之和中占据了45%,所以它可以获得的权重系数为0.45,而乙的总市值在4只股票的总市值之和中占据了20%,所以它可以获得的权重系数为0.2,以此类推,丙和丁可以获得的权重系数分别为0.18和0.17。于是按此系数来计算指数时,所得到的指数点位就不一样了,总市值大的股票,对指数的影响力或贡献度就大一些(股指计算方法详见后面的"大盘指数"一节)。

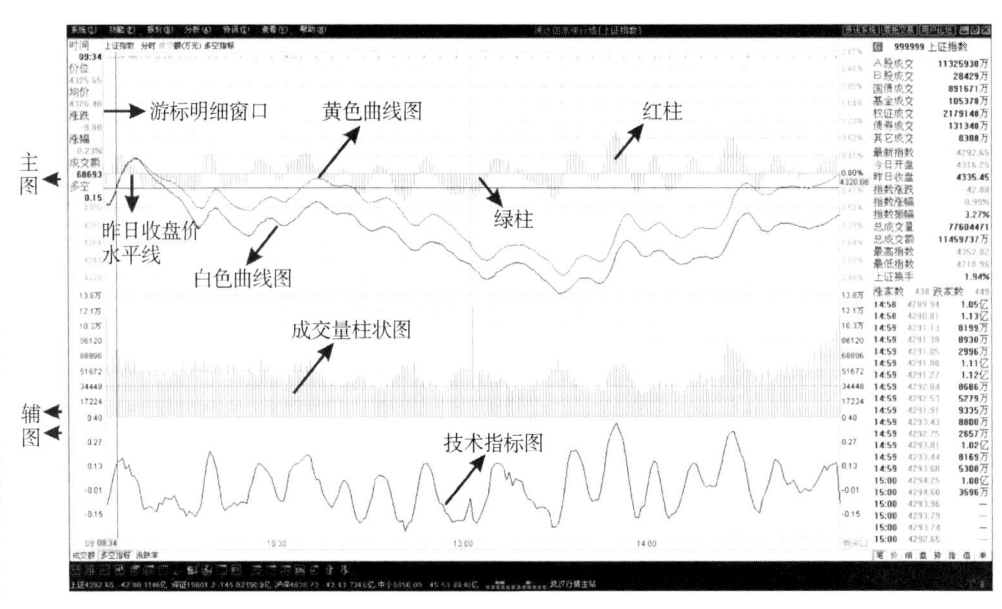

图63

黄、白线的含义如下:

①当上证指数上涨时,如果白线在上方,说明大盘的上涨主要是由于大盘股的整体上涨而造成的,大盘股的整体涨幅要比中小盘股的整体涨幅大。

②当上证指数上涨时,如果黄线在上方,说明大盘的上涨主要是由于中小盘股的整体上涨而造成的,中小盘股的整体涨幅要比大盘股的整体涨幅大。

③当上证指数下跌时，如果白线在下方，说明大盘的下跌主要是由于大盘股的整体下跌而造成的，大盘股的整体跌幅要比中小盘股的整体跌幅大。

④当上证指数下跌时，如果黄线在下方，说明大盘的下跌主要是由于中小盘股的整体下跌而造成的，中小盘股整体跌幅要比大盘股的整体跌幅大。

②红柱和绿柱

在上证领先指标图的中间，以昨日收盘价的水平线为基准，在其上显示的是红色柱线，在其下显示的是绿色柱线，这些红、绿色柱线反映着上证领先指数当时上涨或下跌的强弱度。

当红色柱状线的长度在往上延伸时，表示此时上证领先指数上涨的力量在逐渐增强。

当红色柱状线的长度在往下缩短时，表示此时上证领先指数上涨的力量在逐渐减弱。

当绿色柱状线的长度在往下延伸时，表示此时上证领先指数下跌的力量在逐渐增强。

当绿色柱状线的长度在往上缩短时，表示此时上证领先指数下跌的力量在逐渐减弱。

如果绿色柱状线的长度在往上缩短后，还没来得及翻红就又开始成为绿色柱状线并往下延伸，则意味着连绵的下跌行情即将来临；反之，当红色柱状线的长度在往下缩短后，还没来得及翻绿就又开始成为红色柱状线并往上延伸，则意味着连绵的上涨行情即将来临。此外，在上证指数的上涨过程中，若红色柱状线越长，表示上涨的动能越充分，大盘越容易往上走；在上证指数的下跌过程中，若绿色柱状线越长，表示下跌的动能越强，大盘越容易往下跌。

③游标明细窗口

用鼠标双击黄、白线的任何一处，即在主窗口的左上方会出现一个"游标明细窗口"，里面显示了被点击处的一些行情数据，包括时间、价位、均价、涨跌等数据；然后将鼠标在主界面任意一处移动，均可以通过"十字光标"看到该点的行情数据，包括水平位的指数点位和对应时间。

2）窗口辅图

窗口辅图区域主要显示技术指标图，图63所显示的是"成交量柱状图"。每一条长短不一的柱状线代表每一分钟上海证券交易所A股和B股的累积成交之和。该处以手为单位（1手=100股），柱线越长，表明在这一分钟里，上海证券交易所A股和B股的总成交量越大。在上证指数上涨过程中，柱状线越长（红色），表明市场上主动性买盘越大，上证指数的上涨动能越充分；而在上证指数下跌过程中，柱状线越长（绿色），表明市场上主动性抛盘越大，上证指数下跌的动能越大。

在"成交量柱状图"下面，是其他的技术指标图，如"多空指标"和"涨跌率"，它们是专门针对大盘而开发的统计指标，涉及到涨跌家数的问题。下面简单介绍一下通达信软件里的"涨跌率"。这个指标并不是涨跌比率（ADR），实质上只是涨跌家数的描述。白线代表着当时上涨的股票家数，黄线代表着当时下跌的股票家数，左右两边都有数值可供参考，交易者可任看其一（平盘的股票家数无法显示）。在白线和黄线之间有一条红色水平线，那是大盘上涨家数和下跌家数的平衡线，意味着此处时的上涨家数和下跌家数将会相等；当上涨的家数超过平衡线时，会出现红色的线状图，上涨的家数越多，红线条就越长；当下跌的家数超过平衡线时，会出现绿色的线状图，下跌的家数越多，绿线条就越长。通过"涨跌率"指标，交易者可以看到即时大盘是上涨的股票多还是下跌的股票多，并通过对比当时的大盘分时图，以察看指数上涨时股票上涨的家数多不多，如果不多，则往往是市场人气不足的表现；同理，如果指数下跌时股票下跌的家数并不多，则往往是市场下跌意愿不足的表现。

第四节　个股界面

个股分析主界面是最常见的界面，它是从技术角度来研判个股走势的重要窗口。个股分析主界面包括个股 K 线界面、个股即时走势界面、个股基本资料界面（按 F10 键进入）等。见图 64。

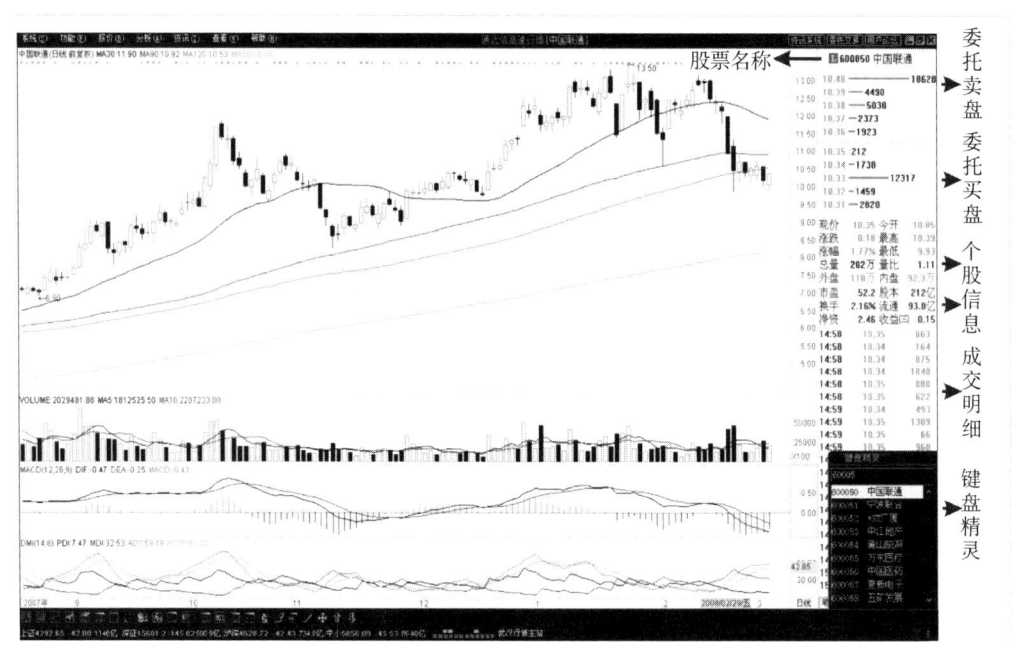

图 64

一、个股 K 线图界面

个股 K 线图界面包括个股日 K 线、周 K 线和月 K 线图界面等，其中最常见的是个股日 K 线图界面。以日 K 线为例，个股 K 线图界面主要由三部分组成：最上面部分是由 K 线和均线构成的股价走势图，中间部分是由成交量构成的成交量指标图，最下面部分是由各类其他指标构成的技术指标分析图。这些同大盘的 K 线图没有什么不同，区别在于K线图的右边部分。

右边部分是股票交易信息栏，由股票名称、报价栏、个股信息栏、成交明细栏、子功能窗口等部分构成。子功能窗口已经在前面叙述了，这里就不再重复。

1. 股票名称

"股票名称"由六位数的股票代码和股票中文简缩名称构成。其中，在上交所挂牌的A股代码为600×××，新股发行申购代码为730×××，新股申购款代码为740×××，新股配号代码为741×××，配股认购代码为700×××；在深交所挂牌的A股代码为00××××，A股增发代码为07××××，中小板代码为002×××，新股申购代码为0×××××，其申购款、配号、中签新股直至上市后的代码均不变。

股票中文简称前被冠以"XR"的，表示该股票当日除权（因为送股或配股），除权后的第一个交易日即恢复原简称；股票中文简称前被冠以"XD"的，表示该股票当日除息（因为分红派息），除息后的第一个交易日即恢复原简称；股票中文简称前被冠以"DR"的，表示该股票当日既除权又除息（因为送股或配股且又分红派息），除权后的第一个交易日即恢复原简称；股票中文简称前被冠以"ST"的，表示该股票被实行特别处理，特别处理结束后可恢复原简称（详见后面"了解股市常识"一章中的"股票部分"）。

2. 报价栏

在"股票名称"的下面是个股的"报价栏"区域，上面是"委托卖盘"，通称为卖五～卖一，表示个股当前时刻委托卖出的第五/第四/第三/第二/最低价格；下面是"委托买盘"，通称为买一～买五，表示个股当前时刻委托买入的最高/次高/第三/第四/第五价格。

"报价栏"是研究个股盘口数据的重要区域，很多虚假的委托买单或卖单会在这里出现。因此，从这里可以看到主力机构的动作及意图，也能使交易者获得读懂盘面信息的第一手资料。这里的数据变化具有重要的参考价值。

3. 个股信息栏

该栏目显示当前个股的综合性资料，它们包括：

现价（或叫最新）：表示该股目前最后一笔的成交价格。

涨跌：是该股当前最新价格－昨日收盘价的结果。

涨幅（或叫幅度）：是（涨跌价格÷昨日收盘价）×100%的结果。

总量：表示从今日开盘到最近一笔为止，该股所有累计成交手数的总和，1手为100股。

今开（或叫开盘）：表示该股当日的第一笔成交价格。

最高：表示从今日开盘到最近一笔为止，该股成交的最高价格。

最低：表示从今日开盘到最近一笔为止，该股成交的最低价格。

量比：是开盘后成交总量÷当日已开市时间（分）÷过去5日平均每分钟成交量的结果。

内盘：表示从今日开盘到最近一笔为止，该股所有以委托买入价成交的手数总和。

外盘：表示从今日开盘到最近一笔为止，该股所有以委托卖出价成交的手数总和。

换手：即"换手率"，是阶段性成交量÷流通股总数×100%的结果。

净资：即"每股净资本"，是用该股票所属公司的净资产÷总股本之后的结果。

股本：即"总股本"，是该股票所属公司全部股东所持普通股股票的总数之和，含流通的和未流通的股票，也含A股和B股。

流通：即"流通A股"，是该股票所属公司当前实际上市流通的A股总数。

收益：即"每股收益"，是该股票所属公司当年前几季度的净利润之和÷总股本之后的结果。

市盈：即"市盈率"，是该股票每股当前股价÷每股收益的结果。一般而言，股票市盈率的高低与其投资价值成反比，高的市盈率意味着股票的市场价格偏高或公司利润偏低，但也可能意味着个股具有长期看好的内在价值和预期回报，也属于正常现象；反之，过低的市盈率也并不见得可以凸显股票的价值，因为过低的市盈率也可能是因为该股票本身就存在着某些问题，使股价难以提高。所以，看市盈率指标的关键是要看股价是否高得离谱或低得离谱。

前面说的市盈率是静态市盈率，它的每股收益是指已经明确了的上一年度的每股收益；但是在分析市盈率的时候，软件上通常给出的是动态市盈率。动态市盈率＝每股当前股价÷每股预计收益，这里的预计收益是用每季度的每股收益来估算的。如果1季度的每股收益为0.2元，那么系统将简单的认为该公司当年的年度每股收益将达到0.8元。显然，动态市盈率常常很不准确，因为有时一个公司在某季度会突然出现巨大的收益，但这往往不是经营上的成果，而是财务报表上的置换技巧或项目调整的结果。以此收益来测算全年的经营性收益，显然有失偏颇。

有的软件上还有：

均价：是当前累计成交量金额÷累计成交量的结果。

现量：表示该股最近一笔成交的手数。红色或有向上的箭头表示以卖出价成交的每笔手数，绿色或有向下的绿色箭头表示以买入价成交的每笔手数。

金额：表示从今日开盘到最近一笔为止，累计成交的金额总和，单位为万元。

活跃度：表示个股的成交活跃程度，大致等于当天的成交笔数。

强弱度：表示个股涨幅与同期大盘涨幅之比。

注意，在不同的行情分析软件上，个股信息栏里所显示的内容是不一样的，这里的介绍以通达信软件为主；同时，也需要注意以上这些信息都是当天的即时信息，其每分每秒都在发生变化。

4. 成交明细栏

"成交明细"里显示的是个股每个时刻在不同价格上成交的手数，但由于一般的行情分析软件所接收的信号是交易所每6秒钟发布一次的行情快照，因此这里的分笔成交数据其实是两次快照期间累计的成交量和最后一笔的成交价格，这样的成交数据显然是不真实的。

比如，当以主动性买盘（外盘）成交时，这里的成交手数是红色的或有红色向上的小箭头；当以主动性卖盘（内盘）成交时，这里的成交手数是绿色的或有绿色向下的小箭头。可能在一分钟内交易所传来了10次数据资料（平均每6秒钟一次），第一次数据显示在 13 时 04 分 06 秒有 200 手单子以主动性买单成交，价格是 10 元整，所以成交手数是红色的；但是这 200 手的真实成交记录可能是这样的：先在 13 时 04 分 02 秒有一笔 190 手的单子是以主动性卖盘成交的，价格是 9.99 元，然后在 13 时 04 分 04 秒有第二笔 10 手的单子是以主动性买盘成交的，价格是 10 元整，所以在 13 时 04 分 06 秒系统会出现 200 手的红色买单数据。该数据足以误导交易者以为刚才有 200 手买单主动吃货，但实际上是有大量的卖单在主动成交。

正是基于数据在传输时间上的滞后性，所以主力机构常常在此做手脚，以欺瞒不细心的交易者或不关心即时成交数据的交易者，因而这里也成为重要的盘口研读对象。

5. 部分数据判研

1）内盘和外盘

内盘和外盘是反映个股在一个交易日内，主动卖出和主动买入的成交数量，两者之和等于该股的当日成交量。如果交易者积极买入，自然会以卖盘的价格下单，这种以叫卖价成交的股票成交量通常被称为外盘，也就是主动性的买盘；如果交易者恐慌卖出，自然会以买盘的价格下单，这种以叫买价成交的股票成交量通常被称为内盘，也就是主动性的卖盘。所谓"内"是指市场内的持股者，只有他们才能卖；所谓"外"是指市场外的资金方，只有他们才会买。

判研方法如下：

①一般而言，如果外盘积累数量比内盘大，说明主动性买盘多，股票短期上涨的可能性大。

②一般而言，如果内盘积累数量比外盘大，说明主动性抛盘多，股票短期下跌的可能性大。

③当个股开盘就涨停或跌停并且延续到当天收盘时，有些软件把当天所有的成交量都计入外盘，内盘则为零；而有些软件则把当天所有的成交量都计入内盘，外盘则为零。这时，对内、外盘进行研判就失去了意义。

④如果主力采用对倒的手法进行交易，或者采用虚假申报的引诱方式来交易，则内、外盘的意义可能完全相反，而这正是主力要达到的效果。比如主力先在卖二至卖五处挂出一些抛单，然后自己逐步吃掉，造成外盘大于内盘的假象，使交易者看到股票在节节攀升而纷纷买入，结果次日该股股价可能不是上涨而是下跌。

总体来说，内盘和外盘的大小对于判断股票的走势没有太大的意义，做假的成份比较多。看当日的个股走势图时，主要是看盘口买卖挂单和真实成交的数据变化，它们才是第一手资料；而对于个股多日 K 线图而言，主要是看其阶段性的量价配合情况。

2）委比

委比是衡量股票在某一时段内的买卖盘相对强弱的指标，其计算公式为：

委比 =（委买手数 – 委卖手数）÷（委买手数 + 委卖手数）×100%。

其中，委买手数是指个股在委托买盘上所显示的五档买盘之和；委卖手数则是个股在委托卖盘上显示的五档卖盘之和。委比的变化范围为 –100% 到 +100% 之间。

判研方法如下：

①当委比值为 +100% 时，表示该股已经涨停，分析图右边只能看见主动性的

买盘。

②当委比值为 -100% 时,表示该股已经跌停,分析图右边只能看见主动性的卖盘。

③当 0 < 委比值 < +100% 时,表明在该时段内,个股的主动性买盘大于主动性卖盘。

④当 -100% < 委比值 < 0 时,表明在该时段内,个股的主动性卖盘大于主动性买盘。

总体来说,该数据也没有多大意义,因为专业交易者只须观看当时的买卖盘挂单情况就可以得出是卖盘多还是买盘多的结论,而买卖盘的挂单有很多讲究和技巧,不是委比这个数据可以体现出来的;此外,由于委比指标来源于未成交的买卖盘申报数量,所以很容易被主力操纵,形成虚假申报的行为。即只挂单却不成交,等到要成交的时候开始撤单。

3)成交量

成交量体现在辅图区,如果察看的是分时走势图,则其一般性判研定律如下:

1)个股分时价格不断上涨,而对应的成交量柱状线却由短逐步变长,表明量增价涨,股价短期内继续看涨。

2)个股分时价格不断上涨,而对应的成交量柱状线却由长逐步变短,表明量缩价涨,股价短期内可能回调。

3)个股分时价格急速下滑,其对应的成交量柱状线却由长逐步变短,表明抛盘汹涌却无人接盘,后期股价继续看跌。

4)个股分时价格急速下滑,其对应的成交量柱状线却由短逐步变长,表明虽然抛盘汹涌但不乏接盘,后期股价有可能止跌回升。

以上只是一种泛泛之谈,更详细的成交量分析见后面的"解读量价关系"一章。

4)每笔手数

每笔手数是指每笔交易的平均成交量或手数,其计算公式如下:

每笔手数 = 成交手数 ÷ 笔数。

判研方法如下:

①每笔手数增大,表示主力的买卖单进场;每笔手数减小,表示多是散户的交易行情。

②在上涨行情中,每笔手数逐渐增大,表示有主力资金在吃货,股价可能会继续上涨。

③在下跌行情中,每笔手数逐渐增大,表示有主力资金在吐货,股价可能会继续下跌。

④在上涨或下跌行情中,每笔手数没有显著的变化,表示现有行情将会继续一段时期。

大致上,该指标也没有多少实际意义,因为主力在进行对敲的时候,往往都是大手笔的动作,每笔手数自然很大,但失去了判研的意义;同时,主力在出货的时候,可以是多个资金账户批量挂单,由此化解了每笔手数过大的情况。

5）量比

量比反映的是现在的成交量和过去某一段时间内的一个平均成交量的比值，其计算公式是：

量比＝开盘至现在的总成交量÷当日已开市时间（分）÷过去5日平均每分钟的成交量。

从理论上来说，量比可以反映出现在成交量是否异常的问题，很多证券类书籍也都对量比指标期望甚重，尤其对搜索量比较大的股票抱有很大的兴趣。但事实上，这个数据也没有太大的意义。这是因为：一者，涨幅排在前列的股票，其成交量和量比都比较大，根据量比来搜索目标股无意义；二者，股价要涨，成交量可大可小，不能只按量比大小来搜索目标股；三者，成交量可以做假，量比自然就不会真实，量比数据也就失去了特定的含义。

二、个股分时图界面

个股走势图分为个股K线走势图和个股分时走势图两种。个股1分钟的K线走势图和个股的分时走势图采用的都是同一种数据源，都是显示股价每分钟的走势，只是一个是用K线图来显示，一个是用最原始的连线图来显示。对于中、长线交易者来说，分时走势图的存在只是完成了股票价格中、长期运动的一段小小过程，不具备重要的参考价值；但是，当交易者决定在某一日进、出场交易时，就会关注当日的分时图或5分钟、30分钟的K线图了，以争取在一个有利的位置进货或出货。

一般而言，分时图比K线图具有更为直观而简洁的优势，故而成为交易者当日买卖股票的首选分析图。见图65。

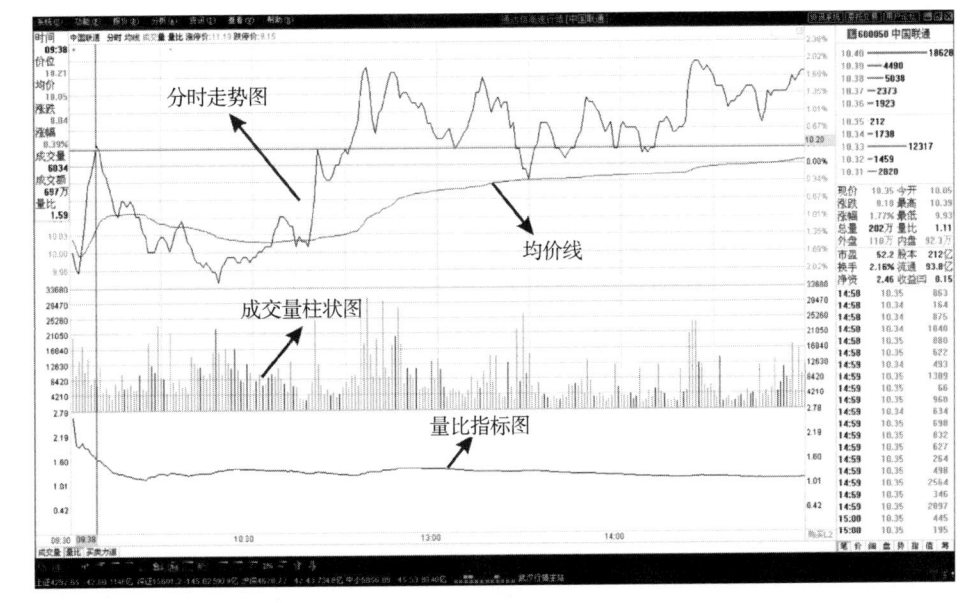

图65

个股分时图的右边同个股 K 线图是一样的，只是主界面的内容不一样。主界面包含以下内容：

1. 分时走势图

分时走势图由分时走势线、均价线和成交量组成。分时走势线由每分钟最后一笔成交价格所构成的曲线来显示。在图 65 中有两条线，白线为分时走势线，黄线为均价线。均价线由每分钟的平均成交价格所构成的曲线来显示，每分钟的成交均价 = 每分钟的累计成交金额 ÷ 每分钟的累计成交量。

2. 技术指标图

技术指标图由买卖力道、量比、成交量这三部分构成。图 65 显示的是量比指标图。

买卖力道指标：由分时走势图和买卖力道组成，并提供相应的数据资料。通过买卖力道指标，交易者可以实时判断个股的多空对比状态。

量比指标：由分时走势图和量比组成，并提供相应的数据资料。把当日每分钟不同的量比数值依次在一个坐标中连接起来，就形成了量比曲线，这比单独的看量比指标具有更直观的优势。

第二章　解读盘口现象

尽管第一部分讲述了大量的经典技术分析，但它们并不能使我们获利，而仅仅只能当作学习的资料。因为我们忽略了使各种经典图形出现的主观因素：人和资金。这些才是活的、经常在变异的东西，而经典技术分析则是对过去交易者思维和行为的一种经验性总结而已。

很多技术分析之所以能够成立，是建立在诸多的假设条件和实现环境里的，当需要满足的条件越来越多的时候，结论其实已经失去了既有的作用。经典技术分析理论的主要缺陷在于完全脱离了大盘和主力这两个最基本的因素，而在中国的证券市场上，价值分析和技术分析仍是市场主力玩弄广大交易者的道具。所以，了解技术形态的形成过程比知道这些形态更具有实际的意义。

第一节　知己知彼

研读诸多的股市经典分析理论时，我们常常忽视了一个重要的假设前提，这个前提就是市场是公平的，是没有被操控的。之所以中国股民即使是精通技术分析也仍常常亏损，重要的一个原因就是忽视了这个前提，忘记了主力或庄家的存在。在一个无知盲动的投资时代，没有主力或庄家就没有巨额利润，没有巨额利润的诱惑，中国上市公司的分红派息连储蓄的利息都不如，何谈各路资金大举介入。没有利益就没有主力或庄家，没有主力或庄家也就没有中国股市，散兵游勇造就不了中国股市。水至清则无鱼，从某种程度上来说，中国股市是需要主力或庄家存在的。中国股市首先需要治理的是上市公司造假和劣质的问题，其次才是市场秩序和公平、公正的问题，再次才是股市主力或庄家的恶习问题。

尽管目前的中国证券市场已基本上被基金等合法资金统治，但其仍然是一个政策影响的市场和资金推动的市场，也到处都是庄家和主力机构的身影。从长庄到短庄，从单独坐庄到联合坐庄，十几年的庄家操作之术仍在不断上演。在国内做股票，不了解庄家和主力机构的特性及手法，就等于不了解你的对手，其赢利的可能性微乎其微（特别是对于经常交易的交易者而言）。由此，以每日"盯盘"来熟悉主力机构的操作手法，也就成为了一个职业交易者的常规工作。

由于庄家的形式和主体已经有所变化，下面，我们把庄家的身份暂时以"主力"来替代。这里的"主力"是特指那些能够操纵和影响股价的巨量资金的支配者，其影响股价的周期既包括短期（2~5天）和中期（6~90天），也包括长期（91~2年）；既包括各路公募基金和社保资金等，也包括私募基金和民间游资等。

一、主力的行为特征

想读懂主力的语言,就必须了解主力的身份特征,主力往往就是通过这样的"障眼法"来进行市场操作的。一般来说,主力往往具备以下五个特征:

1. 在多家营业部开设多个交易账号

由于监管的不断深入(比如证监会加大打击操纵股票、虚假交易等违法犯罪行为),以及交易者选股能力的提高(比如懂得通过查看股价异动公告和上市公司股东变动来寻找主力身份),机构或私募基金为了能继续做庄,就必须在证券公司利用他人身份证开设多个股东代码证和资金账户,以方便以散户的性质集中购买股票进行控庄,或进行对手交易,或变换身份进行虚假申报等活动。

如在2001年,根据证监会对亿安科技非法操纵案的公布结果来看,亿安科技的四个庄家:东欣盛投资、中百投资、百原投资和金易投资利用627个个人证券账户和3个法人证券账户轮流买卖股票,共持有亿安科技股票3001万股,占流通股的85%,高度控制了亿安科技的股票筹码。但是,自从2008年证券公司在投资者开设股东代码证时需进行现场照相及提供个人银行账号之后,主力的该类操纵方式已基本上销声匿迹。

2. 经常进行虚假的买卖申报

虚假申报就是在盘中挂出虚假的买单或卖单,目的是想让市场交易者看见这些委托交易的买卖单,以影响市场交易行为并为自己牟取利润。即:当主力需要筹码时,就会在卖盘处挂出多笔大卖单,制造抛盘汹涌的假象,恐吓中小交易者赶紧卖出股票,但一旦有买家向上积极吃进时,主力就会马上撤单;当主力需要股价往上涨时,则往往会在买盘处挂出多笔大买单,制造买盘如潮的假象,但一旦有卖家向下大笔卖出时,主力就会赶紧撤单。

如2008年证监会的第一笔罚单就判给了曾经是宁波"涨停板敢死队成员"的周先生。证监会指责周先生在交易15只股票的过程中,以逐笔升高的价格大量申报买单,造成相关股票买入申报量很大、价格逐渐上升的假象,然后迅速撤单,以吸引、诱导其他交易者跟进买入,逐步推高股价,随后再以相对较高的价格卖出所持有的股票,为自己获取不正当利益。

3. 具备大笔做对手交易的能力

所谓做对手交易就是进行不转移股票所有权的买卖交易,俗称对倒或对敲。其目的是为了增加成交量,制造市场买卖活跃的虚假气氛,以吸引市场上其他交易者大量买进或卖出,做出有利于主力交易的行为。主力要具备这样的能力,首先是要有很多账户可以供其进行对手买卖;其次是手上要掌握有大量的股票;再次是有大量的现金可以调度。尽管该做法也属于违法行为,但通过分散的营业部账号,主力机构还是可以做到"合法"操作。

4. 熟悉经典的技术分析方法

主力要在市场的运作中获得最终胜利,就必须比普通交易者更了解经典的技术分析方法。尽管经典的技术分析法是死的,但是在巨大的资金供应下,什么样的图形都会活灵活现的出现在交易者面前。通常而言,主力在抢到一定数量的股票后,就可以利用弱市条件进行连贯的卖压冲击，制造恶劣的价格形态以获得更多的低价筹码；然后利用资金和既有筹码进行洗盘，将浮动筹码揽入怀中；再利用公认的经典上升形态吸引其他交易者跟风，并在高位继续制造量增价涨的形态以暗中出货。所以，在了解主力之前，交易者要如同他们一样先了解经典的技术分析理论。

5. 了解市场大众的习惯性思维

主力机构的操盘手也是从市场中成长起来的，本身就经历了市场的洗礼，了解市场特性和大众交易心理，熟悉如何利用群体思维进行市场操作。比如，他们深刻了解经典技术分析教导交易者的"有量才有价"、"高位收十字星就是出货"、"盘口有大买单就是进货"等常识，并深知巴菲特的格言：如果市场是对的，我还在街头卖烤红薯等。知己知彼，百战不殆，主力操盘手掌握这些大众的习惯性思维后，带给我们的就是眼花缭乱的盘口动作了。

二、主力的惯用伎俩

正在试行的中国证监会《证券市场操纵行为认定办法》和《证券市场内幕交易行为认定办法》对包括虚假申报、连续交易、约定交易、自买自卖、蛊惑交易、抢先交易、特定价格交易、特定时段交易在内的八类市场操纵行为作出了详细的认定。我们来看一下这些被业内人士称为"圈内常用的操作手法"是如何实施的。

1. 虚假申报操纵

虚假申报操纵是指交易者持有或者买卖证券时，进行不以成交为目的的频繁申报或撤销申报，制造虚假买卖信息，误导其他交易者，以便从期待的交易中直接或间接获取利益的行为。

2. 连续交易操纵

连续交易操纵是指交易者单独或者通过合谋，集中资金优势、持股优势或者信息优势，联合他人或者连续买卖，以操纵证券交易价格或者证券交易量的行为。

3. 约定交易操纵

约定交易操纵是指交易者与他人串通，以事先约定的时间、价格和方式相互进行证券交易，以影响证券交易价格或者证券交易量的行为。

4. 自买自卖操纵

自买自卖操纵是指交易者在自己实际控制的账户之间进行证券交易（证券的所有权并没有转移），以影响证券交易价格或者证券交易量的行为。

5. 蛊惑交易操纵

蛊惑交易操纵是指交易者通过故意编造、传播、散布虚假重大信息，误导交易者的投资决策，从而使市场出现预期中的变动并进而使自己获利的行为。

6. 抢先交易操纵

抢先交易操纵是指交易者对相关证券或其发行人、上市公司，公开作出评价、预测或投资建议，自己则（或建议他人）抢先买卖相关证券，以便从预期的市场变动中直接或间接获取利益的行为。

7. 特定价格交易操纵

特定价格交易操纵是指交易者通过拉抬、打压或者锁定等手段，致使相关证券的价格达到一定水平的行为。

8. 特定时段交易操纵

特定时段交易操纵是指交易者在集合竞价时段或在收市阶段，通过拉抬、打压或者锁定等手段来操纵证券收市价格的行为。

三、关注盘口的异动

上述"八宗罪"一方面暴露了主力机构常用的盘口伎俩，一方面也说明了这些行为将会以更"合法"的身份继续进行。"八宗罪"也在提醒交易者：不要迷信经典的技术分析，而要从主力思维的角度来思考目前股市所发生的现象，特别是要关注股票当前的价格高低情况。"低吸高抛"是主力盈利的必然过程，无论其怎么折腾，最后还是这样的结果。

如果交易者由于种种原因一定要关注股票交易过程，或者交易者本身就是超级短线的热爱者，那么每天的"盯盘"工作就是去盯那些异动的盘面情况。凡是不同于寻常的异动行为，均是主力留在盘面上的蛛丝马迹，都应该引起交易者的注意，并从多角度加以判研。但交易者必须清楚，凡是盘中的交易数据都有可能做假，比如主力可以操纵开盘价、最高价、最低价、收盘价、成交量等日常数据，控制盘中交易时段的接抛盘，制造即时成交的放量现象，控制分时走势图的波幅等等。所以，如何识别主力做假也就成了一门辛苦而富有技巧的工作。

一般来说，对于一只正常交易的股票，有四种情况是属于正常范畴之内的：

1）跟随大盘的走势。即：个股全天走势基本上是同步于大盘走势的。

2）跟随板块的走势。即：同板块里有几只股票领涨或领跌，那么个股就有可能跟着涨跌。

3）跟随个股过去的走势。即：如果过去一段时间内的成交量一般，昨日收盘也比较正常，那么在没有意外情况出现时，今日的成交量应同过去的平均成交量大致相同，且开盘为平开。

4）跟随个股消息走。即：出现利好消息则买盘大量涌现，出现利空消息则卖盘大量涌现。

只要个股在某日的走势并非如上所述，那么就属于异常状况，往往是由非市场性因素——主力干预所造成的。主力为什么要在此时干预股价走势？他想要告诉交易者什么？其真正用意又是什么？要破解这些谜团，只有进行盯盘工作、进行盘口分析才能知道答案。但是交易者也必须牢记：细节只是告诉我们一部分信息，这对于作决策来说，这还远远不够。

四、熟知三路交易者

在进行具体的盘口分析之前，还有三种交易者的身份特征必须明确。

1. 主力

主力除了具备前面所述的5个特征之外，还具备有控盘达到5%~90%的能力。其建仓程度、洗盘时间、拉升幅度等，都不一而同（具体情况详见"解读坐庄行为"

一章）。

2. 机构或大户

机构或大户手里的资金往往在1亿元以下，泛称游资。他们要么顺势而为地参与股性活跃的中大盘股票，要么就在中小盘里做短庄，具备在短期内连拉几个涨停板的娴熟手法和资金规模，是市场大庄家的阶段性对手。

3. 小交易者

小交易者就是俗称的散户，有很强的跟风特征，但由于太分散，左右不了市场行情，往往是主力盈利的贡献者。同时，也由于不大熟悉技术分析和无法盯盘等原因，他们也具备涨了不卖、跌了也不卖、跌深了才开始甩卖等诸多特征。

五、了解主力的意图

主力最怕的就是没有交易者去关注他，那样他所做的所有动作都没有意义，没人注意和没有跟风，他的股票就不可能换手，纸上富贵终究换不到真金白银。所以，主力总会在市场不遗余力地表现，以获得市场的认同。以前主力是通过广播电视等媒体进行宣传，以吸引人气跟风；现在迫于投资咨询行业的不景气、监管的严厉以及交易者投资水平的提高，主力转而"经营"股价形态，通过制造各种氛围的K线组合来达到吸引市场的目的。就目前来说，随着网络交易的盛行，股票K线图和涨、跌停板已经成为主力与市场沟通的主要方式。

实际上，主力也并非一味拒绝散户跟风，他也希望中途不断有人换手以提高市场参与者的平均持仓成本，从而达到股性活跃好进出、高成本持股者能稳定股价的作用。所以，在交易者到处寻找庄股的时候，主力往往也在积极运作，希望市场其他交易者能够关注他的股票，能够及时跟进。可见，了解主力意图、听懂主力语言，已成为投机性交易者的必修功课。

通过盘中多、空双方的交易记录，我们往往可以得到以下四种信息：

1）市场本身的交易信息。如盘面上显示的开盘价和收盘价，大家都能看得到。

2）主力想要告诉人们的真实信息。如股票异常跳空高开，是主力想告诉人们股票要涨。

3）主力想要告诉人们的虚假信息。如股票正放量上冲，但该成交量是主力对敲而成的。

4）主力不想告诉人们的信息。如不想告诉人们股票高开放量之后，见势不好就会下跌。

在看盘的时候，交易者一定要弄清楚何谓真信息，何谓假信息。假信息的反面，往往就是主力不想告诉给你的信息，也就是股价即将运动的实际方向。

第二节　开盘收盘

股票开盘和收盘时的股价表现，是主力影响市场的重要方式。下面简要论述。

一、非正常的开盘

在经典的技术分析中，我们知道一只股票的开盘价和收盘价是有重要意义的。开盘价是很多交易者深思熟虑一晚后的交易结果，收盘价则是多、空双方搏杀一天之后的战绩。在没有重大消息的影响下，一只股票的开盘价应该和昨日的收盘价保持一致，否则，就说明该开盘价很可能受到了主力的干扰。至于主力为什么要在此时进行干扰，就值得交易者深入研究了。

在没有重大消息的影响下，值得引起我们注意的、非正常的开盘价常常体现为：

1. 平价开盘但头笔成交量激增的行为

这里所说的成交量激增，是相比于同期的成交量而言的，比如开盘第一笔的成交量就达到了昨日成交量的1/10等。这种开盘行为常常有以下几种可能性：

1）主力与大户之间的一次内幕交易

这位大户与主力相识，由于种种原因需要将筹码兑现，于是与主力协商后在此阶段进行交易。但主力承接此单后，并不意味着股价马上就会提升。

2）主力利用自己的几个账户对倒开盘

为了吸引市场的注意，成交量往往是很好的诱饵，因此大成交量的开盘经常被主力使用。对倒开盘说明主力有所动作，值得我们关注，但此时还无法确定主力是想把股价往上做还是往下做。

如果在开盘后的连续竞价中，股票交易恢复了正常，那么说明这种开盘属于前者，没有特别的研究意义。一旦在连续竞价中出现了不同于以往的非正常交易，那么就说明此时的开盘性质属于后者。特别是当盘中出现几次大手笔的交易但并不影响股价的正常运行时，主力"做量"的可能性就更大，之后可能会出现放量上冲或放量下行的、有利于主力后期运作的K线图。

2. 高开很多的开盘行为

通常而言，高开很多或低开很多的交易都要冲破数个价位的买卖单，因而成交量也会较同期有所放大。这种带量的异动行为，常常也会有两种可能性：

1）内幕交易

所谓内幕交易，是指主力与自己熟知的人员进行的一场有约定性的交易。比如主力的朋友或利益相关者的筹码需要套现，主力便会安排其在集合竞价的状态下进行交易，以完成某种特定意义的利益输送行为。

之所以要在集合竞价的状态下完成利益输送行为，是因为此时看不到股价当天的运行趋势，普通交易者是不会在昨日的收盘价附近挂出大量买卖盘的（除非昨日收盘价很高或很低）。此时，在某一高位进行大笔成交，不仅完成的时间非常短而不影响股价随后的正常运行，同时也避免了在连续竞价中要突破大量买卖盘障碍才能完成该笔成交的麻烦。

如果开盘之后的股价波动不大，且成交量也恢复了正常，那么说明集合竞价中的上述行为只是一次性的利益输送。但这一细节同时也意味着：主力先让利益相关者撤离，此后股价在短期内下跌的可能性比较大。

2）主力对敲试盘或拉升或出货

很多时候，主力喜欢通过高开的行为，使自己的股票一大早就进入到当日股市的"今日涨幅排名"里，进入到喜欢做超级短线的交易者的视线里，而这些数以万计的超级短线交易者基本上都是职业交易者，也通常都是大户或机构交易员。主力通过高开、量大的特征来吸引市场注意，无非就是想测试买盘力量，或为拉升或为出货做准备。即：若股票卖盘不汹涌而买盘蜂拥，则该股通常会一路高走；反之，则有可能节节下滑。事实上，如果主力真的很看好该股和该交易时段，往往就会采取直接开盘涨停的行动，而不是采取高开后再诱导或测试的行为。

个股开盘有异常大量且高开的现象，往往是主力有预谋的对敲行为，因为普通交易者在看不清形势的情况下，是不会在9∶25就开始贸然大量交易的。但既然是对敲而不是一路扫货，则说明主力此时并不缺少筹码，也就是说此处往往已经脱离了主力的建仓区；如果说股票在开盘后有5分钟甚至4个小时给普通交易者买入的机会，则往往意味着主力在刻意诱多，希望市场交易者来一起"抬庄"。

"抬庄"并不是一件坏事，但这里要分清几种情况：

第一种是股价处于阶段性的上涨位置时。这是主力在有一段获利空间之后，放给市场跟风者的一段利润空间，其目的是在中部价位淘汰掉一部分意志不坚定的交易者，通过换手的方式来提高市场后期参与者的持股成本，达到后期继续拉高时股价还能保持稳定的作用（越是后期进入的交易者越不会在高位卖出）。只要交易者能确定此时的股价尚处于阶段性的上涨位置，且大盘不会持续走低，那么该高开现象是值得短线参与的。

第二种是股价处于高位时。这往往是主力为了出货而制造的股价将持续上涨的假象，其目的是想制造该股交易持续活跃、短线有利可图的环境，诱使市场参与者跟风，从而达到最终套牢他们的目的。对于这种高开的现象，交易者应该始终进行回避，因为主力此时所有的任务就是为了完成出货，将股票变成现金。

第三种是股价处于高位回落后的中部位置时。这往往是主力没有出完货时制造的反弹假象，也有可能是短庄制造的超跌反弹现象。但无论是哪一种，只要是原来的股价确实已经持续降到很低了，且从有量一直跌到了无量，那么即使是现在有主力对敲在先，只要开盘后有大量的交易者积极参与（成交数量大但笔数多），这样的股票还是值得短线参与的。但要注意，如果股票高开时下面的买一处仍然挂着昨日收盘价附近的价格，则说明买盘并不积极，该行为纯粹是主力对敲的单方面行为，股价马上跌落的可能性比较大。

3）做坏图

即：如果个股莫名其妙的高开，交易量不大，随后又无声无息的任股价自行滑落，这可能就是主力做开盘价的行为。主力通过制造高开低走的K线图，可以恐吓部分持股者在随后的股票整理过程中出局。它的特征和内幕交易有些相似，只是成交量通常比较小。

4）吸筹

股票高开行为也有可能是主力在采用打压策略而不易获得筹码的情况下，所反手采取的高价收购的策略。运作思路是：当股价高开甚至涨停后，必然会引起死气沉沉的持股者的注意，而当涨停板被打开或股价冲高回落之时，汹涌的抛盘就会接连挂出，正好落入主力的口袋。这一现象主要发生在股票的底部区间，特别是新股的底部区间。

3. 低开很多的开盘行为

低开很多的开盘行为往往是因为以下三种原因：

1）内幕交易

与前面的内幕交易相反，主力的朋友或利益相关者可能需要拿一些低价筹码，于是主力也会安排其在集合竞价的状态下进行交易，俗称"发红包"。这种现象意味着主力迟早会拉升股价，或者当天就会拉升股价。所以，低开很多的开盘现象值得交易者关注，这从每日"今日跌幅排名"中可以找到痕迹。它的特征是：低开后股价瞬间回位，可能继续昨天的走势，也可能马上就上涨。

2）震仓或吸筹

在股票阶段性上涨时，通过使股票低开低走的方式，主力可以诱使抛盘出来以达到震仓（洗盘的一个过程）的目的。有时震仓的过程可能只有几十分钟，有时也可能会持续几天，这要看主力的计划和策略。如果当时的买盘比较积极，可能股价当天就能还原；如果没有出现适当的成交量，则说明主力没有逼出抛盘，后面会继续震仓。此外，打压吸筹也是主力常用的一种方式，只是它常出现在股票的底部区间。震仓和吸筹的主要区别，是前者过程中被震出来的股票主要被市场其他交易者接走，而后者过程中被震出来的股票主要被主力所吸收。

3）出货

低开出货是屡见不鲜的出货方式了。识别它的前提是个股前期涨幅过大，至于何谓大、何谓小，每只股票都不一而论，需要交易者的识别经验。当主力要出货时，有时会出现不顾一切的砸盘动作，低开甚至跌停开盘都很正常。

总的来说，除了内幕交易外，股价高开只有四种可能性：吸筹（底部阶段）、试盘（启动期）、拉升（上涨期）、出货（顶部及下跌期）；股价低开也只有四种可能性：吸筹（底部阶段）、试盘（启动期）、洗盘（上涨期）、出货（顶部及下跌期）。可见，股票如何开盘并不重要，重要的是股票当时所处的位置。只要是股价处于底部吸筹阶段，任何方式的开盘都是为主力建仓服务的；只要是股价处于上升趋势中，任何方式的开盘都是为股价继续上涨服务的；只要是股价处于顶部阶段，任何方式的开盘都是为主力出货服务的；只要是股价处在下降趋势中，任何方式的开盘都是为主力继续出货服务的。

二、非正常的收盘

在前面的技术分析中，我们知道股票每天的开盘价、最高价、最低价和收盘价都是重要的指标统计数据，其中，又以收盘价为重中之重，因而在收盘价上做文章也就成为了主力的常规动作。收盘价收在何处，是一个值得思考的细节，通过收市时停留在盘口的报价情况，我们可以获得更多的第一手信息资料。一般在收市时，停留在盘口的买卖盘信息会有以下几种：

1. 上下平衡形态

上下平衡形态就是上、下买卖盘大小差不多、价位落差也不大的情况。见图 66 的左边部分。

600566 洪城股份			002181 粤 传 媒			600354 敦煌种业		
卖⑤	11.84	10	卖⑤	23.72	3	卖⑤	18.04	93
卖④	11.83	10	卖④	23.71	1	卖④	18.03	62
卖③	11.82	50	卖③	23.70	1	卖③	18.02	526
卖②	11.80	585	卖②	23.65	6	卖②	18.01	354
卖①	11.78	15	卖①	23.62	17	卖①	18.00	1268
买①	11.75	62	买①	23.51	61	买①	17.80	5
买②	11.72	95	买②	23.50	145	买②	17.70	12
买③	11.71	60	买③	23.49	5	买③	17.66	16
买④	11.70	554	买④	23.48	15	买④	17.65	42
买⑤	11.69	16	买⑤	23.45	24	买⑤	17.63	10
现价	11.75 今开	12.41	现价	23.51 今开	24.00	现价	18.00 今开	16.95
上下平衡状态			上空状态			下空状态		

图 66

股票收市时，如果在报价栏中挂出的委托卖盘和委托买盘差不多，且报价之间的差距不大，也没有异常的大单挂在上面，这就是比较真实的交易状况，它说明股价在收盘时没有受到非市场性因素的干扰。但是需要注意，上下平衡形态并不表示股价在收市前没有受到主力的影响。

2. 上空形态

当股票收市出现上空形态时，往往上档的卖一价远离收盘价而买一价等于收盘价，通常表现为尾市打压。见图 66 的中间部分。

这意味着该股最后的卖单都是主动照下面的买盘成交的，说明该股在尾市遭遇到了打压或发生了急遽下跌的现象，通过急遽下行的分时走势图也可以获得佐证。如果该股平常的成交量稀少，那么出现该形态往往是比较正常的，这说明盘中可能没有主力或者主力不愿意在收盘价上做文章；如果大盘在收市时快速下跌，那么这种个股同步下跌的行为也是正常的；如果该股当天的成交量适中，则可能是有资金在吸纳筹码，不断将上档抛盘打掉并在下面挂接单，造成了买一和卖一之间的较大差距，这种现象在盘中会看得比较清楚；如果当日的成交比较活跃，那么有可能是大单在尾市偷袭出逃，由此拉开了买卖价格之间的差距。

3. 下空形态

当股票收市出现下空形态时，往往下档的买一价远离收盘价而卖一价等于收盘价，通常表现为尾市拉升。见图 66 的右边部分。

这意味着该股最后的买单都是主动照上面的卖盘成交的，说明该股在尾市遭遇到了拉升或发生了急遽上涨的现象，通过急遽上行的分时走势图也可以获得佐证。如果该股平常的成交量稀少，那么出现该形态往往是比较正常的，这说明盘中可能没有主力或者主力不愿意在收盘价上做文章；如果大盘在收市时快速上涨，那么这种个股同步上涨的行为也是正常的；如果该股当日的成交比较活跃，那么有可能是大户在尾市扫货，也有可能是主力在制造收盘价。在主力制造收盘价时，既可以像大户一样一路扫货，也可以预先在卖三左右挂上一笔大单，然后在最后一分钟内用一笔大买单照此价位买进，快速吃掉卖一、卖二、卖三处的所有抛单，由于后续散户的买单跟不上，自然就造成了买盘的中空状态。股票的收盘价不是最后一笔的成交价，而是最后一分钟内所有交易的平均成交价（沪市如此规定，但深市最后三分钟则采取的是集合竞价制），所以，用这两种方法都可以将当日收盘价和成交量做上去。

股票的上空形态和下空形态只是从成交数据上反映了股价在尾市被打压或拉升的状况，至于这两种手法的用意，详见后面"解读分时走势"一章里的"尾市急拉"和"尾市急跌"。

总的来说，同前面的开盘一样，重要的不是如何收盘，而是个股当时所处的位置。只要是股价处于底部吸筹阶段，任何方式的收盘都是为主力建仓服务的；只要是股价处于上升趋势中，任何方式的收盘都是为股价继续上涨服务的；只要是股价处于顶部阶段，任何方式的收盘都是为主力出货服务的；只要是股价处在下降趋势中，任何方式的收盘都是为主力继续出货服务的。

第三节　盘口异动

交易者进行短线买卖或决定当日成交时，应进行即时盘口分析。在一般的行情分析软件中，即时报价栏只公布五档买卖盘的情况，即买一、买二、买三、买四、买五和卖一、卖二、卖三、卖四、卖五的数据。主力机构经常会在此挂出巨量的买单或卖单，然后引导股价朝某一个方向运动，并经常利用盘口挂单技巧，引诱交易者作出错误的买卖决定。因此，研判个股当天即时变化的关键，是观察买盘和卖盘的挂单状况和成交状况。

在继续讲解前，交易者要明白一个基本的买卖常识：如果你真的急于买卖，一定是照对方的价格申报的，甚至是挂更有利的价格来成交，而不会被动的在报价栏里等待市场再给你成交的机会；如果你真的急于成交，那么常常会以跨越几个价位的方式来解决问题，而且实际的平均成交价格往往比下单的价格还要好（买卖量太多则需要讲究策略）。即：真实的成交多是隐性的买卖盘行为，而不是被动的挂盘等待行为——理解这一点很重要，因为在明白伪之前必须先明白何谓真。

一、单笔成交分析

单笔成交分析属于精细分析，是盘口分析的重点观察对象。前面介绍过，由于"成交明细"里个股在每个时刻的成交数据都是由交易所延迟发过来的信息，是交易所两次快照期间累计而成的成交量和最后一笔的成交价，所以这里的成交数据的真实性是有问题的。如果交易者不注意单笔成交的细微变化，往往就会被假象所迷惑，很难得出股价波动背后的主力意图。但是，这里面也有个度的问题，如果交易者使用的是Level-2版本的软件，就会发现虽然传输数据的时间是快了一些，数据传输得也很频繁，但是每笔成交的单子都不大，反而容易使人的警惕性丧失在连绵不绝的小单中。

事实上，日内交易本身就带有日间杂波的性质，如果对交易所每6秒所传过来的数据都不满意，甚至还要追求更细微的数据变化，则往往会使交易者逐本求末，患上严重的近视病。

所以，在看每笔成交数值的时候，交易者不要过多的去关注成交时的价格颜色是红色的还是绿色的，或者当时的箭头是红是绿、是上是下。无论数据传输如何延迟，无论主力成交如何巧妙，我们要关注的是大单成交的时候，股价究竟是在涨还是跌，或者是根本就没动。主力可以隐瞒几分钟，但隐瞒不了更长的时间，市场也不会给他更多的时间来掩藏行踪。

此外，深交所传过来的成交数据与上交所的略有不同，其成交数量后面都带有一个灰色的数字，这代表每个成交价格背后有几笔单子在进行交易。如果当时的成交价格是20元，成交数量是500，后面的灰色数字是15，则意味着当时该股以20元价格成交了500手，这500手是由15笔买卖申报单一起完成的。假如事先有700手的卖单挂在20元的位置，则该成交可以是由15个客户以20元进行了买入申报而形成的；也可以是部分客户以更高的价格申报，但由于卖单在先，所以最后都以20元进行了成交；还可以是由一个客户用15个资金账号一次性批量买入而形成的。细心的交易者可以发现，凡是大单成交的数据，往往都是由数笔单子组成的，难以通过察看每笔手数的大小来寻找主力的痕迹。即使是真的可以找到大手笔的单子，那也往往是大户的单子，因为主力往往都很谨慎，不易露出马脚。

二、隐性买/卖盘的意义

所谓隐性买卖盘是指那些没有在买卖报价栏里出现却在成交栏里出现了的单子。正如前面所述，这些才是较为真实的买卖力量。如果手数不大，往往是普通交易者急于买卖的结果；如果手数过大，则往往是主力急于成交的结果。

通常而言，如果卖一至卖五栏中没有大卖单出现，却不断有大买单主动向上吃货，则往往是主力吸货的表现；如果先有大卖单挂在上面，后有大买单主动向上吃货，则有主力对敲的嫌疑。反之，如果买一至买五栏中没有大买单出现，却不断有大卖单主动向下砸盘，则往往是主力出货或减仓的表现；如果先有大买单挂在上面，后有大卖单主动砸盘，则有主力对敲的嫌疑。原因是真正的大买单和大卖单都不会挂在盘口，否则，想买的往往买不到而想卖的也往往卖不出了。

当然，在股价上涨环境较好的时候，大卖单往往也会出现在委托盘口，为的就是吸引大买家吃进，此时大卖家不显身，大买家通常也无法显身；而在股价下跌势头很明显的时候，看好该股的大买单也往往会出现在委托盘口，为的就是等待大卖家显身。

三、小单的意义

一般来说，如果大盘没有大的动静，个股也没有消息面上的变化，那么个股在报价栏里上下五个价位的买卖盘总量应基本持平，买盘和卖盘的价格差距也不会太大，同时成交量基本上是由相对的小单完成的。这里所说的小单是根据流通盘的大小来定义的，流通盘大的自然每笔小单的数量就大一些，因为里面的"散户"往往就是大户和机构。

小单往往是市场真实交易的表现,它有两重含义:一是市场上如果连小单都没有,则可能是主力高度控盘的结果;二是市场上如果出现了平时不多见的大单交易现状,则往往是主力开始了行动。

四、买一/卖一的奥秘

有时候,个股即时成交的数量不大,但买一处或卖一处的数量却常常在发生变动,有撤单的有马上新增的,但总的手数并没多大的变化。这种现象的出现如果是发生在一个很短的时间内,那么往往是主力的行为而非市场的自发行为。

因为在一个价位上的交易量往往是由几笔不同所有者的单子所形成的,根据同一价格谁先挂单谁先成交的原则,排在前面的单子自然就会先成交。如果前面的单子撤下来了,那么后面的单子就会排到前面去,即主力可以把自己先前的单子撤下来,使别人的单子排到前面去。

主力这样做的目的有两个:如果撤的是买单,说明其不想要筹码了,推别人前进,这可能是其即将出货的前兆;如果撤的是卖单,说明其本意并非想卖出股票,而是想打压股票,就算有人向上吃货,先吃的也是别人的货,他的筹码并没有失去。这样维持单量的另一个目的,就是继续保持这种状态,使市场朝有利于自己的方向发展。

五、撤单的意义

撤单是中国股市里常见的盘口现象,每只股票上几乎每天都会发生。有的是散户自发的撤单,属于正常交易的范畴;有的则是主力刻意撤单,属于虚假申报的范畴。2008年,证监会曾经处罚过一起发生在2006年的虚假申报行为,我们不妨来看看这个具体的撤单过程。

2006年6月26日,某大户在10:41~11:02连续挂出61笔买单,申报买入大同煤业40090000股,占该期间进入交易所主机买入委托申报总量的81.71%。申报价格从第一笔的10.22元提高到第61笔的10.59元,但这些委托单又分别在10:42~11:04全部撤单,平均每单驻留时间为1~2分钟,最短的驻留时间为31秒;在最后一笔买单撤掉的8秒钟之后,该大户便以10.36元卖出999000股股票;但在10秒钟之后,其又以10.29~10.31元挂出买单900000股,而后又在11:08分前全部撤单,最短的买单驻留时间仅为25秒;在11:05~11:08分,该大户又以10.36元卖出3332579股股票。

这并不是个个例。在2006年1月至2006年11月期间,该大户还以同样的方法先后操纵过四川路桥、G同科、G中海、嘉宝集团、中纺投资、上海医药、G嘉宝、中炬高新、安阳钢铁、彩虹股份、安彩高科、G贵研、*ST运盛、成都建投这14只股票的价格。可见,中国股票市场的虚假申报有多么猖獗,而当时当事人的身份仅仅是大户,尚不具备机构和私募基金的诸多便利条件。

由虚假申报所带来的撤单行为,往往以两种方式进行:

1. 当面撤消大单

对于撤单行为,有可能在股价下跌以后,前期所挂的卖单被撤下来按下面的价格卖掉了，或者随着股价的回升，卖单又不愿意卖出而撤单了，这都是正常的现象；但是，某个一直挂在上面的大单公然消失了，就不是很正常的现象，它的一直存在和突然消失，反映了主力不忌讳暴露身份的心态。其目的很明确，就是告诉市场该股有主力存在，且希望市场跟风其随后的动作。

但收市前几分钟的大单撤消行为，则往往是主力担心尾市有交易者照大单成交的结果。大卖单撤，可能是主力怕尾市看好者突然吃货，把自己的低价筹码吃掉了；大买单撤，可能是主力担心尾市有大户出逃，同时也可以测试一下市场对大单撤消后的反应，为明天该股开盘奠定基础。

2. 转身集体撤单

前面讲述的是某个大单的撤消行为，但市场也常常会出现几个大单集体撤消的情况。如果几个价位的大单陆续消失，这种明显的集体行动通常是主力操作的结果。但主力在进行集体撤单的时候，往往是不会当着交易者的面进行的，而是等到看盘者看不到那些价格的时候才开始撤单，当价格又回到原来的地方时，那些曾经显赫的大单常常就不翼而飞了。转身的集体撤单是个隐晦的动作，它常常说明主力不想让市场知道他的存在，也许是还没到明目张胆的时候。

主力在撤单的时候，往往会有反向的做法。即：卖单撤消，往往买单就会发起攻击；买单撤消，往往卖单就会发动袭击。如果主力在撤单后没有反向的动作，那么说明主力只是为了做做图形，控制一下股票走势；也或者只是为了试试盘，看看盘口对于撤单后的反应。

六、上压板的意义

在报价栏里出现大量卖单而少量买单的现象，俗称"上压板"。如果主力真要出货，往往不会挂在报价栏里，即使其大卖单只成交了部分，其也会把剩余的挂单上马上撤单，重新照现有的买单申报。将大量的卖单挂在盘口，只会使其他交易者以更低的价格赶紧成交而轮不到挂单者。迫使散户交出筹码或阻止股价暂时上升，是上压板的真正用意。一般来说，上压板又分为"只压不托"和"大压小托"两种。

当股价处于刚启动不久的中低价区时，如果出现了上压板而股价却不跌反涨，则主力压盘吸货的可能性较大，这种现象往往是股价上涨的先兆，当交易者发现上压板被撤掉或被大口吃掉时，就要考虑跟进了。当股价的上涨已有一定的幅度，而此时上压板较多且上涨无量，则意味着主力想迫使获利盘看到股价受压制而快速出局；同时也想看这些压单有没有人会买，如果有，是散户在买还是大户在买；顺便也看有没有人会跟着抛，如果有，是散户在抛还是大户在抛。通过这种试盘动作后，主力能摸清市场状况并及时调整操作思路。

1. 只压不托

图67是典型的"只压不托"行为。左边部分意味着主力的卖单躲在最后，不希望被吃掉；中间部分意味着已经逼出了部分筹码；右边部分则属于一面倒的逼多行为。

"只压不托"往往体现着主力在短时期内打压股价的意图，但要注意其打压的时间和空间有多少的问题。打压不是出货，只是欲涨先跌的一种策略，它反映了主力刻意

600062 双鹤药业			600739 辽宁成大			000018 ST中冠A		
卖⑤	33.00	1504	卖⑤	52.50	495	卖⑤	8.48	225
卖④	32.99	25	卖④	52.49	6	卖④	8.47	180
卖③	32.98	20	卖③	52.47	4	卖③	8.45	106
卖②	32.92	1	卖②	52.46	11	卖②	8.44	135
卖①	32.90	38	卖①	52.45	229	卖①	8.43	16
买①	32.88	5	买①	52.41	28	买①	8.40	1
买②	32.80	37	买②	52.40	56	买②	8.39	3
买③	32.78	4	买③	52.38	6	买③	8.38	1
买④	32.77	4	买④	52.37	10	买④	8.36	1
买⑤	32.76	20	买⑤	52.36	1	买⑤	8.35	1

上压板

图 67

做空的用意。当交易者遇见这样的状况时，做短线的要避其锋芒，做中、长线的则可以持股不动，静待主力洗盘完毕。

2. 大压小托

有时我们会看到这样的现象：某一时期个股报价栏的上档处都是大卖单，下档处全是小买单，但是第一买盘或第二买盘处却有大接单，而且在一段时间内这张大单一直存在，即使是该单不断被卖盘冲减少了，但马上又被后来的新买单替补上。这种现象就是"大压小托"的现象，也是一种反常的现象。如果卖压真的那么大，买一或买二处的买单应该早就被消灭了，但它们却一直存在。这说明其实没有什么大单子想要卖，反而是主力一手打压、一手吸筹的表现。见图68。

600302 标准股份			000151 中成股份		
卖⑤	10.78	90	卖⑤	13.22	3
卖④	10.77	60	卖④	13.21	43
卖③	10.76	498	卖③	13.20	208
卖②	10.75	680	卖②	13.19	588
卖①	10.74	260	卖①	13.18	518
买①	10.73	357	买①	13.17	18
买②	10.72	60	买②	13.16	187
买③	10.71	27	买③	13.15	158
买④	10.70	51	买④	13.14	4
买⑤	10.69	24	买⑤	13.13	48

大压小托

图 68

"大压小托"往往体现着主力打压吸筹的策略。比如：在股价较低的时候，主力往往会在卖二、卖三挂有巨量抛单，使交易者认为抛压很大，因而抢在买一的价位或挂在卖一的价位卖出股票，而此时的主力则早已在买一处挂上买盘或直接向上吃进；待筹码吸纳充足或主力认为这样的行为已无法继续获得筹码时，就会突然撤掉巨量抛单，通过拉升股价来吃掉上面积累的卖单。

七、下托板的意义

在报价栏里出现大量买单而少量卖单的现象,俗称"下托板"。如果主力真看好该股,通常都会朝现有的卖单直接申报,甚至直接照卖二、卖三的价位申报,很难在盘面上出现有大量委买单的现象。委买单越多,只会迫使其他交易者以更好的价格买入,而挂在盘口的买单是无法很快成交的。所以,迫使散户抢单或阻止股价下跌,是下托板的真正用意。一般来说,下托板又分为"只托不压"和"大托小压"两种。

当股价处于明显的上升通道时,如果主动性买盘较多且盘中出现了下托板,则往往预示主力积极做多的意图,交易者可考虑逢低介入;当股价升幅已大且处于高价区时,如果盘中出现了下托盘,此时交易者要注意主力是否在诱多出货。通常是看下面的托单是否在频繁更换,如果是,那么说明主力在不断撤掉自己的单子而把其他交易者的单子推在了前面,然后用自己的卖单来成交。这往往是不祥之兆,一旦大托单被撤消或被吃掉,交易者就要考虑避避风头了。

1. 只托不压

图 69 是典型的"只托不压"行为。左边部分意味着主力的买单躲在最后,不希望被成交;中间部分则是带有双保险性质的托盘行为;右边部分则属于一面倒的逼空行为。

600158 中体产业			600353 旭光股份			600612 中国铅笔		
卖⑤	29.33	301	卖⑤	11.08	46	卖⑤	24.68	10
卖④	29.30	117	卖④	11.07	12	卖④	24.66	2
卖③	29.29	4	卖③	11.06	16	卖③	24.65	20
卖②	29.28	62	卖②	11.05	55	卖②	24.60	60
卖①	29.26	30	卖①	11.04	2	卖①	24.59	20
买①	29.25		买①	11.00	1736	买①	24.58	1303
买②	29.23	33	买②	10.96	10	买②	24.48	1973
买③	29.22	2	买③	10.95	1663	买③	24.33	1481
买④	29.21	7	买④	10.82	76	买④	24.30	1606
买⑤	29.20	2939	买⑤	10.81	166	买⑤	24.15	26

下托板

图 69

"只托不压"往往体现着主力护盘的意图,但要考虑其是否能一直护盘成功,同时也要考虑其是否真想护盘。但无论如何,护盘都是主力没有实力或信心不足或虚晃一枪的表现,否则就应该直接推升股价——因为只有进攻才是最好的防守。

2. 大托小压

有时我们又会看到这样的现象:某一时期个股报价栏的上档处都是小卖单,下档处全是大买单,但是第一卖盘或第二卖盘处却是一档大卖单,而且即使是该卖单不断被买盘冲减少了,但马上又被后来的新卖单替补上。这种现象就是"大托小压"的现象,也是一种反常现象。因为如果买方真的很强劲,卖一或卖二处的卖单应该早就被吃掉了,但它们却一直存在。这意味着主力正在以假托的现象来促使市场其他交易者吃进自己的卖单，是减仓的表现。见图70。

002012 凯恩股份			000785 武汉中商		
卖⑤	11.64	2	卖⑤	9.17	169
卖④	11.63	4	卖④	9.16	41
卖③	11.62	50	卖③	9.15	77
卖②	11.61	56	卖②	9.14	2590
卖①	11.60	322	卖①	9.13	128
买①	11.59	135	买①	9.12	232
买②	11.58	358	买②	9.11	298
买③	11.57	300	买③	9.10	342
买④	11.56	332	买④	9.09	564
买⑤	11.55	300	买⑤	9.08	2244

大托小压

图70

"大托小压"往往体现着主力托盘减仓的策略。在利用下托板来减仓的时候，通常是股价上升到较高位置的时候，主力此时往往会在买二、买三处挂有巨量买单，使交易者认为上涨行情还要延续，从而以卖一价格买入股票或抢在买一处挂出买单，而此时的主力则在悄然出货；待手中的筹码出得差不多的时候，主力往往就会突然撤掉巨量买单，并照着下面积累的买盘开始全线抛空，导致股价迅速下跌。

总体来说，上压板和下托板的出现，其目的都是主力意图操纵股价的行为，且往往伴随有撤单的现象。但是，当上压板中只有一笔大单且无撤单现象时，可能只是某些大户主动止赢的体现，当其一步步被市场消灭而股价并无急剧变动时，常常就属于这种情况。

八、夹板的意义

有时候，主力为了让股价按计划在一个狭小的波幅空间里进行震荡，就会在买、卖盘处分别放上一笔大单，这种上、下都有大单相夹的现象叫做"夹板"。其实图70中的第二个案例就有这样的"夹板"性质，它迫使股价在9.08~9.14元之间波动。

夹单的用意是：上压单压抑着股价上涨，下托单防止股价下跌。这种挂单现象经常在主力进行洗盘的时候出现。主力通过上、下两个大单，牢牢的控制住股价在一个较小的区间内震荡，如果买入者没有耐心就会选择离场，而持股者则会抛出手中的股票，如此就达到了主力洗盘的目的。

但是，如果夹板的现象出现在股价的高位区间，则往往意味着主力以此来控制股价波动，为后续的出货操作奠定基础。当交易者以为股价比较稳定，又有主力护盘的时候，实际上主力正在暗中小单出货，一旦主力失去耐心或见势不好，往往就会突然撤掉大买单，开始往下砸盘。所以，交易者要随时注意下托板消失的情况，不能见大单托盘就掉以轻心。

九、主力的常规动作

1. 扫盘（一路上冲或间歇前进）

在个股上涨的初期，常会有大买单突然出现，将几个卖盘挂单全部吃掉，这种现象称为扫盘。扫盘就是见货通吃，可能是主力吸筹的表现，也可能是其他机构或基金在进行买入的工作。扫盘往往是有计划的吸筹行为，所以它不会使股价快速上涨太多，常常使股价呈现出"进三退一"的现象。

2. 震仓（瞬间打压又快速拉升）

当个股处在正常上升途中时，如果某日该股买盘处有一笔大买单，而卖盘处没什么大卖单，但突然有大卖单现身砸盘，当股价跌至低位后却又被快速拉起，这通常就是主力在做对敲震仓（洗盘）的动作。如果该股近段时间经常收下影线，则该股后期向上拉升的可能性较大。震仓（洗盘）并不意味着主力还在抢筹码，其更多的作用是将不稳定的老股东震出去，将有兴趣的交易者引进来，以提高市场持有者的平均成本。

3. 对敲（可见大单交易或不可见大单交易）

对敲是指主力利用多个账号同时买进或卖出，人为地将股价抬高或压低，以便从中获利的行为。若此时股价在顶部，可能是为了掩护出货；若此时股价在中部，可能是为了震仓或试盘；若此时股价在底部，则可能为了打压吸货。同时，对敲还能提高交易量，制造大成交量的陷阱。

以对敲的手法来分划分，对敲往往有两种方式：

1）公然对敲

这里面又分为三种情况：

①试盘时的对敲。试盘有两种，一种向上试盘。主力先在卖盘处下大单，然后再通过连续性大买单一直将自己所埋的大卖单吃完，目的是测试上升的卖压和买盘的跟风状况。当然，有些试盘的现象也是佯装上攻无力而吸引卖盘涌出的一种方式，其目的是继续吸收筹码。

还有一种是向下试盘。主力先在买盘处下大单，然后通过几笔大抛单的砸盘动作，将股价一直砸到自己的大卖单被消化完为止，目的是为了测试下方接盘的支撑力度和市场关注度。当然，有些试盘的现象也是佯装下行破位而吸引卖盘涌出的一种方式，其目的也是继续吸收筹码。

试盘往往发生在主力建仓和洗盘完毕之时，主力通过试盘测试出筹码的锁定程度之后，只要情况使其满意，往往就会随即拉升。所以届时的长上、下影线都是值得交易者备加关注的。但是也有少数试盘发生在底部区域，通常是主力在吸筹前测试个股里有无其他主力存在的结果。如果通过连续打压后股价不跌反涨，则往往说明个股里存在着其他主力，那么想跟庄的就会介入，而想坐庄的则会另寻它股。总体来看，试盘的突出表现为：股价上蹿下跳，且持续时间短，往往很快就会还原。

②拉升时的对敲。拉升对敲通常是在建仓完毕但又没有垄断流通筹码的情况下进行，其目的是制造交易的热烈气氛，吸引市场跟风，以替换过去的短线介入者，抬高市场平均持仓成本。比如主力可以在集合竞价时通过对敲制造一个较高的开盘价格，

之后在高位挂出几笔大卖单，同时利用另外的账户不断吃掉这几笔大卖单，使股价立刻提升。这种方式往往配合着大盘的走势进行，直到主力要推升的目标价格实现为止。这是典型的对倒诱多行为，预示着主力在引诱跟风者介入，以减少拉升的压力。

③出货时的对敲。当主力要出货时，为了吸引人气来买入，更会通过对敲来制造交易活跃的情景。比如，主力可以在高位挂上几笔大卖单，但同时也会在买盘处挂上几笔大买单，以使买卖实力不至于过于悬殊而引发更多的抛盘。随后，主力会利用大盘的良好走势开始用小单蚕食上面的大卖单（与拉升对敲不同，此举给人的感觉是市场真实的买盘正在介入，而拉升对敲时的大笔买入显示的是主力开始拉升时的气魄和实力），直到有凶悍的跟风盘开始吃掉上面的大卖单为止。之后，卖单会不断地以大单的方式出现并不断提高价位，诱惑急需大量筹码的交易者买入。

2) 隐性对敲

因为资深的交易者都知道主动出击的买卖盘才是真实的，所以主力也有可能制造隐性对敲行为。当成交栏中连续出现较大成交量而买卖队列中没有此价位的挂单，或成交量远大于买卖队列的挂单量时，往往是主力刻意的对敲行为。由于很多操盘手在交易所进行场内交易，其挂单速度非常快，以至于其买卖挂单可以在1秒内成交，根本不会出现在买卖委托盘口。这种对敲方式既不会使主力失去筹码，也不会浪费多余的资金，但是却制造了成交量。需要注意的是，倒仓往往也是以这样的形式进行的，为的是杜绝其他交易者的介入。

一般而言，我们比较容易识别出主力的对敲行为，但不一定能及时了解对敲的用意。但是对于中线交易者而言，只要能识别对敲行为，并意识到对敲必然是将做于主力有利而于交易者不利的动作，就可以对风险进行规避了。但对于超级短线交易者而言，对敲即使是陷阱，往往里面也有很多超级短线的利润空间，有时也是值得参与的。

十、突发性大买单的意义

每笔大买单的成交都需要动用较大的资金，这样的资金量往往不是普通交易者所能拥有的，也不一定是大户能够拥有的。见到大单成交时，交易者可以将此大单的成交额计算一下，看看此金额是不是普通交易者或大户可以承受的。如果不是，那么多数是主力行动踪迹的体现。这里所说的大买单，是指现在每笔的成交手数远远大于过去的平均成交手数，一般而言，每笔大单的换手率至少应该达到千分之一。

通常情况下，大买单的出现有四种可能性：

1. 对敲拉升

主力在进行股价拉升的时候，由于卖盘很少或者主力不想多要筹码，就会大手笔的买入自己事先挂在卖盘处的大卖单。但是为了防止对敲上冲后的价格滑落，主力往往又会在报价栏里挂上大买单，因此这是识别主力对敲的一个特征；识别它的第二个特征是：盘面屡有大卖单出现，但是均被一个接一个的吃掉，当然，中间有些间歇，为的是好腾出时间让跟风者及时介入。

2. 利益输送或换仓

利益输送：它的目的是一次性把好处送给某方，事后股价一般会快速回落。其特征前面已经论述过，这里就不再重复。在盘中进行利益输送的案例不是很多，因为中间会隔有很多人的卖单，如果出现了这种行为，通常是在成交很稀少的冷空期。

换仓：大买单的出现也有可能是主力在交换筹码，因为散户是不敢要大卖单的，但机构或基金则有可能以约定的方式暗中接盘，而主力也有可能会用关联的几个账户进行必要的换仓（倒仓）工作。

3. 散户抢买

当行情看好的时候，尤其是在某板块涨势喜人的时候，一些补涨的个股有可能出现散户或大户抢买的行情，出现大家一起买入的现象。当交易所的服务器反应不过来或成交数据延迟传输时，就会出现"大买单"的状况（看成交笔数往往没有意义）。但这样的状况往往是看大盘或板块的"脸色"行事的，当大盘或板块表现不好时，这种情况就不会出现，这是识别它的一个主要特征。

4. 机构买入

当机构或基金公司看好个股时，往往会策略性的介入。通常的情况是一次性吃掉几个价位的抛盘，歇了一段时间之后，市场抛盘见股价回落又会涌出，于是机构再重复上述动作。一般而言，这些买单都是主动性的，不会出现在买盘的报价区，属于突然出现的动作，不会促使股价持续上升（这是机构真实买盘和虚假对敲的重要区别）。机构买入的股票还有另外一个特征：由于它不是主力庄家，而只是一次短暂的建仓过程，所以在这个过程结束后（0.5～5天），股价通常就会回落下来。

一般而言，基金公司或机构建仓的时候，交易员都会得到一张指令单，在指令单上有详细的建仓品种、建仓数量、建仓时间、买入价格区间等要求。交易员往往不会选择按最低的成交价来完成目标，因为市场价格不在其控制之中，若强求低价格则往往会完不成建仓任务，并由此受到上司的指责。所以，为了圆满完成任务，交易员往往选择的是快买方式，尽管交易的成本可能偏高，但其仍在指定的价格区间和时间内完成了任务。于是，我们经常就会在盘中看到有人买单扫货，没有很大的成交量也没有明显的对敲行为，这也许就是某个机构或基金公司的交易员在按指令行事（通常而言，主力扫货要比这更凶猛，而且更具有持续性）。

如果我们能判断出是机构或基金公司在买单，那么就应该知道一旦这张指令单完成，股价就会跟随着大盘起落，当天过大的涨幅就会得到修正。因此，当判断出是机构或基金公司在买入时，交易者最好不要急于跟进，因为他们还没有拉升的动作。当然，资金量大的交易者或中线交易者则可以同步跟进，以免后期进入成本偏高。如果短线交易者手中持有该股，那么此时可以先行抛出，等到股价回落后再买入也不迟。

十一、突发性大卖单的意义

有时候，我们会发现一些股票大幅下跌，成交量也明显放大，平时不可多见的大卖单不断出现，却常常弄不清是什么原因。此时，如果持币者仓促出手，可能会出现失误；如果持股者迟疑不出手，可能又会出现亏损。由此可见，对大卖单的判断也是非常重要的一个交易环节。

通常情况下，大卖单的出现也有四种可能性：

1. 对敲洗盘

洗盘有时也被理解为震仓。主力通过洗盘的方式让浮动筹码抛出，或者自己承接，或者由新的买入者承接。新的买入者不断进入，有利于抬高该股的交易价格，使股价在不断上移的过程中保持获利筹码的稳定性。由于越晚进场的交易者获利越少，所以往往他们不愿意很快出局，于是在主力进行拉升的时候，抛盘将会变少，主力推高的压力就会减轻。

对于震仓，前面已有描述，这里再详细说明一下。比如说盘面有不可思议的巨大卖单挂在报价栏里进行恐吓；或者有人只吃掉买盘处的大买单但其他的小买单碰都不碰；或者砸一个买单就歇口气而不是一口气连吞几个买单价；又或者买单盘口中出现层层较大买单，而卖单盘口只有零星小单，但突然盘中出现大卖单砸掉下方买单，然后买盘又快速扫光上方累积抛单，等等。这些都是震仓（洗盘）的一些异常特征。

2. 筹码换手或换仓

当主力将手中的一部分筹码转让给另外一个交易者，或者本身就是在几个内部的账户中进行换仓时，就会出现大卖单的现象。其特点是：盘中某一个比较低的特定价位连续出现类似于对倒盘的成交量，而且尾市通常会有拉抬收盘价的现象。有时这种现象也表现为利益输送，实质上都是将低价筹码卖给另外一个熟悉的交易者，属于内幕交易的一种。

3. 散户抢卖

当行情很差的时候，尤其是在某板块领跌的时候，就会出现散户或大户抢卖的行情，出现大家一起卖出的现象。当交易所的服务器反应不过来或成交数据延迟传输时，就会出现"大卖单"的状况（看成交笔数往往没有意义）。但这样的状况往往是看大盘或板块的"脸色"行事的，当大盘或板块表现尚可时，这种情况就不会出现，这是识别它的一个主要方法。

4. 主力减仓或大户出逃

主力何时出局，通常都会有一个明确的操作计划。对于中、长线主力而言，其操作股价的截止目标往往是当个股预期业绩实现（报表出来为止）、朦胧重组成功（重组公告出来为止）、主题开始透支（主题性利好出尽）等情况出现为止，至少也会等一个大致的上涨幅度（如100%～500%）达到为止。若不出现这样的结果，只要主力的资金链不断，只要大盘不是极度恶劣，主力往往是不会全部出货的，也没有全部出货的氛围和机会。主力有可能在波段交易中高抛低吸，或者因意外原因提前减仓，但这并不是主力全身而退的表现。减仓是部分出货，后面往往还会有更高的出货空间，而甩货则是数次减仓之后的疯狂抛售，两者有本质的区别。

主力在减仓时的盘面特征是：上方没有很大的卖盘挂单，但一旦下方有较大买盘挂单就会有抛单砸盘；或者卖单盘口中出现层层中等卖单，而买单盘口只有零星小单，突然盘中出现小单持续吃掉上方卖单，但紧接着又出现大卖单快速砸掉下方累积的买单，这就是典型的欲擒故纵策略。另外，如果尾市卖盘压力不大，那么主力往往会将收盘的价格拉起来，这也是一个重要的识别特征。但如果出现主力连续"减仓"的动作，则可能就是主力出逃的行为了，只是这不是一两日可以看得出来的。

此外，大卖单的出现也有可能是非主力的大单出逃行为。一般来说，大单的出逃并不一定表明上市公司有问题，可能是基金为了对付赎回等原因不得不卖掉一些筹码，也可能是某个大户急需资金周转而不得不平仓。如果是这种情况，中长线交易者就应该按照既定方针，持有的继续持有，要买的继续买进，只有上市公司的基本面或大盘走势发生了根本性的变化，才去考虑卖股的问题。当然，大卖单出逃后股价最终能否回归原处，还取决于盘中主力是否愿意护盘，如果盘中根本就没有主力或者即使有主力也已经是力不从心，那么大卖单出逃以后股价也是回不上来的，如果交易者继续持有该股就会出现较大的亏损。

十二、脉冲式行情的意义

所谓脉冲式行情，是指股价突然脱离同期大盘走势，上冲到一定高度之后又很快回落下来的状况。这是股市里常见的现象，但对于喜欢追高的交易者而言，就需要了解其用意了。

一般而言，脉冲式行情有可能是以下原因造成的：

1. 机构抢货

前面论述过，当基金公司或机构交易员按交易指令单工作的时候，往往就会出现股价快速冲高的现象，而当其买入工作阶段性完成时，股价又会出现回落的现象，于是脉冲式行情就形成了。它的特征是：不会在几分钟内促使股价上升几个点的现象，一般呈现出阶段性的"鱼吃食"行为，即向上吃一口就会停一下。如果交易者能判断出是机构在抢货，可以中、长线持股。

2. 散户抢货

散户抢货的原因，不一定是主力拉升股价所致，有时机构或基金公司的过急介入，或者是游资的抢盘行动，也会使散户以为是主力开始拉升股票了，进而导致集体跟风。这种状况通常发生在板块跟风的时候，一旦某板块有龙头股出现，其所属关联板块的个股往往就会出现跟风的现象，而一旦龙头股显现弱势或大盘开始转弱，那么该股自然就会冲高回落而无人问津。所以，该情况的重要特征是个股行情跟随板块和大盘的走势。如果交易者能判断出脉冲式行情属于这种情况，又对板块连续上涨持怀疑态度时，就应该考虑卖出股票了。

3. 对倒诱多

当个股处于高位的时候，主力为了吸引跟风或减仓，也会制造脉冲式行情。前者是通过对倒做量吸引部分散户跟风，促使部分浮动筹码与新介入者进行交换；后者则是诱使散户在跟风的时候接纳自己的卖盘，以达到减仓的目的。当交易者判断出脉冲式行情属于这种情况时，应持警惕态度，因为此时主力已经不需要筹码了，从理论上来说，随时有减仓或出货的可能性。

4. 试盘

主力在拉升股价前需要测试上方卖压有多大，以准备拉升的时机和资金，于是就会出现试盘的动作。对倒后的试盘动作完毕，股价自然就会回落，于是就会出现脉冲式行情。需要注意的是，此时的主力往往不畏惧抛盘的大量涌现，所以此举也可能是为了冲高吃货。该情况多数发生在个股的中低价位区间，一旦发现可继续持股或跟进；而窍门是多留意那些在底部或中部常常出现长上、下影线的个股，这些往往都是主力试盘后所留下的痕迹。

5. 空头陷阱

当个股出现脉冲式行情时，往往成交量比较大，而且在其K线图上会留有长上影线，这样，普通交易者会认为该股出现了"十字星"或"流星线"，应该卖出股票了，于是正好中了主力制造的空头陷阱，致使其在股价被拉升前或拉升中就交出了筹码。当主力制造空头陷阱时，当日上冲时的成交量往往是其加大建立短期仓位的表现，而打压吃货的行情也可能会随之展开。所以，如果中长线交易者能判断出脉冲式行情属于空头陷阱，那么坚决持股或跟进就是明智的选择，但是往往还要面临一段时间的股价调整过程。

十三、急涨急跌的含义

急涨急跌是盘中突发性的行为，往往致使股价在几分钟内的涨跌幅达到了3%以上。很明显，散户往往是一步一趋的，不会率先发动涨跌攻势，往往是主力的行为才会导致这种现象的发生。急涨急跌常常伴随着大手笔的成交，且往往会突破盘中的阻力点，是很好的交易时机。但其真实性也是需要交易者用心判断的，否则就会弄巧成拙，徒增亏损。

判断盘中的急涨急跌行为，仅从分时走势图上进行分析，大致有四个方面：

1）急涨（急跌）后股价重新回到了原有的启动点之下（上），说明该急涨（急跌）虚假；

2）之前盘中成交稀疏，突然出现急涨（急跌）现象，该现象往往也是虚假的；

3）出现急涨（急跌）时，如果成交量跟不上，则该行为多数属于外强中干，也不真实；

4）若股价处于明显的顶部（底部），急于创新高（低）的行为，往往也是虚假的突破行为。

第四节 盘口总结

每一个交易者都需要对看到的盘口现象进行总结，使自己的经验条理化和直觉化。但对盘口技术的总结需要和常规的技术分析结合在一起进行，否则就会有失偏颇，容易出现一叶障目的情况。

一、盘口的经验性总结

1）既然主力可以营造出某种现象让交易者认同，那么说明该现象确实会导致某种结果，至少从经典理论上说是会出现的。经典理论之所以能够成立，是基于诸多假设前提的，比如是基于规范市场中的自发力量。但当有主力操纵的时候，经典理论的立足点首先就不成立了，而主力用资金和股票来营造经典的K线图和量价关系时，散户如果看不见主力或忽视主力的虚伪性，必然就会上当受骗；同时，绝大部分散户并不知道某一现象的成立需要具备多少前提条件，当不具备某些前提的现象被当主力制造出来时，一叶障目的散户上当受骗也就在所难免。所以，交易者必须了解经典分析理论的发生条件，并时刻注意主力较为反常和夸张的手法，主力可以隐藏一时，但不能长久隐藏。

2）所有的股价分析都是对股票过去走势的界定，对于股市未来行情的分析和推理，可能两种、三种说法都有道理，但只有等股票后期走势明确后，我们才知道哪一种说法是正确的，而在这之前往往都是盲人摸象的行为。即使是主力机构也会有几套操作方案，他也不能明确下一时段大盘会是什么行情，以及个股基本面会不会出意外等，所以他的动作也具有一定的随机性。但是即使是个股后期走势明确了，我们也无法知道真正的内幕原因，所以我们不要指望一定能了解全部原因，更别奢望知道真实答案。这就要求我们在尽可能多的细节观察中来注意反常现象，但不可确信已有的推论，保留一份不确认，可使我们避免陷入自信的危险状态。须知，在股市里既没有铁定的军规，也没有一成不变的手法，"狼来了"的故事往往会麻痹很多资深的分析者。

3）没有主力也就没有市场的希望，主力制造了希望，但交易者不能被主力诱死在希望里。所以，为了避免陷入不正确的推理中，最好的方式就是不要做你看不懂的行情，不要挑你看不懂的股票。股市博弈其实就是主力与大户和散户之间的较量，是机构和机构之间的较量，共荣共辱是不可能的。为了争夺对方的资金，两者体现的往往只是主力的欺骗和其他群体的被骗，当然，还有散户被散户跟风所骗。所以在股市中，"识骗"是生存的前提，也是获利的基础。即使交易者不能识骗，也不要介入看不懂的行情。当然，交易者看得懂的行情也不一定就是有利可图的行情，这跟其认知的正确性有关，而认知的正确性则来自于对主力机构运作特性的了解，来自于对经典股市理论和其成立条件的了解，来自于正确的思考方式和盘口的识别经验。

4）纯粹的K线图只争朝夕，只能是短线交易者的参考工具，当股价一路上扬时，我们最多只敢看到13日的K线行情就会出货，此时我们也许可以赚到建仓价的20%；然而站在均线系统面前，我们或许可以安心持股半年，只要股价不破30日或60日均线就不出货，此时我们也许可以赚到建仓价的100%；但是站在主力资金面前，我们可能最终才发现200%～500%的涨幅才是大资金进来后的必然结果，而前面的技巧不过是在两年内主力完成这个涨幅的一场游戏。所以，对主力机构的研究和分析才是至关重要的。但是主力机构的进出必须判断一年以上的大盘走势，而长期的大盘走势又受制于国家经济环境和股市供求关系的影响。因此，从宏观入手把握大盘，以主力思维研究主力，以均线和K线系统做波段交易，才是当前交易者的盈利根本。

二、盘口的细节性总结

1）对于过去经典的技术分析必须熟悉，先知其本，而后要灵活的正、反运用，看其表现；

2）要熟悉主力反用经典技术分析的时机和条件，学会以主力操作的思维方式来分析行情；

3）关注盘口的异动现象，这是主力发出的明示或暗示信号，如天要下雨蚯蚓就会满地跑；

4）关注盘口诸多细节，但不能因了解一个细节就开始雀跃，要综合观察诸多细节才可靠；

5）大盘走势、股价位置、该段时期的K线形态和成交量更重要，细节只是来化解疑惑的；

6）这里的分析只着重于异动现象这个问题，有失偏颇，但关键是要培养关注细节的能力。

第三章　解读分时走势

对于短线交易或者决定当日交易的交易者而言，分时走势图是其主要的参考依据。分时走势图的分析，又分为大盘分时走势的分析和个股分时走势的分析两种。虽然大盘分时图体现的是某个领域成百上千只股票在每分钟里的综合走势，但其原理和现象同个股分时图走势几乎一样，大起大落也是常有的事情，只是比个股分时图在转弯时稍微圆滑一些。

股票日 K 线图都是直上直下的，即使是同样的模样和同样的成交量，但是其形成的过程往往截然不同。而分时图则诠释了日 K 线的形成过程和由来，具有重要的盘后分析和盘中交易的参考价值。简单来说，分时图就是最原始的股价图，过去称之为"线形图"、"停顿图"。将个股在每分钟的最后一笔成交价格依次连接起来，在一个交易日中就能得到由 240 个点组成的股价走势曲线图，这就是分时走势图。分时图分析是短线交易、权证交易等的分析重点。

第一节　分时图的研究

对于分时图的研究，只需要掌握其根本原理和研究方法即可，如此举一反三即可通晓本末。

一、分时图的类型

股票分时图走势看似杂乱无章，但其实都是主力的运作痕迹，看多了，就自然能如条件反射般的得出一些结论，这有利于专业交易者快速作出买卖决策，也是所有短线交易者的必备本领。

总体来说，分时图分 4 种不同的类型，有 4 种不同的应对策略：
1）有明显的上升趋势，可适度参与买入；
2）有明显的下降趋势，应考虑卖出；
3）有明显的横盘趋势，旁观；
4）上述三种趋势在尾市突然变盘，否定了先前趋势，应及时作出反应。

二、个股分时图研究

分时图的走势成因往往有两个：一个是市场因素，即受大盘或板块的影响而发生变化；另一个是非市场因素，即受主力控制而发生变化。但无论如何变化，其研究的原理是一样的。

分时图的研究不同于 K 线图。具体来说，无论是大盘还是个股，在进行分时图研究时都必须正确看待 13 个方面。这 13 个方面依次是：开盘价位、运行方向、升/跌角度、运作时间、升高度/跌深度、回调/反弹幅度、波幅形状/频率、最近高/低位、最高/低位、整数位、趋势/支撑线、图形形态、均价线；同时，还要辅助看即时成交量和盘口买卖信息。

1. 开盘价位

在股票分时图的中间有一条较粗的水平线，它的左端显示的是个股昨日的收盘价格，右端显示的是 0.00%，这条线代表着昨日收盘价的水平位置。看股票今日的开盘价位时，主要是看第一笔成交价格是落在该水平线的上方还是下方，或者是否正好落在线上。

股价开在该水平线上方，意味着多头占主动优势，开得越高说明多头主动上攻的意愿越强烈，但要防止主力制造的多头陷阱；股价开在该水平线下方，意味着空头占主动优势，开得越低说明空头主动抛售的意愿越强烈，但要防止主力制造的空头陷阱；股价开在水平线附近，则意味着平开，是昨日收盘价的正常延续。开盘的每个细节都很重要，没有主力会拿自己的资金开玩笑。

此外，开盘价位也会对后面的股价运行走势起到支撑或压力的作用，即昨日收盘价处的水平线也起着支撑线或阻力线的作用。

2. 运行方向

自 9：30 分之后，不管有没有成交，股票就已经进入连续竞价的阶段了。此时，交易者应该密切注意股价每分钟的运行方向是向上、向下还是横向延伸；向上意味着股价在往上走，向下则意味着股价在往下走，横行则意味着股价正处于买卖双方的僵持状态。

向上走的股价可能会忽然转下，向下走的股价可能也会忽然转上，这些变化无常的表现会随着时间而变化，但最终会在收盘的时候给交易者一个明确的交代。

3. 升/跌角度

无论股票是上升还是下跌，分时线总会有个角度的问题。分时图的横坐标是时间，纵坐标是价格，所以分时线的角度是价格的运行速度。在既定的时间内，如果股价升/跌的幅度大，分时线的角度自然就会加大。有的个股升/跌得急促，有的个股升/跌得缓慢，这些都可以通过分时线的角度直观地反映出来，同时这里面也透露着多头/空头的攻击决心和实力大小的问题，也就是涨/跌力度的问题。有力的，就是大角度的，就是强势的，就是值得关注的。

甘氏线是针对股价运行角度而设计出的判断工具，把它用在分时图上也有很好的效果。需要注意的是，很多前面所学的技术分析理论，包括趋势线、K 线形态等，都可以在分时图上进行运用，它们本质上都是为股价趋势服务的，分时图不过是股价运行轨迹的另一种作图方式而已。

4. 运作时间

时间是一个永恒的魔幻大师，能够演化无数的事物，对于千万人时刻都在进行着博弈的股市而言，时间是一个比价格更重要的因素。股价涨/跌多少的同时耗费了多少时间，是一个很敏感的问题，它直接反映了诸多投机者的心理状态。

在以时间为横坐标的分时图上，股价所有的变化都是在时间刻度之上的。升/跌多少价格时耗费了多少时间，说明了多头或空头攻击能力大小的问题；调整/反弹多少价格时用去了多少时间，则反映了空头或多头反攻力度的问题；升得快而跌得慢，或者升得慢而跌得快，又或者升和跌同速，它们反映出的是不同的盘面语言。股价图形变化的每一步都离不开时间，从消耗时间长短的问题上，我们可以洞察出市场多、空双方的微妙变化，以掌握买卖股票的先机。

在股价的运行时间上，有几个时间段很重要。第一个是9：30～10：00阶段，属于早盘阶段，极强势和极弱势的股票都会在此时集中表现，以图一锤定音地定下当天的股价走势方向；第二个是10：30时，因为这是停牌个股复牌的时间，复牌的个股在复牌公告的刺激或大盘的影响下，常常会突然发力，而该举动又会影响同板块个股，并由此产生联动效应；第三个是11：00～11：30阶段，属于上午的尾盘阶段，很多有预见性的个股会在此时展开攻势，以图在下午的博弈中占据主动地位；第四个是13：00～13：30阶段，这是下午的早盘阶段，也许是交易者在中午休息的时候进行了进、出场的思考，也许是中午有一些突发性的消息传出，该时段往往也是当天多、空双方激烈争夺的时间段；第五个是14：30～15：00阶段，属于当天的收盘阶段，为使个股明天走势符合主力自己的需要，或者主力终于开始透露本意，或者犹豫的交易者终于开始行动，或者有关明天的政策新闻隐约透出……该时段是一天最不安静的时段，甚至最后几分钟的动作最为精彩。

5. 升高度/跌深度

股价运行了一段时间后，自然就会在分时图上留下上升的高度或下跌的深度，可能这只是多、空双方第一回合的较量，但我们却可以由此看出这一回合的胜负状况，即：到底是多头占主动性优势，还是空头占主动性优势。

在以价格为纵坐标的分时图上，分时图升的高度和跌的深度就是价格的涨跌程度问题，它显示着目前交易者的输赢状况。股价升高了，获利盘可能就会马上抛出；股价跌狠了，抢筹码的可能马上就会出来。这种涨跌的转化一直会持续到收盘时才能分出胜负。

6. 回调/反弹幅度

股价升高之后，或者会停顿下来积累力量后再继续前进，或者会停顿下来察看风向后掉头下行，这时就要看股价调整的深度问题了。比如，20元的股票涨了1元钱，可能是直拉式上升造成的，可能是斜推式上升造成的，也可能是曲折性上升造成的，但这些都不重要，重要的是现在它开始反向运动了。如果此后，该股价在向下调整了0.2元钱（20%）之后又开始了攀升运动，我们称这种现象为小力度的调整；如果股价在向下调整了0.4元钱（40%）之后才开始攀升，我们称这种现象为中力度的调整；如果股价在向下调整了0.6元钱（60%）之后才开始攀升，我们称这种现象为大力度的调整。这同前面讲述的"百分比回撤线"是一样的含义。一旦股价调整幅度太深，多头可能就会支撑不住，导致股价开始下滑。

小力度的调整是强势股的表现，这种调整表示盘中做空的力度很弱，无力将股价打压下来，是一个好兆头；大力度的调整则说明股价在升高之后，马上遭受到空方的大力还击，说明空方的能量很大，应该引起重视；中力度的调整，其意义介于这两者之间。但只要是股价表现出调整而不是反转的势头，说明多方总体上还是占有优势的。

反弹幅度也适用于上述原理。

此外，在分析回调/反弹幅度的时候，还要同步考虑回调/反弹所用时间的问题。回调/反弹所用时间少，说明对手打击的力度大，很快就出现了价格回位现象；回调/反弹所用时间多，说明对手在稳步蚕食已有的成果，前者的强攻可能只是外强中干的表现。

7. 波幅形状/频率

在分时图上，股价的走势通常像波浪一样起伏不定，每一次由升转跌或由跌转升的过程，就构成了一个小波幅，而诸多的小波幅则构成了一个大波幅，就像波浪理论里的形状。在分时图上不可能去数浪，但是不同的波幅形状却透露着不同的含义。

波峰或波谷尖锐，说明对手反击的速度快，狼牙状的分时图就体现了对手快速偷袭的行为；波峰或波谷呈方形或圆形，则说明双方对股价高/低点曾达成了短暂的一致，砌长城状的分时图就说明了多、空双方对价格两极化的认同；大波有大波的剧烈风险，小波有小波的迷惑现象，它们体现着股价的震荡状况和多、空双方的意见分歧。尤其是波幅运动频率的增加（既定时间内的波浪数量增多），往往是多、空双方剧烈争夺的混战表现。

8. 最近高/低位

所谓最近高/低位是指离当前股价最近的那个高/低价位，这对于在分时图里画趋势线或画压力线/支撑线很有帮助。

9. 最高/低位

所谓最高/低位是指到目前为止，当日股价曾经达到过的最高/低价位，这对于在分时图里画趋势线或画压力线/支撑线也很有帮助。

10. 整数位

在一些重要的整数价位上，比如10元、10.5元等位置，往往也是股价重要的支撑位或阻力位，这是主力控盘战略意图的体现，也是普通交易者习惯性的买卖心理反映。

11. 趋势/支撑线

在分时图上，把股价运行的高点和次高点依次连接后，就会得出下降趋势线；把股价运行的低点和次低点依次连接后，就会得出上升趋势线；还有高点与高点之间的所连成的阻力线，低点和低点之间所连成的支撑线，包括昨日收盘价水平线所构成的支撑线/压力线等，都是基本技术分析原理在分时图上的应用，也都是交易者投机心理的一再反映。

12. 图形形态

同趋势/支撑线可以被运用到分时走势图上一样，K线图里的价格形态分析也可以用在这里。例如头肩顶/底、双重顶/底、弧形底、V型反转、三角形整理等，在这里都有一些值得借鉴的地方。

13. 均价线

均价线其实就是股价在当日的移动平均线，它计算的是开盘后到目前为止，每一分钟内累计成交的平均价格。该曲线在分时图里占据有重要的分析地位，其作用类似于 K 线图里的移动平均线。当股价持续在均价线以上运行时，表明市场预期良好，买盘踊跃，当天介入的大部分交易者都有账面利润，这是个股强势运行的特征；当股价持续在均价线以下运行时，表明市场预期较差，卖盘踊跃，当天介入的大部分交易者都在亏损，这是个股弱势运行的特征；当均价线从低位持续上扬时，表明市场预期提高，交易者纷纷入场推进股价上涨，个股平均持仓成本不断抬高，对股价形成了支撑的作用；当均价线从高位持续下降时，表明市场预期较差，交易者纷纷离场迫使股价下跌，个股平均持仓成本不断下降，对股价形成了压制的作用。

可见，均价线也具有同移动平均线一样的三大特征：

1）支撑与压力的作用。这意味着当股价回落到均价线附近时，往往会暂时反弹；当股价上升到均价线附近时，往往会暂时掉头；均价线一旦被突破，原来的支撑作用将转化为压力作用，原来的压力作用将转化为支撑作用；均价线的支撑作用越明显，即意味着主流资金对股价的波动起着推动的作用；均价线的压力作用越明显，即意味着主流资金对股价的波动起着压制的作用。

2）助涨与助跌的作用。如果股价持续上涨，那么均价线将紧随着提高，说明介入者的持仓成本在不断上抬，交易者的追涨热情高涨，这是均价线的助涨性表现；如果股价下跌，那么均价线也将紧随着下降，说明介入者的持仓成本在不断下降，先入场的交易者均被套牢，于是后期的卖盘汹涌而出，买盘且战且退，这是均价线的助跌性表现。

3）葛兰碧定律。移动平均线中的葛兰碧定律同样适用于均价线，这里不再重复。

在研究分时走势图时，有几点需要注意：

1）任何一天的分时走势图都不是孤立走出来的，与当天的外部市场信息和自身的历史走势渊源相关，通常是昨日走势的延续，也常常受到近几日阻力位和支撑位的影响，受制于现成的基本趋势和次级趋势。所以，在看分时走势图的时候，有必要调出连续几天的分时走势图一起看，以得知股价前期的高、低点在哪里，今日均价线和前几日均价线是否能对接在一起，等等。连贯的分时走势图对于我们研究分时图很有意义，但对于开盘抢涨停的行为，其研究的意义不大，因为主力资金已经打破了以往的多空平衡，冲关夺寨显得志在必得。在通达信软件里，只要在当日的分时图上点击鼠标右键，从功能菜单中选择"多日分时图"，再选择"最近几日"，就可以看到近几日连贯的分时走势图了。

2）对于习惯了用 K 线图进行分析的交易者而言，1 分钟 K 线图和每分钟的分时走势图，其本质是一样的。但是 1 分钟 K 线图最大的优势有三点：其一是柱状的 K 线图富有视觉冲击力，能清晰显示股价在拐弯时的微小异动，而分时图上此时只是一个不引人注意的小勾点；其二是 1 分钟 K 线图比分时图多了开盘价、最高价和最低价，能知道每分钟内股价曾在什么地方受到了阻力或支撑作用，而分时图里只有每分钟的收盘价；其三是 1 分钟 K 线图下面的成交量也是以柱状图显示的，清晰地对应着股价的变化状态，而分时图上的成交量是线条状，不引人注意。

相比于 1 分钟 K 线图而言，分时图的优势是简单明了，最大的特点是：经过训练后，交易者对于特定走势的图形往往很敏感，能很快看出主力的意图和下一步走势，这对于需要快速进行决策的短线交易来说，非常重要。此外，分时图中的均线作用比较明显，很多时候股价都会在那里受到影响，而 1 分钟 K 线图里的均线则往往失去了作用。由于大多数交易者都在以分时走势图作为当日成交的参考工具，所以分时走势图也就理所当然地成为了重要的短线博弈工具，其重要性超过了当日任何一个周期的 K 线图。

把分时图当作即日交易的决策工具，可以省掉复杂的多周期决策工具，即可以放弃用以 1 分钟、5 分钟、30 分钟、60 分钟 K 线图同时看盘的方法。但为了结合 1 分钟 K 线图和分时图的优势，交易者首先必须意识到，在一天 240 分钟的交易时间内，是可以忽略每分钟里的最高价和最低价的（长线交易者甚至可以忽略掉一周内的最高价和最低价，而仅凭月 K 线图来进行交易决策。）；其次，为了吸收 1 分钟 K 线图的优势，必须放大分时走势图，密切关注走势图上价格拐弯处的微小变化，同时密切关注成交量线型图的高低变化，将 1 分钟 K 线图上的细微优势融合进来。

3）关注成交量。成交量是辅助分析股价涨跌原因、涨跌动能和涨跌虚伪性的指标，对于它在分时图中的作用，适用于后面"量价关系"中的 10 条规律。总体来说，成交量的变化代表了当前资金的操作性质与交易者买卖热情的程度，大量资金做多股价必然上涨，大量股票做空则股价必然下跌。但要注意，分时图里的无量下跌是主力当日无法大量出货或没有主力参与的标志，这种下跌并不可怕；而无量空涨也是主力无法大量出货的信息，只要不放量，后面往往就还会有新高出现。

此外，看分时图下面的成交量数据时，该线状图是红是绿都不重要，因为每个第 60 秒钟的成交价格都包含着数笔成交状况，而且都是交易所延迟发过来的数据，这些数据难以真实地反映在一分钟内是主动卖出的股票多还是主动买入的股票多，因而红色并不意味着价格涨，绿色也并不意味着价格跌。如同前面"单笔成交分析"里讲述的一样，我们要关注的是成交量线状图的长与短，以及与该成交量对应着的价格变化。通过调整软件的设置，交易者也可以将红、绿色的成交量线状图改为单一的黄色，以免受其影响；同时也还可以点击下面的"量比"指标，通过量比曲线来察看成交量的变化。

4）盘口买卖信息。盘口买卖信息是辨析主力手段和意图的第一手资料，它对于分时图的形成有着直接的影响。很多分时图的走势就是基于盘口的委托买卖盘而发生的变化轨迹，而盘口买卖信息则直接说明了分时图的形成原因。对于这里的盘口分析，适用于前面"解读盘口现象"一章里的分析。

5）最后要说明的是，仅仅靠分析分时走势图、成交量和盘口交易数据来预测股价的走势是不够的，这些小动作的发生和成因，往往跟大盘走势和板块热点转换有着密切的关系。因此，仅靠分时走势图的分析来确定下一步股价的走势，无异于"猜图"。大盘分析、板块分析、个股历史走势分析等，才是更重要的参考信息。

下面，我们用一张图来对上述分析理论作说明，见图 71。这是 2008 年 3 月 19 日中国联通股票的分时走势图，因为该图是随机选出来的，所以我们可以由此来见证分时图是否具有规律性。

从图 71 中可以看到，当日该股受大盘影响高开，但因市场无实质性利好消息，该股抛盘快速涌出，导致股价快速下跌，分时线下跌角度较大；5 分钟后，多方尝试性发起了小幅攻击，结果只持续了 5 分钟，股价又开始继续下跌；当股价向下击破昨日收盘价之后，多方明确发出了反攻信号，促使股价呈 V 字型快速回升；在做了小幅整理之后，多方再次发起了上攻的信号；随后，股价围绕着均价线进行了半个小时的延时整理，并在 10：30 受其他复牌个股的上涨影响，继续上行；当股价上升到今日开盘价附近时，受到了开盘价的压力，多方避其锋芒，开始作调整；在前期高点处获得支撑后，股价形成了明显的上升趋势，之后顺利创出了当日新高；下午开盘后，受大盘回调的影响，该股股价下跌并形成了明显的下降趋势，即使偶有反弹，也最终受制于下降趋势线和均价线；在尾盘的时候，股价在前期支撑位附近收了个小 W 底，并在大盘的影响下做了个尾市拉升的动作。

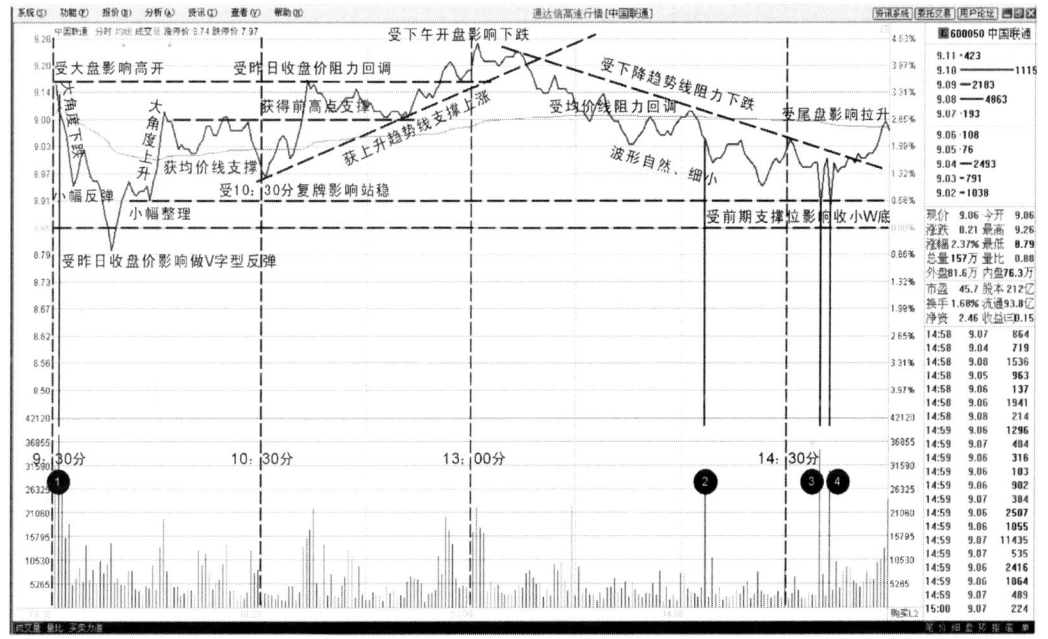

图 71

总体来看，该股当日整体波形比较自然，没有主力干预的明显痕迹；同时波幅都比较细小，说明当日没有什么大起大落的震荡行情，基本上是普通交易者或机构与机构之间的自然较量（中国联通具有 93.8 亿的流通盘，成交基本上是以千手为单位，所以交易者多数为机构或大户）。

值得注意的是，图中显示有 4 处抛售大单，从对应的分时走势图上可以看出它们对当时股价走势的影响。显然，尾盘的那个小 W 底是因某机构两次照下面的买单砸盘而形成的，并非自然而成，这意味着部分机构对明日行情不看好，因而急于在尾盘平仓。由于分时图中的成交量是以分钟为单位计算的，所以这 4 处抛单都是 1 分钟内累计的成交量，是多笔成交的数据，但无法得知是否是一家机构所为。

最后需要强调的是，分时图并非是股票技术分析中最重要的部分，股价所处的位置才是最重要的因素。因为只要是股票在上升阶段，无论股价是高开、平开、低开还是高收、平收、低收，都是为股价继续上涨服务的；只要是股票在盘头阶段，一切走势都是为主力出货服务的；只要是股票在下跌阶段，一切走势都是为主力继续出货服务的；只要是股票在筑底阶段，一切走势都是为主力吸筹服务的。明白了这一点，任你懂图或不懂图，任主力是真是假，任分时图如何表演，一切都自有命数。

三、大盘分时图研究

下面是 2008 年 3 月 19 日沪市大盘的分时走势图。对比图 71，可以发现两者的走势基本上一致，这说明中国联通股票当日没有什么异常的动作。相比来说，大盘分时图体现的是某个领域成百上千只股票在每分钟内的综合走势，所以它的走势比个股分时图在转弯时要稍微圆滑一些。见图 72。

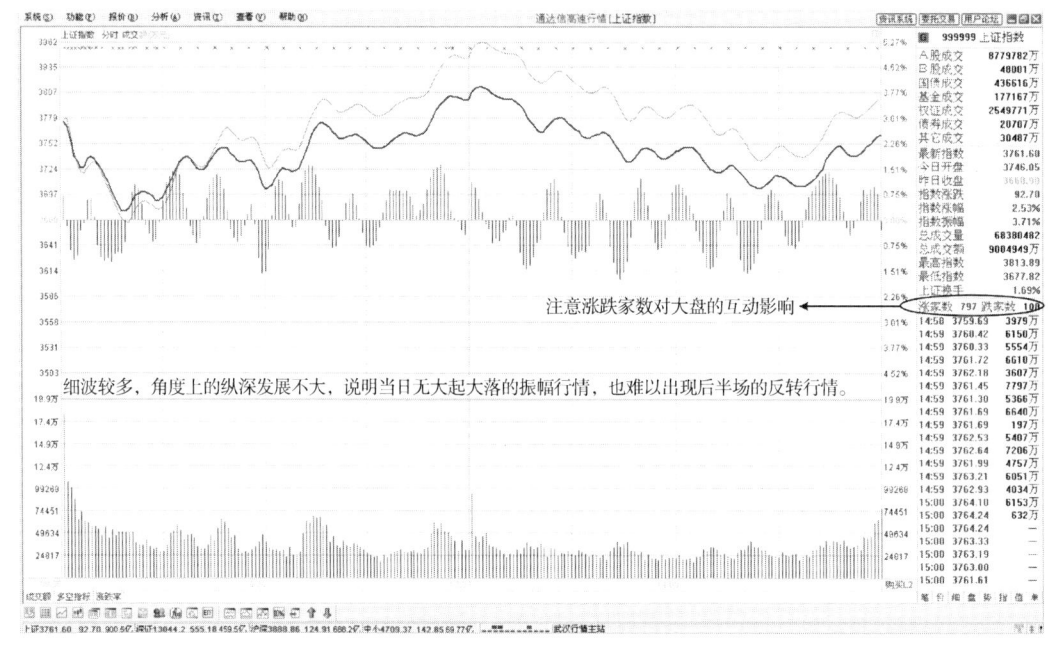

图 72

对大盘走势的研究将在后面的"解读大盘走势"一章里着重讲述，在这里，交易者只要了解大盘分时走势同个股分时走势的分析原理基本一致就可以了。

第二节 涨停板的现象

涨/跌停板是沪深证券交易所规定的、股价在一个交易日中相对前一交易日收盘价的最大涨/跌幅度。具体规定是：普通股票的涨/跌幅为 10%，ST 类股票的涨/跌幅为 5%，新股上市首日涨/跌幅不受限制。

自从中国股市于 1996 年 12 月 16 日实施"涨/跌幅限制"以来，涨/跌停板就成了主力控盘的有力工具，形成了中国股市蔚为壮观的一幕悲喜剧。"涨/跌幅限制"本意是避免股市暴涨和暴跌，但实际上却具有很强的助涨和助跌作用。无论个股是涨停还是跌停，都是市场走极端的表现，都是非正常的买卖现象。在市场出现极端化的时候，往往就是巨大的机会或风险来临的时候，因此，研究涨/跌停板也就成为了交易者必修的功课。下面，以一些特殊的分时走势图来完善对个股分时走势的研究。

由于涨/跌停板涉及到利好和出货的概念，所以在具体讲解之前，交易者先要明白两个要点：

1）一般而言，某股票在没有重大消息题材的推动下，很难紧俏到需要追到涨停板处才能买得到的程度。一日之内股价突然涨停，往往是主力运作的结果。当然，基金的某张大买单也会促使股价一路上冲，但绝对不会屡次冲向涨停价。同样，除非是极大的利好消息，否则单靠散户也是难以封住涨停板的。

2）主力出货与主力出局不是同一概念。通常情况下，主力为了维护股价上涨不得不增加筹码，一旦基本面出现利好的情况，主力则会考虑减仓（部分出货），具体减仓价位与市场的整个多、空氛围有关。若大盘向好，主力会将股价再推高之后才开始出货，但这种出货并不一定是准备出局。至于主力何时全身而退，则要看市场的大环境以及个股的基本面还有无可以深挖的空间。当然，主力资金链条的断裂也会迫使其快速出局，但这往往不在主力计划之中，属于个别案例。

一、一字型涨停

主要特征：股票开盘就涨停，且一直将涨停封到收盘之时。

主要用意：

1）拉升，使股票迅速脱离主力的建仓成本区，通常发生在主力建仓完成之后。

基本原理：当股价处在底部的时候，持股者普遍惜售，此时只要少量资金就可以将中小盘的个股封至涨停，尤其是在开盘时就封涨停，愈发能显示出主力拉升股价的决心和实力。此时，抛盘会非常少，人们普遍持股待涨，往往该涨停板很轻易就能封到收盘时。此外，当个股筹码多数被主力收购之后，外面的抛盘很少，同样可以轻松封一字型涨停板。当股票出现一字型涨停板时，往往会最先进入"今日涨幅排名"中，锁定市场交易者的视线，吸引其后期跟风。见图 73。

2）吸筹。

该原理与"T 字型涨停"的吸筹原理一样，只是很少有主力在不打开涨停板的情况下进行吸筹。

二、T 字型涨停

主要特征：个股开盘即涨停，但是中途涨停板被打开过，之后又被封住涨停板，直至收盘。

主要用意：

1）吸筹，往往发生在新股建仓之中。

图 73

基本原理：当股价下降得太厉害导致主力难以获得筹码时，或在时间不允许的情况下而又必须搜集较多筹码时，主力往往会通过高开涨停来吸引抛盘的注意，然后在涨停途中做出买盘支撑不住的样子，打开涨停板诱惑抛盘出来，最后又快速抢筹进而封死涨停板，以加快完成吸筹的工作。见图74。

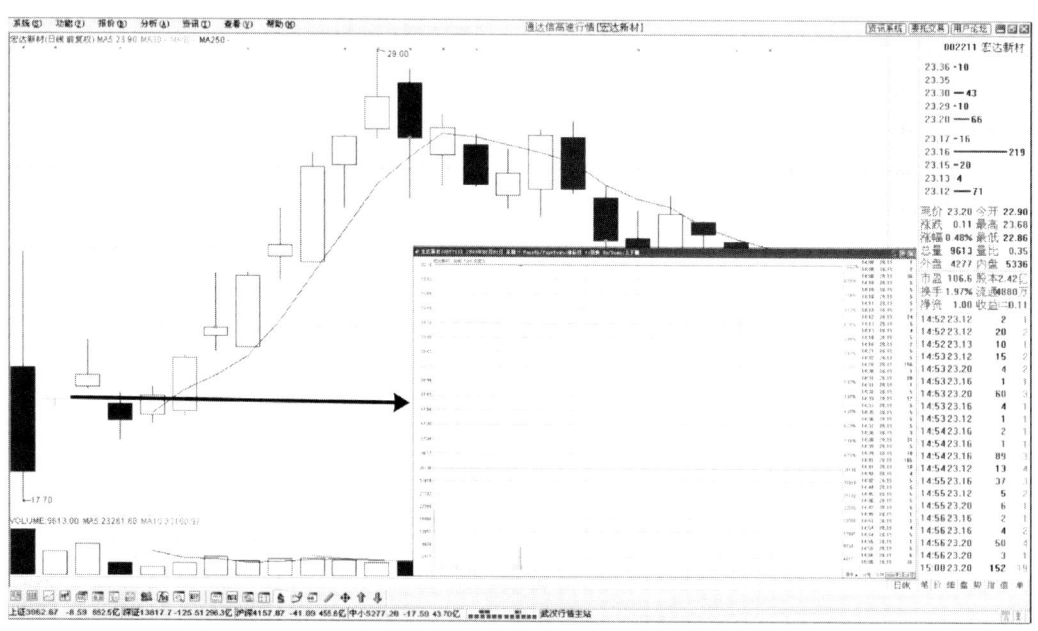

图 74

2）减仓或减压，一般发生在股价连续上涨之后。

基本原理：这种图形通常都发生在股票连续上涨后的后期，原因是开盘涨停能形成惜售的局面，但是主力可以趁人不备，快速开个缺口进行减仓，可通常又出不了多少货，于是就继续封住涨停板，方便后期出货（真要大量出货时，通常会出现连续的缺口或跳水行情）。见图75。如果封停后的卖压过重，而主力又不需要过多的筹码时，其会先撤下自己的买单，让市场抛盘和其他交易者成交，这个动作通常称之为减压。通过减压的动作，一方面可以将不稳定的短期获利盘驱逐出局，另一方面也提高了持股者的平均持仓成本，保持了股价在高位的稳定性。

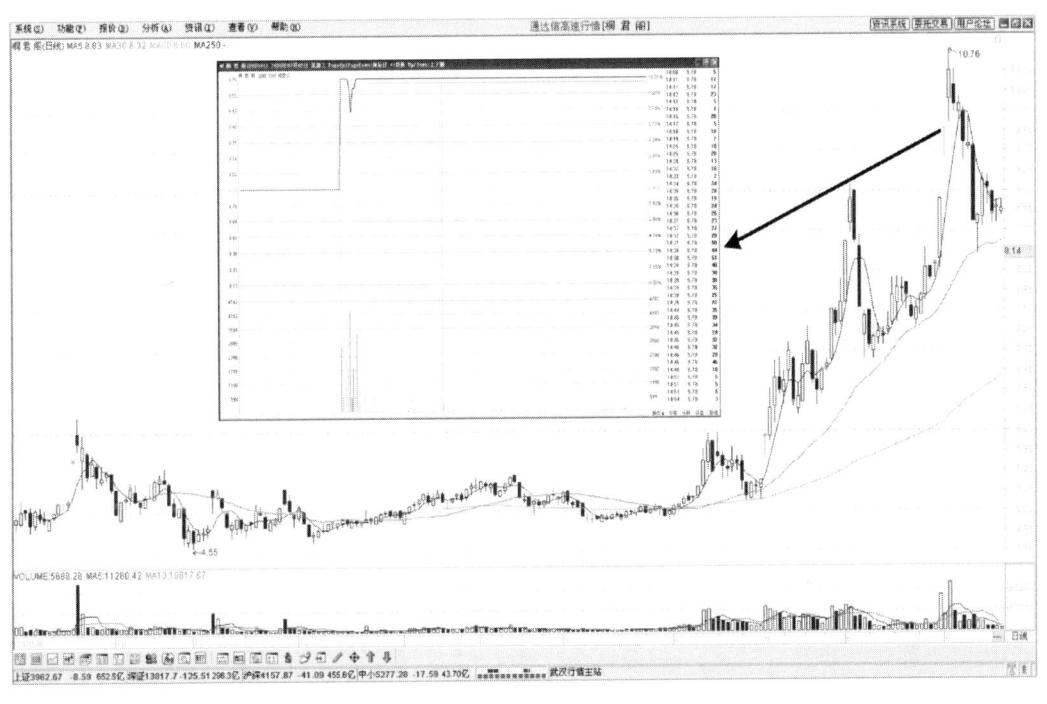

图 75

看T字型涨停图形时要注意：如果缺口只有一个，就要看缺口的深度是否过深，缺口过深说明抛压巨大；如果缺口有几个，则说明主力可能在陆续减仓；如果当日成交量过大，则说明主力加大了减仓的力度。但是一般来说，只要主力的减仓动作不大，是很难区分主力是在减仓还是在减压的。但这并不重要，因为两者都已经透露出主力筹码过多的信息了，既然主力开始减仓或不要筹码了，那么就预示着后期股价拉升的空间有限了。

只要股价不是涨得太高，通常出现这种图形时，就是主力示意该有新人进场交换少许筹码的时候了。如交易者在主力利用涨停处的缺口进行洗盘时介入，往往也能得到一定的甜头，但短线交易者必须提高警惕，后期见势不好就要出货；如果涨幅过多，中线交易者也要注意减仓了。

三、拉高型涨停

基本特征：股票低开、平开或高开后，在收盘之前被封到涨停板处。

拉高型涨停看起来多种多样，但实际上只有两种：斜推式涨停和平台整理式涨停，其他样式都是由这两种演变出来的。见图76。具体分析可见后面"操作研究"里"涨停板的交易"一节中的"拉高型涨停的交易"。

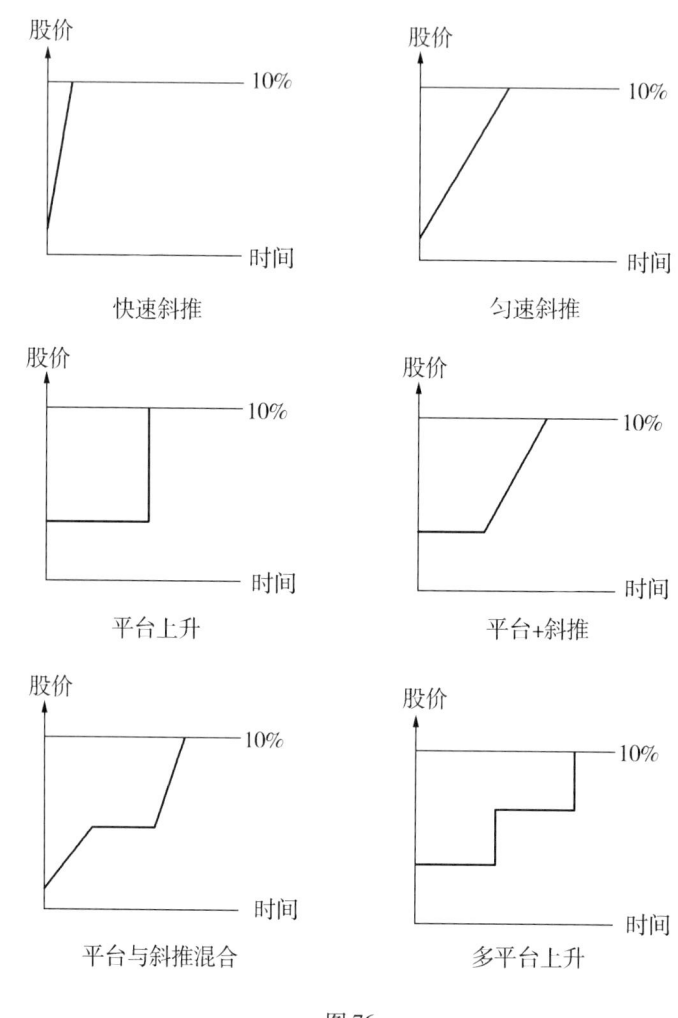

图76

拉高型涨停和一字型涨停的目的及意义是不一样的。虽然两者都是涨停，也都是为了吸引市场目光，但是一字型涨停暴露的是主力不希望市场跟风的用意。当其连续拉一字型涨停时，意味着主力不是在吸筹而是建仓已经完成，需要快速脱离建仓成本区且快速盈利。为了快速将高风险筹码转换给后来者，主力往往在拉了2~4个一字型涨停板之后，又会采用T字型涨停板或拉高型涨停的方式，以吸引市场其他交易者跟风。所以，交易者此时如要跟风，须考虑个股当前的涨幅情况。如果涨幅过大，则暴涨的背后可能就是暴跌，这通常体现了主力速战速决的心态。

而拉高型涨停则一开始就透露出主力希望市场跟风参与的意图，同时在边拉升、边吸筹、边洗盘的过程中，不断提高市场参与者的成本，不断过滤掉不稳定的浮筹，不断吸引新的买家入场。在股价逐级抬升的过程中，主力的新筹码也在不断增加，但市场人气则被彻底激活。采用这样的拉升方式后，主力后期多半会通过慢熊型或震荡型的方式进行出货，毕竟前期的高成本筹码也有不少。在到达市场最高点时，巨量长阴线或墓碑线往往是这段行情反转的标志。见图82和图83。

四、涨停封不牢现象

主要特征：其一是高开盘，吸引人注意；其二是曾经一度急拉，诱多涨停；其三是封住涨停板一段时间后，又屡次打开涨停板。

这种手法用在股价不同的阶段，所透露的意义是不一样的。主要用意有：

1）减仓或减压，主要发生在个股上涨行情的阶段性顶部。

基本原理：一只股票被迅速拉到涨停并进入了"今日涨幅排名"前列，自然会引起诸多短线客的关注，越是强势的股票就越会有短线盈利的空间，这也是短线客普遍存在的认知。于是，只要个股被拉到涨停且当时并没有放出巨量，那么部分短线客就会毫不犹豫地跟进。如果当时没有抢到筹码，哪怕挂单排队或者抢涨停缺口，他们也愿意。正是基于这种心理，主力常常会悄然撤掉买一处的接盘，让后面的散户买单顶上，而自己则开始照着买一处的价格快速出货。散户的买单封不住主力的巨量卖单，涨停板自然就会被打开，于是主力只有把卖单暂停一下，再把股价推至涨停板，然后再撤买单接着卖。如此往复，自然就出现了涨停封不牢的现象。

利用涨停板来减仓往往是建立在大盘很强势或个股有利好的基础之上的，因为这种封不牢的涨停现象，市场基本上都会认定是主力在出货，所以主力必须借助利好环境才能麻痹广大交易者，这是它的一个特征；它的另一个特征是该股此时的股价往往不低，主力获利已经比较丰厚了。

图77左半部分的由来：主力在早盘通过对敲的手法吸引买盘跟风后开始减仓，股价于是开始滑落，但为了配合第二日继续减仓，主力又在下午后半场开始封住涨停板；图77右半部分的由来：主力在早盘通过对敲的手法吸引买盘跟风后开始缓慢减仓，但已不再对股价进行维护。

可见，在个股累计升幅较大后，短线交易者见到涨停封不牢的图形时就要准备出货了，尤其是当日股价跌破均价线或第二波跌幅过深时；稳健一点的交易者则可以等待股价跌破5日均线时再出局，以避免过早自动出局；中线交易者则需要看30日均线，但如果股价距30日均线高出太多，也应该考虑减仓了。

图78是一张典型的出货图形。个股连续大幅上升后，在某日开盘后仍被主力强行拉到涨停板处，等到下面的买盘聚集起来时，主力却突然撤掉了自己的买单，进行了几笔大单抛售行为；由于只是突发性的几笔抛单，后续买盘来不及撤单，再加上主力大笔买入，于是股价又开始封住涨停板；而后，大量的抛盘陆续出现，主力开始明目张胆的大肆抛售，导致股价以跌停价报收。这里主力玩了个技巧，没有以开盘涨停的

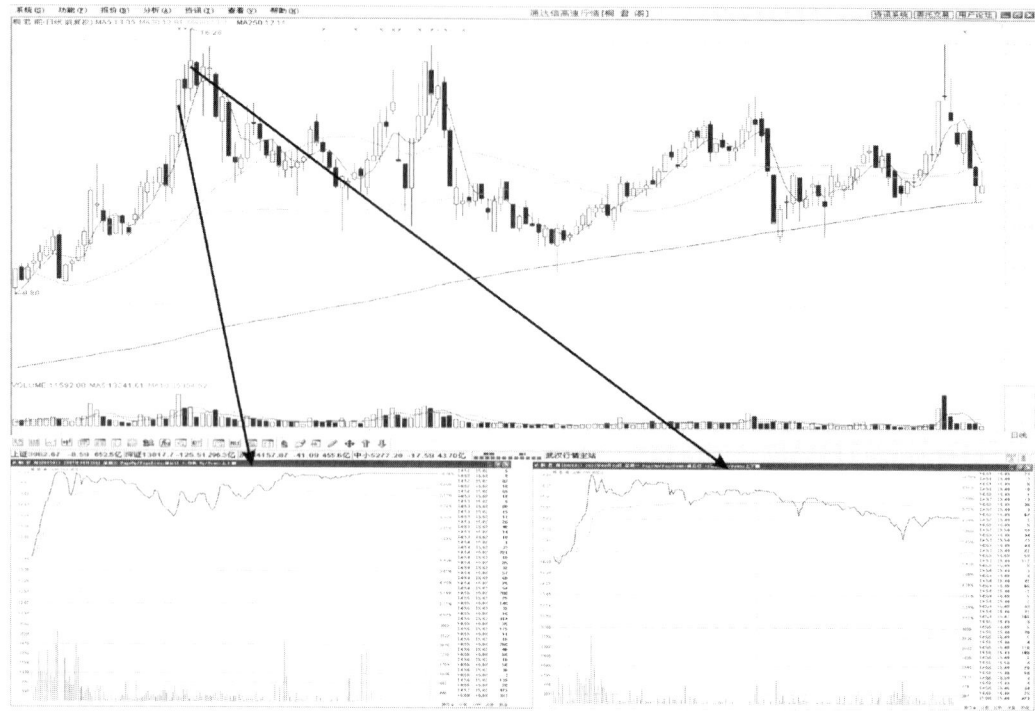

图 77

图 78

方式来进行抛售，因为继续做开盘涨停不易聚集买盘，而低开再拉升则易吸引市场跟风，同时急拉将导致抛盘惜售。

2）试盘或整理，主要发生在个股上涨行情的中途。

基本原理：当股价处于即将拉升阶段或关键的阻力区间时，主力通常会有试盘的动作，以确定市场的跟风状况和抛压状况，方便下一步的计划和部署。如果试盘时发现买盘很多，在主力已完成建仓的情况下，可能会就势发起上攻的动作；如果试盘时发现卖盘很多，则主力会停止拉升股价，接下来进行浮动筹码的清理工作，以减少后期拉升股价的压力。若大盘状况不好，主力也会借势打开涨停板以进行洗盘的工作，但这个缺口往往不深，几分钟之内就会被填补。需要注意的是，试盘和吸筹或试盘和洗盘可能是同步进行的，主力见风使舵是常有的事情。

图79左边部分就是一个试盘的动作。当日测试出卖压不高之后，主力第二日继续拉升股价。图79右边部分同样如此，只是主力当日测试出卖压不高之后，在后半场就封住了涨停板。注意，试盘的图形要看当日的成交量，成交量一旦太大，则意味着卖压太大，主力可能会进行调整。因此，短线交易者需及时减仓或出货，稳健的交易者可坚守5日均线，中线交易者可坚守30日均线。

图79

3）拉高吸筹，主要发生在个股的阶段性底部。

基本原理：当股价升到涨停板时自然就会出现惜售的局面，但一旦涨停板被打开，则会出现恐慌性抛售的现象，持股者本能地会以为是主力在靠涨停板出货，或者卖压大到抢单的人封不住涨停板。于是在见好就收的思维下，市场的卖单会蜂拥而出，主力为了买进更多的筹码也不会去封住涨停板，而且在每次买到涨停价附近时就会停止购买，等待抛盘涌出之后再继续买进。即使此时有散户跟进也无关紧要，主力要么会在后期会进行洗盘，要么正好利用他们来提高市场介入者的平均持股成本。"涨停封不牢"往往是主力拉高建仓时特有的现象，但这种现象一般出现在股价的相对低位。

图 80 的左边部分就是一个进攻型的高开吸筹动作。随着主力吸筹进入高潮期，股价在下午时接近了涨停阶段，但随即主力减缓了买入的动作，以方便第二日的打压吸筹；图 80 的右边部分，则是个股很早就进入了接近涨停的阶段，随后主力不得不暂停买入动作，而后继续暗中吸纳。下午时分，主力则开始在涨停板上做文章，通过长时间断断续续的打开涨停板的方法，主力既可以默默吸筹，又可以察看市场的抛压和跟风状况，以方便下一步的决策。见此图形，如果个股尚处于底部阶段，那么只要成交量不大，交易者即可继续持有或跟进；如果成交量过大，则意味着散户跟风过多或卖

图 80

压过大，股价随后可能会进入调整阶段，因此，短线交易者要注意规避风险或坚守5日均线，而中线交易者则可继续坚守30日均线。

第三节　单日出货现象

股市里有一个"慢涨急跌"的现象。对于进货的时机，交易者也许可以延缓，毕竟在大盘上涨的时候，股市里的好股、好时比较多；但是对于已有的股票，选择有利的出货时机却是无法耽搁的。股市的急跌往往令人措不及防，市场意外暴跌、主力资金链断裂、机构突然撤离、散户恐慌性抛售等，带给犹豫者的是毁灭性的灾难。会买不会卖，到头来都是一场空，何时出货、如何出货，往往比何时进货、如何进货更加重要。因此，研究主力出货的分时走势图，有助于我们提高警惕，防患于未然。

通常而言，主力的大量筹码是难以一次性出完的，它必须借助多个交易图形才能处理完毕。有的主力出货慢，大家都有机会逃命；有的主力出货快，常常一人夺路先逃；有的主力则出货和建仓一样，犹犹豫豫瞻三顾四；有的主力则一直做波段交易，出货流畅且有节奏。下面看看一些常有的主力单日出货图形，该图形往往是主力在某段时期内的主要出货标志，它的出现，意味着阶段性的多头趋势可能到此为止。

一、冲击波型出货

见图81的左边部分。即前面每急拉一次股价，后面就会慢慢退下来一些，表面上形成了稳步上升的台阶，事实上抛盘的压力很明显，必须靠主力的强拉才能维持。这是主力在刻意制造一个向上的运行趋势，而实则是在对敲急拉后小单出货，一旦遇到形势不好，就会马上高台跳水。遇见这种图形，如果股价在高位，交易者不用等待股价破5日均线才出局，而应在当日股价跌破均价线时就撤离，把不安全丢别人。

二、春水流型出货

见图81的中间部分。即股价低开后，整日处于主力有意识的流放状态，随波逐流滑向跌停板。且中间不时参杂有主力的中等抛单，导致个股一日内根本无法出现像样的反弹，恰似一江春水向下流。这是典型的温和出货状态。见此图形，如股价同时跌破5日均线，交易者应考虑出局。

三、震荡型出货

见图81的右边部分。即当股价处于阶段性高位的时候，某日股价震荡的波幅开始加大，显示出多、空双方的分歧加剧，后期不稳定性因素开始出现，交易者应随时准备出局。这里的震荡型出货只是显示了该股主力单日的出货状况，实际上，个股在某一段时期内可能都会出现震荡型出货的K线图，那时主力出货的意图将更加明显。如图81中的"小头部整理型出货"和图83中的"头部震荡型出货"。

四、跳水型出货

见图82的左边部分。即股价走势原本非常平稳，突然有巨大抛单砸向买盘，一口

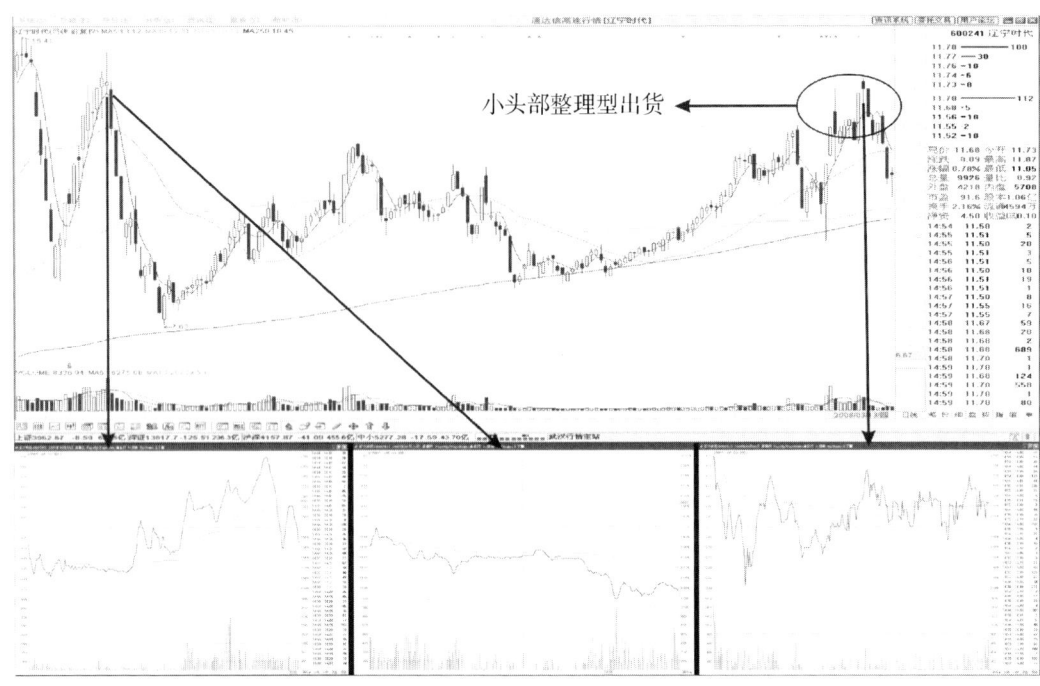

图 81

气将买盘砸到底部,买盘还来不及反应,更大的抛盘开始向跌停板冲击,形成快速的高台跳水动作。此图形往往发生在开盘后半小时或收盘前半小时。开盘后半小时即"跳水",是主力不想耗费大量资金来建跳水平台,见势不好就赶紧出货;收盘前半小时才"跳水",则是因为主力在尾市时逃走不易引起恐慌性抛售,方便其第二日稳定军心继续出货。见此图形,交易者应赶紧出局。

五、旗帜型出货

见图 82 的右边部分。即一开始主力会用几笔买单急速冲高,形成旗杆;但在吸引了部分人气之后,主力则开始小心出货,并任由股价向下飘落,形成像旗帜一样飘扬的图形。除有旗杆的特征外,该图最明显的另一个特征是"狼牙"不断,即到了一定的时候,只要买盘稍有累积,主力就会往下"咬一口",这是典型的见买盘就抛的图形。见此图形,当股价无法反弹至均价线附近时,交易者应先走为妙。

六、涨停型出货

见图 83 的左边部分。即主力通过开盘涨停的方式,减少抛盘的涌出;但是主力自己却暗中撤掉买单,开始小量抛售;然后继续封住涨停板,等买盘人气聚集后,再度打开涨停板重新抛售;如此往复。

七、冲浪型出货

见图 83 的中间部分。即开盘后股价就快速冲向跌停板,进入到跌停板里面后又马

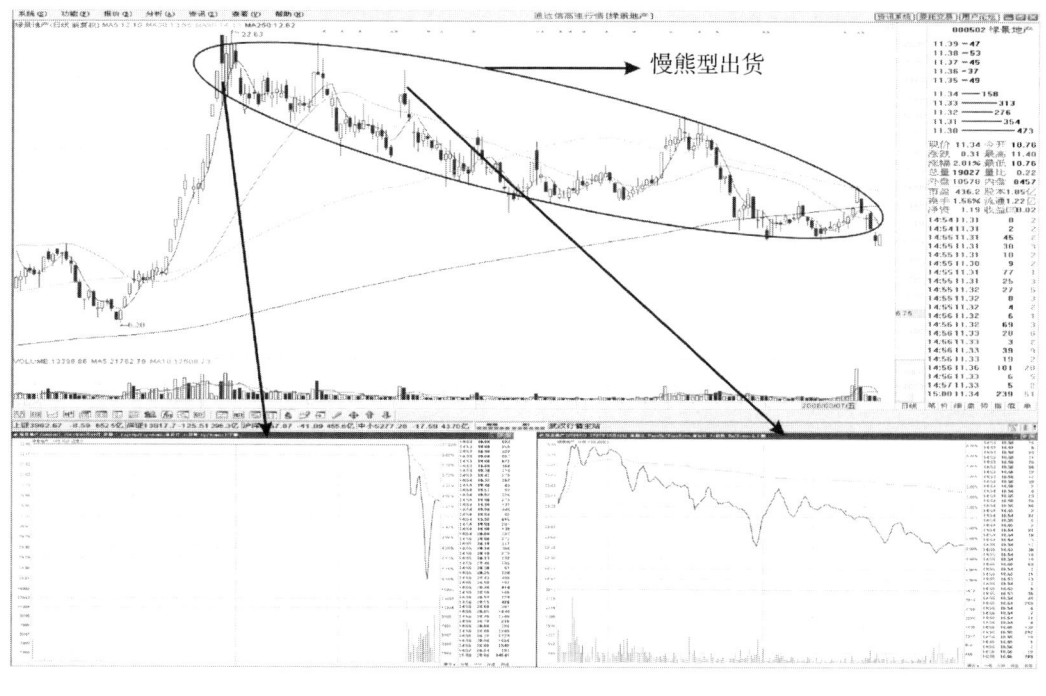

图 82

上扬帆冲高，而后做几下动作，再随波而去。遇到这种图形，交易者除了快速杀跌外，没有别的办法。

八、潜水型出货

见图 83 的右边部分。即开盘后股价就快速冲向跌停板，进入到跌停板里面后马上露出水面换口气，接着一头潜入跌停板中不再起来。遇到这种图形，交易者除了快速杀跌外，也没有别的办法。

九、心电图型出货

见图 84 的左边部分。即股价原本处于高速推进状态或涨停状态，但突然出现大笔卖单向下砸盘；虽然买盘马上跟进，但紧接着的砸盘行动又开始了；只要有买盘出现，主力就会不遗余力的往下砸，先人一步的夺路而逃。经过几番挣扎后，股价终于跌至跌停板，停止了向上跳动的能量。该股开盘几乎是以跌停板开盘的，为的就是吸引市场跟风，然后通过急拉减少抛盘涌出；当在涨停板上稳住一个多小时之后，买盘自然聚集了不少，主力于是放手打压。从地到天，再从天到地，可见主力手法之凶悍。当交易者见到这种图形，只有赶紧出局。

十、钓鱼型出货

见图 84 的中间部分。即主力通过低开急拉的方法吸引市场眼球，亮出一根"鱼竿"，然后在跟风盘不足的情况下或在跟风盘有所积累的时候，突然反手砸盘，快速出

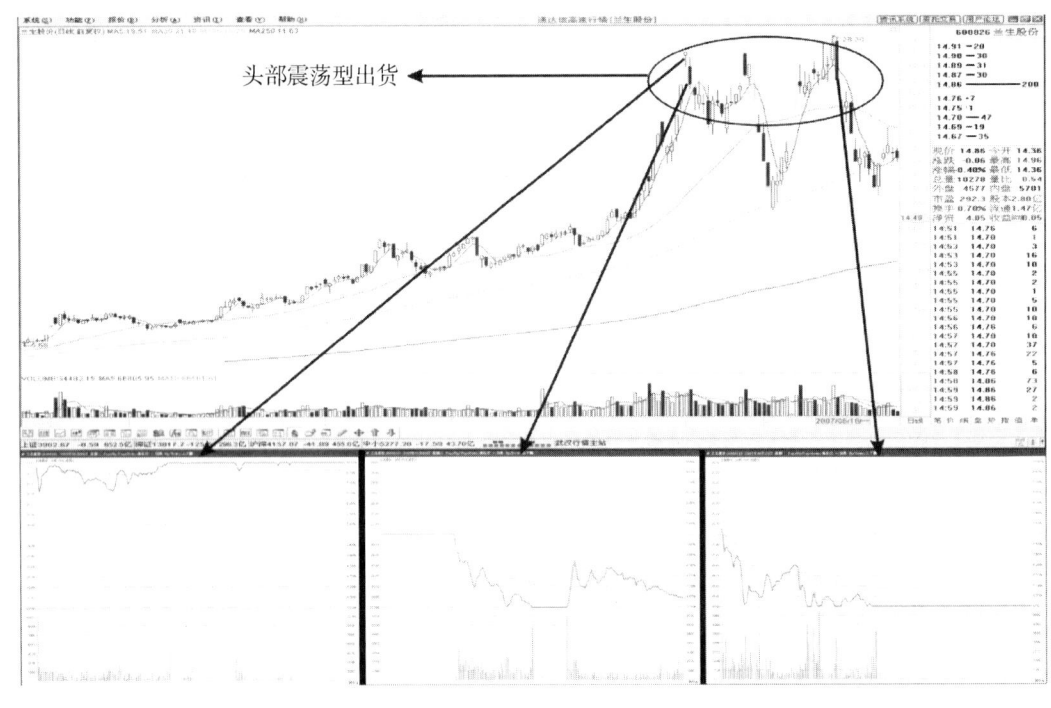

图 83

货，致使"鱼钩"沉没水里不见踪影。这是一种凶猛的钓鱼型出货方法，有的"鱼竿"则要经过半个小时以上的缓推才能形成，后面的结果也不至于这么凶悍。但不管是哪一种，如果主力采用这样的方法也出不了多少货，那么往往又会拉起股价，再往复几次。见此图形，交易者除了快跑之外，别无他法。

十一、一字型出货

见图 84 中的右边部分。即主力开盘以跌停的方式出货。出现这种状况，要么是主力资金链出了问题，要么是大盘极度不好，要么就是一直没有什么接盘，所以主力必须使股价快速下跌到某一低位，然后再利用交易者抢反弹的机会进行出货。见此图形，交易者只有赶紧挂单抛售，或者等反弹来临时再出局。

从图 84 我们可以看到，这是一幅个股被快速拉升后的极端走势图。暴涨之后必有暴跌，往往涨停板背后就是跌停板，我们称之为头部跳水。可见，当一只股票狂拉猛涨之际，就是我们应该告别之时，好股票多的是，何必要守住高风险的股票睡不好觉呢？

总结起来，对于主力而言，出货往往是最难的一个环节，如何把其他交易者骗到高位上接货，是其一直思考的问题。所以，对于高位的股票，交易者要保持足够的"识骗"意识。主力在低位建完仓后就会快速拉升股价使其脱离自己的成本区，因为他不想别人获得低成本的筹码；同样，当股价在高位盘整时，主力见势不好也会快速将股价打低到中部位置，因为他不想其他交易者与他竞争出货。将其他交易者甩在顶部后，其他交易者会因为进货成本高而舍不得割肉，主力则因为进货成本低还有赢利空

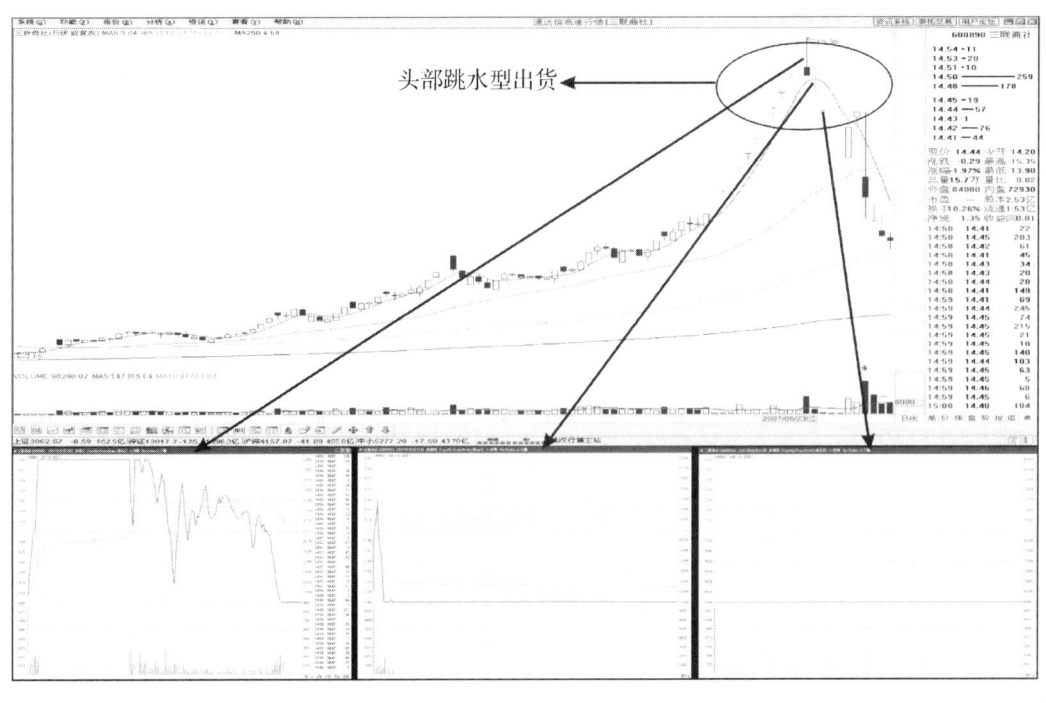

图 84

间，于是就可以在下面轻松派发了。由于股价在短期内跌幅巨大，只要主力停止派发并通过对敲制造一波或两波反弹行情，即可快速将尾货处理完毕。而股票一旦失去强庄后，往往就会陷入长时期（1年以上）的熊股状态。所以，交易者对于股票头部的快速杀跌要有清醒的认识，同时不要轻易去抢暴跌股票的反弹。

此外，还有一个常识性的错误认知需要引起交易者的注意。当市场出现一些个股的"意外"利空信息时，主力往往会借势进行打压，但这并非是在出货。这些"意外"对于主力来说往往根本就不是意外，主力即使是要出货，常常也是在利好的情况下才能顺利进行。只有在大环境一直不好，或者高度控盘后自拉自唱很久而无人跟风时，个股才有可能会出现跳水的状况，但也很少会选择在利空信息发布时出货，除非主力手中只有少量尾货需要处理了。所以，当个股出现年报预亏、大股东股票被质押、限售流通股开始上市等利空消息时，长线交易者应冷静对待，而短线交易者应及时空仓，中线交易者则应暂时出局。对于见利空消息而不下跌的个股也要保持警惕，主力有多强的维持股价的实力还有待考察。

第四节　其他特殊现象

由于很多交易者没有用行情软件看股票的习惯，又有部分交易者没有每日下载股票日线数据的习惯，所以即使是他们看到了个股每日的K线走势图，也往往不会明白该K线图的形成过程。于是很多主力肆意做股票开盘价和收盘价的动作也就屡见不鲜了，为的就是蒙蔽不能看分时图的交易者，使其通过日K线图上当受骗。这里，仅介绍几种常见的主力做图图形，以提高交易者的认知水平。

一、尾市急拉

主要特征：全天股价走势正常，成交量也正常，但股票在收盘的半小时内却出现了快速上涨的现象；或者一天内的成交比较活跃，股价趋势向下，但尾市却出现了急遽的上涨现象。

尾市拉升通常是主力为了做非正常的K线图、非自然的均线图和虚假的成交量，其用意有四：

1）为了股票明日高开

见图85的右边部分。当个股处于阶段性的顶部而主力需要减仓的时候，尾市拉升可以躲过大部分交易者的卖压，轻松使股价收到高位，方便第二日股票高开，但这往往是主力不需要筹码或资金不足的表现。通常第二日主力会出面促使股价高开（至少应比昨日没拉升之前的点位要高），否则，股价就会以低开来修正昨日尾市的异常状况，导致昨日主力在尾市所做的是无用功。

注意，股票在尾市被拉高至涨停板后，只要未到收市，通常会有抛盘涌出并打开涨停板，因为交易者对尾市拉高的现象普遍不看好；但只要撕开的口子不大，涨停板被打开的次数不多，且成交量也不大，就不用担心是主力在出货，因为主力不会用那么大的资金来封涨停板，而结果却只是为了出一点货，其用心往往在明日的股票走势上。见图85的左边部分。

交易者见此图形时，要注意当日的成交量，如果成交量不是很大，短线交易者可关注5日均线何时被向下突破，中线交易者可谨慎持有。如果当日成交量很大，则无论是短线交易者还是中线交易者，都要考虑减仓了，尤其是涨幅巨大的股票，平仓是最好的躲避风险的方式。

2）护盘

①如果个股在当日的股价底部曾出现过几笔大单直接交易，而股价并无波动，则可能是主力在进行利益输送或筹码交换，尾市出现股价拉升现象是主力将股价收回到正常价格的护盘表现。

②如果股价在当日曾被连续的大单打到底部，随后股价并无反弹的现象，则属于主力减仓或机构大单的出逃行为；但如果股价曾经出现过短暂的快速下跌，而后又被快速拉起，则往往是主力震仓的表现，见图86的左边部分。在该图中，也许是曾有大单在下午快速出逃，也许是主力故意将股价打压至30日均线附近，但随即就出现了主力的护盘行为。图86的右边部分则是典型的主力护盘行为，一笔400手的买单就把股价拉高了1.5%，导致当日K线收阳线，且第二日又继续高开，以方便主力后期的减仓行动。

如果是主力出货，往往出货的力度都很大，不将股价砸到很低的时候是不会有什么买单进场接盘的，而普通交易者则不会有那么大的狠心来砸股价，毕竟建仓成本不像主力那么低。所以从砸盘的力度和成交量上，我们可以看出是主力在减仓之后再为自己做收盘价，还是在为大户几笔大单的出逃收拾烂摊子。当然，也有可能是某大户

图 85

的出货量太大,自己在为自己做收盘价,但他在收盘时所花的成本显然不会太大。

见到这种图形时,如果判断出主力是在对阶段性高位进行护盘,那么短线交易者就要提高警惕了,中线交易者也需要进行阶段性的减仓动作了,毕竟护盘总是权宜之计,具有诸多的不稳定性,主力见势不好而倒戈的比比皆是,更何况是靠尾市偷袭成功的护盘行为。

3)准备拉升

当主力建仓完毕之后,为了避免众多交易者跟随买进,其常常会在尾盘突然拉高股价,并在第二天开盘时迅速将股价拉至涨停,在其他交易者来不及反应的情况下,该股股价通常都会迅速飙升;或者当个股处在持续下跌末期时,由于有突发性利好消息的刺激,个股也会在尾盘半小时内出现大量的抢盘现象,为明日该股的继续上涨作好准备。

4)做账

每个季度基金都会计算净值,季度末的最后一天就是其净值计算日,基金为了拉高其市值,通常都会在季度末的最后时刻去拉升自己所持股票的价格;或者上市公司

图 86

在年度会计结算的时候，为了公司账面上的盈利比较好看，为了获得投资者或银行的普遍支持，往往也会在特定的时间内安排特定的交易行为来拉升股价。但通常在这种情况出现之后，股价都会恢复常态。

二、尾市急跌

主要特征：股价全天走势正常，成交量也正常，但在最后收盘的半小时内，出现了股价快速下跌的走势；或者全天成交活跃，股价趋势向上，但尾市却出现了急遽的下跌现象。

一般来说，股价尾市急跌的原因也有四种：

1）以跳水的方式出货

见上面的"跳水型出货"，主要特征是尾市股价下跌力度大，且往往会持续 10~30 分钟。

2）利益输送

有时候，对于成交稀疏的股票，在即将拉升股价之前，主力会向内部人员抛出低成本筹码，市场称之为"送红包"。即在股票收盘几分钟之前，内部人员先在低价位的买盘处埋好几笔大单，该买单往往排在5个甚至10个买单报价之后；而后主力便会快速向下砸盘，将卖盘的报价一笔压到内部人员的报价处，使其买入申报得以成交。由于该股一直以来的成交稀少，所以主力在向下砸盘的时候，虽然也会惠及他人，但毕竟只是少数。这种行为的特征是：往往发生在股票收市前的最后几分钟，且一笔就完成成交，动作非常迅速，同时也将股价打压得比较厉害。

3）吸筹

即先通过尾市的打压拉下股价，第二日再通过高开来吸引持股者的注意，以缴获更多的筹码。其优点是：个股往往在第二日开盘时就冲入了"今日涨幅排名"内，引起了市场的关注，但若扣除昨日的大幅急跌后，其实个股根本就没有涨多少，主力吸筹的价格也并没有增加多少。这种先抑后扬式的吸筹方式，在股市里也是屡见不鲜的，见图87。

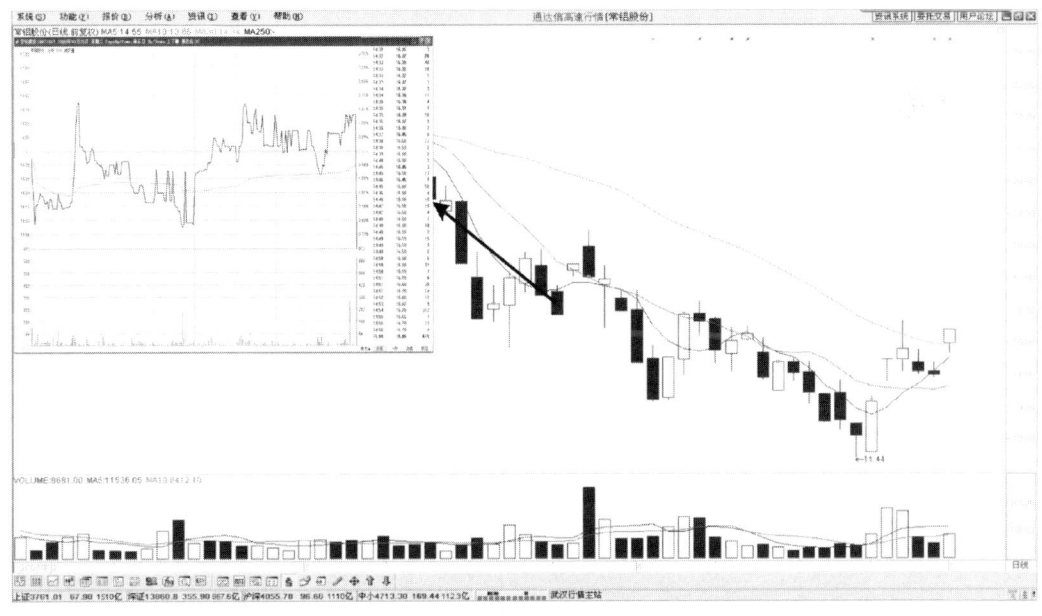

图 87

图87是一个明显的通过涨停来吸筹的案例，但前一日主力却做了一个在收市前1分钟内向下卖出615手的动作，使股价急挫6%以上；第二日开盘该股即告涨停，使交易者根本没有追进的机会，但若排除前一日的小动作，其实当日的涨幅不到4%；次日在大阴线的威吓下，该股成交量猛增，实现了主力快速收集筹码的目的。在本案例中，这种尾市急遽打压的成交行为，也许还伴随有利益输送的动作，但是真实的内幕只有主力自己清楚。

4）拉升前的洗盘动作

当主力建仓达到尾声时，市场流通筹码通常已经大量集中，此时稍大的买单都可能会使股价快速上浮。为了不被市场注目而识破即将拉升的计划，主力此时往往会利用尾市的打压动作将股价尽量压低，以大阴线或长上影线来假示洗盘开始了，请交易者赶紧抛出筹码，另寻好股。该动作往往发生在收市前的10分钟之内，因为这样不需要牺牲主力太多的筹码，见图88。

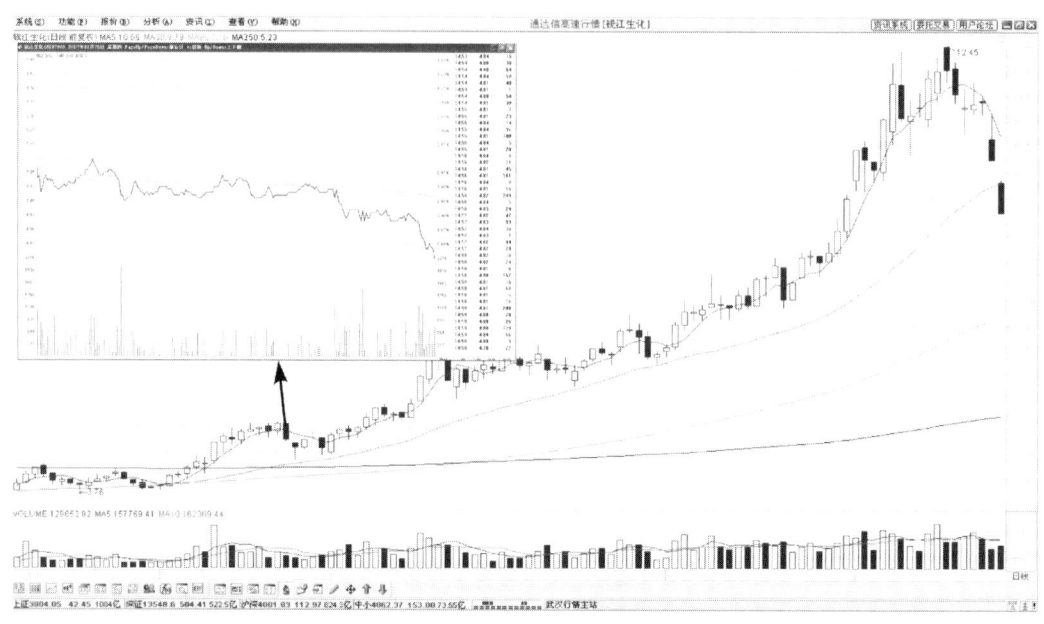

图 88

三、砌长城图

主要特征：股票成交稀疏，仅在数个价格上成交。见图89。

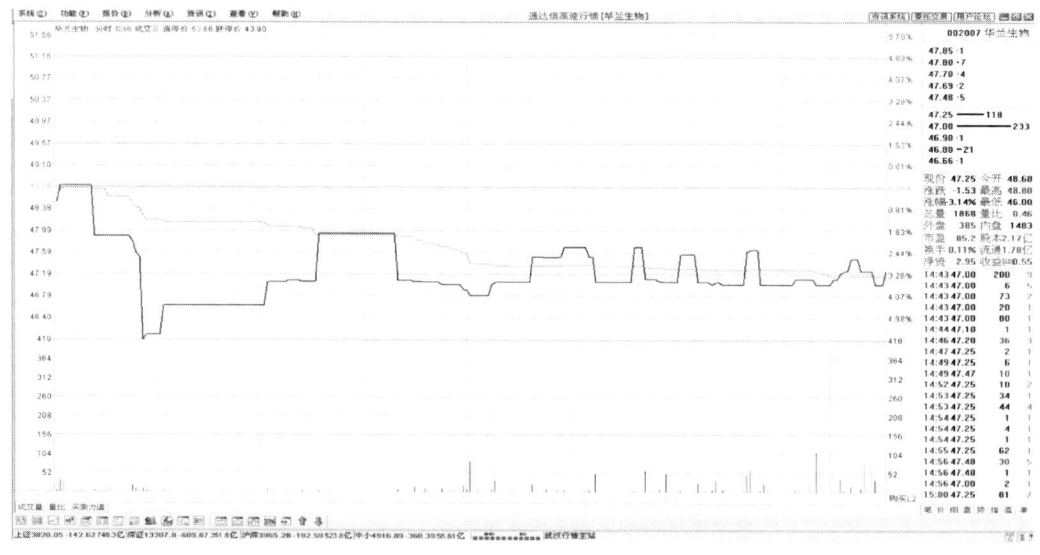

图 89

这是一个流通盘为 1.78 亿股的股票，当天换手率仅为 0.11%，几乎处于休眠状态。由于成交量极为稀少，任意一笔主动的买卖盘都会引起股价的上涨与下跌，使股价间歇性的忽然向上又忽然向下，这就是砌长城图的成因。它反映了股票成交呆滞的现象，如果在股价下跌或是底部震荡过程中出现该走势，是很正常的股票走势疲软的反映；但是在股价上涨的时候，如果出现该现象，则透露了持股者的稳定心态或主力高度控盘的信号，值得交易者关注。

第四章 解读大盘走势

个股的走势要么和大盘同步，要么比大盘强势，要么比大盘弱势，但无一不受大盘的影响。个股极强或极弱的走势都是不正常的走势，大多数是受主力刻意控制的结果，但这个结果往往都是参照大盘走势来进行的。大盘指数是经济运行的晴雨表，同样也是个股行情的晴雨表。大盘走势好时，个股往往十分活跃，"白马"、"黑马"层出不穷；大盘走势差时，个股往往也差强人意，"白马"、"黑马"也会适当进行调整。大盘是个股的集中反映，同时制约和影响着个股的自我发展。可见，大盘分析是个股分析的先导。

第一节 大盘指数

我们俗称的大盘其实是特指沪市综合指数或深市成份指数（如果没有特别说明，本书中的"大盘"特指"上证综合指数"），这些指数的形成有其特定的意义和渊源。研究大盘走势之前，交易者有必要先知道这些大盘指数的由来和计算方法。

一、指数的概念

我们通常所说的股票指数就是指股票价格平均指数，它是由证券交易所或金融服务机构编制的、表明股票市场整体或局部趋势变化的一种参考指标。其最初的创始人是查尔斯·H. 道，道于1884年7月3日首创了道琼斯股票市场平均价格指数，为衡量股票市场的整体波动提供了科学的参考依据。

个股走势杂乱无章，但又由于内在的关联性，有时也会表现出某种一致性。为了寻求股票市场的整体变化趋势或局部趋势变化，查尔斯·H. 道以及后来的诸多研究机构，开始从股票市场中抽取部分具有代表性的样本股作为重点考察对象，同时将各只样本股分配一定的权重，再以某一天为基准日（起始日），取一个基点100点或1000点，然后开始观察这100点或1000点的基数在以后交易日中有何变化——由这种方式构成的基点就是某个领域的股指点数。如果样本股的取样来自于某个交易所的所有股票，用以反映所有股票的总体走势，那么该指数就是所谓的大盘指数；如果样本股的取样仅仅源自于某个板块里的所有股票，用以反映该板块的总体走势，那么该指数就是所谓的板块指数。

很多证券公司或金融服务机构具有很强的研究优势，所以其内部往往具有独特的各类指数以供参考，这些指数往往是不公开的。但是，交易所和某些大型金融服务机构则会编制出具有代表性的各类指数，在股价变化的同时即时公布这些股票价格指数，以作为交易者或社会各界判断股票市场价格变动的重要依据。一些重要的股票指数，如道琼斯综合指数、日经指数、沪市综合指数等，往往已经成为社会各界人士观察和判断经济景气、投资方向等的风向标，它们不仅集中的反映着资本市场的动态，也是国家经济运行状况的重要参照物。

股票指数的有效性由其所选取的样本股数量、对象以及所采用的计算方法来决定，并由基点被确定以后的升降速度与对应市场的表现是否一致来体现。一般而言，指数的波动状况反映了市场的整体波动状况，而指数波动的规律也是市场波动的规律。

二、指数的计算

计算股票指数时，有两个因素需要考虑：

1. 抽取样本

抽取样本这道程序就是在众多股票中抽取少数具有代表性的股票作为指数的成份股。这是一个复杂的工作，不同指数的选股取向都不相同，但各类指数基本上都要考虑所选股票的典型性、普通性和优势性，通常还要分析所选样本股的行业分布、市场影响力、股票等级、适当数量等因素。

比如，恒生指数的成份股的选取原则如下：

1）按股票市值大小选择，必须居于占联交所所有上市普通股份总市值90%的排榜股票之列（市值指过去12个月的平均值）。

2）按成交额大小选择，必须居于占联交所上市所有普通股份成交额90%的排榜股票之列（成交额指过去24个月的成交总额）。

3）必须在联交所上市满24个月以上。

根据以上标准初选出合格股票后，再按以下准则最终选定样本股：

1）公司市值及成交额的排名；

2）公司在香港有庞大的业务；

3）公司的财政状况。

2. 计算方法

计算方法就是通过什么样的方式来计算各成份股的构成比例问题。一般而言，股指的计算方法包括算术平均数法、几何平均数法、加权平均法等（在计算的时候，多数是以每分钟的收盘价来计算的）。在具体采用何种计算方法时，往往会遵循高度适应性的原则，同时所选基期也应有较好的均衡性和代表性。

股票指数的计算方法通常有三种：

1）简单算术平均法

这种股价计算方法是将样本股每日收盘价之和除以样本数得出来的，其计算公式为：股价平均数 = $(P_1 + P_2 + P_3 + \cdots + P_n)/n$，P 为收盘价。最初的道琼斯股票价格平均指数就是使用该方法进行计算的。这种股价计算法较为简便，但它没有考虑各种样本股的权重，从而不能区分重要样本股对股价平均数的影响；同时，当样本股发生送股、增股等情况而导致股价发生变化时，股价平均数便会失去既有的连续性。

2）修正法

修正法有两种：一是除数修正法（又称道式修正法），做法是以新股价总额除以旧股价平均数，求出新的除数，再以计算期的股价总额除以新除数，由此得出修正的股价平均数，以保持股价平均数的连续性和可比性。1928年以后，道琼斯股票价格平均指数即以此法进行计算；二是股价修正法，这是将股票因送股、增股等原因而发生变动后的股价还原为变动前的股价，使股价平均数不会因此而变动的一种方法。

3）加权平均法

所谓加权，就是考虑每只样本股在基数中的份量问题，是每只股票都给一样的百分比例，还是每只股票依据重要性给予不同的百分比例。前者叫不加权平均法，又叫简单算术平均法，后者叫加权平均法。加权平均法的股价平均数是对各种样本股的相对重要性进行加权计算之后所得出来的，其计算基础可以是股票价格，也可以是股票总市值、股票流通量等。比如按股票总市值进行加权平均，就是对总市值高的样本股赋予更高的百分比例，使其在指数中具有更大的影响力。

第二节 重要的股票指数

在世界金融局势趋于一致化的今天，世界各地重要的股票指数往往能够相互影响，形成"蝴蝶效应"或"多米诺骨牌"效应。比如2007年2月27日，在亚洲金融危机10周年之际，中国股市因市场传闻引发了8.84%的巨幅下跌，创中国股市10年来的单日最大跌幅；随后香港恒生指数单日最大跌幅达1.76%；紧接着欧洲股市出现全线下跌，均跌幅达2.64%；当晚美国股市开盘后，道琼斯工业指数的跌幅为3.29%，纳斯达克指数的跌幅为3.9%，而标准普尔500指数的跌幅也达到了3.9%，美国这三大股指在当日的下跌幅度均为2001年"9·11事件"以来的最大跌幅；2月28日，日本、韩国股市低开幅度均达到了4%，澳大利亚股市低开幅度为3%，香港股市低开幅度为3.8%。两日之内，全世界股市数十万亿美元的市值随着股指的暴跌而灰飞烟灭。可见，作为一名职业交易者，关注国际各大股市指数走势已成为每日看盘的必须内容。

一、世界著名的股票指数

1. 道琼斯工业平均指数（DJIA）

道氏理论的首创者查尔斯·亨利·道于1884年7月3日首创了股票市场平均价格指数。该指数诞生时只包含11种股票，其中有9家是铁路公司股票。1897年，原始的道琼斯股票指数被一分为二，一个是工业股票平均价格指数，由12种股票组成；另一个是铁路股票平均价格指数，由20种成份股组成；1929年，又添加了公用事业股票平均价格指数；后来把工业股票平均价格指数、铁路股票平均价格指数、公用事业股票平均价格指数一起平均，于是便形成了今天的道琼斯综合指数。

道琼斯指数的出现，使证券市场摆脱了股票价格随机游走的结论，使个股走势发展开始有了一个明确的参考依据，同时使交易者意识到了个股不仅受自身风险的影响，同样也受整个股票市场的波动影响。道琼斯指数不仅为衡量股票市场的整体波动提供了科学的参考体系，同时也逐渐成为一国经济发展的晴雨表。

但是在这四种道琼斯股价指数中，以道琼斯工业平均指数最为著名，它被大众传媒广泛地报道，并作为道琼斯指数的代表加以引用。道琼斯工业平均指数首次公布的时间是在1896年5月26日，它代表着美国工业中最重要的12种股票的平均数。1916年，道琼斯工业平均指数中的股票数目增加到了20种，后来在1928年又增加到了30种。时至今日，道琼斯工业平均指数仍包括美国30家最大的上市公司，但现在的这30家公司的构成已大部分与重工业无关。

尽管道琼斯工业平均指数有显著的市场影响力，但其也有不足之处。比如，它采用的是价格加权平均数计算法，这使得高价股比低价股在平均指数中更有影响力，但这会产生误导作用，如低价股1美元的增长可以轻易被高价股1美元的下跌所抵销；此外，该指数中只包括了30种股票，占比不到美国上市公司的百分之一，且未将近年来发展迅速的一些新兴行业的公司包括在内，所以其代表性一直受到人们的质疑。

从1996年5月25日开始，道琼斯指数还针对我国股票市场编制了道琼斯中国股票指数。截至1998年4月1日，沪深两市共有88只股票作为其成分股入选。

2. 纳斯达克指数（NQCI）

纳斯达克指数是一个从美国纳斯达克证券市场中采集得来的指数，包括计算机软硬件股、半导体股、网络股、通讯股及生化科技等与高科技有关的各种股票。它是高科技产业的重要指针，是全球科技股的风向标，对世界各地的股市深具影响力。

纳斯达克证券市场（NASDAQ）由全美证券交易商协会（NASD）创立并负责管理，是1971年在华盛顿建立的全球第一个电子交易市场，并且是目前世界上最大的无形交易市场。建立纳斯达克市场的初衷在于规范美国大规模的场外交易，所以纳斯达克一直被作为纽约证券交易所的辅助和补充。但是发展到后来，纳斯达克市场已不是平常意义上的二板市场。在纳斯达克上市的几千家家公司中，约有一半属于高科技公司；在全美上市的网络公司中，除极少数几家在纽约交易所上市外，其余全部在纳斯达克市场上市；在该市场上，电脑或与电脑有关的公司约占1/6，电脑和电信领域的市值约占2/3；此外，在美国资本市场上市值最高的5家公司中，纳斯达克市场就拥有微软、英特尔、斯科3家（通用电气和沃尔玛则在纽约证券交易所挂牌交易）。

纳斯达克市场成立之初的目标定位于中小公司，但是后来随着上市公司的规模变得越来越大，导致纳斯达克市场产生了两个板块：全国市场（National Market）和1992年建立的小型资本市场（Small Capital Market）。截至目前为止，纳斯达克市场发行的外国公司股票数量，已超过纽约证券交易所和美国证券交易所所发外国公司股票的总和，成为外国公司在美国上市的主要场所。

3. 标准普尔指数（SPCI）

标准普尔指数由美国二十年代最大的证券研究机构标准·普尔公司编制而成。1923年，普尔公司最初只采选了230种股票作为标准普尔指数的样本股。到了1957年，该指数范围扩大到了500种股票，分别由425种工业股票、15种铁路股票和60种公用事业股票组成。从1976年7月1日开始，其成份股又改由400种工业股票、20种运输业股票、40种公用事业股票和40种金融业股票组成。近几十年来，虽然该指数中的股票不断被更换，但始终保持为500种。

标准普尔指数以 1941—1943 年抽样股票的平均市价为基期，基期指数定为 10，以股票上市量为权数，按基期进行加权计算。由于标准普尔指数所覆盖的股票市值占到纽约证交所股票总市值的 80% 以上，且在选股上考量了市值、流动性及产业代表性等因素，所以该指数一向被认为是专业交易者衡量他们投资组合回报的指针，是美国股市深具代表性的指数。与道琼斯工业股票平均指数相比，标准普尔指数具有采样面广、代表性强、精确度高、连续性好等特点。

4. 富时 100 指数（FTSE100）

英国富时 100 指数前称为金融时报 100 指数，由英国金融时报创立于 1984 年 1 月 3 日，其成份股由在伦敦证券交易所上市的最大的 100 家公司（约占该市成交量的 70%）股票组成。该指数是英国经济的晴雨表，也是欧洲最重要的股票指数之一。它以股票市值加权的方式进行计算，是伦敦国际金融期货交易所（LIFFE）中指数期货和期权合约的标的指数。英国富时 100 指数只是英国富时指数中的一个指数品种，与它相近的还有富时 250 指数和富时 350 指数。

5. 法兰克福指数（DAX30）

德国法兰克福指数是由德意志交易所集团推出的一个蓝筹股指数。1988 年 7 月 1 日起开始面世，基准点为 1000 点。该指数是德国最受重视的股价指数，但该指数仅由 30 种最大的蓝筹股组成。德国法兰克福指数与美国标准普尔指数、英国富时 100 指数、法国 CAC-40 指数一样，是以市值加权计算的股价平均指数，该指数以"整体回报法"进行计算，即在考虑公司股价的同时，也考虑预期的股息回报。

6. 日经指数（NIXI）

日经指数由日本经济新闻有限公司编制于 1949 年，其成份股由东京证券交易所第一组挂牌的 225 种股票组成，是考察日本股票市场最常用和最可靠的指标。日经指数选取的股票数虽然只占东京证券交易所第一类股票中的 20%，但该指数却代表着第一类股票中近 60% 的交易量以及近 50% 的总市值，涵盖了金融、运输、公共事业等各行业的高流通性股票。与道琼斯工业平均指数一样，日经指数采用价格加权的方式进行计算，因此价格高的股票对日经指数的影响较大。

7. 恒生指数（HSI）

香港恒生指数是香港股票市场上历史最悠久、影响最大的股票价格平均指数，由香港恒生银行全资附属的恒生指数服务有限公司编制，其成份股由香港股票市场中 33 家实力雄厚的上市公司股票所组成，其总市值约占香港联合交易所市场资本总额的 70%，包括 4 种金融业股票、6 种公用事业股票、9 种房地产业股票和 14 种其他工商业股票。其中，汇丰银行为香港股票市场上市值最大的蓝筹股，占恒生指数的权重约有 1/4，故其走势对香港股市有很大的影响。恒生指数于 1969 年 11 月 24 日首次公开发布，基期指数定为 100，以其发行量进行加权平均计算。

二、国内知名的股票指数

中国有两个证券交易所，一个是上海证券交易所，一个是深圳证券交易所，因此，中国的股票市场分为上海股市和深圳股市两块，俗称沪市和深市。参照各国股市的标准，上海证券交易所和深圳证券交易所分别设计了符合自身特点的各类市场指数，以反映整体市场的不同侧面。其中，最具代表性的是上证综合指数和深圳成份指数，当然还有一些其他的重要指数。下面作简要介绍。

1. 上证综合指数

上证综合指数全称为上海证券交易所综合股价指数，简称为上证指数。它是国内外普遍采用的反映上海股市总体走势的统计指标，是由上海证券交易所编制的、以上海证券交易所挂牌的全部股票为计算范围、以总市值为权数的加权综合股价指数。

上证综合指数的构成包括A股、B股和基金。该指数以1990年12月19日为基准日（所有行情分析软件的数据库资料都是从此时段开始的），基日指数为100点，自1991年7月15日开始发布。1992年2月21日，上海证券交易所增设了上证A股指数与上证B股指数，以反映A股和B股各自的走势。1993年6月1日，上海证券交易所又增设了上证分类指数，即增设了工业指数、商业指数、地产指数、公用事业指数、综合指数，以反映不同行业股票的各自走势。

2005年，上海证券交易所选取已完成股权分置改革的沪市上市公司样本股，发布了新上证指数，以反映这批股票的市场走势。新上证指数以2005年12月30日为基日，以该日所有样本股的市价总值为基期，基点定为1000点。新上证指数简称新综指，指数代码为000017，于2006年1月4日正式发布。但该指数一直未引起市场重视，其市场指导意义不大。

上证综合指数对新股的处理也经过了几次变化。最初是新股上市的第2个交易日开始列入计算范围；后来在股市低迷的时候，新股上市的当天就被列入了计算范围；目前是新股上市后的第11个交易日才被列入计算范围。如中国石油于2007年11月5日上市，11月19日才被纳入样本股进行计算。

总体来看，上证综合指数虽然为国人所倚重，但其本身的缺陷是比较大的。由于我国上市公司的股票有流通股和非流通股之分，其总股本并不等同于流通股，所以以总市值作为权数的上证综合指数必然缺乏科学性和实用性，难以正确反映股市的运行趋势。比如，若按照2007年10月16日上证综合指数最高值为6124点来计算，意味着当时的上证综合指数比之1990年12月19日的100点上涨了61倍，即几乎所有的股票价格都上涨了61倍，但事实上，绝大部分股票的涨幅都远没有达到这种程度。这就是上证综合指数带给交易者的误导，权重大的股票对大盘指数起到了脱离实际状况的推波助澜的作用。

上证综合指数目前已成为超级主力控制大盘走势的市场工具，使股票指数的走势与大部分股票的涨跌相背离。如在2008年11月3日，若按沪市总市值来排序，中国石油以16840亿元排在第一位，但如果按其416亿元的流通市值来计算，则其只能在当时排在第13位。也就是说，只要相对不多的资金，主力就可以操纵权重最大的股票，以畸形的扭曲股指的涨跌幅度。中国石油于2007年11月19日计入上证综合指数时，其权重达到了23.53%（当日该股收盘时的总市值/当日沪市收盘时所有股票的总市值＝23.53%），当时大盘的指数为5300点，如果中国石油跌10%，就会导致大盘跌2.35%或125点，而使中国石油涨/跌10%并不是一件很困难的事。比如，2008年9月19日，中国石油涨停，成交金额只有3.1亿元；第二日继续涨停，成交金额也只有21亿元；2008年10月27日，中国石油下跌6.4%，成交金额不过2.7亿元。再翻开中国石油和沪市大盘的分时走势图，交易者可以明显地看到两者的走势何其相似。

尽管如此，从实际应用角度来看，市场交易者对于现有的上证综合指数的依赖仍然十分强烈，除非现存的上证综合指数停止使用，否则上证综合指数的位置、涨跌、成交量等仍将在很大程度上影响着交易者的决策，使这种不合理的参考标准继续延续下去。

就目前来看，上海证券交易所编制的指数共有四大类总计27种：

1）样本指数类

上证180

上证50

180金融

180治理

红利指数

治理指数

中型综指

上证180全收益

上证50全收益

180金融全收益

180治理全收益

上证红利全收益

治理指数全收益

中型综指全收益

沪深300指数

2）综合指数类

上证指数

新综指

3）分类指数类

A股指数

B股指数

工业指数

商业指数

地产指数

公用指数

综合指数

4）其他指数类

基金指数

国债指数

企债指数

2. 上证 180 指数

上证综合指数考虑了上海交易所的所有股票,但指数样本股的全面并不意味着典型。比如,纳斯达克100指数和标准普尔500指数就是典型的成份指数,其样本股均为市场上深具代表性的股票,而非涵盖市场所有的股票。成份指数是根据科学客观的选样方法来精选样本股所形成的指数,能更准确地认识和评价市场;而综合指数则包含了市场上所有的股票,在反映市场状况上存在不少缺陷。如上证综合指数采用全市场平均市盈率标准,将不少业绩差、规模小、股价过高的股票也包含进来,导致市场的平均市盈率偏高。

为此,上海证券交易所于1996年7月1日正式发布了上证30指数,将上交所最具代表性的30只股票作为样本股进行了指数的编辑。2002年6月,上海证券交易所对原上证30指数进行了调整并更名为上证成份指数,又称上证180指数,于2007年7月1日正式对外发布。上证180指数是上证30指数的延续,基点为2002年6月28日上证30指数的收盘指数3299.05点。上证180指数的样本数量,由原来的30家扩大到了180家,入选的个股均是一些规模大、流动性好、行业代表性强的股票。该指数不仅在编制方法的科学性、成份选择的代表性和成份的公开性上有所突破,同时也恢复和提升了成份指数的市场代表性,从而能更全面地反映股价走势。

上证成份指数以成份股的调整股本数为权数进行加权计算。根据国际惯例和专家委员会意见,上证成份指数的分级靠档方法如下表所示:

流通比例(%)	≤10	(10,20]	(20,30]	(30,40]	(40,50]	(50,60]	(60,70]	(70,80]	>80
加权比例(%)	流通比例	20	30	40	50	60	70	80	100

比如,某股票流通股比例(流通股本/总股本)为8%,低于10%,则采用流通股本为权数;某股票流通比例为55%,落在区间(50,60]内,对应的加权比例为60%,则将总股本的60%作为权数。

上证180指数的设立初衷是为了引导一种价值投资的理念,使交易者摒弃当时盛行的投机股、恶庄股和虚假重组股。在上证180指数最初的成份股中,以第三产业为主,第二产业次之,第一产业最少;而在入选个股中,采掘业、电力煤气业、建筑业、交通运输业和信息文化业占有很强的优势。但后期该指数的市场作用逐渐淡化,实际意义也越来越小。

3. 深证成份指数

深圳证券交易所以前编制的是深圳综合指数,也存在着上证综合指数的问题,于是后期又编制了一个深圳成份指数(类似于上证180指数)。从运行状态来看,两个指数间的区别并不是特别明显,但深证成份指数目前是深圳证券交易所最重要的指数,深圳综合指数则日落西山。我们俗称的"深圳指数"指的就是深证成份指数。

深证成份指数由深圳证券交易所编制，简称深证成指，是一个从深圳证券交易所所有股票中抽取具有代表性的40家上市公司作为计算对象，以流通股为权数计算得出的加权股价指数，能够综合地反映深交所上市A、B股的股价走势。该指数以1994年7月20日为基准日，基数定为1000点，1995年1月23日试发布，1995年5月5日正式启用。每年1月、5月、9月，深交所都要对成份股的代表性进行考察，讨论是否需要更换。但从2006年9月18日起，深证成份指数变更为仅包含40只A股样本的价格指数，不再包含B股的成份股；成份B股指数则变更为包含深市10只B股的B股总收益指数。

深证成份指数是目前交易者了解深圳股票走势的统计指标，但由于近年来的大盘股都集中在上海证券交易所上市，所以上证综合指数的重要性日益突出。一般而言，交易者看重的还是上证综合指数，它是中国股市的风向标。

4. 沪深300指数

由于市场缺乏能反映沪、深两市整体走势的跨市场指数，于是，沪深300指数开始出炉。

沪深300指数简称沪深300，指数代码为000300（沪市）或399300（深市）。该指数由上海证券交易所和深圳证券交易所联合编制，以2004年12月31日为基日，基点定为1000点，于2005年4月8日正式发布。沪深300指数的选样方法，是先计算样本股在最近一年（新股则为上市以来）的日均总市值、日均流通市值、日均流通股数、日均成交金额和日均成交股数五个指标，再将上述指标的比重按一定比例进行加权平均，然后将计算结果从高到低进行排序，选取排名在前300位的股票作为样本股。同时，该指数以调整股本为权重，采用派许加权综合价格指数公式进行计算（类似于上证180指数的计算方式）。

总体来说，沪深300指数所选样本股均是规模大、流动性好的股票，且覆盖了沪、深两市60%左右的市值，具有良好的市场代表性。因此，该指数是反映沪、深两个市场整体走势的晴雨表，是将来中国股指期货推出后的重点交易对象。

第三节　大盘走势分析

大盘走势亦即沪、深股指走势，是影响国内1500多只股票走势的重要因素，又是1500多只股票走势的代表性反映。但大盘不是个股的简单集合，个股走势合成大盘走势以后，就会产生众木成林的综合效应，无论其内涵还是外延，都将大大超过个股。既然大盘不是个股的简单集合，那么影响大盘的因素也不会混同于影响个股的因素。通常而言，对大盘走势进行分析，需要考虑以下五个方面。

一、交易时段（应记常识）

时间可以改变很多东西，股价也是被改变的一种。时间是大盘走势的重要影响因素，同个股走势图的分析一样，大盘也有几个时间段是值得交易者重点关注的。

1. 9：15 ~ 9：25 分

9：15 ~ 9：25 分为沪、深两市股票的集合竞价时间。在当天还没有出现成交价的时候，交易者可根据前一天的收盘价和对当日股价的预测来进行买卖单的申报，在这段时间里，输入交易所的所有价格都是平等的，交易并不按时间优先和价格优先的原则进行成交，而是按能使成交最大化的价格进行成交。能成交的价位被称为集合竞价的价位，而这个过程就被称之为集合竞价过程。

根据规定，在集合竞价时段的前5分钟（9：15 ~ 9：20），交易者可以下单也可以撤单；在集合竞价时段的后5分钟（9：20 ~ 9：25），交易者只能下单而不能撤单；9：25，交易所将公布集合竞价的成交价格和成交数量；而在9：25之后的5分钟内（9：25 ~ 9：30），属于正式开盘前的等待状态，这个过程是留给所有交易者进行思考和判断的；9：30之后，则属于连续竞价的时段，大盘将随之展开连续4个小时的交易。

集合竞价时段是每个交易日的第一个交易时机，也是主力借集合竞价使股票高开或低开的最佳时间，一些内幕交易和做图行为，往往都会在此时开始实施。集合竞价也是所有股票多、空双方进行当日决斗的预演动作，买卖双方在挂出申报单后，都在密切注视着对方给出的价位和数量，并与自己的买卖目标价位对照衡量，同时结合挂单的数量推测对方的真实意图。这个15分钟的过程里，一千多只股票正在无声地进行着试探性的博弈动作，激流暗涌。

由于股票开盘之时几乎是每个主力必争之时，而大盘的开盘价由几百只股票的开盘价所组成，代表着几百只股票的主力看多或看空的思维，所以其重要性不容忽视。但此时参与交易的人往往比较少，一千多个市场主力可以用少量的资金或股票来试探当天个股参与者的反应，所以开盘价也是每天最重要的一个试盘信号。当开盘价出来后，交易者就要马上开始思考：这意味着什么？主力想要做什么？

一般来说，开盘价都会受到昨日收盘价的影响，按照惯性定律继续进行运动，除非遇到阻力。如果大盘指数正位于上升趋势的中间部分，此时若高开，则说明人气旺盛，抢筹码者较多，后市看好；但如果高开过多，使前一日买入者获利丰厚，则容易造成获利盘回吐，导致短时间内的股指下跌；如果几乎是平开（高开或低开几个点），则说明市场人气平静，多、空双方暂无争执；如果是低开，则表明获利回吐者平仓心切或亏损者急于割肉，后市可能转坏；但如果低开过多，则短时段内也会出现多方贪低价的抢盘行为。

此外，如果大盘在底部突然高开且幅度较大，这通常意味着多、空双方力量将发生根本性的逆转，此后的股市回调将成为交易者进货的良机；如果在大盘已上涨过多时发生大幅高开，则通常是多方力量最后喷发的象征，表明阶段性的上升趋势已走到了尽头，由此形成了出货的良机；如果大盘在底部大幅低开，则常常是空头的最后一击，反而形成了市场见底的机会；如果大盘在顶部低开，则说明人气涣散，是交易者赶紧出货的良机；如果在大盘上升中途或下降中途出现高开或低开，一般意味着趋势将继续原有的走势。

2. 9：30 ~ 10：00

很多主力在9：30分的时候，还往往不知道自己的预测或意图同其他几百个主力的预测或意图有多大的差距,所以无论大盘是高开还是低开,前面 10 分钟都是主力和其他交易者对个股高开或低开行为的修正过程。此时,很多交易者正在观望,而主力也会借鉴大盘的开盘情况来进行个股的调整。这个 10 分钟里,基本上是其他交易者对主力意图的附和或排斥的过程。交易者在此时主要是观察后发者对股票开盘的反应,以看股价快速上升(下降)或快速回调(反弹)的力度和幅度为主。这是多、空双方的第一次较量,主要是看后发者的反应程度。

第二个 10 分钟,往往是开盘发起者对原有趋势进行维护的时间,他们力图使股价朝自己开盘时的方向前进,以维护自己的利益;或者在买卖不活跃的情况下,继续自己的试盘动作。不到某一高位或低位,真正的买卖盘是不容易涌显出来的,所以此时也是考察主力对开盘状态的维护力度的时候。这是多、空双方的第二次较量,主要是看主动开盘者的回击程度,也是看股价快速上升(下降)或快速回调(反弹)的力度和幅度。

第三个 10 分钟里,市场参与者基本上对多、空双方的决心和实力以及真实意图有了一定的了解,同时,由于前面两个回合里已经出现了一些多、空胜负的端倪,比如开始有个股挤进了涨停板或跌停板,有些板块已经开始蠢蠢欲动,指标股也发出了明确的信号等等,于是,30% 的交易者往往会作为多、空双方的先头部队开始进攻。他们认为,先下手为强,越往后可能风险越大,他们的目的是先定下有利于自己的局势,使股价后续发展对自己持续有利。

随着参与交易的人数越来越多,市场买卖盘变得越来越明朗,可信度也开始增加,于是开盘后的 30 分钟基本上为全天的大盘走势定了个基调。也就是说,多、空双方第三个博弈回合的力度、成交量和方向,基本上决定了大盘全天的走势。当然,这里说的只是一个常规的经验和概率,并不能起完全肯定的作用,如果大盘本身处于深跌状态,头半个小时又遭抛售,那么半小时后市场出现放量反弹也并非不可能。

与此同时,部分资深的交易者在结合大盘所在高低位置、政策消息面的影响、板块热点轮换情况、半小时内的成交数据等,往往能在 10 点之后较为准确地判断出全天的盘中走势,同时估量出股指当日收阳、收阴、收十字星的概率。如果交易者能达到这样的经验程度,那么对于个股的追高风险就会小很多。对于部分激进的交易者而言,这半个小时是他们先知先觉的动作时间。

3. 10:00～10:30

如果前半个小时内多、空双方还没有分出决定性的胜负,那么现在的这半小时将是多、空双方继续厮杀的时间;如果胜负已分,那么这半个小时是继续强化胜负的时间;但也有可能是行情出现反转的时间,因为假的无法继续维持。即:真正的、可信的多空实力往往会在这个时间段内出现。同时,交易者也开始放慢了交易节奏,恢复了理性的思考。

经过了 60 分钟的多、空双方的较量后,交易时间已经过去了 1/4,想要在当日买卖的交易者往往已入市半数。大盘此时开始处于有条不紊的交易状态,原来平稳的个股将继续平稳,原来震荡剧烈的个股则多数开始变缓节奏,使趋势开始显现。同时,个股基本上是在沿着主力的整体构思自由发挥,上涨、下跌表现较为自然,且个股走势出现分化。

上午10时往往也是主力拉高出货的时机，大盘及个股的短期高位往往在10时之后出现，因为此时人气已经比较旺盛，再往后，就会消耗主力过多的资金来支撑。所以10点之后大盘"变脸"的机会比较大，这是一个值得重点注意的时间点。

4. 10：30~11：00

如果说前半个小时多、空双方没有分出胜负，而后半个小时终于暴露出某一方的真实意图或实力，那么这半个小时就是对后半个小时运动的强化。值得注意的是，每个交易日的10：30是停牌股复牌的时间，即每个交易日会有几家到几十家上市公司在停牌的1小时里（9：30~10：30不允许交易）出公告，告知公众应披露的公司信息，而后在10：30再开始交易。

一般而言，复牌后的个股多数将同步于大盘的走势，但是如果其中有个别股票具有重大利好消息或利空消息，那么该股将可能会冲向涨/跌停板，从而带动相关板块的走强或走弱。也许本身大盘的开盘走势就跟某个大盘股或龙头股的复牌信息有关，该股复牌时的走势无疑又会强化大盘的趋势方向，所以，交易者要在每天9：30之前留意上交所和深交所发布的停牌公告（在通达信软件里按"71+回车键"即可），作好交易前的准备工作。

对于稳重的交易者而言，开盘一个小时后才是他们的工作时间。

5. 11：00~11：30

这是股市上午的尾盘时间，这段时间里容易出现多、空极端强化的现象。因为很多个股想一步到位，赶紧奔向涨/跌停板；而有些个股则往往虚晃一枪，为的是在下午展开反向行动（因为中午时，很多交易者会仔细察看行情，或相互打探消息，以决定下午的行动。）。所以，交易者应该将上午收盘前与下午开盘后的大盘走势结合起来看，不可孤立对待。

6. 13：00~13：30

如果大盘在上午的尾盘时有过激的动作，那么此时段往往是对上午尾盘进行修正的时间；如果上午的尾盘比较平和，那么此时是多、空双方继续强化的阶段。

7. 13：30~14：00

这段时间里，基本上没有什么风浪，大盘常按既有的趋势运行，除非有重大的利好消息或利空消息开始在市面上流传。

8. 14：00~14：30

如果个股要发起有力的攻势，从14时开始是有充裕的时间的。也就是说，在14时发起的攻击往往是有实力的攻击，因为距离大盘收市还有一个小时，大量的买卖盘都会涌出，以较量主力的操作意图。这个时候，想要交易的人群中，往往有70%已经参与进来。

9. 14：30~14：59

这是股市全天的收盘时段，俗称"黄金半小时"，是大盘对全日走势的总结和下个交易日行情的部分预演，即将出现的重大利好消息或利空消息往往都能提前到本时段得到反映。一般在这个时间段，会出现强者恒强、弱者更弱的局面，但也不排除大盘会在这半小小时内"跳水",或者会在朦胧利好消息下急涨。这跟大盘当时所处的高低位置有关,也跟指标股的人为控制和当时的市场消息有关。通常而言,大盘在最后半小时内急涨,说明主力想推升指数,但要看第二日开盘后交易者买不买账;大盘在最后半小时内急跌,说明主力想打压指数,但也要看第二日开盘后交易者是不是认可。

个股真、假行情都会在这半小时内集中上演,真的就会强化既有趋势,使大盘明日按此时的结果开盘;假的则会原形毕露,毫无遮拦的展开攻势,不达目的不罢休。尤其是最后的 10 分钟,往往是多、空双方最有可能反败为胜的时机;但如果在 14:30 左右时,多、空双方控盘的趋势已很明显,那么在这最后的 10 分钟内,即使某方竭力反攻也往往回天乏术。一般而言,收盘前的几分钟不是追进的良好时机,陷阱很多,此时交易者最好多观察,如果发现异常情况,经过一晚上的分析思考后,再在第二日进行操作也不迟。

下午 14:30 也是一个很重要的时间点。开盘半小时之后和收盘半小时之前,都是主力采取行动的最佳时间点。因此,对于 10 时和 14:30 的图形走势,交易者要重点关注。

对于大盘中出现的尾盘跳水情况,视正常情况或空头陷阱,可以从以下几个方面进行分析:

1)消息方面

交易者要随时关注财经网站(如和讯网)的动态股市信息,时时了解股市消息面的状况。多数时候,在利空消息下,大盘和个股都会出现下跌的现象,但这往往是主力借利空消息进行打压的行为,或是市场大众夺路而逃的迹象。因为主力往往已经预知了大部分的利空消息,或者有应对突发性利空消息的能力,而在利空消息下主力是难以完成出货任务的。

2)人气方面

主力机构具有丰富的操盘经验,对于同行的反应常常能以最快的速度识别,同时加以附和或利用,从而引导市场人气的朝向。所以在大盘尾市跳水的时候,交易者通过察看股市涨跌家数、涨/跌停板的对比数量以及主力资金的流向(高成交金额的板块),往往可以判断出市场的人气状况。通常而言,在市场人气极度低迷的时候,也正是股市离真正的低点为时不远之际,若此时大盘仍非理性下跌,将有可能形成空头陷阱。

3)成交量方面

在尾盘的时候,一旦主力发现大盘全天成交量萎靡而上涨虚弱时,往往就会反手打压,因为"无量上涨"说明空头尚未被消灭,后期上升的压力较大。无论是主力真的迫于市场压力而进行减仓,还是主力故意打压股价以图东山再起,他都有足够的资金和筹码,这种尾市急跌往往只是其障眼的把戏;但对于顺势的短线交易者而言,却是应该避其风头的时候了。

10. 15:00

这是容易被交易者忽视的一分钟,但主力肯定不会忽视。因为收盘价不仅是多、空双方争夺一日之后的定论,也是众多技术指标中的统计数据来源,更是明日开盘价的依据。由于最后一分钟的收盘价并不是最后一笔的成交价,而是最后一分钟的平均成交价,所以很多股票在这一分钟里的表现异常精彩,但也只有极少数交易者可以在这一分钟里浑水摸鱼。尽管每日也许只有1/3的个股在做收盘价的文章,大盘也往往可以过滤掉这些异动状况,但是对于持股的交易者而言,这1分钟的盘口语言必须留意。

有的主力会在这一分钟里突然拉高股价,有的主力则会突然打压股价,其意图不一而论,但主要是看在这1分钟内的成交量的大小。高收盘或低收盘时,如果成交量过小,则往往是市场偷机行为,后续走势往往会"拨乱反正";但是如果成交量过大,则透露了股价将要上涨或下跌的真实意图。

需要说明的是,为了防止操纵股价,目前深市收盘时在最后三分钟内采取的是集合竞价的交易方式,即:14:57~15:00为集合竞价时间,类似于开盘前的集合竞价行为,但在这三分钟内是不能进行买卖申报撤消的。15时收盘时,最后一笔成交价格就是在收盘3分钟里能使成交量达到最大化的价格。

11. 15:00~15:30

15点之后,虽然大盘的连续竞价交易已经结束,但15:00~15:30却是进行大宗交易的时间。所谓大宗交易又称为大宗买卖,是指交易规模(包括交易的数量和金额)非常大的单笔买卖行为。只有拥有沪、深两市专用席位的机构方可通过该席位进行大宗交易,其他交易者进行大宗交易时,只能委托这些专用席位进行办理。

两个交易所对大宗交易都有明确的界定,但各不相同。比如上交所对大宗交易的界定是:A股交易数量在50万股(含)以上,或交易金额在300万元(含)以上;基金交易数量在300万份(含)以上,或交易金额在300万元(含)以上等。大宗交易具有很多优势,如其不会干扰连续竞价的过程,容易以某一固定价格一次性处理数量庞大的股票或基金,且股票、基金的交易经手费比连续竞价的情况下便宜30%,等等。

通常来说,大宗交易用户可在交易日的14:30~15:00登陆沪、深两市的大宗交易电子系统,进行交易前的准备工作;15:00~15:30为交易所受理大宗交易申报的时间;15:30~16:00为查询大宗交易数据的时间。大宗交易的成交价格,由买方和卖方在股票当日最高价和最低价之间确定,该股票当日无成交的,以前日收盘价为参考价;买卖双方达成一致后,由证券交易所确认方可成交。需要注意,大宗交易的成交价不作为该股票当日的收盘价,但大宗交易的成交量在收盘后会计入该股票的成交总量中,并且每笔大宗交易的成交量、成交价以及买卖双方均于收盘后单独公布;同时,大宗交易不纳入指数进行计算,因此对当天的指数无影响。

对于大盘的规律性总结,市场上还有些其他的结论。如假使每周一大盘开盘60分钟后的K线是阳线,那么本周基本上就会收阳线;或者说仅仅通过三个5分钟的开盘状况,就可以大致预测全天大盘的走势等等。但这些都是没有科学依据的结论,没有多大的可信度。大盘走势是几百只股票走势的集中反映或代表性反映,而几百只股票里的主力常常会违背经典的技术分析结论进行操作,并进而将这些违反常规的动作反映到大盘中,交易者对大盘走势的判断常常会出现错误也就不足为奇。所以,如果主力常常在个股中弄虚作假,那么大盘必然也体现出弄虚作假的走势,因而这里的大盘分析也仅仅只是经验性的结论或概率性的分析，交易者不可生搬硬套。

二、趋势性分析（前日分析）

大盘趋势性分析，是指大盘当前的趋势状态及其技术性分析，这种分析往往是交易者在收盘当天应该进行的工作。这样，交易者就可以对明日大盘的开盘状况和后续走势形成某种判断的概率，并进而做好交易的准备。要判断下一个交易日的大盘走势，必须先分析大盘以前的运行趋势和近期的表现。大体上来说，这些分析包括：

1. 先看趋势

通过道氏理论、250日均线系统，看整个盘面的主要趋势是属于牛市还是熊市，同时关注250日均线对当前趋势的支撑或压力状况。

2. 再看阶段

通过道氏理论、250日均线系统，看当前趋势属于牛市或熊市三个阶段中的哪一个阶段，以及当前趋势属于主要趋势还是次级趋势。

3. 再看区间

通过30日及90日均线、趋势线、或阶段性或历史性或整数位的支撑/压力线、百分比回撤线等，看趋势回调或反弹的空间有多少。

4. 再看均线

看5日、30日、90日、250日均线的收敛、交叉、粘合、发散、间隔、斜率状况有何变化，以及当前K线在哪一根均线的什么位置。

5. 再看K线

形态：看最近几个月有无典型的M头、W底、V顶、弧形底等中期K线形态。
角度：看近期K线的运行角度（速度），角度代表着股价和时间的辨证关系。
组合：看最近波段的K线组合中的阴、阳K线数量，及K线的新值排列状况。
缺口：看最近的单边市场中有无跳空缺口，如有，属于什么性质的跳空缺口。
线形：看最近的K线有无典型形态，再看K线相对位置、模样、大小、阴阳。

6. 再看其他指标

如对其他技术指标有兴趣，可看该指标的极限区状况及交叉或背离状况，但要注意顺势指标和震荡指标的差异。

7. 再看成交量

根据指数所在位置的高低情况，再根据成交量和价格配合的十种关系，判断趋势拐点是否形成及市场交易心理。

三、消息面分析（今早分析）

消息面分析是通过几个常规的消息渠道来了解影响当日大盘走势的种种突发性因素，这是交易者在每天8：30～9：00之间应该做的功课；9：00～9：15，就该交易者结合昨日的技术性分析来判断今日大盘的开盘形势了；9：25～9：30，再通过集合竞价成交的第一笔价格和数量，交易者即可对异动的股票性质和指标股的走势意图有一个大致的了解，并修正对大盘走势的既有判断了。

一般来说，交易者在早盘前应注意以下几个方面的因素：

1. 昨日盘后股评家的主流观点

每日收盘后，各证券公司投资分析人士以及民间的职业交易者，均会在电台、电视台、行业网站的财经频道或股市专栏里，对当日股价走势进行评述，同时对次日走势进行预测。甚至一些专业投资机构的网站，也会有一些重要的推断或研究报告以供交易者察看。还有一些小道消息、内幕消息、内部参考、股友交流等，都会影响第二天大盘及个股的开盘状况。但是需要注意，当一些个股被某些"专家"重点推荐后，该股反而往往会出现连续下跌的走势。这是因为如果"专家"说的是假话，那么意味着他在帮主力做高位套牢散户的动作，股价后续下跌是必然的；如果"专家"说的是真话，那么主力的企图被暴光后，往往会反手进行回避或"辟谣"。所以，大部分的股评论调是需要交易者自己去分析琢磨的。

2. 今早各类相关媒体的报道

目前我国股市仍处于消息市阶段，消息对股市仍起着十分重要的作用。各类媒体对于股市相关信息的报道，往往会对股市产生利好或利空的作用。但关键不在于消息本身，而在于市场对这些消息的反应。当大盘处于强势时，交易者情绪高涨，见"利好"就欢呼雀跃，见"利空"则反应冷淡，表现在指数上就是见"利好"就上涨，见"利空"则不跌；甚至当指数处于极强势的时候，见"利好"则大涨，见"利空"则小涨，市场此时将"利空"解释为"利空出尽是利好"。但当大盘处于弱势时，交易者则情绪低落，对"利好"反应麻木，易产生逢高减磅的想法，市场此时将"利好"解释为"利好出尽是利空"；甚至当大盘处于风雨飘摇之势时，交易者对"利空"反应会更加敏感，任何"利空"都将成为大盘下跌的导火索。

3. 今早沪深股市的公告情况

每日股市开盘之前，上海证券交易所和深圳证券交易所就会将各大上市公司的公告及交易所的紧急告示提交给各大资讯服务商，如港澳资讯、万得资讯、维赛特资讯、万国测评等公司，再由这些公司将信息归类后传递给与之密切合作的各大行情分析软件的提供商和证券公司。因此，交易者一般只须在行情分析软件上按F7键或按"07＋回车键"即可进入相关资讯页面，或在大盘界面上直接按F10键或按"10＋回车键"，也可见到与之对应的交易所公告。包括年度业绩预期公告、股东大会公告、重大事件披露公告、配股/转股/送股公告、股票交易异常波动公告、限制流通股上市公告等信息，均会对股市产生利好或利空的作用。它们出现后对大盘或个股的影响程度，视同于上一段的分析状况。

4. 今早美国股市的收盘情况

中国在地球的东半球部分，因此美国的时差要比中国晚十几个小时，美国股市的开、收盘时间对应着北京时间晚上9：30至次日凌晨3：30，冬令时则为晚上10：30至次日凌晨4：30（日本则比中国的时差早一个小时，其股市运行时间是在北京时间上午8：00至下午14：00；香港则和北京时间保持同步，但其开盘、收盘时间分别为上午10：00~12：30，下午14：30~16：00。）。所以，交易者可以通过下载"博易大师"等期货交易软件，察看今早的道琼斯工业平均指数、纳斯达克指数和标准普尔指数的收盘状况。通常情况下，美国股票指数的大幅高收或低收，都将或多或少的刺激中国股市今日的开盘情绪。

5. 今早香港股市的开盘情况

相对来说，香港股市要比美国股市对中国内陆股市的影响更大。一者是因为国内和香港的资金往来比较密切，且往往是一家机构在两个地区市场同时进行操作，比如说QDII资金及其幕后资金；二者是因为国内很多大型企业在香港上市，同时它们也是国内的上市公司，如中国石油、中国石化、中国人寿、中国联通等，其H股的涨跌自然会影响其A股的涨跌。如中国石油A股在2007年11月5日上市时的收市价接近44元，而同一日中国石油H股的收盘价为18元，两个估价之间的巨大差距，必然导致中国石油A股走上价值回归之路，进而拖累大盘进入"跌跌不休"的熊市征途。看香港股市行情主要是看香港恒生指数的开、收盘情况，在"博易大师"里能够看到其走势行情，在诸如"同花顺"等分析软件里也可以看得到，但免费的、非期货类的软件往往提供的是延迟15~60分钟之后的信息。需要注意的是，香港股市的开盘状况也往往会看中国股市的开盘"脸色"，但因其入市资金和操盘手有很多来自于美国，又必须紧跟美国股市的节奏，所以香港股市的走势往往会夹在中国内陆股市和美国股市之间，在某些关键的时候会出现上下两难的状况。

在掌握市场消息时，交易者必须熟悉一些主要的信息来源，如报纸和网站等。由于主流的报纸均开办有专业的网站，所以交易者已没有订阅报纸的必要，但对于信息类网站的收集与整理，仍是不可缺少的工作。

一些主流的财经资讯、上市公司报道、股市行业研究、国际金融新闻等网站，如下所示：

综合评论类：
    和讯网：www. hexun. com
    金融界：www. jrj. com. cn
    证券之星：www. stockstar. com

公司研究类：
    中国上市公司资讯网：www. cnlist. com
    中国产业经济信息网：www. cinic. org. cn
    同花顺软件网站：www. 10jqka. com. cn

国内新闻类：
    中国证券报—中证网：www. cs. com. cn
    上海证券报—中国证券网：www. cnstock. com
    证券时报—时报在线：www. secutimes. com

国际新闻类：
    美国华尔街日报—中文网：www. chinese. wsj. com
    英国路透社—中文网：cn. reuters. com
    英国金融时报—FT中文网：www. ftchinese. com

官方网站类：

上海证券交易所：www.sse.com.cn
深圳证券交易所：www.szse.cn
中国证券登记结算公司：www.chinaclear.cn
中国证券监督管理委员会：www.csrc.gov.cn
中证指数公司：www.csindex.com.cn

四、分时图分析（即时分析）

开盘以后，大盘走势就开始受个股走势的影响而发生变化了，此时对大盘走势图的分析，多数属于纯技术性的即时研究。一般来说，在分析大盘分时图走势的时候，需要察看以下六个方面：

1. 13个分析方面

大盘的分时走势与个股的分时走势比较相像，但它难以像个股分时走势那样大起大落。在分析它的时候，可以参照个股分时走势图的13个分析方面。值得注意的是，就目前来说，深市大盘走势基本上同沪市大盘走势保持一致，而沪市大盘分时走势同中国石油的分时走势又基本上保持一致。

2. 波形长短和次数

因为大盘走势的波形比较圆滑而不尖锐，所以它的波形长短和出现次数也有一定的研究价值。波形短必然意味着当日大盘波动的次数多，说明多、空双方搏杀得难分难解；波形长则往往意味着大盘在局部时间上出现过一边倒的走势行情，导致当日大盘波动的次数变少。

3. 分时图上的红/绿柱

指数在上涨过程中，红柱线越长，表示上涨的动能越充分，大盘越容易往上走；在下跌过程中，绿柱线越长，表示下跌的动能越强，大盘越容易往下跌。但要注意，不是当线条缩短到水平线时就一定会变换颜色并开始反向，当上涨持续强化或下跌持续强化时，无论线条是长是短，往往只会在水平线的某一侧进行变化。详见前面"解读盘面语言"一章中的"大盘分时界面图"。

4. 分时图上的白/黄线

总体来说，白线的涨/跌意味着大盘股的涨/跌，而黄线的涨/跌则意味着中小盘股的涨/跌。要注意白线和黄线之间的间距，这意味着大盘股和中小盘股之间的分歧是否在加大。同时看黄线时，不要忘记看黄线所对应的涨跌数值，这在中小盘股走势与大盘股走势相背离时尤为重要，它说明了当前大多数股票的涨跌幅度，这是常被人忽略的一个数据。详见前面的"大盘分时界面图"。

5. 分时图下的成交量

成交量是推动股指变化的重要因素，其大小反映了市场的活跃度，暗示着大盘强弱的转换。当大盘处于缩量整理时，多、空双方处于交战的平衡点，若成交量开始温和放大且股指上涨，则表明有新资金进场，大盘将转强，适用于"量增价涨"的判断；当大盘处于连续上升阶段，若成交量创下巨量却不能维持股指继续上涨，则表示多头能量消耗过大，大盘有可能盛极而衰（大盘的成交量难以做假）。成交量柱状图的含义详见前面的"大盘分时界面图",而成交量的判研则详见后面的"解读量价关系"一章,同时交易者尤其要关注大盘"天量天价"和"地量地价"的现象。

6. 涨跌率指标

虽然在大盘界面的右边会有数字提示当前大盘的上涨家数和下跌家数,但那些数字是在不断变化的,不能直观地显示大盘涨跌家数的对比状况。如果将这些涨跌家数的变化数值连成一条曲线,就构成了大盘的涨跌率指标。这个指标在大盘分时图的成交量指标下面,用鼠标点击"涨跌率"就可以看得到。指标里的白线代表着上涨的股票家数,黄线代表着下跌的股票家数,白线和黄线均以沪市或深市的所有 A 股数量为纵坐标,以连续的变化来显示某一时刻的涨跌家数。具体含义详见前面的"大盘分时界面图"。

需要说明的是,有些交易者也许在看大盘 5 分钟 K 线图时才更能找到感觉,但这纯粹是个人看盘喜好问题。对于同时精通 K 线图和分时图分析的交易者而言,往往观此即能知彼。

五、涨跌数分析(辅助分析)

大盘走势是由诸多个股的走势集中体现出来的,因而也受到股票的涨跌数量和涨跌的股票性质的影响。在研究这些因素时,交易者需要分析以下五个方面:

1. 涨/跌家数

股市涨/跌家数的数量对比,可以反映大盘涨/跌的真实情况。如果上涨家数多于下跌家数,且上涨股票分布于各个行业,说明大盘涨势真实,后市可能继续上涨,反之,则说明大盘跌势真实,后市可能继续下跌;如果上涨家数少但指数仍微涨,说明指标股正被拉升而众多的中小盘股无动于衷;如果上涨家数多但指数仍升不起来,说明指标股被打压,大盘跌势较虚。但有时候,当少数大盘股上涨时,可能会导致资金集中流向这些大盘股,进而造成大盘"失血"的现象,形成个股普跌的局面;而当少数中小盘股逆市上扬时,往往也形成不了气候,只有相关板块给予积极的配合,才能拉动多股普涨的行情。

涨/跌家数在大盘的右边窗口里有显示,也可以通过察看涨/跌率指标进行分析。详见前面的"大盘分时界面图"。

2. 涨/跌停数量

通过关注涨/跌停股票的数量,可以发现市场的极端方向,以及多、空双方力量的对比状况。在"今日涨幅排名"中,如果出现 10 只以上的股票涨停现象,说明市场处于强势状态,后市理应看好。但要注意当涨停数量增加到一定程度而不再增加时,则表明大盘强势已尽,即将由强转弱;如果在"今日涨幅排名"中只有 2~3 只股票出现涨停,则说明市场观望气氛浓厚,绝大部分主力不敢揭竿而起;与此同时,如果跌停的股票数目也达到了 2~3 只,则说明市场已经出现了分化;如果涨停板里的数量只有 1~2 只或者没有,而跌停板里的数量却出现了 10 只以上,那么意味着市场弱势的情绪在不断强化;若出现几百只股票跌停的现象,则往往说明市场恐慌性抛售达到了极点。

在通达信软件中,可以通过最下面小方框里的红绿色块来体现目前市场的涨跌对比情况和涨/跌停板的数量，但更好的方式是从"沪深综合排名"里看。在通达信软件中，按"87＋回车键"即可实现该查看方式。

3. 主流资金的流向

主流资金往往会对大盘走势产生重要的影响力，而主流资金则常常出现在当日成交金额最大的个股之中。如果在当日成交金额排在前10名的股票中，上涨的家数多于下跌的家数，那么说明主流资金正在流入股市，大盘向上的趋势往往可以维持；如果在当日成交金额排在前10名的股票中，下跌的家数多于上涨的家数，那么说明主流资金正在撤离股市，大盘下跌的趋势往往会继续。同时，通过察看这些成交金额巨大的股票的性质，可以感知市场主流资金正在对什么板块感兴趣，又正在摒弃什么板块，而不同的板块对大盘的影响力是不同的。

在通达信软件中，通过按"67＋回车键"即可调出当日沪、深两市的行情表，再通过点击"总金额"，交易者即可察看当日成交金额最大的10只股票是哪些，然后根据数据的红、绿色即可得知哪些股票在涨，哪些股票在跌。在"沪深综合排名"里，通过"今日总金额排名"，同样也可以看到这些数据。

4. 指标股的强弱

在目前的中国股市，所谓指标股往往就是超级大盘股。通常而言，指标股上涨，则往往大盘会上涨；指标股下跌，则往往大盘也会下跌。只有少数情况相反：一种是大盘在高位时，主力操纵指标股上涨而抛售其他中小盘股票，就会形成上面所说的上涨家数少但指数仍微涨的情况。表现在大盘分时图上，就是白线高高在上，而黄线距离甚远；另一种是大盘在低位时，主力操纵指标股护盘，但众多中小盘股继续跳水，不相信护盘的作用。表现在大盘分时图上，同样是白线高高在上，而黄线距离甚远，惟一不同的是，这里的黄、白线往往都位于大盘昨日收盘水平线的下方。所以，为了控制大盘走势，指标股往往成为多、空双方争夺的重点。

在通达信软件中，按"61＋回车键"即可调出沪市行情表，通过点击"总市值"排序的方式，交易者即可看到目前总股本最大的个股，如中国石油、工商银行等，基本上越靠前的权重越大。尤其是中国石油股票，其20%左右的权重使其几乎成为了沪市大盘走势的代表者。

5. 板块的强弱

当个股走强或走弱现象引起同板块股票的共鸣时，板块联动的效应就会发生。当板块产生联动效应时，如果几只同板块的个股同时进入了大盘涨/跌幅的前20名，则说明某个领域的主力已经形成了一致的看法和行为，这种群体性动作将会加速大盘的涨/跌速度和程度。如果市场没有热点或热点散乱，即没有形成板块联动效应的时候，个股的涨跌往往影响不了大盘的走势。但一旦板块联动效应开始出现，还要看是什么性质的板块在躁动。如果是金融股集体走强，那么需要大量的资金来推动，而大量资金一旦介入，则说明市场超级主力开始了一致的行动，大盘后市看好，但此举也有可能使大盘"失血"而导致个股普跌；反之，如果金融股集体走弱，那么大盘则可能走向衰弱，但也可能会出现大盘股和中小盘股两极分化的局面；小盘股的走强则带动不了大盘的走势，因为主流资金无法介入；至于地区性的板块、行业性的板块、当前热炒主题等板块的涨跌，对大盘的影响是不一样的，这需要交易者常年的看盘经验，详见后面的"解读板块效应"一章。

第四节 大盘历史性分析

江恩于1908年提出了著名的"控制时间因素"，指出时间是决定市场走势的最重要因素，时间可以超越价位的重要性；当时间到达时，成交量将推动价位上升或下跌，完成一个周期的市场运动的轮回。因此，时间作为预测股票市场走势的一个重要因素，已受到全球无数交易者的关注。

事实上，受行业周期性的影响、年报周期性的影响、人类在不同季节里的情绪影响、市场交易节奏和资金回笼等的影响，大盘往往会在不同的月份有不同的走势特征。这种季节性现象，说明股市或大盘确实会出现周期性规律。

一、大盘年度走势规律

从以往沪市大盘在各月的走势情况来看，其在每年不同的时期呈现出以下的规律：

1）从年度上来说，每年大盘在上半年的表现要好于下半年，在上半年上涨的月数要多于下半年；同时，大盘的下跌容易产生在下半年，特别是在12月份。究其原因，跟季节气候和借贷规律有很大的关系。

一般来说，冬天易使人产生怠慢和冷淡的情绪，投资行为将受到影响，而春天则使人精神饱满，容易激发投资热情。这是自然界对各类生物的影响，人类的交易行为或投资行为同样也会受此影响；此外，很多交易机构的资金都是借贷而来的，可能是银行的资金也可能是公司的资金或自然人的资金，这些资金都有年底回笼的习惯，这跟公司年底结算、年终奖发放、春节消耗等都有关系，因此会导致主力年底抛售股票而回笼现金的现象。一旦资金回笼了一道或续借的手续办完之后，每年1月份，各路资金又开始流入股市。因此，每年上半年多数是机构投资的时候，而下半年多数是机构回收投资的时候，年底则是机构结算或筹资的时候。

2）从季度上来讲，每年的一、二季度时，大盘容易走强，其中1~2月份大盘往往会稳步走高，4月份则会达到一个相对的高潮期；到第三季度时，大盘容易出现震荡的现象，尤其是8月份的行情往往比较好，而9月份则易出现大跌的现象；到第四季度时，大盘往往表现差强人意，人气低迷，12月份则常常有大跌的趋势。究其原因，跟主力操盘规律和上市公司年报公布有关系。

一般来说，主力会在12月份至来年的1月份开始筹措资金，同时提出新年的操盘策略和操盘计划，以增加融资的筹码。资金到位后，新年的1~2月份就是主力按全年操作策略开始建仓的时候；经过1~3个月的建仓和洗盘，往往3~4月份就会有部分个股开始拉升，引发大盘的一个小高潮；到了7、8、9月份，则是主力拉高、减仓和出货的时候；然后，往往10、11月份，个股会有反弹的迹象，使主力得以继续完成筹码的派发工作；12月份则是主力集中处理尾货的时候，既然大家的看法都一致，主力也就不再扭扭捏捏，而是加大了出货或打压的力度，为来年吸筹做好铺垫。

此外，炒股票要么是炒上市公司现有的业绩，要么是炒其未来的成长空间，公司未来的成长空间往往是概念和噱头，而上市公司的业绩却是每年看得见的数据，因此"炒业绩"是中国股市里的常有现象。上市公司年报披露的时间为每年1月1日至4月30日，同时，季报的披露时间为4月1日至4月30日，于是1~4月就成了主力建仓和炒作的良机，而4月份的股市则更容易形成一个阶段性的高潮。歇息了两个月之后，每年7月1日至8月30日又到了上市公司半年报披露的时间，于是，主力借此时机拉高、减仓也就是必然的动作了。上市公司第三季度的季报披露时间为10月1日至10月31日，在这个环境下，10~11月份个股往往也会有波反弹的行情，使主力得以继续完成筹码的派发工作。

二、大盘各月交易特征

江恩在晚年的时候常常只言统计数据而不言技术分析，可见市场统计数据的重要性。根据1991年至2007年沪市大盘月K线数据的统计，沪市大盘呈现出以下的交易特征：

1月份收阳K线的次数有8次，占总数17次的47%，表明1月份市场操作以谨慎为主。

2月份收阳K线的次数有13次，占总数17次的75%，表明2月份市场操作以激进为主。

3月份收阳K线的次数有10次，占总数17次的59%，表明3月份市场操作以积极为主。

4月份收阳K线的次数有11次，占总数17次的65%，表明4月份市场操作以激进为主。

5月份收阳K线的次数有10次，占总数17次的59%，表明5月份市场操作以积极为主。

6月份收阳K线的次数有10次，占总数17次的59%，表明6月份市场操作以积极为主。

7月份收阳K线的次数有6次，占总数17次的35%，表明7月份市场操作以谨慎为主。

8月份收阳K线的次数有10次，占总数17次的59%，表明8月份市场操作以积极为主。

9月份收阳K线的次数有7次，占总数17次的41%，表明9月份市场操作以保守为主。

10月份收阳K线的次数有6次，占总数17次的35%，表明10月份市场操作以谨慎为主。

11月份收阳K线的次数有12次，占总数17次的71%，表明11月份市场操作以激进为主。

12月份收阳K线的次数有8次，占总数17次的47%，表明12月份市场操作以谨慎为主。

三、大盘走势敏感时间

江恩对气候的变化也十分敏感，认为股票市场价格波动经常受到季节的影响，并指出了一年之中每月股市重要的转势时间；而在国内的证券市场上，根据沪市大盘每月高点和低点的统计数据显示，沪市大盘在以下日期里呈现出敏感性：

1. 大盘见底的敏感日期

1）7±1日，即某月的6日、7日、8日，例如2005年6月6日。

2）18±1日，即某月的17日、18日、19日，例如1999年5月19日。

3）27±2日，即某月的25日、26日、27日、28日、29日，例如2008年10月28日。

2. 大盘见顶的敏感日期

1）10±2日，即某月的8日、9日、10日、11日、12日，例如2004年4月9日。

2）17±1日，即某月的16日、17日、18日，例如2007年10月16日。

3）27±2日，即某月的25日、26日、27日、28日、29日，例如2001年6月27日。

为了方便记忆，交易者可以简单理解为每月上旬、中旬、下旬的后半时间段，为大盘容易发生转折的时间。

3. "星期一效应"和"星期五效应"

星期一效应：如果大盘在周一收阳线，则为本周多方继续前进开了一个好局，本周的大盘周K线往往会收阳线；反之，则本周的大盘周K线可能会收阴线。所谓"黑色星期一"，是指大盘在星期一产生的大跌甚至暴跌的现象，它的出现，往往会使交易者的情绪受到空方的强烈影响，并将这种影响带到本周后续的交易日之中。

星期五效应：星期五效应就像尾盘一样容易多变。通常而言，交易者为了防止周末出现利空消息，往往会在星期五减仓或出货，并由此引发"黑色星期一"；但是在市道低迷时，交易者又可能赌周末有利好消息出台而建仓或持仓，但若周一没有利好消息出现，则行情又会继续下跌。

需要说明的是，这里的结论毕竟只是概率性的统计结论，而非一成不变的市场规则。它有些类似于福利彩票的数字统计，不能说没有出现过的数字就一直不会出现，也不能说多次出现过的数字仍将继续出现。如同技术分析一样，交易者要在规律性的总结上，参照其他的分析手段来多角度的对股市进行考察。

第五章　解读板块效应

自从 2002 年各类长庄股几乎被市场灭绝以后，我国股票市场开始步入了以公募基金和私募基金为代表的机构博弈时代。由于长庄股的投机理念被根本否决，于是波段交易开始盛行。为了使个股能够产生类似于长庄股的巨额利润，基金或机构的大量资金开始呈现出"集团军作战"的势头。即：集中大量资金运作于优势板块，通过轮番炒作同一板块的几只个股或关联板块优质个股，形成区域性效益，而后引导大盘和市场产生共鸣，共同抬高个股购入成本，以减少操作的风险。

在牛市行情中，领涨板块的涨幅往往是跟风板块的几倍，具有巨大的财富效应；而在熊市中，由于大盘不具备持续走强的条件，市场热点则往往以板块轮动的形式展开。可见，对于板块的示范效应和运作机制，是交易者必须了解的一个重点。

板块是联系大盘和个股的纽带，在一定意义上，板块本身就是一个个小市场，而沪市 A 股也不过是一个大板块而已。利用板块的联动效应，在某只股票成为追涨对象时，及时购入联动性较好的同板块股票，是交易者获取短线收入的一种重要方法。

第一节　板块概述

板块在股市里具有普遍的市场基础，这里就板块的性质、作用、操作等作一些精要的讲解。

一、板块的定义

所谓板块，就是具有相同属性的股票的集合体，它是股票市场细分化的结果，也是个股归类的一种技术手段。因行情分析软件的各自归类依据不同，以及每位交易者的归类喜好不同，沪、深两市个股可以被软件公司或交易者自行归纳为多个板块。

所谓相同属性就是股票的共性。如"浦发银行"以金融业为主，"民生银行"也以金融业为主，尽管它们的股本规模和公司所在地都不同，但由于这两只股票具有共同的行业性质，就可以归纳到"金融股"的板块里去。通常而言，如果"浦发银行"在上涨或下跌，那么出于市场交易者的猜测和习惯，"民生银行"往往也会走出相同的走势。

二、板块的划分

目前沪、深两市上市公司的数量已达 1500 多家，并且随着新股不断发行上市，股票市场规模愈加壮大，股票数量也越来越多，给数量众多的股票划分不同的板块，具有重要的意义。不同行情分析软件因为分类的方法不同，其板块的名称与数量也不尽相同，但相同的属性是板块划分的根本依据。一般来说，板块有以下几种通用的分类：

1. 区域板块

区域板块是以上市公司所处区域来进行划分的。沪、深两市股票据此可以分为北京板块、上海板块、天津板块等多个地域性板块。

区域板块的形成，是由于各地区经济发展状况不一样，地方政府对上市公司的扶持态度及具体政策均有差别，因而造成同一区域的股票呈现出一定的相似性；同时，部分主力机构与当地上市公司有某种程度的默契或熟知本地上市公司的经营状况，因而在一定时期内，某一地区上市公司的走势会显示出很强的联动性。比如曾经风光一时的"浦东开发"概念以及"深圳重组"概念，就导致当时的上海本地上市公司股票和深圳本土上市公司股票出现极端强势的行情。

2. 行业板块

行业板块是以上市公司所属行业为标准来进行划分的。按照上市公司所属行业的不同，沪、深两市股票可以分为钢铁行业、家电行业、纺织行业等几十个行业板块。

行业板块的形成，是因为在不同时期，各行业的发展状况及其景气周期均不相同，国家产业政策也会有所调整，于是证券市场在不同阶段也就由此形成了不同行业的板块热点。一般来说，交易者对于一个区域的政策状况比较容易把握，但是对于不同经济发展阶段的行业政策、行业规律、行业兴衰等，则不易把握，因而行业板块的研究属于基本面分析中的重点和难点。

3. 概念板块

概念板块是以上市公司所拥有的各种概念性题材为标准来进行划分的。按照不同时期市场推出的新概念，沪、深两市股票可以分为奥运概念、3G概念、基金重仓等概念板块。

概念板块的形成，是由于国内股票难以谈得上价值投资，因而诸如业绩、成长性、价值等因素已让位于各种概念，使各种投资概念在市场主力的吹捧下大行其道。谁手中握有大量的资金，谁就拥有股票的定价权，谁就容易推广自己的"投资理念"，这是概念股盛行的根本原因；而很多概念题材的形成也是历史的成因，如创投概念、解禁概念、股指期货概念等，都是证券市场发展中的历史产物。因此，研究概念板块，需要交易者有大局观和新思维，同时还要分析主流资金的流向和态度。

交易者在划分板块的时候需要注意，板块的划分标准并不是惟一的，一只股票可以同时属于多个不同的板块，因而具备多重身份。比如"民生银行"既属于"金融板块"，又属于"北京板块"，还属于"大盘蓝筹板块"。如果"民生银行"走强，不仅"金融板块"会走强，可能"北京板块"和"大盘蓝筹板块"都会走强，产生板块的联动效应。但到底哪一个板块更适合于跟风，就取决于对"民生银行"进行关联性分析了。

交易者也可以自行定义板块。先让行情分析软件按照自己设立的条件进行选股，然后将这些股票归到自己定义的板块里即可。如按上市时间的不同，交易者可以自行设立"新股板块",将上市 6 个月以来的股票都归纳在一起;还可以设立"深跌板块",把系统自动选出的最近 3 个月的深跌股票都归集在一起,以便于跟踪观察。但是交易者在自己划分板块的时候,一定要根据当前市场的热点和各板块间的历史关系来进行划分,某一板块的划分特征必须能为主力提供足够的炒作题材,得到市场各层人士的广泛认同,并拥有较大的想象空间,这样才能引起市场的共鸣。

板块的归属越清晰明了,被大众认同的时间越久,独立性越强,就越容易引起共振效应和联动效应,因为交易者一眼就能通过个股识别该板块的存在。如果该板块的流通股普遍偏大,则更容易吸引大资金的流向,如钢铁板块、汽车板块等。

三、板块的作用

沪、深两市个股因其划分的归属不同,对于板块的设定可以有上百种之多,但它们的作用却是一样的。一般来说,板块的作用有以下五种:

1)明确了个股的归属意识,提供了交易者识别个股性质的标记。比如,在行情分析软件中点击"钢铁板块",就可以找到所有与钢铁有关的股票,查找钢铁股一目了然。

2)为个股交易提供了内在关联性的指导,避免了盲目交易。比如,"浦发银行"在上涨,交易者必然会意识到金融股是否受到了什么消息面的刺激,而不会是该股独自率性而为。

3)一只个股走强或急跌,往往会带动其他同板块的个股走强或急跌,产生共振现象。比如,"浦发银行"的涨/跌会引起诸如"民生银行"、"深发展"等金融股的涨/跌。

4)一个板块走强或走弱,会带动其他关联板块走强或走弱,产生关联效应。比如,银行股的走强会带动保险股、证券股和其他投资股的走强。

5)个股走势会带动板块的整体走势,但板块的整体走势又制约着个股走势的发展。比如,"浦发银行"大跌会引导金融股大跌,但金融股整体止跌后,"浦发银行"也不会跌得太深。

四、板块指数

前面一章已经讲述了各类大盘指数,实质上,它们就是按照某一条件而选取的板块指数,只是它们选择的面积更大而已。不仅上证指数及其后来的工业指数、商业指数、地产指数、公用指数等都有实际的参考价值,板块指数也同样具有特定的参考意义。

所谓板块指数,就是针对某一板块设立一个独立的指数,以反映该板块的整体走势,同时借以察看该板块同其他板块的横向对比情况,以及板块内个股的强弱状况。至于板块内的样本股选取,可以取自该板块内的所有个股,也可以只取该板块内具有代表性的个股。一般而言,各大行情分析软件都是选取该板块内的所有个股进行指数编制的。

第二节 板块联动

一、板块联动概述

板块联动是指板块内的个股或相关板块之间所发生的同步波动现象。前面讲述过，板块属性来源于个股的共性，个股内在的属性影响着相应市场的表现，并造就了"蝴蝶效应"或"多米诺骨牌"效应。可见，相关性是板块的重要属性，板块内个股的相关性越强，则联动性越强；反之，则联动性越弱。

板块联动包括个股板块联动和相关板块联动。

二、个股板块联动

1. 个股板块联动含义

所谓个股板块联动，是指同一板块内的个股所发生的同步波动现象。具体表现为：当某一个股走强时，该板块所有的个股往往同步走强；当某一个股走弱时，该板块所有的个股往往同步走弱。

举例来说，当某只股票出现在"今日涨幅排名"前20名时，很多交易者就会开始追踪这只股票，并在该股随后的继续上涨中寻找同板块后续的追随者；一旦发现该板块有整体上涨的趋势，交易者就会纷纷进入该板块，买不到涨幅最大的就追买涨幅较低的，造成该股票所属板块整体上扬。同样，当某只股票领跌于大盘时，交易者也会习惯性的怀疑该股所属板块会出现联动性的下跌，于是纷纷抛售，最终造成该股票所属板块整体下挫。可见，个股板块联动心理是造成板块内个股联动的重要原因，并加剧了板块内个股联动的助涨助跌效应。

2. 个股板块联动规律

当板块内个股发生联动效应时，往往具有以下的规律：

1）大多数股票联动但也有例外

①当一只股票成为龙头个股而领涨于大盘时，该股所在板块中的其他股票也会联袂走强；而当某一只股票领跌于大盘时，该板块中的其他股票也将联袂下跌。

②并不是同一板块中的所有股票都必然会发生联动效应，这跟板块内个股的准确定位有关系，因为有些个股的主要共性并不在这个板块内，但因其次要的关联性而被分到该板块内。

2）外界因素要分长、短期来看

①如果引发板块震动的因素属于外界的长期刺激因素，那么该板块被影响的时间会比较长。如2007年底出现的美国"次贷危机"就导致中国国内金融股连续几个月走低，并带动大盘连创新低。

②如果引发板块震动的因素属于外界的短期刺激因素，那么该板块被影响的时间会比较短。如2008年3月，国家宣布提高部分农产品价格，结果导致农业股仅仅出现了1~2天的涨势。

3）时间会导致板块内部出现分化

①在板块行情启动之初，板块内个股的同步波动性最强，跟风最热烈，往往会出现"一人得道，鸡犬升天"的现象，因而交易者操作的安全性和盈利性均较高。

②在板块行情启动时间较长之后，板块内个股因为股质不同、流通盘大小不同、资金参与程度不同等因素，将会出现分化的走势，此时交易者操作的难度和风险性加大。

4）强者恒强及弱者恒弱

①最先发动攻势的个股往往是板块内的"领头羊"，一旦其题材、股质、流通盘等因素均获得了市场的认同，则其在板块内的龙头地位就可以确立，率先追逐该股即可以获取最大的收益。

②在板块行情启动之初，一些关联性个股往往会鱼目混珠、昙花一现，而另外一些"嫡系部队"则会因自身问题跟不上队，走势疲软，若交易者买入这些跟风股，风险比较大。

5）个股共振才能产生大行情

①如果一个板块整体走强，且出现多只同板块内的强势股，并在后续的交易日内轮番领涨，那么就意味着该板块出现了热点持续的效应，通常这种行情里会爆发出大盘阶段性的龙头品种。

②如果一个板块整体走强时，没有形成多只同板块内的强势股，或者在后续交易日内无法持续其市场热点，那么该行情往往是"短命"的行情。

6）个股背离往往产生误导

①当出现领涨个股与板块整体走势相背离时，往往说明该股走势属于独立行情，与所属板块整体走势无关，交易者应放弃对其所属板块相关个股的参与。

②当持续上涨的板块形成阶段性的趋势反转时，该板块内的个股趋势将形成整体性的反转，交易者不可对其中的个股进行与板块趋势相背离的操作。

7）历史表现可以用来参考

①历史上曾经在板块行情中充当过龙头品种的个股，在后市的板块行情中，往往也会再度充当"领头羊"的角色，而过去曾经积极跟风的个股，往往也会再度积极跟风。

②历史上联动性越强的板块，当其后期出现领涨或领跌的个股时，继续联动的效应越强；反之，则联动性越弱。这跟板块是否被大众熟知有关，也跟历史上该板块受追捧的程度有关。

③当市场上出现新的板块联动时，其联动的效应往往会小很多，这主要是交易者不熟悉该板块性质及其成员的原因，同时也是该板块无历史联动现象可作参考的原因。

三、相关板块联动

1. 相关板块联动含义

所谓相关板块联动，是指相关板块间所发生的同步波动现象。具体表现为：当某一板块走强时，与该板块相关性较强的板块也同步走强；当某一板块走弱时，与该板块相关性较强的板块也同步走弱。相关板块联动的原因是各板块间存在着较高的相关性，其相关性越高，板块同步联动的可能性就越大；反之，则板块同步联动的可能性就越小。

对板块间相关性的研究可以通过基本面分析来确定。如钢铁板块和水泥板块的关联性很强，因为建筑施工几乎都离不开它们；而钢铁板块和房地产板块的关联性也很强，因为房屋兴建需要大量的钢材；同时，钢铁板块还跟有色金属板块有一定的关联，因为炼钢少不了铁矿石等矿产资源；此外，钢铁板块还跟煤炭板块密切相关，因为炼钢同样少不了煤炭能源。因此，如果钢铁板块在涨/跌，交易者要凭经验去判断紧跟着起反应的会是哪一个板块。虽然从盘面也可以看出一些端倪，但如果交易者经验不足，往往就会被滥竽充数的个股混淆视线，而错误的认为另外一个板块将要产生联动效应。

2. 相关板块联动规律

当板块之间发生联动效应时，往往具有以下的规律：

1）当市场出现重大行情时，强势板块往往成为该波行情的领涨板块。即：任何一波较大的市场行情总是以一个强势板块的率先启动为标志的，该强势板块往往贯穿于整波市场行情之中。

2）相关性越强的板块，其联动性越强，这种相关性往往表现在产业性质及其应用的相关性上，这需要交易者有丰富的识别经验。

3）如果某一板块整体启动时，随之跟风的板块有1个以上，说明热点比较普及，市场反应强烈，大盘后期走势继续看好。

4）前一个条件形成后，如果后续交易日内有关联板块进行轮流领涨，那么就会形成板块之间的轮动效应，刺激其他关联板块持续走强。

5）以上结论也适用于板块领跌的行情，只是情况恰好相反。

第三节 板块轮动

一、板块轮动概述

板块轮动是指同一板块内的个股或相关板块间所发生的轮流波动现象。当板块产生联动效应时，是某只个股或某个板块充当先锋，引导其他个股或板块同步波动；而当板块产生轮动效应时，则是曾经排在后面的个股或板块开始充当先锋，轮番引导其他个股或板块继续朝同一方向波动。

板块轮动分为板块内的个股轮动和相关板块间的轮动。

二、板块个股轮动

1. 板块个股轮动含义

所谓板块个股轮动，就是同一板块内的个股发生轮流波动的现象。具体表现为：某板块内的个股轮流充当领涨股或领跌股，以"各领风骚"的情形带动整个板块朝同一方向波动。

板块个股轮动通常是主力调动大量资金进行"集团军作战"的结果，通过前赴后继的个股轮番涨跌，引导市场朝其有利的局势发展。这种手法如果适逢市场热切需要，往往可以很快调动市场参与情绪，形成持续的高温现象，是主力坐庄的又一手段。

2. 板块个股轮动规律

当板块内个股发生轮动效应时，往往具有以下的规律：

1）当板块行情启动时，板块内的个股往往会出现轮番领涨或领跌的现象，各路"中锋"或"替补队员"纷纷充当"前锋"，但这种板块内的热点切换并不改变整体板块的发展趋势。

2）在热点板块中，势头最猛、最有投机价值的当属"领头羊"（如果板块整体持续上涨，则称"领头羊"为龙头品种），"领头羊"对该板块的主导作用将一直贯穿于整个板块行情。

3）板块中的"领头羊"往往是率先打破沉闷格局的个股，其在个股轮动中领涨或领跌的机会最大，次数最多，涨/跌幅也最大，具有高度的参与价值。

4）在板块行情中，轮动的现象往往只会出现在少数的几只强势股身上。比如，一只领头的股票涨停，而后可能会在为期一周的交易日之中，出现 2~3 只同板块内个股轮番涨停的情况，这往往是主力资金集中运作于几只股票上的反映。

三、相关板块轮动

1. 相关板块轮动含义

所谓相关板块轮动，就是相关性较强的板块之间发生的轮流波动现象。具体表现为：当某一板块成为领涨或领跌板块后，其他相关性较强的板块在后期相续充当领涨或领跌板块。

如果说板块个股轮动是主力调动大量资金进行"集团军作战"的结果，那么相关板块轮动的出现，则是市场游资闻风而动的结果。它通常出现在报复性反弹或市场人气鼎盛的时候，或者出现在市场恐慌性抛售的阶段性底部。

2. 相关板块轮动规律

当板块之间发生轮动效应时，往往具有以下的规律：

1）在大盘强势反转的时候，往往会出现个股普涨或普跌的行情，不同的板块轮流充当领涨或领跌的角色，但这跟板块的相关性没有多大关系。

2）相关性越强的板块，其板块轮动的可能性越大；相关性越弱的板块，其板块轮动的可能性越小。如银行股领跌，则保险股不可幸免，同时证券股也会相续跳水。

3）在大盘上涨的时候，率先领涨板块在板块轮动中领涨的机会最大，次数最多；而在大盘下跌的时候，率先领跌板块在板块轮动中领跌的机会最大，次数最多。

4）在大盘上涨的时候，轮涨的领涨板块通常集中在少数几个强势板块中；而在大盘下跌的时候，轮跌的领跌板块也通常集中在少数几个弱势板块中。

第四节　板块分析

以上是股票板块里出现的一般性规律，但交易者在实际应用的时候，还需要讲究多种策略和手法，以确保能及时跟上板块的节奏，获取最大收益或减少最大损失。下面，就来讲述一些板块操作的实际技巧。

一、三项对比技术

所谓对比分析就是将两个特定目标进行对照比较，或者在某一个指标内对目标群体进行整体性比较，以寻求特定的关联性或独特性。

根据参照物的不同，对比分析可以分为横向对比分析和纵向对比分析。横向对比分析就是用其他对象作为参照物进行分析，比如将个股走势同大盘走势进行叠加对比，或者在"最大涨幅"指标里针对众多股票进行比较筛选；纵向对比分析则是利用对象自身的不同阶段的发展趋势作为参照物来进行分析，比如将个股最近 5 日的活跃性或强弱度同过去 20 日的情况进行对比。

通常而言，板块分析中的对比分析主要有：叠加分析、排序分析、强弱分析。

1. 叠加分析

叠加分析是一种直观的图形分析方法，是将两个或两个以上的图形界面在同一种坐标系统中进行叠加对比，以分析某个目标与其他目标的相似性、特殊性或强弱性。被叠加对比的目标可以是大盘指数、其他指数、个股、基金、债券、权证等品种。

当然，在通达信软件中也可以利用"双品种组合"来进行对比分析。"叠加品种"是将两个对比物换成同一百分比坐标后，在同一个主图区域内显示，可以很好的显示同一时期内各品种的涨/跌幅度；而"双品种组合"则是将两个对比物分成上、下两个主窗口来察看，同时还可以保留各自的成交量等指标，只要能将两者的时长调成同步，就能很好地察看两个品种的走势节奏。这对于个股和大盘的走势对比，以及个股与龙头个股的走势对比，有很大的帮助。

通过"叠加分析"，交易者可以得知个股与大盘走势的强弱程度，也可以得知个股与其他个股走势的差异性，方便从全局的走势中把握个股或板块的阶段性行情。

2. 排序分析

排序分析就是将市场所有的个股或板块按相同的标准进行指标排序，以确定个股或板块在整个市场中的强弱地位，方便交易者对个股或板块的强弱走势作出对比分析。

排序分析中可以利用的指标通常有涨幅、涨速、换手率、量比、流通股本、市盈率等，通常按"61＋回车键"或"63＋回车键"即可到达沪、深两市行情表，然后点击相应的指标就可以进行正排序或反排序。当交易者进入某一个板块后，同样可以点击相应的指标进行正排序或反排序，只是这里对比的是该板块内个股的排行状况。交易者不但可以在这里对比当日的指标状况，还可以通过"阶段排行"的功能，指定一个特定的时间段来对比某些主要指标的历史累积数据，以确定某一时间段内的个股排行状况。

排序分析是根据"强者恒强，弱者恒弱"的市场原理来进行操作的。不管是在多头市场、平衡市场或者是空头市场，涨势最强的个股或板块就属于强势股票或强势板块，显示市场资金的流向正集中于该领域，因而对其进行操作的盈利性最大；而跌势最强的个股或板块则属于弱势股票或弱势板块，显示大量的市场资金正从该领域撤出，交易者应该及时规避风险。

3. 强弱分析

强弱分析有两种，一种是横向强弱分析，另外一种是纵向强弱分析。

横向强弱分析就是以大盘为特定对象，将个股走势同大盘走势相比较，以判断此时个股是比大盘更强势还是比大盘更弱势。在沪、深两市行情表中，有一个"强弱度%"的指标，其数值越大，说明当天个股走势同大盘相比越强势；数值越小，则表明个股走势同大盘相比越弱势。通常所说的某股走强就是相对于大盘指数而言的，交易者可根据"逐强驱弱"的原则，利用该指标来筛选股票。

纵向强弱分析就是将个股当日的强弱表现同其过去一段时期内的强弱表现相比较，以纵向察看个股近段时期以来的强弱表现。比如某股"60日强度"为-10，"20日强度"为5，"5日强度"为12，说明个股正在逐渐走强。在通达信软件里，交易者点击菜单条"报价"里的"强弱分析报表"后，系统将自动将沪、深两市股票按"5日强"、"10日强"、"年度强"等指标进行排序，方便交易者察看该指标内的最强者或最弱者，以确定某一时段里的强势股或弱势股。

二、板块分析手段

对板块进行分析通常要考虑两个内容，一个是确定强势板块，一个是确定强势个股。但在具体进行板块分析与操作的时候，因交易者的偏好不同，其分析顺序是不一样的。中线交易者求稳，对过急的股票涨跌不甚在意，往往是在收盘后先进行强势板块的分析，后跟踪强势板块里的强势个股；而短线交易者则往往只看重几个交易日里的盈利，故而常常先分析盘中的强势个股，后跟踪分析其所属板块的强弱问题。下面，从中线交易者的角度来讲述板块的分析手段。

1. 确定阶段性强势板块

阶段性强势板块是指在某一时期内走势持续强势的板块。通过对板块强弱的分析，交易者可以感知某一阶段内最活跃的板块是哪一个。在通达信软件里，可通过"热门板块报表"这个功能来察看当日的板块强弱问题。在这个界面上，点击鼠标右键选取"区间热门板块"，即可在设置阶段性时间后，获得该时间段内9项指标的排行状况，见图90。该图显示的是2008年3月3日~4月3日之间的板块统计信息。需要注意，当交易者点击某板块后，里面显示的已不再是该板块在2008年3月3日~4月3日之间的排名状况了，而是当日交易的排名状况。

在这里，交易者可以通过"涨幅"或"权涨幅"来获得该时间段内的板块排行名单。此处的红色数值越大，表明该板块在该时间段内处于领涨的地位；绿色数值越大，则表明该板块在该时间段内处于领跌的地位。

所谓"涨幅"是指某板块内所有个股的算术平均涨幅，即所有个股的涨幅之和除以个股总数后的百分比；所谓"权涨幅"是指某板块内所有个股的含权平均涨幅，这是用根据证券交易所的权重分配标准计算出的总涨幅之和除以该板块内的个股数量而得出来的数据。由于权重大的个股会影响其他个股的真实涨/跌幅度，所以这里一般是参考"涨幅"里的数据。

板块名称	涨幅%	权涨幅%	成交量	总金额	市场比%	换手率%	市盈率	领涨股票	涨股比
1 青海板块	15.83	-11.90	816.65万	192.27亿	0.08	40.34	72.24	ST 盐湖	1/10
2 未股改	-7.88	-17.17	1471.10万	187.03亿	0.08	23.10	93.59	ST 盐湖	2/43
3 三板证券	-8.99	0.00	184.70万	4.09亿	0.00	0.00	0.00	猴 王 1	3/81
4 5日强弱	-10.83	-6.92	1546.48万	329.29亿	0.14	71.37	36.94	中华企业	1/6
5 环保行业	-11.80	-8.37	1690.10万	237.31亿	0.10	172.12	56.90	创业环保	2/6
6 07重仓	-13.47	-7.85	7368.96万	2220.90亿	0.96	26.28	26.90	万 科A	2/10
7 180金融	-14.92	-9.30	1.48亿	2886.32亿	1.25	21.44	25.39	招商银行	1/16
8 基金通	-18.04	-21.94	0.00	0.00	0.00	0.00	0.00	友邦增利	2/35
9 房地产业	-19.85	-12.84	1.02亿	1848.20亿	0.80	36.35	37.62	新城B股	4/80
10 ST板块	-19.98	-22.10	7777.85万	666.30亿	0.29	27.91	259.89	ST 盐湖	3/163

图 90

交易者平时设定的自定义板块也会出现在这里，这对于交易者自行设定的板块定位是否准确，是否能够获得市场的重视也是一个考验。在图 90 中，"5 日强弱"和"07 重仓"就是两个自定义的板块，里面分别对应着近期"5 日强度"靠前的 6 只个股和 07 年排在前 10 位的基金重仓股。

实际上，这里的板块名称就是板块指数，如"青海板块"就是"青海板块指数"，它是以所有青海区域内的个股为样本的一个板块指数，只是它没有基点和基期，不能反映该板块指数的历史涨跌状况，只能反映当日或一段时间内的该板块的涨跌状况。需要注意的是，排在首位的板块可能不具备代表性，这往往是由于该板块不被人熟悉或认同的原因，也是板块内成员数量太少或总流通盘太少而无法吸引大资金流入的原因。如图 90 中的"青海板块"虽然排在首位，但市场并不知道或并不认同这个板块，当 ST 盐湖等股票上涨时，市场往往会认为是 ST 类股票在上涨。

2. 确定阶段性强势个股

在图 90 中，阶段性的领涨股已经出现在"领涨股票"这个指标里了。如"青海板块"里该阶段的领涨个股是"ST 盐湖"。在连续查看了排名靠前的几个板块及其领涨个股后，交易者往往就可得知是否有值得继续跟踪的板块及个股了。

可见，确定阶段性强势板块和确定阶段性强势个股，可以在一个流程里实现。

3. 确定盘中强势板块

盘中强势板块就是当日大盘中处于强势状态的板块，通过"热门板块报表"即可进行察看。一般而言，交易者都是通过"涨幅"这个指标来观察哪个板块更强势的。这是一个不断刷新的指标，所以板块的排名状况会不断地变更，但这有利于交易者抓住变化的时机，快速进行决策。

在实际运用中可以发现，阶段性的强势板块不一定就是当前盘中的强势板块。如果现在盘中的强势板块不属于阶段性的强势板块，则需要确认该板块突然崛起的真实性和有效性。如果该板块的崛起是符合当前市场交易者心理需求的，是迎合当时市场环境特征的，那么交易者可以及时跟进；反之，则有可能是昙花一现的试盘动作，交易者跟进的风险较大。但是，如果当时盘中的强势板块属于阶段性的强势板块，则该板块维持盘中强势的可能性比较大，对该板块进行操作的成功率较高。通常而言，当日板块强势的时间越长，其强势趋势就越值得信赖；当日板块强势的时间越短，其强势趋势则值得推敲。

4. 确定盘中强势个股

盘中强势个股就是在当前市场中充当领涨先锋的股票。一旦盘中当日的强势板块在"热门板块报表"里显示后，该表后面随即就会给出"领涨股票"的名称；或者交易者也可以点击排行靠前的板块进去察看，依次分析领涨个股后面跟风的股票，以确定该板块的跟风股票数量和跟风紧密程度，然后在进行整体的技术分析和适当的价值分析后，得出哪只个股更具有跟进价值的结论。

当然，有的短线交易者喜欢在沪、深两市排行榜中用"涨幅"指标来查看领涨个股，因为板块的启动首先来自于个股的突然飙升，往往当一只股票突发性涨停时，该板块其他个股可能才反应过来，而此时在"热门板块报表"里，该板块指数也许还得不到及时的反映。所以，同时用"热门板块报表"和沪、深两市排行榜中的"涨幅"指标来跟踪强势板块和强势个股，是比较理想的看盘方法。

但是从实际应用的角度来说，激进的短线交易者只会用沪、深两市排行榜中的"涨幅、涨速、量比"等指标来进行股票的搜索、跟踪和交易，而后在收盘后再用"热门板块报表"来分析其当日所交易的板块行情，并作出第二天的交易决定；稳重的短线交易者则一定是先看"热门板块报表"，等板块相关数据显示出某板块确实是在整体走强后，才开始介入之前就已确认好的个股，最后才是在收盘后进行该板块的分析工作，并作出第二天的交易决定。需要注意，如果当日盘中热点散乱，则意味着没有出现有组织、有预谋的整体板块行情，各自为战的背后往往是游资兴风作浪的结果，资金较大的交易者不值得参与——这也是为什么稳重的交易者必须耐心等待的原因。

在盘中进行观察的时候，如果当时盘中出现的个股属于近期持续上涨的个股，那么说明它可能是该板块或者是整个市场里的龙头股，只要该股不是处于涨势末期，其仍然是值得重点参与的对象；如果盘中出现的个股不属于近期持续上涨的个股，而是突然崛起的个股，那么要防止它是在做试盘的动作。同前面的分析一样，当日个股强势时间越长，其强势趋势值得信赖；当日个股强势时间越短，其强势趋势值得推敲。

可见，确定盘中强势板块和确定盘中强势个股，也可以同步进行。

三、板块操作策略

我国股市已有2000多只股票，随着市场的不断扩容，股票市场细分化的要求会越来越突出，而板块的联动和轮动效应也将更加显著。与此同时，市场资金在逐利性的驱使下会不断寻找下一个目标，以板块为特征的小市场则正好可以满足它们的胃口；而对于已经持有股票的交易者而言，则更需要时刻关注板块的异动行为，以踏准市场节拍顺势而为。

具体来说，在对板块进行操作的时候，交易者需要讲究以下的操作策略：

1. 板块行情，先看容量

就中国目前的股市来说，大户联合坐庄的时代早已不复存在，现在的板块行情都是集团性资金大举建仓、合力推进的结果，能否成为阶段性热炒板块的前提条件就是板块的规模够不够大。所以小资金的交易者在介入的时候，除了要注意上述联动、轮动的规律外，最好是追逐流通盘在1亿~4亿股的个股。若流通盘太小，主流资金进出不易，则个股和板块被连续热炒的可能性就会降低；若流通盘太大，则太费资金，个股和板块将很难被连续拉高。此外，交易者介入的板块最好是目前正流行的、或是历史规律清晰的、现阶段尚未被暴炒的的板块，同时要求该板块的个股数量达到20只以上，或者个股平均流通盘在2亿以上。这两个条件是比较稳妥的基本条件，是根据集团性资金的操作规律而作出的规定。对于大盘蓝筹股的走强，交易者则要慎重对待，因为这会耗费大量的资金，在市场存量资金有限的情况下，可能会使大盘"失血"而导致个股普跌。所以，适当的流通盘大小是有利于板块持续上涨的先决条件。

2. 阶段不同，行情不同。

板块的联动和轮动往往是由个股引发的，而个股在不同的时间有不同的运动规律。

1）在大盘持续下跌但下跌动能出现衰竭的时候，超跌反弹的个股和板块往往会群起而动；超跌反弹的个股很多，但不一定就能形成某一板块的集体走强；如果在个股反弹的时候恰好某一板块符合当时的炒作热点，那么该板块往往会率先突围。但是交易者要注意，市场持续下跌后的人气难以聚集，此时冷门板块暴涨难以得到广泛的市场认同，只有适合大资金参与的蓝筹股板块连续上涨，才能彻底激活市场人气，这是优质股开路的影响力，也是无数次历史的总结。

2）在大盘低迷但有重大利好政策出台的时候，久跌深套的大盘往往会出现个股普涨的行情，有时甚至会出现几百只股票一起涨停的盛况，但当日之内交易者是难以分清哪个板块更具有持续走强潜力的，这需要交易者继续跟踪板块指数的排行状况。一般来说，大盘蓝筹股可以起到开路先锋的作用，但它太耗资金，难以持续领头；只有流通盘适中、题材适合的板块才能在市场回暖的过程中游刃有余。交易者此时介入的风险往往很小，市场参与的热情也往往会持续一段时期，因而交易者不应在第一个获利回吐的高峰期就匆匆平仓了结。

3）当大盘企稳后，最活跃的往往是补涨股、重组股和庄股。因为基本面不好的个股或高度控盘的庄股，往往会底气不足或曲高和寡，唯有在人气高涨时才能借势拉升，达到浑水摸鱼的目的。滞涨股常常是牛市里的焦点，当大盘涨势确立了几个月之后，市场参与者往往想的是怎样减少风险，怎样去抓下一匹黑马，而比价效应则容易使滞涨股引起市场的共鸣，如果再有行业复苏、业绩增长等基本面的支持，各路资金很容易一哄而上。通常而言，由于进入大盘蓝筹股的资金量往往很大，所以大资金者在进场或离场时总是会提前一步；而重组股、概念股等被短线资金操纵的可能较大，因而在市场跟进上往往稍慢一拍，但如果发觉大盘转势则常常去意坚决，导致个股大起大落。在牛市中，板块运动的总体特征是：先涨的先调整，先调整的先涨，暴涨会有暴跌，不瘟不火的板块也许才能走得更远。

4）在牛市的其他时间段，任何板块的持续升温都需要对某一概念或题材进行深度的挖掘，更需要大量资金的涌入。如果该板块的崛起符合当前市场的心理需求，迎合当时的市场环境，那么该板块持续上涨就是资金追逐赢利机会的必然反映。只有当市场上出现有影响力的龙头个股,并能产生巨大的财富效应时,该板块的行情才能够走得更远。如过去的深深房和上海梅林等的历史表现,就使人记忆犹新。此外,只有具备特定的历史机遇或历史性题材,或具有价值性或成长性的个股,才能带领相关板块不断创造牛市神话;而一般性题材的炒作时间比较短,往往"利好出尽是利空",消息兑现之日就是行情结束之时。对于这样的题材板块,交易者只能做短线操作,在手法上要讲究快、准、狠,来不得半点马虎和侥幸。

5)当市场资金处于狂热状态的时候,所有的股票都会获得巨幅拉升,充裕的资金和疯狂的交易者不会放过任何低廉的股票,市场当时的口号往往就是"消灭5元股"。因而不论股票优劣,不论流通盘大小,所有的股票都会"鸡犬升天"。当最冷门的股票及其板块都被轮炒的时候,往往就是行情需要进行大面积调整的时候,这也常常是牛市需要调整的明显信号。从一线的优质高价股到二线的中庸中价股再到三线的劣质低价股,所有的股票轮番暴涨,这是牛市轮动的鲜明特征。一旦所有的股票都被轮流炒过几波,所有股票的市盈率都翻了好几倍,一个牛市的生命也就走到了尽头。需要注意,这里的高价股、中价股、低价股其实也是三个板块,这三个板块也有轮动的特征和规律,当低价股板块被"抬上天"时,即是牛市见顶的时候。

3. 识别性质,更新板块

在追逐强势板块的时候,交易者要注意识别被炒作的各种概念,切勿把非主流题材当作主流题材而匆忙介入,也不可把短期板块效应当作长期板块效应而持续持股。在每一波中级以上的行情中,通常只有一个大的主流板块,而市场对主流板块的炒作往往占据了大盘主要的上涨时间段,非主流板块仅在主流板块进行休整的短时间内,才会有一定的补涨机会。通常而言,要判断板块行情是否具有持续性,或是属于短线行情、中级行情还是大行情,主要看以下几个方面:

1)看当前热点是否符合当时市场的主流投资理念,这是判断行情发展的大方向。比如"奥运概念"就曾一直贯穿于中国股市2006-2007年的整个大牛市。

2)看相关概念是否能为上市公司带来真实的业绩增长。只有业绩持续增长,才能保证在股价大涨之后,其市盈率仍能保持适当的水平,以利于主力成功套现。

3)看这个概念是否是第一次被炒作。第一次被炒作的概念由于没有可比性,主力可以随意拉高定价,往往持续性较好,而后期重复炒作时的效果则要大打折扣。

4)看热点概念振臂一呼时,是否会迅速带动大盘放量上涨。若市场反应积极,那么说明热点的出现正当其时,深得人心(但在熊市中,热点产生初期时,对大盘的带动效应不明显)。

5)看同板块内主要个股是否具备连续走强的技术条件。比如"领头羊"及其同类股票的上档处是否有明显的阻力位,其股价是否纷纷处在高位等。

6)不具备联动效应和比价效应的板块,往往很难形成具有重要影响力的领涨板块。

可见,如果不能获得主流资金的认同,或者其概念不能为上市公司带来实质性的业绩增长,那么这种板块行情可能只是一般性的短线概念炒作行为,交易者要注意规避行情随时见顶的风险;曾经涨幅较大的板块若再次活跃,也往往只是短线的反弹行情，交易者介入时需要提高谨慎。

对于板块内个股出现联动跌停的现象时，交易者也应分清谁是始作俑者，谁是被动牵连的受害者。对于被动跌停的个股，交易者需要高度关注，因为如果它原本就是强势股或股质不错，那么当利空消息过去之后，它多数还是会按照既定的方向运行。

此外，很多个股具有不同的背景和概念，属于不同的板块，交易者对其跟风的判断要具有多面性；同时，板块确定后也并非是一成不变的，行情分析软件公司会根据市场热点的变化，对个股增加新的板块归属，而交易者也有必要自定义新的板块名称，跟上新时期的市场热点和市场环境。比如，当"解禁概念"、"期货概念"、"创投概念"出来后，很多个股就会有新的归属圈，市场参与者也会逐渐适应它们之间的联动效应，并形成约定俗成的看法。

4. 板块影响，板块生命

一个板块能否有出色的行情，能否后劲十足地持续高走，跟其本身的影响力和生命周期大有关联。举例如下：

1）如果某只个股一路高涨，但该板块中其他个股不为所动，则表明市场处于徘徊观望之中。可能是市场对大盘的持续走弱表示担心，可能是市场对个股背后的题材表示不理解或无兴趣，也可能是该板块的规模不受欢迎，市场总体表现为无追涨的欲望。

2）如果某只个股一路高涨，该板块成员积极跟风，使该股成为本板块里的"领头羊"，但跟风者的涨幅始终跟不上"领头羊"，同"领头羊"始终保持有一定的距离，则说明该板块只产生了联动效应而无轮动效应，意味着市场较为理智，追涨欲望有节制。

3）如果某只个股一路高涨，该板块成员积极跟风后反超"领头羊"，在个股联动的基础上产生了个股轮动效应，甚至出现了板块间的轮动效应，则说明该板块成功获得了市场的追捧，呈现出了阶段性的持续强势状态，通常该板块会诞生整个市场里的龙头股。

4）随着板块里所有个股的股价不断上涨，高价位的风险会越来越大，同比于其他板块的比价效应则越来越低，于是获利者的资金将开始流出该板块，并流入其他轮动的、整体价格比较低的板块。因而该板块除了个别龙头股因其基本面优异而持续升温外，整个板块将会出现降温和分化的局势。

5. 跟进龙头，快速补进

对于率先启动的板块，交易者应该引起高度关注并及时介入。率先启动的板块往往会成为市场行情延续中的龙头板块，不论是上涨时间还是上涨幅度，都往往会超过其他板块。及时介入这一板块，就等于抓住了市场主流资金的流向，避免了进入弱势板块的风险，交易者将因此而获得超过市场平均盈利水平的利润。先抓板块再抓个股，虽然可能影响收益，但比较稳妥；先抓个股再看板块，虽然可能快速盈利，但冒进的风险也较大。但不论采用哪种方式，如果交易者错过了率先启动的个股，都可以及时介入同一板块中其他基本面偏好、股价尚低或刚刚启动的个股，这往往也强过于持有其他板块的股票。追逐板块其实就是追逐资金流，"大势看局势，小势看资金"就是这个意思。交易者要善于从龙头股入手，先确认其所属板块，再确认该板块的时效性，然后再利用板块同涨、补涨的特征，轮番滚动，顺势操作。

6. 及时兑现，滚动介入

既然板块有生命周期，也有轮动效应，那么就会有调整的时候。有些板块可以在调整中重新站起来走得更远，有些板块则在调整里再也起不来了，这需要看该板块里的龙头品种或第一阶梯队伍里的个股表现，它们的资金出入状况、资金所属性质、股价涨跌幅度等，往往是决定该板块能否持续走高的内在因素。一般而言，热门板块的连续上涨时间不会超过20个交易日，多数在几个交易日后就会随着短线资金的退出而产生分化，产生分化后的板块将会限制大多数跟风股票的行动，往往只会有1-2只真正优质的个股会脱离板块的牵制，开始"天马行空"。所以出于安全的考虑，如果领涨板块的涨幅较大，同时短期有调整的迹象时，交易者应果断地卖出这些获利丰厚的股票，规避该板块调整的风险；同时迅速寻找补涨、轮涨的板块及时介入，以把握有潜力板块的获利机会。如此，既可以把领涨板块的利润及时兑现，也可以通过资金滚动买入的方式，提高资金的利用率。

7. 审时度势，板块为先

除了上面的一些板块运动规律外，还有一些操作技巧需要交易者掌握：

1）个股率先启动时，如果板块没有跟上，介入的风险比较大；

2）板块如果跟上，则要看"领头羊"能否成为市场明星，以及板块的概念是否具有历史特定的背景，否则板块行情难以走远；

3）当出现板块间的轮动现象时，市场资金将会出现分流，可放弃正要调整的个股，进入轮动板块的"领头羊"，做多股的波段性交易；

4）对于基本面良好、成长性较大的龙头个股，也可以选择做中线交易，耐心持有，避免在调整中出局；

5）每日关注领涨板块（或板块指数），对近期内两次领涨的板块进行跟踪。若大盘走势不好时，该板块可能是在吸筹；等大盘走势转好时，该板块可能会快速走强；一旦发现该板块走强，则应立即介入该板块中的领头品种。

6）对于未来缺乏炒作题材和炒作空间的个股，无论是否被深套，都应当舍弃后寻求新的强势板块。

四、阶段性操作策略

前面论述了板块的操作策略，现在从整体上来了解在大盘不同阶段里的板块操作问题，以及不同阶段里的板块表现特色。前面略有简述，现在着重阐述，以加强交易者对板块整体性的认识。

1. 筑底期

在大盘筑底的时候，往往是人气极度低迷的时候，盘面即使偶有热点，但也往往是凌乱不堪，很难出现持续性走强的板块。而很多主力也都在犹豫中或试探中逐步建仓，以揣测市场人气和环境压力。此阶段，虽然板块行情难以持续，但一些超跌板块或新概念板块对于短线交易者而言，还是有一定机会的。此外，交易者也可以关注那些持续放量的品种，这说明主力正在大举建仓，后期市场一旦回暖，他们的下一个动作往往就是直接拉升股价。

2. 上涨期

牛市一旦来临，其上涨的时间往往会超过一年。在这一年里，板块行情将变得精彩纷呈，而一些容量较大、股质较好、概念较新的板块，往往会成为市场中的龙头板块，其行情将一直贯穿整个牛市。在牛市的上涨期，各板块的热点不仅层出不穷，同时板块轮动的速度也会加快，吸引各路资金不断进出。特别是主力资金在盈利之后，往往会四处寻找低价板块再次建仓，疯狂拉抬股价以吸引人气，使整个市场的股票价格节节攀升。在这种环境下，稳妥的方式就是只抓住一到两个主流板块，轮换着跟到底，如果交易者朝三暮四，反而容易失去更大的盈利机会。

3. 做顶期

当市场行情达到顶部的时候，先知先觉的部分主力会加快离场的速度，而那些早期涨幅巨大的股票也开始出现滞涨或急跌的行情。但是，由于市场大众仍处于快速致富的亢奋之中，所以某些板块还是会继续飙升，大盘在此时易出现此涨彼落的现象，而板块行情也将出现分化。在这个阶段，大盘股板块会变得比较呆滞，上涨无力；而小市值板块和垃圾股板块则比较活跃，常常上蹿下跳。此时，交易者需要从曾经重仓的板块中撤离出来，同时用少量资金参与一些小盘股的股票，但要注意随时控制风险。

4. 下跌期

一般来说，牛市的下跌时间也至少会有一年，整个市场趋势完全是向下的，即使偶有反弹，也往往是主力逢高减磅的时候，因而此阶段很少会出现较大的板块行情。但是，市场里数万亿资金不会整周躺在账户上不动，而数以万计的职业交易者也不会停止工作，因此超跌股、消息股、题材股、年报股等，都是这个阶段里的宠儿。此时的板块行情往往都很短暂，而且陷阱比较多，一般交易者的操作成功率非常低。但如果交易者坚持一个月只捕捉一次短线行情，往往还是会取得较好收益的。

五、影响板块的因素

总体来说，影响板块涨跌的因素主要有三个：

1. 基本面因素

基本面因素是影响板块及个股的内在因素，它大致包括三个方面：

1）经济周期因素

行业所处生命周期的不同阶段，对板块和个股的走势会起到决定性的作用，它直接关系到某板块内公司的整体发展速度、发展空间和业绩水平。但周期性行业同防御性行业对板块走势的影响是不同的。当国民经济处于上升周期时，周期性行业就会进行扩张，相关板块股价就会同步走高；当经济出现衰退或国家进行宏观调控时，周期性行业就会因需求减少而开始衰退，相关板块股价也会同步出现回落；而防御性行业诸如医药、食品、供水供气等行业，则因需求相对稳定，不大受经济周期的影响，其相关板块的个股行情也比较稳定，不易受股市动荡的干扰。

2）政策性因素

行业内政策性的影响也是决定板块中长期走势的重要因素。比如行业鼓励性政策和限制性政策、行业内的重组政策、行业内公司所得税的变化、行业内产品的政策性调价等,对公司的经营业绩有重要的影响,而最终的公司盈利水平又会对该行业板块内的个股产生积极或消极的影响。

3) 概念性因素

行业内新技术、新标准、新概念、新市场等因素,也会给板块个股带来一定的市场增幅空间和想象空间。尤其是带有高科技含量的服务性行业,一旦突破了某个瓶颈的制约,由于成本低而市场大,其业绩将产生爆发性的增长,这是传统的周期性行业所无法相比的。

2. 技术面因素

技术面因素是影响板块及个股的推动性因素,它大致包括两个方面:

1) 主力因素

板块个股即使具备诸多基本面优势,也不一定会在二级市场上有优良的表现,只有主力机构的深度介入,以及大量资金的积极推动,板块及个股才可能具备大行情的机会。市场主力主要有公募基金、QFII、社保基金、保险资金、私募基金、游资等,其操作手法各有不同。不同的主力性质和不同的操作手法,将会在不同的阶段使板块及个股产生不同的行情,详见"解读市场主力"一章。

2) 技术面因素

虽然板块及个股的内在因素是吸引主力机构介入的动力,主力资金的推动是板块及个股行情发动的基础,但是个股K线形态、均线排列、股价高低、大盘趋势等技术面因素,则从市场交易心理的角度,影响着行情发动的时机和后劲,同时也影响着主力的操作战略和战术。

3. 消息面因素

消息面因素是影响板块个股走势的外在因素,有中期消息、短期消息和小道消息之分。

1) 中期消息

中期消息通常是一些大事件消息。如1997年的香港回归事件、2008年的奥运事件等,都提前制造了一系列的股市行情机遇。它们对板块及个股的影响比较长远,有时甚至可以达到2年。

2) 短期消息

短期消息通常属于突发性因素,对板块及个股的影响是短暂的,但其力度却不可小视。如2008年5月,四川省发生了八级地震,大盘普跌,但受地震影响,相关医药、水泥、建筑、钢铁、电力、水利等股票轮番上涨,其中以水泥和建筑类板块的涨势尤为猛烈,某些个股一周内的涨幅甚至超过了50%。

3) 小道消息

小道消息往往不是官方消息或新闻片段,常常流传于熟人之间或互联网上。如某某股即将进入重组阶段、某某股主力即将拉升、某某概念即将爆发、某某板块被外资看好等等。它们的出现即使不能验明真假,也往往会对个股走势产生短期的影响,但不值得交易者去追逐。

第六章　解读量价关系

在股票市场上，有"量、价、时、空"的说法，而成交量在四大要素中排在第一位，甚至股谚也言：先有量，后有价。可见，成交量的变化与股价涨跌之间有着非常密切的联系。所谓量价分析，就是研究成交量与成交价的相关性，并以此来预测股价运动的未来趋势。但量价分析并非是一件简单的工作，尤其是市面上一些人云亦云的言论，常常在误导着交易者作出错误的决策。因此，量价分析值得交易者细心研究。

第一节　成交量概述

在所有的指标中，成交量是最为重要的一个，没有成交量，空谈成交价没有实质性的意义。成交量是股票市场的基石，它代表着市场的资金规模和流通性。

一、成交量的概念

成交量是指在某一特定时期内，在证券交易所交易的某只股票（或大盘）的成交数量，其单位可以是手，也可以是股，1手等于100股。某一特定时间可以是一年，也可以是一个月、一日，或者是30分钟、1分钟不等。在行情分析软件上，系统将成交量定义为内盘与外盘之和，也就是所有主动性买单与主动性卖单之和。需要注意的是，通常人们说所的大盘成交量是指大盘的成交金额，因为人们对一个交易所每日交易多少股票没有什么概念，但总的交易金额（如当日成交金额为1000亿元）则可以说明市场的活跃度和入场的资金规模，使人们便于理解和记忆。

二、成交量的意义

成交量是股票市场供求关系的表现形式，它的大小表明了买卖双方对某一股票即时价格的认同程度，记录了交易者在不同价位上买卖股票的数量，代表着股票的活跃程度和流通性，并由此透露出市场的人气买卖意愿。

交易者买卖股票，主要取决于股价高低和市场人气。人气越旺盛，则交易者进出场越自由，同时也意味着入场资金越充沛，盈利的可能性要大于亏损的可能性。因此，成交量最重要的价值，是从市场人气的角度透露了市场的参与意愿和参与深度，为交易者的交易提供了参考依据。

三、量价关系原理

所谓量价关系就是指成交量和价格的同步或背离的关系，前者为正相关关系，后者为负相关关系，它们充分反映了多、空双方对市场的认可程度。

一般而言，看多的一方会买入股票，看空的一方会卖出股票。当多、空双方的意见分歧增大时，即看多和看空的交易者都很多时，看多的会大量买进，看空的则会大量卖出，股票的成交量自然就会增大，这种成交剧烈的情况，往往会导致股票波动幅度的增大；相反，当多、空双方的意见分歧减小时，即当交易者一致看多或看空时，会形成一致性的买入或卖出行为，导致成交量萎缩，使股价运动趋势呈现出一边倒的行为，这种现象俗称单边市场。

成交量与成交价孰重孰轻，一直以来是技术分析中的争论话题，并表现为三种观点：

1. 观点一：价格是第一位的，成交量是次要的

持这种观点的交易者认为：人们买卖股票的原因是股票的贵贱程度而不是成交量，价格是因而成交量是果，成交量是次要的，居于附属地位。因而在日本技术分析中，适用于长线分析的三线反转图、砖形图、折线图所依据的仅仅是成交价，而完全摒弃了成交量的数据。事实上，这种观点是正确的，但若加入成交量来辅助判断，则可以提高预测股价的成功率。

2. 观点二：成交量领先于价格运动

持这种观点的交易者认为：当股价将要发生变化前，人们买卖股票的数量会揭示一些股价变动的趋势或规律。他们认为，成交量可以用来判断市场上的买气与卖压，成交量大自然是买气和卖压都很大，后市迟早会发生与原趋势不同的变化。即：在股价上涨运动中，当成交量增加时，价格往往会上升；当成交量减少时，价格迟早会掉下来，所以价是虚的，只有量才是真实的，没有量的价格没有意义。事实上，有经验的交易者都知道，大成交量只是多、空双方意见分歧增大的表露，跟股价是否涨跌没有必然的关系。但是，在股价运动的过程中，从无量到有量再到大量，本身透露了多、空双方意见分歧正在加大的事实，股价运动趋势由此出现反转就是必然的结果了。所以，该观点不是不对，而是表述不完整，容易造成大众理解上的错误。

3. 观点三：成交量验证价格形态

持这种观点的交易者认为：在分析价格形态时，成交量是重要的验证指标，如果没有成交量的配合，价格形态是不可靠的。显然，这个观点是第一个观点的延续，在本质上，成交量就是人们对当时股价贵贱状况的认可程度。当然，由于人们对成交量长期以来的信任或偏执，往往也会使部分交易者只按成交量的信号来进行交易，从而忽略股价的贵贱程度。但事实上，如果不是做短线交易，这样的交易者迟早都会受到市场内在规律的惩罚。

四、成交量的形式

广义的成交量分为成交股数和成交金额两种形式，前者是买卖股票的数量，后者是买卖股票的金额，它们是同步发生的，跟数量都有关系，因而可以泛指成交量。

1. 成交股数

成交股数是指在某一特定时间内，在证券交易所交易的某只股票（或大盘）的成

交数量。它以股为基本计算单位，但在行情分析软件上则以手为统计单位，1手等于100股。在行情分析软件上，成交量指标区域的高度是固定的，而不同股票的成交量大小不一，为了方便交易者察看，在右下角会有"×10"或"×100"的倍数显示，其右边的数值刻度"10000"或者"20000"需要与这个倍数相乘，方能正确显示当前的成交量大小。成交量柱状图里表示的是大致的成交数量，具体的成交股数可见右边"交易信息"栏里的"内盘和外盘之和"，或者见"成交总量"指标，或者将"十字光标"指向某一根K线时也会有成交量的信息显示。需要注意的是，为了一目了然地显示买卖盘的申报情况和即时成交状况，这些地方的股票数量的单位都是手。

　　成交股数是最基本的成交指标，也是行情分析软件上最常用的个股成交量数据。它如实地反映了股票当前成交的数量，有利于统计个股换手率和股东持股比例等数据。但成交股数的不足之处也是很明显的。比如，某股一日成交了100万股，对于一个流通盘为1亿股的股票来说，这个1%的换手率显然是很低的；但是这个成交量若发生在一个流通盘为1000万股的股票上，其10%的换手率则透露了该股当日成交活跃的信息。显然，对于个股来说，换手率要比成交量更有意义，它可以横向对比所有股票的成交活跃程度，并进而对比哪只股票更具有投机的价值。

　　2. 成交金额

　　成交金额是指在某个特定时间内，在证券交易所交易的某只股票（或大盘）的成交金额，它由即时成交的股数乘以随同它成交的价格加总而成。它的基本计算单位是元，但在行情分析软件上则常以万元为统计单位。

　　成交金额也是比较常见的成交指标，常用于对大盘或对超级大盘股的分析。成交金额是比成交股数更有意义的指标，它显示了当前市场上主流资金的流向，以及投入市场的总体资金状况，它以资金的形式直接体现了市场当前交易的冷热状况。比如，说大盘当日成交量是100亿股，可能交易者没有什么概念，但是如果说当日大盘成交金额是1000亿元，那么交易者就能直观地知道进入市场的资金规模和大致人气；与此同时，再通过察看行情分析软件上的"今日总资金排名"，观察成交金额最大的几只个股，交易者就可以直观地感受到当日主流资金的流向。

五、成交量的外延

　　成交量的多寡，可以反映一只股票的成交活跃状况；而由一段时期以来的总成交量的多寡，则可以看出哪些股票是冷门股，哪些股票是热门股，由此方便交易者的交易决策。

　　1. 冷门股

　　冷门股是指在一段较长的时间内（比如半年到一年内），成交量稀少且股性呆滞的股票。这类股票的每日成交量比较少，甚至连续几个月的日平均换手率都没能超过1%。通常这种股票没有主力的照顾，随着大盘浮沉，其走势甚至常常还不如大盘的走势。

　　股票之所以会成为冷门股，主要有两大原因：一是个股基本面情况恶化，二是无主力机构关照。如果个股背后的上市公司经营状况恶劣，又无预期前景或重组题材，交易者自然对该股退避三舍，敬而远之；如果个股基本面一般，但缺乏主力机构的介入，仅凭"散兵游勇"的自然交易，显然不足以产生持续的行情。既无良好的基本面支撑，又无主力资金的关照，这样的个股通常就会成为无人问津的冷门股；而曾经走势强劲的个股，如果经过暴炒后严重透支了个股仅存的一点价值，那么在其后期漫长的阴跌中，也往往会沦落为冷门股。

当然，随着股市的整体升温，即使是垃圾股，只要它存在于证券市场上，就必然会有人买卖，也必然会被人拉升，这就是股市的比价效应和中国股市的"壳"资源价值。当一只冷门股开始出现较大的成交量时，说明有主力开始建仓，如果股价也慢慢回升，则说明主力在继续吸筹；再经过一段时间后，如果该股的成交量持续放大，股价上下波动的幅度也开始扩大，则说明交易者对该股的信心逐渐恢复起来了，该股的股性逐渐变得活跃起来，一只冷门股由此开始转向活跃股甚至是热门股。

对于冷门股，谁也不知道它将要跌到什么时候，谁也不知道主力何时介入。因此，普通交易者的任何"抄底"的想法都将是错误的，最好的方法是回避该股，直到它开始活跃为止。

2. 热门股

热门股是指在一段较长的时间内（比如半年到一年内），成交量巨大且股价变化范围也很大的股票。这类股票每日的成交量都比较大，有的甚至一周的换手率就超过了100%。热门股不是普通意义上的活跃股，而往往是一轮上涨行情中的领头羊。由于热门股的股性较活，股价变动范围较大，因而大户和散户的参与热情都很高。

与冷门股相反，股票之所以会成为热门股，一是个股基本面情况比较优越，具有丰富的炒作概念或题材；另一个则是有主力资金的关照，且主力机构介入的程度较深。从成交量上来说，热门股的主力在建仓时，由于需要大量的筹码，因而往往会激发很大的成交量，使散户的筹码集中到主力手中；而在拉升的时候，由于短线参与者众多，其成交量往往也会扩大，主力也会适当地任由散户交换筹码，以抬高市场后续参与者的成本；在主力派发筹码时，则更是成交量剧增的时刻，主力的大部分筹码往往会在此阶段与市场进入者进行交换。

但要注意的是，如果主力仅仅是用暴炒的手法严重透支了个股的内在价值和未来预期，同时又毫无保留地抽身而去，那么即使是过去炒作的题材或概念依然存在，热门股也会从此步入漫长的下跌行情，并最终变成无人问津的冷门股。

第二节　量价分析

量价分析是股市技术分析中的重点，但在经典的技术分析中不多见，值得交易者仔细琢磨。

一、量价分析的概念

所谓量价分析，是指成交量和价格之间的关联性分析。通常而言，在股价的不同阶段，如果出现不同的成交量，其预示的含义是不同的。成交量是股市的元气，成交量的变动直接表现为市场交易人气是否旺盛，并由此体现出市场供给与需求之间的实时状况。

二、量价关系的表现

通常而言，股市只存在牛市和熊市中，盘整只会持续很短的时间。盘整之后的股价必将向上或向下运动，短期的盘整只是多、空双方的暂时平衡状态。在牛市和熊市中，量价关系的表现如下：

1. 牛市里的量价关系

1）多头发力阶段

当个股股价从一个长期的底部开始向上运行时，由于很多持股者依然不看好后市，但买方的力量开始逐渐显现，所以此时的股票成交量往往会比前期底部的时候要多。这个时候，市场常常表现出"量增价平"或"量增价涨"的温和状态。

2）多头持续阶段

当个股股价从启动阶段进入明显的上升趋势后，成交量会随着股价的上扬下挫出现对应的增减变化。但总体来说，股价大幅上升会导致成交量大幅增加，也只有空头被不断消灭，股价才有可能继续拔高。这个时候，市场呈现出的是"量增价涨"的强势状态。

3）多头溃退阶段

当个股股价经过一段时间的上涨进入到高价位区间后，由于买卖双方的意见分歧越来越大，导致成交量也越来越大，同时股价上下起伏跌宕，直至后期买入者减少而成交量无法继续放大为止。这个时候，市场往往会呈现出"量增价平"或"量增价跌"的势头。

2. 熊市里的量价关系

1）空头发力阶段

当个股股价从高价位区间逐渐下滑后，很多刚刚介入的交易者还没有盈利，因此拿着股票不愿意卖出，指望股价会马上回升；同时后续的交易者发现趋势有反转的迹象，也不愿意在此买进，于是市场便形成了"量缩价跌"的情形。

2）空头持续阶段

当个股经过1～3个成交量增减的反复过程而最终快速步入下跌通道时，明显的熊市信号开始来临，诸多有经验的交易者开始持币观望，即使持股者急于降价成交，也往往找不到买主，于是市场往往呈现出"无量阴跌"的情形。这是空头能量未能得到释放的时期，后期股价往往会持续下跌，直到成交量激增为止。

3）空头衰竭阶段

当个股股价经过较长时间和较大幅度的下跌后，将步入一个相对低价的区间，于是激进的交易者开始买入，而等待许久的持股者终于找到了买主，所以成交量开始激增。但一直要等到空头的能量完全释放之后，股价才能站稳并出现趋势反转的苗头。此时市场往往呈现出的是"量增价跌"或"量增价平"的势头，表明股价即将接近底部区域，但通常这之后还会出现"量缩价跌"的情形，直至市场跌无可跌为止。

三、量价关系的要素

对指量价关系进行分析时要考虑两个要素：成交量和价格。成交量包括放量和缩量两种状态，价格则包括上涨和下跌两种状态，有时还会有平价的状态。

1. 放量和缩量

所谓放量，是指个股在某个时间段的成交量与其历史成交量相比，有明显增大的迹象，它是多、空双方对股价后期走势的意见分歧开始加大的表现，也是多、空搏杀激烈程度的表现。

在正常的情况下，股票成交量放大，是因为多、空双方对后期走势的看法出现了较大分歧，且市场筹码不集中的原因。放量一般发生在市场趋势即将发生转折的时候，此时，一部分交易者坚决看空后市，而另一部分交易者则坚决看好后市，于是有人纷纷抛售，有人则大笔吸纳。但是放量相对于缩量来说，有很大的做假成份，因为主力可以利用手中的筹码和资金进行对敲。

所谓缩量，是指个股在某个时间段的成交量与其历史成交量相比，有明显减小的痕迹，它是多、空双方对股价后期走势的意见分歧开始减少的表现，也是多、空搏杀趋于冷淡的表现。

在正常的情况下，股票成交量缩小，是因为多、空双方对后期走势的看法比较一致，或者是市场筹码过于集中的原因。缩量往往发生在趋势的上升或下降的过程中，多、空双方基本上持相同的看涨或看跌态度，导致看涨时少有人抛售，看跌时鲜有人买入，成交量自然就无法扩大。

2. 同步趋势和背离趋势

在成交量放量和缩量的基础上，如果再考虑股价的涨/跌趋势，就会表现出量价关系的两种状况：同步趋势和背离趋势。

同步趋势即量价同步，是指成交量的增减与股价涨跌成正比关系。量价同步可分为上涨同步和下跌同步两种。上涨同步是指成交量增加的同时股价上涨，形成量增价涨的状态；下跌同步是指成交量减少的同时股价下跌，形成量缩价跌的状态。

背离趋势即量价背离，是指成交量的增减与股价涨跌成反比关系。量价背离可分为上涨背离和下跌背离两种。上涨背离是指股价上涨时成交量没有放大，形成量缩价涨的状态；下跌背离是指股价下跌时成交量没有缩小，形成量增价跌的状态。

3. 量价关系概况

总体来说，对于量价关系的正常情况，可以有以下的概述：

四、量价关系的类型

大致说来，量价关系的类型可以分为两大类：

正常的类型，即：量增价平、量增价涨、量增价跌、量缩价涨、量缩价跌五种。

极端的类型，即：地量地价、天量天价、无量空涨、无量阴跌、底部巨量五种。

1. 地量地价

地量地价是指个股（或大盘）在成交量非常少的情况下，其股价（或大盘指数）

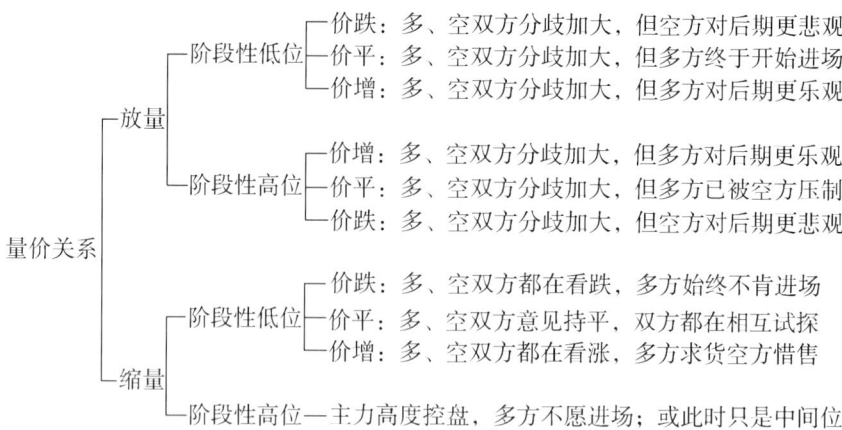

也创出了阶段性的新低现象。它常出现在市场长期下跌的末期,是一种股市里的特殊现象。所谓"地量",是指股票(或大盘)创下了一直下跌以来的最少成交量;所谓"地价",是指股票(或大盘)创造了一直下跌以来的最低价位。

如果股价在一直下跌的过程中,没有出现过持续的带量下跌或阶段性的带量下跌过程,那么即使是出现了所谓的地量地价,也并不意味着市场已经出现了底部。因为空头的下跌能量还没有释放出来,市场后续下跌的可能性很大。一般来说,市场要一直要跌到大众彻底丧失信心,跌势才有可能会停止,地量地价才有可能会出现。地量出现之后,可能会马上出现地价,也可能在股价继续下行后再出现地价,不容易确定。但地量一旦出现,就必须引起交易者注意,因为下一步可能就会出现量增价平的主力建仓迹象了。

真正的地量地价通常意味着趋势跌无可跌了,是市场行为的真实表现,也是主力在成交量中唯一不可做假的地方(主力可以通过对敲虚增成交量,但却无法减少市场上已有的成交量。)。需要说明的是,交易者在判断地量地价时,必须要有一个较长的时间周期作参考。比如趋势下跌了一年之后,此时出现的地量地价才可能会是真正的地量地价。

2. 量增价平

量增价平是指个股(或大盘)在成交量增加的情况下,其股价(或大盘指数)却一直没有明显涨幅的现象,它意味着市场多、空双方的意见分歧比较大,但任何一方都没有占据优势。

如果当时股价处于阶段性的底部,或出现了地量地价的极端情形,那么此时的量增价平往往是多头开始进场的表现。但由于尚处在建仓阶段,所以主力的吸筹行为比较保守,没有引起股价过多的涨幅,但是却承接了空方的大部分抛单,导致成交量增大而价格不涨的现象出现。量增价平的出现,并不意味着股价跌势会就此停止,有时主力为了继续建仓的需要,往往会拿着刚买到的筹码反手打压股价,迫使更低的市场筹码出现。因此,小资金的交易者不宜在此时进场,而大资金的交易者则可以适当地同步建仓。

如果当时股价处于阶段性的顶部,量增价平则往往是空头开始发力的表现。当股价有了较大涨幅后，尽管多方的热情仍然高涨，但空方出于套现的需要则开始抛售，于是股票就会出现量增价平的现象。此时，没有股票的交易者要持币观望，而有股票的交易者则应考虑减仓或平仓。

3. 量增价涨

量增价涨是指个股（或大盘）在成交量增加的情况下，其股价（或大盘指数）出现较大涨幅的现象，它意味着多、空双方意见发生较大的分歧，但多方仍占上风。

如果当时股价处于阶段性的底部，量增价涨往往是多方开始进攻的表现，也是多方积极看好市场后期走势的写照。由于主力急需筹码而散户不看好后市，于是在价格一路上涨的情况下，浮动筹码会不断涌出，导致成交量增大而价格同步上涨的现象出现。

如果当时股价处于上升趋势中，量增价涨意味着多方不断突破关键阻力位的抛压，不断消化市场的空头力量，使股价得以继续上涨。这样的量增价涨往往是趋势即将继续上涨的健康表现。

如果当时股价处于阶段性的顶部，量增价涨则往往是主力对敲出货的兆头。因为只有大量抛单才可能造成大成交量，但高位的筹码往往集中在主力手中，大量的抛单只有主力可以提供，而散户又很难承接这些筹码，这样就必然会导致股价下跌，可是现在股价却反而上涨，所以合理的解释就是主力在对敲拉升；否则就是当时的市场交易过于狂热，这往往会导致天量天价的极端现象出现，见此状况，交易者要随时保持警惕。

4. 天量天价

天量天价是指个股（或大盘）在成交量巨大的情况下，其股价（或大盘）也创出了新高的现象，这是量增价涨的极端形式。它常出现在股价长期上涨的末期，也是一种股市里的特殊现象。所谓"天量"，是指股票（或大盘）创下了一直上涨以来的最大成交量；所谓"天价"，是指股票（或大盘）创造了一直上涨以来的最高价位。

如果股价当时处于高价位区间，往往会出现主力对敲拉升或市场疯狂交易的行为，造成在市场创出历史性的成交量时，股价也创出历史性的新高现象。但这往往是市场盛极而衰的前兆，当所有看涨的交易者都买入后，市场即失去了继续攀高的力量。见此状况，交易者要考虑减仓了。

有时候，当股票创出历史性的大量时，股价也在继续攀高，交易者可能会以为"天量天价"出现了，应该赶紧回避。但事实上，此时的天量天价可能只是市场上升过程中的一个小高潮，这里的巨量出现，往往是多、空双方意见分歧巨大的表现，但也有可能是主力有备而来、志在高远的表现。如果抛出股票的都是散户而买入股票的却是主力，那么即使出现所谓的天量天价，股价依然会继续上涨，直至后面出现真正的天量天价。但是交易者需要注意，量价配合过程有一定的滞后性，天量出现之后不一定马上就会出现天价，也不一定必然就会出现天价，所以交易者不要抱着不见天量天价就不出货的想法。

5. 量增价跌

量增价跌是指个股（或大盘）在成交量增加的情况下，其股价（或大盘指数）出现较大跌幅的现象，它意味着多、空双方意见发生了较大的分歧，但空头占据了上风。

如果当时股价处于阶段性的底部，量增价跌往往是空方继续发力的表现，它表明市场买卖者虽然发生了多、空意见的较大分歧，但空方对后市的悲观强度超过了多方的乐观强度，导致多方的买入实力不如空方的卖出实力，因而出现了量增价跌的现象。此时交易者需要密切注意，因为真正的市场底部可能为时不远了，只要空方的做空能量被彻底消灭，达到了跌无可跌的地步，也就是市场出现了地量地价的极端现象时，趋势反转即在眼前。此时的量增价跌也说明，尽管多方开始入场，但这里往往还不是市场的底部，因为主力资金庞大，往往需要提前介入而主动买套。

如果当时股价处于阶段性的顶部，量增价跌则说明主力开始出货了，空方加大了抛售的力度。但由于该股前期充分展示了财富效应，导致后期很多交易者仍积极介入，所以此时的成交量往往比较大。当主力机构开始抛售后，股价必然会出现阶段性的跌势，甚至开始反转走熊，所以交易者此时也应赶紧平仓了结。

6. 量缩价涨

量缩价涨是指个股（或大盘）在成交量减少的情况下，其股价（或大盘指数）出现较大涨幅的现象，它意味着多、空双方意见几乎没有分歧，一致看涨。

如果当时股价处于阶段性的底部，量缩价涨说明多、空双方集体看涨，导致抛单不易出现，而多方只好高价求货，但越是如此，持股者越不愿出售股票；或者说明低价筹码早就集中在主力手中了，市面上的流通筹码很少，只要有适当的买盘，就会出现量缩价涨的现象。见此状况，交易者应立即追进或加码买入。

如果当时股价处于阶段性的顶部，量缩价涨则说明个股已被主力高度控盘，但不是主力不想出货，而是没有人愿意以那么高的价格接货，于是主力自弹自拉，继续维持股票上涨。见此状况，交易者应始终回避，因为此时主力的唯一目的就是出货，只要有买家就不会放过交易的机会。还有一种普遍的情况，就是市场购买的热情持续高涨，而持股者也对后市报有更高的希望，所以也会出现量缩价涨的现象。但此时交易者应该保持警惕，因为空头的能量没有被削弱，后期股价上行将会遇到很大的阻力。通常市场对股价持续上涨过程中出现量缩价涨的现象，持不乐观的态度。

7. 无量空涨

无量空涨是指个股在成交量很少的情况下，其股价出现较大涨幅的现象。它是量缩价涨的一种极端形式，主要出现在连续涨停的中小盘股或强庄股中。

在市场开始回暖的初期，部分主力往往会集中资金连续攻击一些具有利好因素的中小盘股，借以带动市场人气。由于这些中小盘股的流通股数较小，再加上多、空双方一致看多，因此主力不需要投入太多的资金，就可以轻松拉升股价；或者个股前期的低价浮动筹码都被主力收集完毕，此时正逢大盘开始启动，于是主力同样不需要花费太多的资金，就可以在持股者普遍惜售的情况下快速拉升股价。见此状况，交易者可及时跟进或加码买入。

8. 量缩价跌

量缩价跌是指个股（或大盘）在成交量减少的情况下，其股价（或大盘）出现较大跌幅的现象，它意味着多、空双方意见几乎没有分歧，一致看跌。

如果当时股价处于阶段性的底部或是持续下跌的阶段，那么量缩价跌是自然的现象，它表明多、空双方集体看跌，虽然卖家急于寻找买家交易，但买家不愿进场交易，于是就出现了量缩价跌的现象。出现这种状况，往往说明空方能量还没有得到释放，股价继续下跌的可能性很大，一直会持续到多方愿意进场为止。此时，交易者应袖手旁观，等待机会。

如果当时股价处于阶段性的顶部，量缩价跌则说明个股已被主力高度控盘，不是主力不想出货，而是主力找不到对手接盘。于是主力任由少量散户左右行情，或者见一些买家就往下面卖一点筹码，因此就出现了量缩价跌的现象。见此状况，交易者应始终回避，因为此时主力的惟一目的就是出货，只要有买家就不会放过交易的机会。还有一种普遍的情况，就是随着高价位风险的增大，市场购买的热情开始降低，但持股者或主力仍对后市抱有希望而不愿抛售，于是也会出现量缩价跌的现象，市场通常把这种现象当作是股价上升趋势中的调整现象；即当市场上的浮动筹码被新的买入者或主力承接后，股价往往又会继续上升。所以这种量缩价跌的现象，常常出现在股价上涨趋势中的调整时期。

9. 无量空跌

无量空跌是指个股在成交量很少的情况下，其股价出现较大跌幅的现象，它是量缩价跌的极端形式，多数出现在有重大利空消息的个股或一些跳水的庄股中。

一些个股在出现重大利空消息后，各路资金往往会不计成本地出逃，而多方则常常持币观望，市场承接力量极度匮乏，因而造成股价大跌而成交量稀少的现象，无量空跌也由此而来。

另外，一些在高位持续盘整的长庄股，一旦出现主力资金链断裂或合伙坐庄之间出现内讧等情况时，往往马上就会崩盘，其股价更是连续跌停，并且成交量极度萎缩，呈现出无量空跌的状态。一般而言，一只庄股在主力已经全身而退或主力资金链断裂的情况下，往往在一年之内都不会再有什么行情，因此交易者要注意规避这种风险。

10. 底部巨量

底部巨量是指个股（或大盘）在一个相对较低的底部突然放出巨量的现象，此时的股价（或大盘指数）有可能上涨，也有可能下跌。一般而言，市场底部往往是一个比较平静的地方，而此时多、空双方却产生了巨大的意见分歧，因而底部巨量也是一种特殊的现象。

出现这种现象，往往是在股票的跌势还没有完全停止的时候，却突然出现了重大的利好消息，于是多、空双方产生了巨大的意见分歧，导致有的人看多后市，有的人看空后市。如果进场承接的多数为散户，那么个股后期仍将继续下跌；如果进场承接的多数是主力机构，那么个股后期往往会一路上行，但也可能会在主力反手打压后继续下跌，直到同期散户买入的浮动筹码出局为止。

此外，也可能是原本被限制流通的股票开始上市，或者有增发或送股的股票开始流通，于是在主力机构承接的时候也会出现底部放出巨量的情况。当然，也有可能是股价在急遽下跌后，被主力在股价的半山腰做了一波假反弹的行情。但不论是什么样的底部放量，都不值得交易者参与，因为毕竟股票还处于多、空双方意见发生巨大分歧的时期。

这里在分析量价关系的时候，没有分析股价上涨途中和下跌途中的问题，因为这里的"阶段性底部"或"阶段性顶部"往往本身就是股价上涨或下跌途中的中间阶段。把放量和缩量仅放在股票的低价位和高价位上进行分析，只是出于更好理解的需要，而更多的实际经验和应变能力，还需要交易者亲自去领悟和摸索。

交易者在进行量价分析时要注意：成交量可以被造假，如果成交量不符合股票在高、中、低价这三个阶段里的运行规律时，其造假的可能性就很高。但无论主力怎么变化花样，低买高卖是其必然要遵守的规则，同时其意图也一定不会明示给大众。那些不符合低买高卖原则的股票走势，或是散户根据常识都能判断出主力意图的股票走势，往往都是陷阱或迷局。此外，主力是不可能逆大势而为的，在大趋势里，主力意图和散户意图都是一样的，只是在趋势拐点形成时，主力往往会与大众背道而驰。这也是识别主力行骗的一个常识，但这需要交易者具有丰富的实战经验。

需要强调的是，在交易者分析量价关系时，除了要区分当时的股价是处于高、中、低价的哪一个阶段外，还一定要同时判断买卖双方的身份问题，即到底是散户在买还是主力在买，到底是散户在卖还是主力在卖。不同身份的资金进场后，股价的后期走势会截然不同。如中国石油股票上市首日，散户的承接率达到了70%以上，结果该股从当日最高价的48元一直跌到了后期的10元以下，中途连一波像样的反弹行情都没有。

五、成交量持续性解析

个股某日的成交量相对于阶段性的成交量而言，容易被主力做假，其意义也不明显。所以在分析成交量的时候，交易者需要考虑阶段性的成交量问题。

通常而言，阶段性的成交量同股价的变化关系也可以分为同步趋势和背离趋势两种。

同步趋势：即个股在一段时间以来的成交量持续放大，股价也持续上涨，呈现出量增价涨的现象；或个股在一段时间以来的成交量持续缩小，股价也持续阴跌，呈现出量缩价跌的现象。

背离趋势：即个股在一段时间以来的成交量持续放大，股价却持续下跌，呈现出量增价跌的现象；或个股在一段时间以来的成交量持续缩小，股价却持续上涨，呈现出量缩价涨的现象。

在进行成交量的区域性或阶段性分析时，交易者除了要看总体的成交量外，成交量变化的持续性也是一个值得重点关注的问题。主力可以偶尔制造放量的现象，但由于巨大成交量背后的交易手续费和印花税等成本问题，导致主力不可能持续制造放量的现象。所以，从成交量变化的持续性上，可以发现成交量的真实性问题。

在观察成交量变化的持续性时，有几种成交量现象需要引起交易者的注意：

1. 持续温和的放量是建仓的好时机

所谓持续温和的放量，是指在个股处于重要底部阶段的时候，其成交量开始持续性的温和放大。此时的K线是阴是阳都不重要，重要的是成交量一直比较活跃。当个股某日成交量突然达到前段时期平均成交量的 2~5 倍时，就可以认为个股开始温和放量了。温和放量体现了个股成交量逐渐放大的过程，但在此过程中不一定会出现阶梯形的成交量状态；当然，如果能够呈现出阶梯形的成交量递增状态，则可以更明显地透露主力积极建仓的行为。见图91。

持续温和的放量状态通常意味着主力在有计划的持续吸筹，但该结论只适合用在长期跌势完成且出现过地量的个股之上。见此情形，交易者可以考虑同步建仓或伺机而动。但需要注意的是，温和放量的时间一般不会太长，否则在主力吸筹的时候不容易控制股价，同时也会引起市场的注意；而当股票出现持续温和的放量现象之后，其股价往往还会进行调整，这是主力利用刚得到的筹码进行打压式建仓的结果。股价调整的时间可能是几天也可能是几个月，如图91中的个股就经过了一个多月的调整期。在调整的时候，股价调整的幅度往往不会低于前期放量时的低点，如果股价调整低过了主力建仓的成本区，则说明市场的抛压还很大，后市该股继续调整的可能性较大。

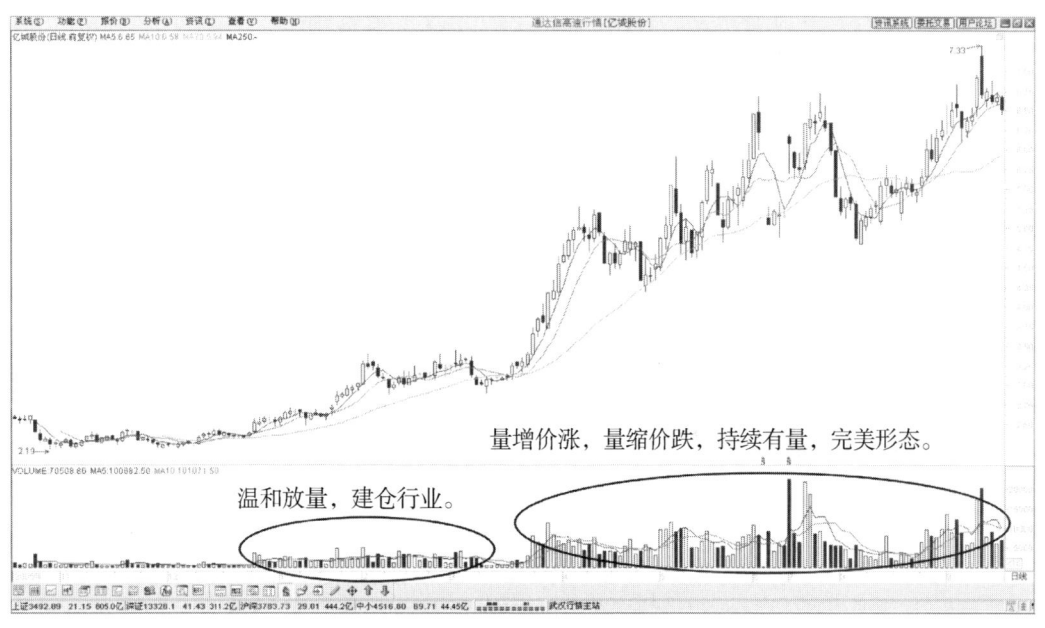

图91

2. 节奏鲜明的放量是真实完美的放量

所谓节奏鲜明的放量是指在股票的上升趋势中，股价始终保持量增价涨、量缩价跌的理想状态，并且呈现出持续长久的放量现象。如图91中，在该股股价每一次上涨的过程里，成交量始终都保持着放大的状态，这说明资金入场的持续性比较理想，资金持续性地介入给该股的上涨提供了充沛的动力；而当调整来临时，该股成交量则出现了大幅度的萎缩，这说明主力资金并没有撤离，使得后续股价上涨更有保障。

节奏鲜明的放量是一种完美的成交量形态，它说明资金在盘中运作的性质呈良性状态，且多、空双方进退自如，为后续资金的进入提供了良好的环境。这同时也意味着，只要资金的波动没有出现异常的现象，交易者就没有必要卖出手中的股票。

但需要说明的是，大盘股和基金扎堆的股票在上涨的趋势中适用于上述结论，而在股价趋势即将出现反转时则不适合套用此结论。原因是大盘股和基金扎堆股的主力比较分散，不像其他庄股那样容易在顶部形成可见的放量滞涨的现象，往往这些股票在趋势开始反转时，还能保持量缩价跌的状态，并进而误导市场大众。也就是说，这样的股票往往不经过盘头的过程即会出现反转的趋势，且始终保持着量增价涨、量缩价跌的理想状态。所以对于大盘股和基金扎堆的股票，交易者应将观察的重点放在股价高低和大盘趋势上，而不是成交量上。还有一点需要注意，在市场一致看跌时，主力是难以出货的，他必须在股价持续上升的过程中才能顺利完成出货的任务，所以在股价上涨趋势中，最后一个量增价涨的时刻值得交易者重点关注。

3. 突放巨量是危险信号

所谓突放巨量，是指个股走势原本正常，但某日成交量突然达到前日成交量或前段时间平均成交量的10倍之多，这往往是一种不同寻常的现象。当然，限售流通股开始上市和配送股首日流通是个例外，但也需要引起交易者的注意。

突放巨量的过程可能会是一天，也可能会是几天，但都有一个重要的特征，即在放量前后的成交量往往不大，而从图表上看，突放巨量会形成一个突兀的"电线杆"，见图92。突放巨量往往是主力进行对敲的结果；此外，在市场出现巨大的利空或利好消息，或是股价处于重要的阻力位或支撑位，而同时市场的多、空意见分歧很大时，也容易出现突放巨量的现象。

突放巨量往往出现在持续性下跌途中或无量横盘之中，是主力集中资金诱骗散户跟风的结果，无论其目的是否达到，个股后续的成交量又会陷入过去的常态之中。此外，突放巨量即使在某种情况下属于正常现象，但由于消耗多方的资金太多，往往个股后期走势也不被市场看好。

4. 间歇性放量是危险信号

所谓间歇性放量，是指成交量虽然明显放大，但缺乏连续性，常常是是放量一到两天后，再缩量几天，然后再放大一到两天。因为市场不可能在某一个时间段几乎停止交易，而在另一个时间段又疯狂交易，所以间歇性放量往往是主力对敲做量的结果，或是市场出现突发利好消息的结果。见图92。

间歇性放量通常是主力对敲出货的结果，它往往出现在以下三个阶段：

①高位的滞涨期。在个股高位滞涨期，主力通过对敲放量制造量增价涨的假象，以欺骗跟风者介入，同时稳住持股者，而自己却在暗中抛售。由于主力出货任务不是几天即可以完成的，因此这种动作会往复出现一段时间，于是就出现了间歇性的放量现象。

②高位的横盘期或阴跌期。当个股在高位进行横盘整理的时候，或者是当个股在持续阴跌的时候，主力为了快速出货，往往会通过对敲来制造交易活跃的假象，吸引市场跟风参与。

③股价急挫后的"筑底"期。当股价从高处急跌到某一阶段性的低位时（比如跌去了50％的涨幅），个股往往会出现强势的横盘状态，给人以跌不动了且有资金建仓的"筑底"假象，而此时间歇性的成交量多为主力对敲所致，一旦交易者大量买入后，主

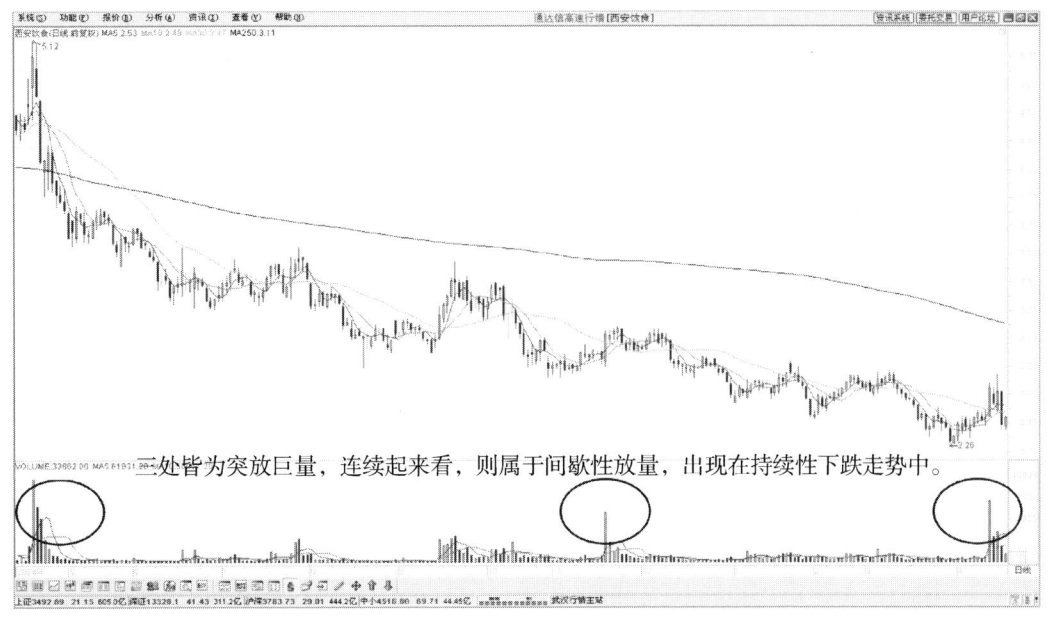

图 92

力就可以全身而退。

5. 堆量滞涨是卖出信号

所谓堆量滞涨是指个股成交量在某个价位附近出现持续放大的现象，这些持续放大的成交量堆集在一起，就像一堆山丘，但此阶段的股价总体来说并没有上涨多少，多数时候表现为上蹿下跳。主力制造堆量的目的，就是制造成交量巨大、股价将要上涨的假象，以吸引市场跟风。

堆量滞涨往往出现在两个地方：

①高位滞涨期。当股价处于高位时，往往是主力全力出货的时期，但由于筹码太多，主力通常需要一周甚至几个月才能将筹码处理完毕，于是个股就容易在高位出现堆量滞涨的现象。在高位对敲堆量的过程中，主力的日出货量往往会占到当日成交量的30%，但同时还会新增10%的筹码，所以主力每日的实际出货量只能占到当日成交量的20%左右。也就是说，即使个股日换手率达到了10%，主力也需要25天（即250%的换手率）才能将50%的筹码出完。因此，只要是个股有过巨大而稳健的涨幅，那么其高位常常会出现一个月以上的震荡期，并在部分阶段形成高位的堆量滞涨现象。见图93。

②除权之后。股票除权的当天，股价都会降下来，10送10的股票，其降价的幅度甚至会达到50%。于是，很多交易者会认为该股很便宜，有买入的冲动。与此同时，主力也会利用现在股价"低廉"的假象，开始在成交量上做文章，通过持续的堆量，给交易者制造该股即将被"填权"的假像，吸引跟风者进入。但事实上，很多除权后出现堆量的股票往往会持续走低。见图94。

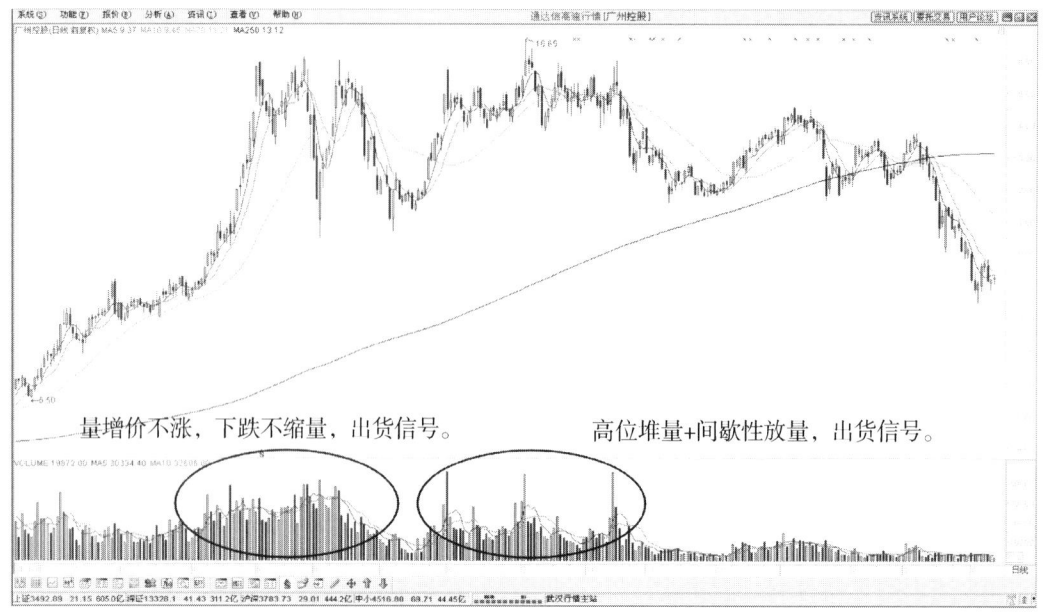

图 93

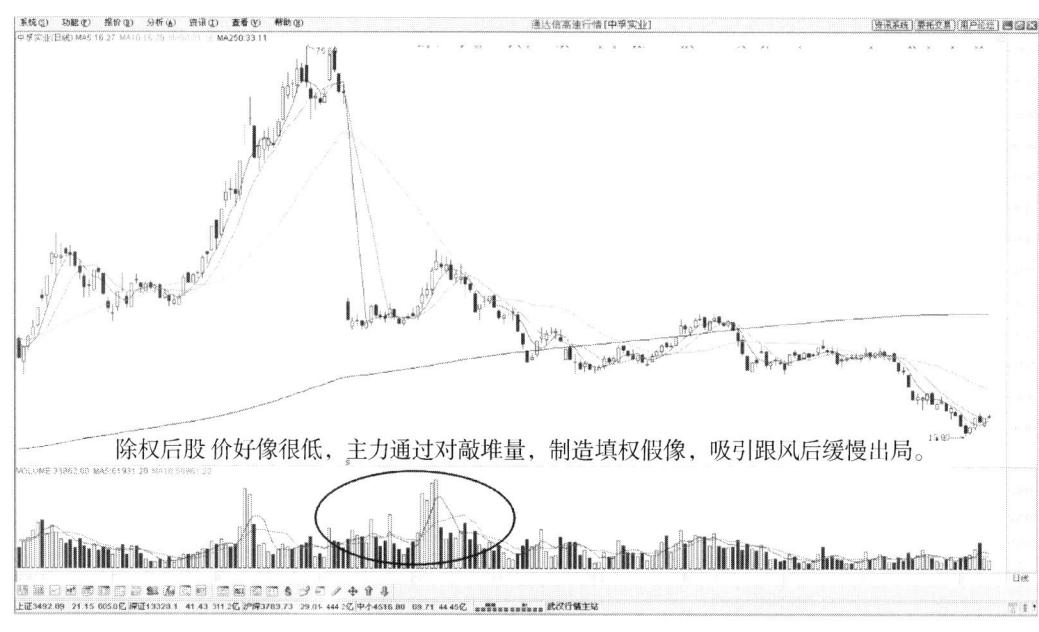

图 94

六、成交量的几个陷阱

成交量常被主力做假,但主力做不了缩量的文章,只能做放量的假象。放量的假象,往往出现在主力需要打压建仓和高位出货的时候。一般而言,主力会在成交量上做以下的动作：

1. 放量打压股价以建仓或震仓

在大盘走势不好的时候，或者有利空消息出现的时候，主力常常会通过对敲手段制造放量下跌的股价走势，迫使恐慌性低价筹码抛出，以达到低价建仓或震仓的目的。

2. 放量拉升股价以减仓或出货

在大盘走势较好的时候，或者有利好消息出台的时候，主力常常会通过对敲手段制造放量上涨的股价走势，引诱交易者追高，以达到高价出货的目的。

3. 逆市放量以引诱市场跟风或暗中建仓

当大盘走势不佳时，往往满盘皆绿，而部分个股此时则会逆市走强，以显示自己强庄股的风范，吸引跟风者介入；当然，个股逆市走强有时却是因为主力在逆市吸筹。这两者的区别在于：前者价格处于高位，后者价格处于低位，甚至还没有高过上市首日的价格。

4. 利用填权概念对倒出货

当个股出现除权后，如果交易者不进行"后复权"的看盘处理，那么股价将处于"廉价"的位置，会误导交易者买入；同时，主力则可以利用填权概念进行炒作，通过对倒放量吸引交易者进场承接自己的筹码。

前面说过，当股票产生了送股或分红后，该股的每股净资产就会减少，为了使后来买入股票的交易者能获得同等的权益，就必须对股票进行除权处理；这样就导致即使持股人获得了一定的送股或分红，但因为股价被降低了，其拥有的总市值就会变少，唯有等股价继续上涨后，才能获得实质性的收益。于是，市场人士普遍认为股票除权后必然要被"填权"，否则主力就无法获得实质性的收益。但是，很多股票经过多年的运作后，已进行了大量的分红或送股动作，即使该股几年后仍然只有上市之初的价格水平，但持股人得到的送股、分红等收益却非常可观。因此，在过去已有数次填权经历之后，主力不一定还会去填补当前的价格缺口，但填权概念无疑是其很好的利用手段，在大众一致认为"填权"将要发生之时，往往却是主力顺势出货之时。

比如，中集集团股票自1994年上市，上市之初的价格为15.5元，即使到了中国股市最火暴的2007年，其最高价也只有36.5元。但在这13年的时间里，该股曾获得了13次权益赠送。如果交易者在1995年以12元的价格认购了10000股该股票，则13年来的累计分红为19.94万元，累计送股后的总股数为16.49万股；如以2007年最后一个交易日的收盘价25.88元来计算，则股票总市值为426.76万元，总收益为447万元；相对于12万元的原始投入，这笔交易的总投资回报率为37.25倍，年投资回报率为2.87倍——这就是股票"填权"的魅力所在。见图95。

第三节　换手率分析

换手率是一个用来横向对比个股活跃程度和纵向对比个股换手频率的指标。对于它的分析和量价分析有一定的区别，但其也属于成交量分析中的一种。

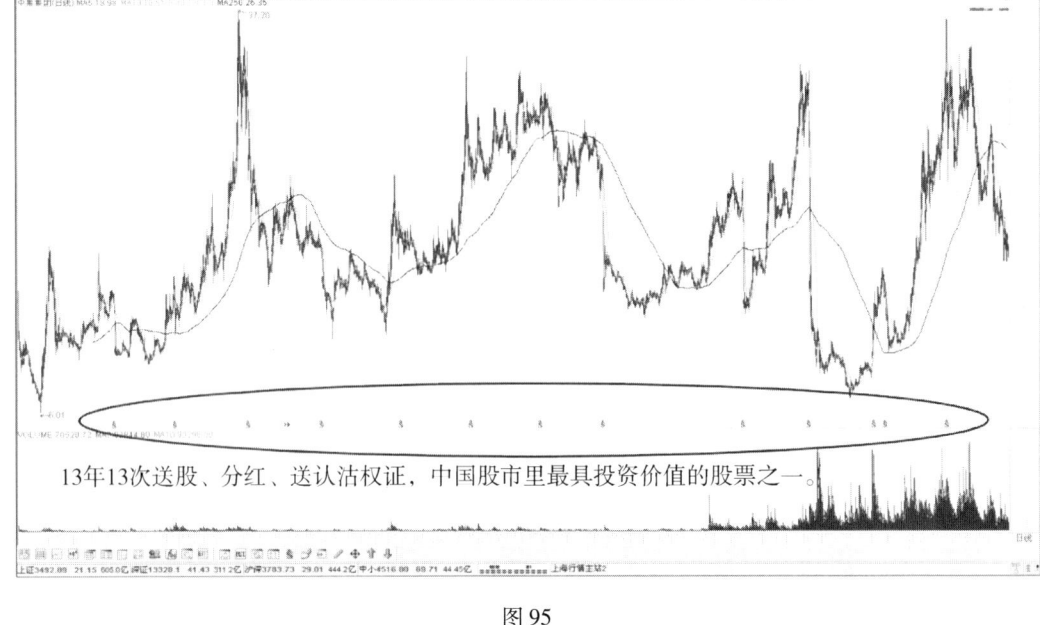

图 95

一、换手率的概念

股票换手率是指在某一特定时间内，某只股票的成交量与其总流通盘的比值。换手率指标意味着在一个既定时期内的股票换手量，同时也反映了该段时期内的股票流通性问题。通常情况下，个股换手率愈高，意味着该股多、空双方换手积极，股性活跃；反之，则表示该股股性呆滞，缺乏市场追捧。

通过分析各种股票的换手率，交易者可以择强弃弱，抓住市场热门股，紧跟市场主流热点，以获取阶段性的投资收益；同时也可以在市场顶部察觉主力出货的程度以及市场跟风的意愿。

比如个股 5 日换手率达到 100%，即意味着该股非常活跃，交易者进、出非常热烈。可能 5 日内所有的持股者均换了新人，也可能有部分持股者一直未动，而另外一部分持股者则出现了多次交换的状况。所以在看待换手率这个指标的时候，交易者必须清醒地认识到，即使个股换手率在短期内达到了 200%，也仍然有部分持股者没有抛售，而重仓的主力也往往无法顺利出局。这里面有很大的"水分"来自于短线交易者的热炒，是他们频繁的进出致使股票的换手率高居不下。

二、换手率的种类

股票的换手率通常是按照时间周期来划分的。

如果按固定交易周期分类，换手率可分为分钟换手率、日换手率、周换手率、月换手率、年换手率等。其中，最常用的是日换手率、周换手率和月换手率。

如果按间隔时间长短分类，换手率则可分为每日（周、月等）换手率、5 日（周、月等）换手率、10日（周、月等）换手率等。

在行情分析软件上，当个股出现日K线图、月K线图、年K线图时，其对应的成交量就是当日、当月、当年的成交量，交易者将之除以个股的总流通量即可得出相应时期的换手率。

三、换手率的分析

对于换手率的分析，视短、中、长线交易者的需要，可以按照日换手率、周换手率、月换手率来进行分析，但基本上是分五种情况来看待的。

1. 日换手率分析

股票的当日成交情况，可以按单日换手率的不同，分为低迷状态、正常状态、活跃状态、高活跃状态、异常活跃状态五种类型。但需要注意，在大盘处于高潮、低潮、平稳的不同时期，这五种类型的换手率的大小会有差异。

1）低迷状态

一般而言，当个股的日换手率低于1%时，说明该股的市场换手不充分，交易清淡，股价短期内将保持原有的趋势运行。如果该股一直以来的成交量都很小，则表明该股可能是冷门品种，或者没有主力介入，同时该股的流动性较差。

2）正常状态

当个股的日换手率处于1%~3%之间时，说明该股的多、空双方略有意见分歧，但属于正常的换手状态，股价将按照原有的趋势继续运行。一般来说，除非大盘处于极度低迷时期，否则市场上大部分股票的日换手率都不会低于1%。

3）活跃状态

当个股的日换手率处于3%~7%之间时，说明该股多、空双方的意见分歧比较大，但股价短期内是朝上还是朝下走，则取决于多、空双方哪一方的力量更大。当这样的换手率出现时，常意味着主力开始显身，如果此时股价从低处开始走高，那么该股值得交易者重点关注。

4）高活跃状态

当个股的日换手率处于7%~15%之间时，说明该股备受市场关注，属于主力显现实力的时期。这种情况一般出现在热门股或强势股中，它意味着该股处于高度活跃的状态，但也说明多、空双方的意见分歧很大。高活跃状态的个股也值得交易者重点关注，但它通常意味着主力可能在进行对敲的动作，或意味着某方能量消耗太多而致使行情会发生变化。

5）异常活跃状态

当个股的日换手率超过15%时，表明个股处于异常活跃的状态。一方面说明该股有主力在强势运作，另一方面也说明该股多、空双方意见分歧巨大。当个股需要突破重要阻力位时，就可能会出现这样的换手率；若在个股顶部出现这样的换手率，则往往是不祥的预兆，它预示着市场到了投机狂热的阶段或主力正在对敲做量；此外，新股首日上市时，由于没有涨/跌停板的限制，投机性很强，所以个股往往会有50%~90%的换手率，但这样的换手率越充分越好，说明有主力在抢筹码。

通常情况下，单日换手率处于 3%～7% 的个股上扬时，是值得未进场交易者重点关注的；而 10% 以上的换手率，则是持股者需要小心对待的；拥有过低或过高的换手率的个股，交易者最好视而不见，专心在活跃的股票里寻找较为安全的交易机会。但需要说明的是，对于一些高位横盘或已经崩盘的长庄股，不适用上述的分析方法。

2. 周换手率分析

与单日换手率的分析一样，周成交状况也可以按换手率的大小分为低迷状态、正常状态、活跃状态、高活跃状态、异常活跃状态五种类型。基本上，将单日换手率的五种状态值分别乘以 5，即可得出下述结论：

1）低迷状态

个股单周换手率低于 5% 时。

2）正常状态

个股单周换手率处于 5%～15% 之间。

3）活跃状态

个股单周换手率处于 15%～30% 之间。

4）高活跃状态

个股单周换手率处于 30%～50% 之间。

5）异常活跃状态

个股单周换手率超过 50% 时。

同理，单周换手率处于 15%～30% 的个股上扬时，是值得未进场交易者重点关注的；而 40% 以上的单周换手率，则是持股者需要小心对待的。

3. 月换手率分析

与单日和单周换手率的分析一样，月成交状况也可以按换手率的大小分为低迷状态、正常状态、活跃状态、高活跃状态、异常活跃状态五种类型。基本上，将单周换手率的五种状态值分别乘以 2，即可以得出以下的结论：

1）低迷状态

个股单月换手率低于 10% 时。

2）正常状态

个股单月换手率处于 10%～30% 之间。

3）活跃状态

个股单月换手率处于 30%～60% 之间。

4）高活跃状态

个股单月换手率处于 60%～100% 之间。

5）异常活跃状态

个股单月换手率超过 100% 时。

同理，单月换手率处于 30%～60% 的个股上扬时，是值得未进场交易者重点关注的；而 80% 以上的单月换手率，则是持股者需要小心对待的。

最后，需要重复的是，在大盘处于筑底期、上升期、做顶期、下跌期时，这五种类型的换手率是不同的，交易者不可生搬硬套。

四、换手率综合性分析

交易者在利用换手率来分析股价走势时，不能教条地照搬上面的结论，而应综合考虑多项因素。其中，股价总的运行趋势和股价当时所处的位置尤为重要。

1. 股价运行的趋势

股价运行的趋势是任何技术分析的前提条件，而换手率和成交量则是配合性的分析参数。因此，在进行换手率分析之前，必须先确认股价的中长期运行趋势。如果股价处在中长期的下降趋势中（即熊市之中），那么各种换手率的分析方法都没有什么意义，因为趋势仍将持续往下，即使偶有反弹，也不值得交易者大量参与；如果股价处在中长期的上升趋势中（即牛市之中），那么各种换手率的分析方法似乎也没有什么意义，因为趋势仍将持续往上，即使偶有调整，后市仍将继续上行；所以只有当股价位于市场底部或顶部的时候，成交量和换手率指标才可以旁敲侧击地揭示出趋势即将出现拐点的时机。

2. 股价所处的位置

同前面分析成交量时所说的一样，股价所处的高、中、低位置对于换手率的分析很重要。由于成交量可以被造假，如果成交量不符合股票在高价、中价、低价这三个阶段里的运行规律时，成交量造假的可能性就很高，而个股的成交量对应着换手率，因此利用换手率来分析股价走势前，必须先看股价所处的阶段。当股价处于长期底部时，换手率低意味着个股股性呆滞，缺乏主力介入；而换手率一旦缓步提高，则意味着主力开始介入，该股的股性将被激活；当股价处于相对高位时，如果换手率没有明显升高，意味着主力资金没有完全出局；一旦高位出现大换手率，而股价却无法同步上扬时，则往往意味着主力正在出货——当然，这只是对非大盘股和非基金重仓股而言的，原因前面已有论述，这里就不再重复。

第四节　量价异动分析

在股市的各种经典理论中，我们经常可以看到"先有量后有价"的言论，相当多的技术指标也把成交量作为统计的原始数据，可见成交量的重要性。而在具体分析成交量时，市场谈论得最多的就是成交量的放量现象，但放量往往并不那么简单，不是几个字就可以表述清楚的，传统的放量只是一个笼统的说法。因为对于主力高度控盘的股票，即使没有较大的成交量，一样可以连拉十几根阳线；而在主力悄然吸货的过程中，即使成交量很小，股票连涨几天的例子也很多。所以对于股票放量的研究，交易者不能因循守旧，一定要注意放量之前的股价运作情况，同时一定要考虑现在是谁在买？谁在卖？卖的股票可能是从哪个阶段里来的？如果你是主力你会怎么做？等等。经过这样的思考后，很多股票放量的故事都会漏洞百出，不攻自破。下面，来看看几种常见的放量状态。

一、平开放量上冲

"平开放量上冲"是指个股在平开后15～30分钟的早盘里，其成交量超过了平常一天的成交量，且股价快速上涨。如果大盘因为某种原因在开盘后随即开始高涨，那么个股同步出现"平开放量上冲"则属于正常现象；如果大盘在开盘后比较平稳甚至出现下挫的情况，那么个股的这种状况就属于非正常现象了；即使是个股出现了利好消息，也应该是高开而不是平开，所以这种异动行为值得研究。

一般来说，"平开放量上冲"往往有两种原因：一种是个股将有利好消息发布，所以内部人员开始抢单，但这样的买量不会巨大，个股后续涨势也不会持续；另一种是主力开始有所动作，这可能是其真实的稳步上推的行为，也可能是其虚假的做成交量的行为，但往往不会是吸筹的行为，因为这样的吸筹动作太明显且成本太高。

如果是稳步上推的行为，主力的目的就是给出足够的时间，让市场跟风者交换掉前期不稳定的获利者，以大换手率来稳步推高股价，当然，当抛盘太多而跟风盘承接不住时，后半场的股价往往就会出现下跌的情形；如果是做成交量以吸引市场眼球，那么主力常常会将成交量对倒到日常交易量的数倍，而此时的股价往往是在阶段性的高位，所以后市或后半场该股走势可能马上就会急转而下。

如果交易者判断出主力是在对倒做量后，那么就应该知道其用意往往会有两种：

1. 主力不愿意增加筹码，且希望跟风盘活跃

正常情况下，主力在建完仓后进入拉升期时，往往是不会采用对倒的手法的。因为前期大多数筹码已被主力获得，此时市面上的浮动筹码很少，即使有少量的抛盘，主力也会照单全收；只有当股价远离主力的成本区时，主力才会希望散户来"抬轿子"，但此时股价已高，主力只有通过对倒来制造成交活跃的假象，以吸引市场跟风者进入。此时主力对倒做量的目的，是希望散户进来买掉前期其他散户的获利盘，以提高市场的整体持筹成本，方便后期继续拉升股价。

2. 主力希望减少抛盘涌出，目的是维持股价

通常而言，在股价上涨的时候，原先准备抛出的筹码会等一等，人们都希望自己能卖个好价钱，特别是那些长期套牢盘。这样，当主力对倒做股价上涨的成交量时，只要不是股价急涨太多或处于关键的阻力位，抛盘的压力就会减轻。但主力又害怕增加筹码，所以就会选择在开盘的时候进行运作，因为此时的市场交易者都在观望，抛盘还不会立即涌现出来，等其一旦涌现出来时，正好由后面的跟风盘来承接。

有时候，上述两种用意其实是一个意思，即：主力通过对倒来减少抛盘以维持股价，同时吸引跟风者来交换获利了结者，以提高市场的持仓成本。

总体来说，"平开放量上冲"是主力不需要筹码的体现，有一定的短线机会，但介入的交易者需要注意大盘的环境以及股价的位置。

二、底部放量三态

一般而言，股价底部是不会有大成交量的，因为深度套牢者已经麻木了，几乎没有售卖的欲望。失去了卖方的供应量，即使买方很强悍也不会得到太多的筹码，相反，股价涨得越快时，持股者就越惜售。所以，即使有个别机构忍无可忍地在股价底部进行了抛售，个股也不可能在此时出现集体抛售的行为，除非个股有基本面上的巨大变化或大盘出现了暴跌而部分主力极力看好，否则底部放量在正常情况下是不可能出

现的。

在排除了个股有基本面上的巨大变化或大盘出现暴跌的因素后，如果个股仍然在底部出现了大成交量的行为，那么往往属于不正常的异动行为，而且是主力刻意营造的结果。股价的运行只会有三种趋势，要么上涨，要么下跌，要么盘整，底部放量时的股价走势也不例外，只是这时的三种趋势往往是主力预谋的结果，而不是市场的自然选择。

1. 底部放量上涨

这往往是主力对倒放量的结果，此时主力正在讲述"放量会涨"的故事。为什么主力在底部制造放量以吸引交易者来购买低价筹码呢？原因有两个：一是主力属于超级短线的游资，其不希望继续增加筹码，但又希望在其有了一定的底部筹码后有人共同参与；二是尾货没处理完的主力急于抽身，于是以对倒做量的方式来吸引市场跟风，但这也意味着此处并不是股价的底部。

无论是游资进场还是主力在处理尾货，此时的股价往往都处在半山腰，所以交易者起初是无法得知操作者身份的，只能从成交量上获得一些股价后期走势的答案。如果当时的成交量不是很大，说明市场的抛售压力还能够被买盘承接得住，后市股价可能还会继续上涨；如果当时的成交量很大，则主力对倒出货的可能性比较大，后市股价可能会退回原地。

之所以要考虑成交量是否放得很大，是因为这里的卖量除了主力占有1/3之外，另外2/3则属于被套者的割肉盘和抢反弹者的短线抛单。抢反弹者的特点是宜早不宜迟，往往是股价刚刚止跌时他们就会立即买进，如果几天内股价不上涨，他们就会立刻把筹码还给市场。

需要注意的是，这里的放量是指不正常的特大量，比如说换手率达到了10%。当主力在底部启动行情时，为了消灭浮筹而采用的缓推式大阳线也会产生大量，但还不至于出现不可思议的大量，除非是大阳线碰到了某个关键的阻力位，或是当日有配送股或限售股上市。至于何谓正常的大量，何谓不正常的大量，就需要交易者的累积经验了。

2. 底部放量下跌

股价从高位跌到底部一定是有原因的，比如大盘状况不好、公司业绩下降、个股题材透支等等。在这些利空的环境里，主力是很难全身而退的，即使通过底部放量这些小动作，也很难减掉较多的仓位，而最终的结果则往往是账面亏损继续增加，交易佣金不断支付。

既然如此，主力为什么还要在底部制造放量下跌的现象呢？

一个原因是主力在进行最后的打压动作。即主力通过一些利空消息，制造带量的破位图形，迫使最后的卖单涌出，自己则全盘接纳，其目的就是为了实施打压式建仓。如果股票在带量急遽下跌后，几天之内又能回到原价位，那么多半就属于这种原因。

另一个原因是主力在强行出货。这往往是主力资金链断裂的后果，或是个股基本面出现了极度恶劣的情形。有时候，为了能卖一个好的价位，主力会在出货前将股价向上做个拉升的"试盘"动作，如果市场买盘比较多，主力就会"先养再杀"；如果市场买盘比较少，主力则往往会直接"杀鸡取卵"，这种情况会导致盘面出现数日或数十日的暴跌，最后个股常常跌得面目全非，而主力则是能拣回多少资金就是多少。

第三个原因是换人坐庄。有时候，主力知道自己已经无法从市场上全身而退了，就会寻找新的买家介入。一旦找到新的买家，他们就会约定在盘中交换筹码。但新买家常常会要求以更低的价格接盘，于是主力就会将股价砸下来后再与新买家交换筹码。但这种情况不会导致盘面出现连续暴跌的情形，一般个股下跌的幅度往往在两个跌停板之内。一旦新庄入驻之后，该股股价往往还会继续下跌，迫使尚存的浮动筹码涌出。

3. 底部放量盘整

个股在底部放量时却出现了价格盘整的现象，这往往有三种可能性：

1）主力护盘

如果同期大盘持续下跌而个股却出现了盘整的行情，那么多数是因为有主力在其中护盘，而且主力还必须承接大量的抛盘，因此个股就会出现放量的盘整现象。但交易者必须提高警惕，因为护盘的主力不见得都有护盘的决心和实力。

2）主力分仓

有时候，主力会用几个账户来进行交易，因而需要将筹码进行分仓，于是就会出现几次特大单的成交行为，一旦分仓过程结束，股价就会继续盘整。分仓的特点是盘中多次出现大单成交的现象，但却没有致使股价高涨或急跌，股价震荡的幅度也不大（对敲则是一个阶段性的持续行为，且带有明显的拉升或打压股价的目的。）。

3）交换主力

如果个股几日内的成交量非常大，那么也有可能是新、老主力在交换筹码。该行为的特点同分仓的特点类似，但是成交量和大笔成交的频率远高于分仓时的情况。一旦新、老主力交换之后，往往新主力还会在市场上继续收集筹码或进行打压震仓的动作。

总体来说，底部放量的结果是凶多吉少，但有两种情况例外。一种情况是：当主力对倒做量后大盘恰好开始走强，于是主力为了卖个好价钱，往往还会顺势拉升股价，但由于其主要的任务是减仓，所以股价上升的幅度不可能很高；另一种情况是：个股在底部交换主力之后，大盘也恰好开始走强，由于怕此时打压股价会使自己的筹码流失，所以新主力也会顺势拉升股价，但多数会在涨势末期进行较长时间的整理。

三、底部无量涨停

一般而言，个股在底部区间是没有大成交量的，原因是没有大量的卖单出现或没有大量的买单进场。如果有大成交量，无论是真是假，此处往往不会是真正的股价底部。至于什么时候是股价的底部，通常是主力说了算。当他出手的时候，市场底部就会因他的抢购动作而出现；如果他不出手，则股票一直不会有底部，这跟成交量没有必然的联系。当然，主力也是一名交易者，他也需要通过不断试探市场的动作，来感知市场的温度。但低廉而优质的筹码，主力是不会给普通交易者的，所以散户在真正的市场底部是很难买到大量筹码的，这时往往就会出现"底部无量涨停"的概念。

一般而言，底部无量涨停包括两种：

1. 下跌放量，底部大量，而涨停无量

这种情况通常是股价从高位拦腰折断之后的结果。

1）先解释"下跌放量"

在个股前期急遽下跌的过程中，成交量过大的原因，可能是主力在悄悄减仓，可能是其抵押在外的筹码开始出货，也可能是老鼠仓（和主力一同建仓的内部个人资金）开始出逃。但由于股票下跌不是以开盘跌停的方式出现的，所以一直期望该股出现回调的散户往往会蜂拥而至，导致成交量放大。

2）再解释"底部大量"

当个股急跌到阶段性的底部后，会出现比在下跌过程中大得多的成交量，这往往是个股暴跌后大量短线客哄抢的结果，当然也有主力对倒的原因。但如果个股在底部连续几日爆发大量，那么往往是新主力开始介入的表现。但新主力不一定就是强庄或长庄，有可能是游资性质的超级短庄，往往只在2~5天内做一波行情就走；如果大盘情况较好，其坐庄的时间就会长一点，但通常不会超过半个月；当然，也有游资陷进去后被迫成为长庄的。

3）再解释"涨停无量"

从"下跌放量"到"底部大量"是一个连贯的过程，但从"底部大量"到"涨停无量"却有一个洗盘的过程。如果新主力不是超级短庄，那么这个洗盘的过程可能会很长，目的是洗去跟其一同建仓的跟风盘，而洗盘的方式则是通过参差不齐的下跌动作，一直跌到市场忍无可忍，失去持股的信心。此时的股价往往早已位于主力的成本区之下，当主力实在洗不出浮筹时就会快速拉升股价，使股价迅速回到或远离自己的成本区。在股价拉升的过程中，该洗掉的散户早已不存在了，而意志坚定的交易者则持股待涨，所以此时往往就会出现"涨停无量"的现象。

2. 下跌无量，底部无量，涨停也无量。

这种情况通常出现在长期下跌之后的个股身上，尤其会出现在上市有一年时间以上但又长期下跌的新股身上。

1）先解释"下跌无量"

当个股处于长期阴跌的走势时，由于多、空双方一致看空，在没有大量买方介入的情况下，个股自然会出现"下跌无量"的情形。

2）再解释"底部无量"

既然此处是底部，就意味着个股开始止跌了。但由于卖盘不愿意低价供应，所以在没有买家高价求购的情况下，前期被套筹码均不愿意割肉，自然也会出现"底部无量"的情况。

3）再解释"涨停无量"

当底部没有抛盘大量供应的时候，只要多方轻易发动攻势，个股就会直奔涨停板，出现"涨停无量"的局面。在前期下跌无量、底部也无量的过程中，交易者是无法得知是否有主力隐藏在其中的，但此时的"无量涨停"却透露了主力的行踪，否则个股不会无故直奔涨停板。如果是游资突然介入，往往只会缓慢拉升股价而不会直奔涨停板，否则便不易获得筹码且成本太高；而老主力发动"涨停无量"的同时却透露了三个信息：一是其想快速脱离低价区；二是其不想让散户在此时介入；三是其不想再增加筹码。可见，一旦出现了"三无量"的情况，往往个股后市还会有几个涨停板，以快速远离主力的成本区。

"涨停无量"的另外一个原因，就是新主力借涨停板来建仓，或者老主力在看到吸筹困难而时间不够用了，也会使用涨停板来建仓。其实施原理是：当股价在底部出现无量涨停时，市场常常不会立刻出现大量的抛盘，但如果股价在涨停后又快速回落，大量的抛盘就会开始涌现，而主力的真正目的则是买到这些抛盘。一般来说，主力连拉几根大阳线也可以获得很多筹码，但往往会招致散户跟风，而用涨停板来建仓则不会出现这样的情况。虽然用涨停板建仓比用几根大阳线建仓所收集的筹码会少一点，但是主力建仓的底部会更安全、更牢固。若交易者要判断是老主力还是新主力在用涨停板建仓，则只有看随后的股价是否会完全回落到涨停板之前的位置。如果是，则往往是新主力在建仓，因为他还需要低价筹码，而老主力的筹码比较多，他往往不会使股价再度跌回自己的成本区。

四、量价关系总结

对于量价关系的分析，有几个常识性的错误需要纠正，有几个重要的观点需要明确：

1. "价"比"量"重要

从商品供求的关系上来说，当市场上的交易者都愿意买进股票时，股票将呈现出供不应求的状态，股价将由此上涨，而随着部分获利者开始了结，成交量自然就会放大；反之，当市场上的股票供过于求或价位太高时，交易者都不愿意买进股票，股票价格自然就会下跌，只要人们不觉得下跌后的股票很便宜，成交量就会因为得不到买方的介入而持续萎缩。可见，人们是因为股票的贵贱或受供求关系的影响而在交易，而并非是依据成交量来交易。成交量是价格的衍生物，具有先天的滞后性，它首要的功效在于甄别市场的容量和市场的流动性，其次是对价格拐点的真实性可以起到一定的检测作用。可见，"价"比"量"重要，这是要纠正传统的"放量会涨"的第一个认知。

2. 成交量不决定价格涨跌

成交量只能说明买卖双方交易的数量，但同样的成交量，与此对应的股价可能会涨，可能会跌，也可能会持平。股价在收盘时的价格究竟是向上还是向下，取决于是买的人多还是卖的人多，或者是买的人急切还是卖的人急切，跟成交量的多寡无关。而成交量的多少，则取决于买卖双方力量最小的一方，而非力量最大的一方。如果有人想买100万股股票，而卖方只愿意卖出50万股，那么最后的成交量只能是50万股而非100万股，但当日必收阳线。即：在连续上升趋势中，成交量萎缩而K线为阳线，多数说明是卖方惜售而不是买方无力；在连续下跌的趋势中，成交量萎缩而K线为阴线，多数说明是买方稀少而不是卖方不多。所以，不能以成交量萎缩来揭示股价必然会涨或必然会跌。可见，成交量不决定价格涨跌，这是要纠正传统的"放量会涨"的第二个认知。

3. 放量意味着转折可能来临

股票放量的本质是多、空双方意见分歧加大且筹码不集中的表现，往往发生在市场趋势即将转折的地方。在没有主力对倒的正常情况下，高处的放量多数是危险信号，它意味着多、空双方从起初的一致看多（成交量小），到顶部的意见分歧加大（成交量大），最后往往会出现多方无法承受空方的卖压而彻底崩溃的现象；底部的放量多数是有利的信号，它意味着多、空双方从起初的一致看空（成交量小），到底部的意见分歧加大（成交量大），最后往往会出现多方承受住空方所有的卖压后，即在低位获得大量的筹码后开始拉升股价的壮观现象；在股价半山腰的放量则不易识别，但比底部放量的危险性要高，特别是当大盘走势不佳的时候。但是很多交易者会把半山腰的放量当作是底部的放量，等到最后才发现此处并不是股价的底部时，往往为时已晚。传统的"放量会涨"只能说明多头正在逐步消灭空头的实力，使股价以绝对性的优势上涨，但它不能解释股票量减价增的状况（主力控盘程度较高的股票中常会出现的状况）。放量往往意味着股价趋势的转折可能来临，但并不表示股价必然就会上涨，这是要纠正传统的"放量会涨"的第三个认知。

4. 放量往往是对倒的结果

主力无法缩小成交量，只能扩大成交量。扩大成交量的原因就是主力想混淆交易者的判断，造成经典的量价分析里的现象，以吸引原来就持有筹码的交易者、每天在寻找机会的短线交易者、原先已经卖出该股的交易者、被老股东热心推荐的其他交易者等的注意与参与。主力扩大成交量的手段是进行对敲，即一手买入一手卖出。股价上升中途的对敲，可制造股票放量滞涨的假象，迫使意志不坚定者中途出局；股价上升顶部的对敲，可制造股票放量冲高的假象，吸引市场交易者高位接盘；股价下降中途的对敲，可制造底部来临的假象，以方便主力集中处理尾货；惟独真正底部的放量，才是非对倒性的、主力看好的信号。但主力不可能让大量的跟风者同步介入，所以即使股票在底部放量之后，行情也往往具有反复性，直到看多的信号开始趋于一致为止。放量往往是对倒的结果，这是要纠正传统的"放量会涨"的第四个认知。

5. 常识性的成交规律

通常而言，在股价真正的底部是没有什么量的，因为没有人卖，如果此时有量，无论是真实的量还是对倒出来的量，都说明此处还不是股价的底部，因为空头还没有被彻底消灭；到了股价中部时，盈利的短线筹码再加上中线交易者的筹码，卖量就出来了，而此时的股票已备受市场关注，因而买量也起来了，于是成交量会进一步放大，但还不至于大到历史天量，因为更多的筹码还在主力手上；随着股价进一步攀升，蜂拥而至的交易者越来越多，于是主力趁势减仓，而感到高价危险的交易者也会逐步出局，成交量由此持续扩大；直至股价顶部的时候，主力往往会通过连续数日的疯狂炒作来制造财富效应，导致失去理智的交易者不断涌入，而主力则顺势完成了大部分的筹码派发任务，于是成交量往往达到了天量水平，个股也由此呈现出了头肩顶的模样；再往后，由于主力手中的筹码已相当少，所以股价往往会在主力不计成本的甩货中快速下挫，或者会在主力的持续性减仓中陷入漫长的阴跌状态。

6. 谁在买、谁在卖更重要

在看待股票放量的时候，交易者一定要注意放量之前的股价运作情况，同时要考虑现在是谁在买？谁在卖？卖的股票可能是从哪个阶段里来的？一般来说，股价顶部附近的放量往往表示主力把股票卖给了广大的普通交易者，因为普通交易者是难以在涨势继续看好或尚未盈利的时候卖出股票的；而在底部的放量则往往意味着广大普通交易者忍痛把手中的股票卖给了主力，因为只有主力才敢于在萧条的市场中大量买入股票，而所谓的市场底部也只有因为主力的介入才会形成。在股价的顶部，当股票被大量的散户接纳时，其后市往往是难以上涨的，因为继续上涨没有了以往的秩序，大众是一盘散沙；而在股价的底部，如果散户的大量股票没有转换到主力手中，那么该股往往不会有什么较大的行情，因为主力在没有得到低价筹码的时候，是不可能拉抬股价的。

附1 技术分析清单

很多交易者在进行技术分析时，往往理不清头绪，甚至不知道要分析多少方面的东西，这显然是学艺不精的缘故。下面是一张完整的技术分析清单：

1. 先看趋势

通过道氏理论、250日均线系统，看整个盘面的主要趋势是属于牛市还是熊市，同时关注250日均线对当前趋势的支撑或压力状况。

2. 再看阶段

通过道氏理论、250日均线系统，看当前趋势属于牛市或熊市三个阶段中的哪一个阶段，以及当前趋势属于主要趋势还是次级趋势。

3. 再看区间

通过30日及90日均线、趋势线、或阶段性或历史性或整数位的支撑/压力线、百分比回撤线等，看趋势回调或反弹的空间有多少。

4. 再看均线

看5日、30日、90日、250日均线的收敛、交叉、粘合、发散、间隔、斜率状况有何变化，及当前K线在哪一根均线的什么位置。

5. 再看K线

形态：看最近几个月有无典型的M头、W底、V顶、弧形底等中期K线形态。

角度：看近期K线的运行角度（速度），角度代表着股价和时间的辨证关系。

组合：看最近波段的K线组合中的阴、阳K线数量，及K线的新值排列状况。

缺口：看最近的单边市场中有无跳空缺口，如有，属于什么性质的跳空缺口。

线形：看最近K线有无典型形态，再看K线的相对位置、模样、大小、阴阳。

6. 再看其他指标

如对其他技术指标有兴趣，可看该指标的极限区状况及交叉或背离状况，但要注意顺势指标和震荡指标的差异。

7. 再看成交量

根据股价所在位置的高低情况，再根据成交量和价格配合的十种关系，判断趋势拐点是否形成及主力操作意图。

8. 再看分时图

看分时图的好处就是可以得知即使是同样的K线形态，其形成过程是如何完成的，不同的完成过程有着不同的含义和意图。

9. 再看盘口动态

如果能时时开盘，最好还能看看盘口动态，包括开盘动态、上午盘动态、下午盘动态、收盘动态。目的是看盘口异动状况,需结合大盘一起看。

记住:在交易的时候,你所处的环境(整体技术情况)与位置(价格的高、中、低位),决定了你可以站立的姿势。

附2 研究参考文献

研究参考文献

序	分类	参考文献	作者	出版社	推荐指数
1	软件应用	股市分析软件用法详解	姜金胜	上海人民出版社	★★★
2		股市利器：创建独特技术分析系统	尹宏/胡红霞	经济管理出版社	★★
3	股市常识	一个操盘手的心得	众城	海南出版社	★★★
4		炒股细节操作指导	金士发	中国致公出版社	★★
5		中国股市大机遇	董少鹏	上海三联书店	★
6	盘口技术	看盘细节	潘伟君	地震出版社	★★★
7		道破盘口天机	伍朝辉	广东经济出版社	★★
8		盘口内经	穿杨	企业管理出版社	★★
9		盘口解读技术	克利斯多夫·舒马赫等	广东经济出版社	★★
10		十天打造看盘与操盘高手	尹宏	经济管理出版社	★
11		赢在大盘	宿春礼	经济管理出版社	★
12	短线实战	宁波高手：敢死队涨停秘籍	雪峰/小美	地震出版社	★★★★
13		短线英雄	只铁	中国科学技术出版社	★★★
14		短线天王：高手修炼入门	一阳	海南出版社	★★
15		短线天王：牛股捕捉绝技短线	一阳	海南出版社	★★
16		短线天王：精进买卖点位	一阳	海南出版社	★★
17		短线是银	唐能通	四川人民出版社	★
18		短线狙击	宏皓	中华工商联合出版社	★
19		短线炒股一点通	付刚	机械工业出版社	★
20		涨跌停板的奥秘	鲁正轩	广东经济出版社	★

续表

序	分类	参考文献	作者	出版社	推荐指数
21	综合实战	牛市涨停赢家	北京首放	地震出版社	★★★★
22		招财狐狸：京城私募基金实战揭秘	花荣	经济管理出版社	★★★
23		板块掘金涨停技法	北京首放	地震出版社	★★★
24		庄家兵法	王都发	经济管理出版社	★★
25		投资王道	吴金东	上海财经大学出版社	★
26		选股与选时	王学武	广东经济出版社	★
27		私募征战王	吴国平	中国城市出版社	★
28	基金研究	投资共同基金	玛丽·罗兰	中信出版社	★★★
29		机构投资者	E.菲利普·戴维斯等	中国人民大学出版社	★★★
30		时间的玫瑰	但斌	山西人民出版社	★★★
31		基民天下	赵迪	清华大学出版社	★★★
32		证券投资基金运行与管理	梁忠辉	东北财经大学出版社	★★
33		私募英雄	周淘等	山西人民出版社	★★
34		基金致富	沈源	机械工业出版社	★
35		私募基金风险管理研究	王苏生等	人民出版社	★
36	K线分析	日本蜡烛图技术	史蒂夫·尼森	地震出版社	★★★★☆
37		股票K线战法	史蒂夫·尼森	宇航出版社	★★★
38		蜡烛图精解	格列高里·莫里斯	中国财政经济出版社	★★
39		酒田战法	本间宗久	长阳读书俱乐部	★★
40	技术分析	技术分析	马丁·J.普林格	中国财政经济出版社	★★★★☆
41		股市趋势技术分析	约翰·迈吉等	中国发展出版社	★★★★
42		期货市场技术分析	约翰·墨菲	地震出版社	★★★★
43		股市技术分析实战技法全新版	雪峰	地震出版社	★★★★
44		技术交易短训教程	佩里·J.考夫曼	广东经济出版社	★★
45		技术分析A-Z	史蒂文·阿基里斯	中国财政经济出版社	★★
46		技术分析与股票盈利预测	理查德·W.沙巴克	地震出版社	★
47		按图索金：如何追踪市场趋势	约翰·墨菲	译林出版社	★

续表

序	分类	参考文献	作者	出版社	推荐指数
48	技术理论	股市晴雨表	威廉·彼得·汉密尔顿	海南出版社	★★★
49		道氏理论	罗伯特·雷亚	地震出版社	★★★
50		艾略特名著集	小罗伯特·R.普莱切特	机械工业出版社	★★★
51	技术策略	短线交易大师工具和策略	奥利弗·瓦莱士	地震出版社	★★★★☆
52		高胜算操盘	马赛尔·林克	广东经济出版社	★★★
53		高明的波段交易大师	艾伦·S.法雷	机械工业出版社	★★★
54		证券交易新空间	比尔·威廉姆	地震出版社	★★★
55		短线狙击手	乔治·安杰尔	广东经济出版社	★★
56		趋势跟踪	迈克尔·卡沃尔	广东经济出版社	★★
57		趋势交易大师	戴若·顾比	地震出版社	★
58		股票成交量操作策略	唐纳德·卡西迪	广东经济出版社	★
59	交易经验	华尔街四十五年	威廉姆·江恩	机械工业出版社	★★★★☆
60		股票买卖原则	威廉·欧奈尔	中国劳动社会保障出版社	★★★★☆
61		江恩测市法则	威廉·D.江恩	清华大学出版社	★★★★
62		笑傲股市	威廉·欧奈尔	中国财政经济出版社	★★★★
63		江恩选股方略	威廉·D.江恩	清华大学出版社	★★★
64		江恩股市定律	威廉·D.江恩	清华大学出版社	★★★

更多书籍点评，请登陆磐石金融投资学苑网 www.cnbasalt.com 察看